记全国少数民族地区决战决胜脱贫攻坚先进典型人物

Xiangzuguobaogao

Jiquanguoshaoshuminzudiqujuezhanjuesheng
Tuopingongjianxianjindianxingrenwu

石一宁 主 编
吴治由 副主编

辽宁民族出版社

图书在版编目（CIP）数据

向祖国报告：记全国少数民族地区决战决胜脱贫攻坚先进典型人物 / 石一宁主编. —沈阳：辽宁民族出版社，2020.9

ISBN 978-7-5497-2285-3

Ⅰ. ①向… Ⅱ. ①石… Ⅲ. ①扶贫 — 先进工作者 — 先进事迹 — 中国 Ⅳ. ①K820.76

中国版本图书馆CIP数据核字（2020）第171706号

向祖国报告：记全国少数民族地区决战决胜脱贫攻坚先进典型人物
XIANG ZUGUO BAOGAO：JI QUANGUO SHAOSHU MINZU DIQU JUEZHAN JUESHENG TUOPIN GONGJIAN XIANJIN DIANXING RENWU

出版发行者：辽宁民族出版社
地　　址：沈阳市和平区十一纬路25号　邮编：110003
印 刷 者：辽宁鼎籍数码科技有限公司
幅面尺寸：170mm×240mm
印　　张：24.25
字　　数：400千字
印　　数：1-3000
出版时间：2020年9月第1版
印刷时间：2020年9月第1次印刷
责任编辑：金顺玉
封面设计：杜　江
责任校对：王　荷

标准书号：ISBN 978-7-5497-2285-3
定　　价：66.00元

网　　址：www.lnmzcbs.com　邮购热线：024-23284335
淘宝网店：http://lnmz2013.taobao.com
如有印装质量问题，请与出版社联系调换　联系电话：024-23284340

前　言

石一宁

《向祖国报告：记全国少数民族地区决战决胜脱贫攻坚先进典型人物》（简称《向祖国报告》）这本书的编辑出版，意义深远。

2020年，现行标准下的农村贫困人口全部脱贫，让贫困人口和贫困地区同全国一道进入全面小康社会，是中国共产党作为执政党向全国人民做出的庄严承诺。中国的脱贫攻坚战艰苦卓绝，扶贫事业从20世纪80年代开始，2017年中共十九大确保到2020年我国现行标准下农村贫困人口实现脱贫，贫困县全部摘帽，解决区域性整体贫困，做到脱真贫、真脱贫。全国共派出25.5万个驻村工作队，累计选派290多万名县级以上党政机关和国有企事业单位干部到贫困村和软弱涣散村担任第一书记或驻村干部，贫困人口从2012年年底的9899万减少到2019年年底的551万，贫困发生率由10.2%降至0.6%，连续7年每年减贫1000万人以上。打赢脱贫攻坚战，我国将有1亿左右贫困人口实现脱贫，提前10年实现联合国《2030年可持续发展议程》的减贫目标。在这么短的时间内使这么多人口脱贫，这是中华民族，也是人类的一项历史伟业，对中国和世界都具有重大意义。

报告文学是兼有新闻报道特点的文体，具有报告人物和事件的功能。报告文学集《向祖国报告》如实记录了中国脱贫攻坚战的艰苦历程，真实映现了中国这场波澜壮阔的反贫困斗争在民族地区的激流与浪花。因为历史、文化、地域等方面的差异，我国大多数民族地区经济发展相对滞后，贫困人口众多，经济底子薄弱，扶贫脱贫形势严峻、工作繁重、任务艰巨。正因如此，才更彰显了脱贫攻坚的辉煌战果和千百万扶贫工作者的丰功伟绩。在这个意义上，《向祖国报告》乃是与现实的脉搏一起跳动、与文明的步履相伴同行的文字，是历史的见证、时代的心声。

这本报告文学集既报告事件，更致力于报告人物，20多篇作品塑造了民族地区脱贫攻坚先进典型人物的群像。中国的脱贫攻坚，是一场数十年方能决出胜负的大战役，也是一场场由难啃的硬骨头构成的战斗。这一战役是党中央做出战略部署，数百万扶贫干部奔赴前沿阵地与贫困展开激烈的较量。反贫困斗争虽然是没有硝烟的战争，但同样是缠打苦斗，同样需要奉献牺牲。许多扶贫干部倒在了扶贫一线。数百万扶贫干部以激情甚至生命践行了初心使命，诠释了人生价值，更体现了民族精神，他们的言行与足迹是新时代动人的中国故事。习近平总书记指出："脱贫攻坚不仅要做得好，而且要讲得好。""宣传基层扶贫干部的典型事迹和贫困地区人民群众艰苦奋斗的感人故事。"《向祖国报告》就是这样一本力图将"做得好"的民族地区基层扶贫干部典型事迹"讲得好"的书。当然，其中也贯穿着民族地区少数民族群众艰苦奋斗脱贫奔小康的感人故事。20多位作者以强烈的责任感和饱满的热情，投入脱贫攻坚先进典型人物事迹的采访和写作之中。他们还有的在采访和写作之时，被今年年初突然暴发的新冠肺炎疫情所打断，但他们的内心始终惦记着出版社的邀约，将之视为一种时代的召唤和作家的责任，因此努力克服疫情带来的诸多困难，如期完成采访和写作。

反贫困也是人类的当代重大议题。联合国秘书长古特雷斯曾表示，精准扶贫方略是帮助贫困人口实现《2030年可持续发展议程》设定的宏伟目标的唯一途径，中国的经验可以为其他发展中国家提供有益借鉴。《向祖国报告》一书，其实也是"向世界报告"，它是中国脱贫攻坚战的民族地区篇章，亦是人类反贫困斗争的中国经验的一部分。它为发展中国家如何在民族地区开展扶贫脱贫工作，如何帮助少数民族人民战胜贫困、告别落后、迈向文明提供了形象而生动的文本。

就报告文学的本体论而言，《向祖国报告》是多民族报告文学创作的新收获。来自各民族的20多位作者，因这本书而聚集在一起，进行"同题创作"，自然使各自的创作风格、手法和民族特色更为醒目并形成对比，更为集中和鲜明地呈现当下多民族报告文学创作的风貌。报告文学因其反映生活的迅速与快捷而有"文学轻骑兵"之誉，作为短篇报告文学集，这本书充分发挥了"轻骑兵"的作用。另外，《向祖国报告》所聚焦的主题十分凝重，因而这些报告文学作品又在一定程度上具有"文学重器"的能量。当然，并不能说这些作品皆为十全十美之作，但读者面对这些作品，在感佩主人公们的热血情怀、英伟事迹的同时，也能品味其写作风格上的差异和技法上的得失，这本来就是阅读的应有之义。

《向祖国报告》这本书的选题策划和编辑出版，也体现了辽宁民族出版社的站位高度与责任担当。14亿人口的泱泱大国告别绝对贫困，全面实现小康，这是中国历史的大事件，也是世界历史的大事件。从不同的视角见证、记录和书写中华民族正在创造的这一人类历史的奇迹，当为中国出版界有识者义不容辞的责任。这本书可谓辽宁民族出版社在此方面的成果，令人赞赏。

目 录

情注乡里谱华章

——记云南省临沧市云县忙怀乡扶贫专干曾绍成

张伟锋

曾绍成

1985年9月，被云南省临沧地区行政公署授予“优秀教师”荣誉称号；1989年9月，被中共临沧地委、临沧地区行政公署授予“先进教育工作者”荣誉称号；2012年6月，被中共临沧市委、市政府授予“‘十一五’扶贫攻坚先进个人”荣誉称号；2016年6月，被中共临沧市委授予“全市优秀共产党员”荣誉称号；2018年10月，被云南省扶贫开发领导小组授予“扶贫先进个人”荣誉称号；2018年12月，被评为“感动临沧2018年度人物”；2018年12月，被评为云南省第六届“人民满意的公务员”；2019年6月，被评为第九届全国“人民满意的公务员”。

在这一个又一个的荣誉背后，站着一个皮肤黝黑、为人憨厚、刚正不阿的云南汉子，他的名字叫作曾绍成。在同事的眼里，他是一个扶贫战线上的铁人；在群众的心中，他是一位语重心长的家人。

曾绍成是土生土长的云南省云县人，曾任云南省临沧市云县忙怀彝族布朗族乡（以下简称“忙怀乡”）忙贵完小副校长、乡教育组教研员、乡人民政府副乡长等多个职务，现为云县忙怀乡政府四级调研员、乡纪委副书记、扶贫专干。39年来，他干一行爱一行，专一行出彩一行，特别是在16年的扶贫工作中，被乡党委、乡政府称为规划乡村发展的一本“活教材”，推进精准脱贫的一张“活地图”，实施产业建设的一个“主心骨”。

一、舍小家，顾大家

1981年8月，从师范学校毕业的曾绍成，被分配到了云县忙怀乡温速小学任教。从此，他开始了在忙怀乡的默默耕耘、努力奋斗的工作和生活。日复一日，年复一年。曾绍成在忙怀乡这块土地上，不停地变换着工作和角色，从小学教师到乡文教组教研员，从教研员到乡政府办公室副主任，再到副乡长……无论到哪里，无论接手什么工作，曾绍成都服从组织安排，任劳任怨，兢兢业业，从不向组织提出任何要求。他总是专心致志地付出，全力以赴地工作，把每一件看似千头万绪的事情，理得井井有条。

曾绍成

在云县，曾绍成是一个出了名的“拼命三郎”，在扶贫工作中，他更是彰显出了“咬定青山不放松”的精神。然而，一个人的时间和精力是有限的。当曾绍成决定把自己的全部投入扶贫工作中时，这个外表坚毅的汉子，在自己的内心深处做了一个很艰难的抉择：舍小家，顾大家。为了不耽误扶贫工作，曾绍成把家中孩子上学、孝敬双亲等大小事宜，全部甩给了当教师的妻子。作为妻子，作为孩子的母亲，曾绍成的爱人咬紧牙关，扛起了家中的所有事情。

日子一天一天过，事情一件一件解决。曾绍成的事业得到了爱人的全力支持，他在工作上更加夜以继日、废寝忘食。不过，工作和生活总会有出岔子的时候，曾绍成的爱人不可能一年365天都守着孩子和老人。1995年，曾绍成的爱人接到通知，必须到县城脱产学习。那时，他们的孩子刚好5岁。为了不影响扶贫工作的进度，曾绍成不得不让体弱多病的岳母来忙怀乡政府的职工宿舍照顾年幼的孩子。有一天深夜，孩子突发重病，同事打电话告诉曾绍成，看孩子的症状，急需送到医院检查治疗。曾绍成在电话的那头急得团团转。怎么办？这边刚把群众叫到一起讨论扶贫产业发展问题，那边孩子的病一刻也耽搁不得。情急之下，他只好请求同事，先把孩子送到附近的乡卫生院检查治疗，他在群众会结束之后赶过去会合。可偏偏那一晚的群众会开到很晚很晚，等曾绍成赶到乡卫生院时，天边已经破晓。双眼充满血丝的曾绍成跑过去抱起自己年幼的孩子，心中充满了难以诉说的愧疚和自责。

事非经过不知难，情不到此不知疼。作为儿子和女婿的曾绍成，好些年来一直被两件事压得喘不过气来，一边是他不得不以工作为重，一边是不能对老人尽心尽孝。2008年，曾绍成的父亲病逝，因下村走访农户，消息闭塞，待他得知情况赶回老家时，父亲早已下葬。作为儿子，曾绍成未能见到父亲最后一面，也未能送父亲最后一程。2010年，曾绍成的岳母病重直至离世期间，他没能在病床边完整地陪护岳母一天，只能在早晚挤出时间，一个人骑着摩托车来回奔走15公里的崎岖山路，给岳母送药。作为女婿，曾绍成未能床前床后服侍生病的岳母，未能尽到自己的责任。每每想起这两件事，曾绍成都心如刀绞，他只能这样努力地说服自己，自己已经在很多地方辜负了家人，唯有更加努力地工作，把扶贫的事情做好，带着更多的群众脱贫致富，以此来弥补自己对家人的亏欠。

“老曾，你这个年纪又不当实职领导，工作该悠着点啦。”有的同志好心地提醒曾绍成。而他总是回答：“岗位职责在身，得一直尽职尽责干到退下这个岗位才行。” 2015年，曾绍成的爱人因重病需做手术，住进了市人民医院。在爱人住院的21天里，曾绍成总是来来回回奔跑在市人民医院和忙怀乡之间，一边是得照顾爱人，一边是扶贫工作到了攻坚时刻，不能有半点松懈。21天的住院时间，曾绍成照顾爱人的时间全部以小时计算，加起来也没几天。待得最久的当属他爱人做手术前的那段时间，因为那时医生随时会找家属签字。然而，就在曾绍成爱人手术结束的当天，他又接到扶贫工作方面的电话，急匆匆地赶赴120公里外的忙怀乡，回到了工作岗位上。作为一名年近60岁的非实职干部，曾绍成工作时的拼命程度超乎了很多人的想象。如果有人劝他，他总是很认真地说：“领着国家的工资，不干事、干不成事、干不好事，那就是对不起组织。”

二、患病身，战脱贫

夙兴夜寐、坐以待旦、披星戴月、栉风沐雨……这些词语用在曾绍成的身上再合适不过。多年来，奔波在扶贫的路上，摩托车是曾绍成的“老伙伴”；多年来，他过度操劳，身患高血压、心脏病、肾炎等多种疾病。曾绍成的爱人时常心疼地劝慰他，说他年纪已经一大把，要随时关注自己的身体，不能麻痹大意，而曾绍成总是咧开嘴“嘿嘿”一笑，把爱人的话当作了“耳边风”。

2012年，曾绍成因高血压、腰椎间盘突出等多种病齐发，致使他生活不能自理。但是，那段时间，他未因病重而耽误过一天的扶贫工作。曾绍成的家离办公室不过百米左右，每天上班时间一到，他就会拄着拐棍，一步一步艰难地迈向自己的办公室。这段于平常人而言近在咫尺的距离，对曾绍成来说却成了巨大的挑战，每走一步，他的额头都要滚落豆大的汗珠。2013年11月，曾绍成到忙怀乡邦六村指导水泥路浇筑工程时，手不慎被机器损伤，鲜血直流、疼痛难忍。但是他没有退缩，第二天又带着伤出现在施工现场，一个步骤一个步骤地组织工程实施。

2016年，云县被确定为云南省首批脱贫摘帽县。脱贫攻坚工作因任务艰巨，业务量大，“白加黑”“五加二”是扶贫干部工作的常态。忙怀乡因地处高寒边远山区，贫困程度深，精准脱贫的任务更是繁重异常。这一年里，几乎所有的双休日和节假日，曾绍成都是在乡上和村上的工作中度过。有时下村，一去十多天回不了家，原本就身体不好的曾绍成，抱病工作更是家常便饭。

积少成多，积小成大。很多事情都蕴含着这个道理，疾病也是如此。常年抱病的曾绍成在2017年12月的一个夜晚终于病倒了。那一天晚上，曾绍成在办公室加班，一起工作的同事看到曾绍成一手捂着肚子，一手点着鼠标在查看全乡危旧房改造进度。剧烈的疼痛使曾绍成冒出的虚汗不停地从鬓角往下流。即便如此，他仍在坚持工作。后来，经过同事的极力劝阻，他才到医院检查治疗。由于病情严重，曾绍成不得不回到云县城，住进县人民医院，接受手术。而手术刚结束，躺在病床上还不能动弹的曾绍成，便不时接到村干部、群众咨询业务和反映问题的电话。每当电话打进来，他就让爱人拿着手机凑到他耳旁，耐心地一一解答。过不上半天时间，他又催促爱人逐一回拨手机号，让他听一听问题解决得如何。“因为脱贫工作时间紧、责任大，实在丢不下。”事后曾绍成说，那一次，他在医院只住了一个星期，病还没痊愈，就又回到了扶贫工作岗位上。

“自己的家在农村，原来吃不饱、穿不暖、住不好，现在老百姓的住房亮起来了，收入增加了，过上好日子的盼头更足了。”曾绍成常常这样对人说。在扶贫的路上，曾绍成来去匆忙，雷厉风行，病痛的折磨没有击垮他全身心帮扶贫困群众脱贫致富的信念。在他出行必备的摩托车上，时刻安放着他的工作手册和脱贫攻坚相关的文件资料，以及一套雨衣和一直不离身的各类药品。他，就是这样一个片刻也闲不下来的人。

三、绘蓝图，梦实现

扎根山乡，默默奉献。在39个春夏秋冬里，曾绍成担任忙怀乡副乡长，分管扶贫工作两年，自2005年以来，他便一直担任忙怀乡扶贫专干。在16年的扶贫工作中，曾绍成始终全身心走在带领各族群众脱贫致富的道路上，务实工作，履职尽责，像一条老黄牛那样勤勤恳恳，为此，同事们形象地称他为“曾牛”。

16年，5800多个日夜，曾绍成走遍了全乡11个行政村、147个自然村，深入农户3000余户，山高坡陡的村村寨寨，留下了他坚实的脚印。开展脱贫攻坚工作以来，温速村和新路村被列为忙怀乡建档立卡贫困村，这两个村的基础设施改善、易地搬迁、产业扶贫等工作，让曾绍成不敢有丝毫懈怠。在温速村上立新、下立新、岔箐、甲坝田等村民小组的易地搬迁中，曾绍成从规划、选址到地基开挖、农户建房，都不分白天黑夜地全程参与指导。有一次，曾绍成发现新路村的扶贫档案不够完善，当日下午在电话里做了详细指导后，仍不放心，晚上10点左右，他又骑着摩托车到离乡政府20多公里的新路村，与工作人员一起完善扶贫档案，而工作结束时已是东方发白。同时，为了加快产业发展，曾绍成又帮助新路村按海拔、土壤、气候规划了适合种植的经济林木和地块，并组织实施，目前已产生了良好的经济效益。忙怀乡的杨再宏、罗伟得等户，是曾绍成挂钩的建档立卡贫困户，他们经常欣慰地说，曾绍成是他们的“家长”。从规划设计到建房贷款，再到发展产业，曾绍成给了他们许多切切实实的帮助，帮他们盖起了新房、发展了产业，让他们收入一年比一年好，特别是他们住进新房时，曾绍成即便再忙，也会抽身一一到家中祝贺。

忙怀乡的贫困面宽，贫困程度深，曾绍成深知"大水漫灌式"的扶贫效果不会理想。精准扶贫，才是解决农村贫困问题的根本之策。为了落实精准识贫、精准扶贫、精准脱贫，曾绍成煞费苦心、日思夜想，先后草拟了《忙怀乡"十二五"扶贫发展规划》《忙怀乡"十三五"扶贫发展规划》《忙怀乡贫困村产业发展规划和贫困户帮扶计划》等纲领性文件。在这些规划的指导下，忙怀乡的脱贫攻坚工作路子不偏、措施得力、进展稳步，取得了良好的成绩。据统计，"十二五"以来，曾绍成共牵头组织实施整村推进项目23个，易地扶贫搬迁项目5个，美丽乡村省级重点村项目3个，产业致富工程4个，培训农村适用技术60余期，培养农村致富带头人50余人，全乡380户贫困户1465名贫困人口全部脱贫，贫困发生率降为零；农民人均纯收入从2014年的7082元增加到2018年的10582元，增长49.4%。

曾绍成是一名党龄近30年的老党员，作为老党员，他不忘初心、牢记使命，踏实践行全心全意为人民服务的宗旨。针对忙怀乡是一个以彝族、布朗族为主的少数民族乡，全乡基础设施相对滞后，群众发展意识不够强等实际，曾绍成认真贯彻落实脱贫攻坚政策措施，多方沟通协调，积极带领群众争取上级项目、资金扶持。"做规划他是好手，争取项目他是里手，管理使用资金他是能手。"有领导这样评价曾绍成，在扶贫的路上，在不到10年的时间里，曾绍成经手的项目资金达700多万元，扶贫资金达3000多万元，没有一分钱进入他自己的腰包，没有出过一次差错。有一次，在实施扶持人口较少民族发展计划中，针对如何用足、用好、用活邦六、拉弄、慢卡3个村项目计划，经过深入调查研究，曾绍成提出了"有偿无息、循环扶持、滚动发展"的新机制，着重组织群众发展生猪、黑山羊、本地黄牛和山地乌骨鸡等畜禽养殖产业。通过几年的运营，以邦六村为例，2018年，全村经济总收入达1377万元，畜牧业收入450万元，占全村经济总收入的32%，进一步拓宽了当地群众的产业致富路。

用心感悟民情，用脚丈量民生。在平凡的扶贫工作岗位上，曾绍成做出了不平凡业绩。作为一名普通的共产党员，一个普通的农村基层干部，曾绍成始终坚持把人民群众的小事当作自己的大事，从人民群众关心的事情做起，从让人民群众满意的事情做起，把全部的爱奉献在扶贫岗位上，把全部的情怀播撒在贫困群众的心灵上。在广阔的大地上，在滚滚的澜沧江边，曾绍成以赤忱之心追梦，以坦荡之怀为人，书写了一章章带领群众做规划、谋发展、战脱贫、勇致富、奔小康的壮丽诗篇。

作者简介：张伟锋，中国作家协会会员，鲁迅文学院第三十七届中青年作家高级研讨班学员。作品曾在《人民文学》《诗刊》《民族文学》等刊物上发表，著有诗集《风吹过原野》《迁徙之辞》《山水引》，曾获中国“刘伯温诗歌奖”“云南省文学艺术创作奖”“滇西文学奖”。现供职于临沧融媒体新闻社。

印象良旺茶

彭愫英

一、不忘初心

从兰坪白族普米族自治县（以下简称“兰坪县”）的县城到金顶大石桥，前往兰坪润民农产品有限责任公司（以下简称润民公司）的路上，我的脑海里浮现多年前行走盐马古道时的情景。当年，我随充当向导的表弟，从兰坪县城徒步到金顶大石桥，穿越原始森林，走上中哨房盐马古道，这段路是兰坪县盐马古道中著名的杨玉科路中的一段。我们在雪地里蹒跚前行，寻找时光深处马蹄凹槽的故事。林海雪域的风光虽然旖旎，却让我感受到沉淀在历史中的那些马帮、背夫的艰辛，思绪潜行在古道文化里。印象中，大石桥附近是一块荒地。而今，当我走上大石桥，但见荒草萋萋的坡地上已建盖起一片厂房。就是在这片平凡的厂区里，润民公司创造了一个奇迹，把兰坪大山上不起眼的两种植物——青刺尖、良旺茶的叶子变成饮后齿颊留香、回味甘甜的茶叶。兰坪县庆30年，良旺茶，这种蕴含当地人文精神与文化品位的佳茗，作为兰

接受央视采访，介绍良旺茶制作过程（右二为李加迅）

坪农产品的品牌礼物，备受州内外嘉宾的好评。清香袅袅的兰坪良旺茶、青刺尖茶，曾两次亮相中央电视台：2016年，央视每日农经栏目以《大山深处寻“神草”》为题目，曾进行详细深入的报道；2017年，央视乡土栏目再次报道。

我到厂里时，厂长张照全不在，业务经理杨宁向我展示了三个不同的包装袋，从第一代、第二代到第三代的精品包装，涵盖了良旺茶开发、发展与经营的过程，展现了润民公司一步一个脚印的成长痕迹。管门人李水生深情地向我讲起了良旺茶的创业故事，讲起了本土农业专家李加迅以技术促动产业，以产业带动乡亲脱贫致富的历程。我被李加迅的故园情结和人文情怀深深感动，不由得开始想象当年走在古西南丝绸之路上的马帮，在途经盐马古道大石桥时，马锅头从良旺树上摘下嫩叶细嚼的情景。李加迅是盐工后代，中国第一个加工良旺茶的创始者，他是怒江傈僳族自治州农校农学专业毕业生。2000年8月，原州师范、州卫校、州农校、州财校合并成为怒江傈僳族自治州民族中等专业学校，而我在该校当老师。与其同出自这所学校，这令我特感亲切。当我再次深入兰坪县盐马古道进行调研时，于古今变迁里，深切感受怒江傈僳族自治州脱贫攻坚战的种种艰难，李加迅的风采让我钦佩不已。这个在兰坪县基层农技站摸爬滚打了十多载，在农业战线上脱颖而出的能人，这个被老百姓亲切地称为“土专家”的专业技术人才，这个在新时代给予的平台上施展抱负的当地人——李加迅，在我的印象里并没有什么超乎常人之处。他身材高大，理着一个普通的盖头，穿着朴素，说话平和，为人朴实。

李加迅（蹲在地上讲授栽培技术者为李加迅）被乡亲们亲切地誉为“土专家”

此行前，我曾经到金顶大石桥拜访过润民公司，参观过良旺茶加工车间，与李加迅有过接触，茶香飘逸中憨厚的笑容，给我留下深刻印象。再次参观良旺茶车间，倾听有关李加迅的创业故事，我虽没见到这个良旺茶的灵魂人物，但感觉到他的精神无处不在。他奋战在扶贫攻坚的前线，不曾料想我会再次来到金顶大石桥采访他的事迹，再次通过品味良旺茶来阅读他的创业故事。在远隔兰坪县城100多公里的中排乡大土基村，李加迅有3个身份：兰坪县农业局推广中心主任、大土基村第一书记、驻村扶贫工作队队长。以李加迅为首的驻村扶贫工作队免费给大土基村村民引进长锐、长剑、湘辣77、火丰4种优质辣椒种子，并对村民进行种植、管理技术培训，提高他们种植技术水平，增强村民生产种植的信心。在他们的不懈努力下，建档立卡户种辣椒的收入提高了，村民们的收入比往年增多了。李加迅还研究反季节辣椒种植技术，以此拓宽辣椒销路，切实让辣椒成为大土基村群众增收致富的一大产业。

怒江傈僳族自治州是古西南丝绸之路的重要通道，在没有公路的过去，马帮铃铛和背夫歌谣组成了茶马古道历史记事的原始版本。怒江傈僳族自治州辖地内的4个县，泸水市、福贡县、贡山独龙族怒族自治县的古道被称为茶马古道，因为兰坪县产盐，故兰坪县辖地内的古道被称为盐马古道。金顶镇地处沘江河畔，处在盐源富集地带，拥有多个盐井，其中的老姆井是国家级文化遗址。李加迅的老家箐门就在老姆井附近，其祖辈在盐井上做事。他从小就听着父辈口述老姆井的故事，头脑里早就浸透了老姆井盐文化，对老姆井有着与生俱来的情结。所以，以他为核心的润民公司开发的良旺茶和青刺尖茶，注册商标名都称为“老姆井”。

兰坪县地处横断山脉纵谷地带，对于20世纪六七十年代出生的农家子弟来说，童年记忆中最好的糖果就是摆在供销社里的硬糖、牛奶糖。但这个很奢侈，生活窘迫的农家子弟极少有人有钱去供销社买糖果吃。至于“口香糖”，箐门村里的孩子们根本不知道这个词。跟着父母时常走山道去干活的李加迅，走得口干舌燥，学着父母的做法，随手摘下良旺树上的嫩叶放进嘴里咀嚼，初时有点苦，但越嚼越感到回甘回

进村入户调查贫困户情况（左一为李加迅）

甜。嚼过良旺茶，在溪边蹲下来，掬起溪水喝上几口，那甘甜直沁心脾，不仅解渴解乏，还消暑。李加迅自豪地说，他的童年也有“口香糖”可嚼。他所说的“口香糖”，是指良旺树枝的里皮。他和小伙伴们上山找菌子、放牛或者找柴火，他们把良旺树枝的外皮剥掉，扒下里皮嚼了起来。嚼吃良旺树枝里皮，不习惯的人还真适应不了初嚼时的苦涩，随之而来的是浓浓的薄荷与生姜混合的味道，而后是淡淡的甘甜味。箐门村的孩子们嚼着属于自己的“口香糖”，越嚼越来劲，他们喜欢这股大山馈赠的口感。“嚼口香糖与嚼良旺树枝的里皮是同样的原理。”提起童年嚼“口香糖”一事，李加迅笑着对我说。

每年夏至，金顶街菜市场就多了一种野菜，那就是良旺树上的嫩叶，当地人称之为“宝金刚”。宝金刚嫩叶是当地人喜爱的野菜，人们喜欢与火腿一起炒着吃，或者做成凉拌菜。

2012年5月里的一天，李加迅拿着一枝宝金刚问李水生：“你认得这个吗?”

“认得，这是宝金刚，小时候我们常吃它的叶子，嚼啃它的里皮。”李水生有点奇怪，问李加迅，“哥，你拿这个做什么?”

“我在想，能不能把这个宝金刚开发成产品。”李加迅沉吟着说。

李水生并没把李加迅的话当作一回事，李加迅脑袋瓜里时常会蹦出一些新奇的想法，想着跟大地要农业，跟大山要产业，希望让乡亲们的钱袋子鼓起再鼓起，这不是稀奇的事。这令人不稀奇的事显示出李加迅爱“折腾”的性格，在石登农技站、在金顶农技站工作时，李加迅就是一个爱“折腾”的角色。

一个星期后，李水生接到李加迅的电话，对方委托他查找有关宝金刚的资料。弟兄俩分头行事，他们多方查找，终于得知宝金刚学名叫良旺茶。他们还找到了记载良旺茶的古书，对良旺茶的药用原理更加了解。既然良旺茶可以入药，那么它还可以入茶吗？想起小时嚼“口香糖”的情景，想起在山上吃过的良旺树鲜叶，想起吃过良旺树鲜叶后喝溪水时在舌尖上的回甘，李加迅心里萌发出把乡土记忆转化到茶饮中的心愿。民间有“一日无茶则滞，三日无茶则病”的说法，驮载盐马古道文化记忆的良旺茶、青刺尖，从大山上的植物变成寻常百姓家的茶饮，并走出大山，流向远方大都市，引发山外各方游客来兰坪观光旅行，感受古西南丝绸之路沿线的风土魅力，那该是多么美妙的事啊！

一个月后，李加迅给李水生打来电话，告诉李水生，宝金刚可以开发，他打算做成茶。“良旺茶？”李水生有点吃惊。“对，良旺茶！”李加迅口气坚定。本是同村人，加之从小就是总角之交，一起长大，李水生知道李加迅的脾气，只要是他认准了的事情，一定有他的道理。正巧，李水生有位亲戚是临沧人。临沧是世界著名的“滇红”之乡，世界种茶的发源地之一。李水生打电话给亲戚，希望亲戚帮忙找茶厂，亲戚一口答应。五六月份是宝金刚上市的旺季，金顶街上随处可见有人贩卖宝金刚的嫩叶，一元五角钱一斤。李水生受李加迅委托，到金顶街上收购了五六百斤宝金刚，放在泡沫塑料箱里。一辆满载着宝金刚的越野车从兰坪县城出发了，直达临沧云县大仓镇。当夜，他们把车开入酒店的仓库。一打开车门，清香扑鼻，车子及箱子里挂满露珠。第二天，亲戚带着他们把宝金刚拉到茶厂加工，一车宝金刚加工成200斤左右的茶叶。李加迅和李水生站在茶厂师傅旁边，用心学习如何加工茶叶，并拍下制作茶叶的机器型号，以备日后有用。

良旺茶加工出来后，李加迅随即泡了一杯试喝。水气袅袅上升，他端起杯子细闻，清香扑鼻，喝了一口，忍不住再喝一口，甘甜清肺。这杯茶，更加坚定了他开发良旺茶的决心。决心已下，但他的心还是悬着，因为兰坪县金顶镇处在铅锌矿床区。作为茶叶，良旺茶里的重金属及有害物质含量是否超标？两人拉着加工好的茶叶，马不停蹄从临沧赶往省城昆明，到省农科

品味良旺茶、青刺尖（左二为李加迅）

院找人进行化验。省农科院国家农产品检测中心的工作人员看到良旺茶，都感到稀奇。检测中心化验了30多份良旺茶，干的、湿的都有。检测结果一时半会儿出不来，李加迅和李水生先回了兰坪。20多天后，他们接到了省农科院邮寄来的化验结果，化验报告写得明明白白，良旺茶里没有重金属和有害物质及农药残留等。李加迅悬着的心放了下来，随即着手贷款，落实加工良旺茶厂房区租地及签订协议，一切手续齐全后，开始建盖厂房。这个认准了事就毫不含糊去做的白族汉子，在亲友和乡亲们的鼎力支持下，在金顶镇大石桥边建起了毛坯彩钢瓦铁皮房，这既是润民公司最初的办公地，也是公司最初的茶叶加工厂。一年多后，润民公司现今所见的良旺茶加工厂房和公司办公楼破土动工。

我与表弟徒步盐马古道中哨房路时，金顶镇大石桥这段路还是泥巴路，润民公司在此办起良旺茶加工厂后，这段路变成了柏油路。加工厂区里栽种着良旺树和青刺尖树，我捧着树叶细细观赏，突然觉得，2018年暑假，我深入兰坪县盐马古道做调研时，走累了口渴了，随手采摘良旺茶咀嚼，喝口山泉水，那般滋味，必定羡煞神仙。若是坐在金顶大石桥良旺茶厂区，泡上一杯香茗，品尝个中滋味，心头浮起悠悠思绪，任谁都会情不自禁地赞叹：这良旺茶真不简单。

二、酸甜苦辣创业梦

2012年年底，李加迅带着李水生、张照全到普洱考察茶厂和茶叶加工，参观产品采收、制作过程。之前，李加迅与李水生把良旺茶叶拉到临沧云县加工时，他们在茶厂拍摄的机器上有厂家的联系电话。打电话过去，才知生产茶叶加工机器的厂家在思茅。当时，昆钢中层干部张智在金顶镇担任新农村工作队队长，他对李加迅挖掘地方特色生物产业，带动乡亲致富的想法和做法赞赏有加。因业务关系，张智认识思茅茶叶加工机器的厂家，并介绍给李加迅。张智与李加迅一起到思茅，购回生产良旺茶的机器。

机器买回来了，但如何加工良旺茶，这是李加迅面临的又一大难题。2013年清明节前，润民公司请来了福贡县老姆登茶厂的一位资深师傅，前来指导制作良旺茶、青刺尖茶。老姆登茶是怒江傈僳族自治州开发较早且久负盛名的茶叶品牌，师傅是富有经验的制茶巧匠，对于加工制作良旺茶、青刺尖茶满怀信心。福贡县老姆登茶是一种绿茶，它与兰坪县的青刺尖、良旺茶叶质叶形都不一样。师傅凭借其制作老姆登茶的经验来加工良旺茶，过程中出现了很多问题，比如粘锅、加工后的茶叶在视觉上不像茶叶、把良旺茶炒碎了、茶叶卷不起来……师傅想尽一切办法，研究了一段时间后，制作出来的良旺茶还是失败了。10多天过去了，面对机器，师傅感到束手无策，只好辞别润民公司，离开大石桥，满怀遗憾地回到福贡县老姆登村。

师傅走后，李加迅和张照全没有放弃制作良旺茶的试验，他们从箐花村收购鲜茶叶，以便试验所用。润民公司是第一家制作良旺茶的企业，没有前例参考。他们不断总结、调整工序。李加迅专程到昆明茶叶研究所，请所里的专家到兰坪金顶大石桥来。经过不断研制，终于把茶叶做出来了。良旺茶加工出来后，李加迅又琢磨上了青刺尖。古书记载，良旺茶别名白鸡骨头树、金刚散、山槟榔，药用全株，甘，微苦，凉，清热解毒，止痛，主治急性咽炎、急性结膜炎、骨折、风湿腰腿痛、消化不良、腹痛、月经不调等。青刺尖药用叶，淡，微辛，平，活血散瘀，接骨消肿，补虚，主治骨折、枪伤、贫血。良旺茶可以入茶，青刺尖能否入茶呢？有了做良旺茶的经验，开发青刺尖茶顺畅得多了。从请老姆登师傅，到昆明茶叶研究所专家教授前来帮助，直到良旺茶、青刺尖茶做出来，这一过程，耗时耗人工不算，光消耗掉的良旺茶、青刺尖鲜叶就有5万多元。

每年五六月是采摘良旺茶鲜叶的季节，而四五月是采摘青刺尖鲜叶的季节，两种鲜叶可以连续采摘3个月。呈现在消费者面前的良旺茶，需要经过的工序有清洗、控水、杀青、揉捻、解块、两遍烘干、翻炒、一遍烘干、冷却、装袋入库、分拣、包装、上市。这么多工序！捧起一袋良旺茶，倍感个中分量，其中包含着多少人的辛苦汗水。制作良旺茶比制作青刺尖难，杀青、揉捻各个环节要把控精准，稍有不慎，便功亏一篑。入锅及炒制掌握不当，就容易粘锅、结块，成不了茶叶的形状。翻炒时间过短，茶叶形状不佳；翻炒时间过长，就容易造成碎茶，所以掌握好翻炒良旺茶的时间至关重要。严苛的制茶工序对于润民公司来说，是其创业时的含泪记忆。

润民公司收购的良旺茶鲜叶主要来自金顶镇箐门，部分来自金顶镇干竹河、拉井镇、通甸镇、大理白族自治州（以下简称“大理州”）云龙县。青刺尖鲜叶每斤7元，良旺茶鲜叶每斤10元。良旺茶开发上市后，润民公司产出的茶叶逐年增多。2018年，公司收购青刺尖鲜叶2.8万多斤，收购良旺茶鲜叶4万多斤。目前，良旺茶已销售到北京、上海、珠海等地及韩国。通过电子商务，除青海、西藏、内蒙古以外，在淘宝上良旺茶、青刺尖茶的销售范围已涵盖全国，散装良旺茶每斤价格300元，散装青刺尖茶每斤价格200元。

2013年7月，润民公司开发的良旺茶、青刺尖茶首次参加云南省农博会，作为兰坪县特色产品在怒江傈僳族自治州柜台展出。李加迅和李水生带着第一代良旺茶、青刺尖茶叶，作为公司代表参加农博会。在这次农博会上，润民公司报价茶叶3万元，卖出去2万多元。2014年的农博会，李加迅带着良旺茶业务经理杨宁参加。2015年至2017年的农博会，都是业务经理杨宁与和桂聪参加。和桂聪是兰坪县石登乡人，他从昆明理工大学毕业后，在电力科学院工作。他喜欢兰坪的土特产，自己开了一个展览馆，把怒江傈僳族自治州的特色产品放展出售。农博会期间，他帮助杨宁销售良旺茶。2019年，润民公司再次出席农博会。杨宁跟我描述参加农博会的情景，讲到搬运茶叶，说“就像打仗一样”。除到省城参展农博会，良旺茶还到北京、珠海展览过。良旺茶在北京展览时，有个因孩子在京城工作而随之到京城定居的兰坪人，闲逛展览馆时，发现了良旺茶，他激动地买下了好几盒，这是来自故乡的特产，唤起他深藏心底的乡愁。这位客居京城的兰坪人，还与李加迅保持了长时间的联系。

从2013年到2018年，润民公司开发良旺茶、青刺尖茶，在6个年头里经历了三代产品的研发，可谓荆棘满途，步步惊心。三代良旺茶、青刺尖茶礼品盒的细微变化，可以看到这家地处滇西北的民营公司不断改进其产品的过程，从中体现出经营者敏锐的市场触角和不懈的开拓精神。尤其值得一提的是2016年，润民公司申报良旺茶、青刺尖茶专利得到批准，获得专利号。作为良旺茶产业的开发者，李加迅于2014年被评为怒江傈僳族自治州劳动模范。

兰坪县发展三棵树，即核桃、花椒、青刺尖。良旺树和青刺尖树都是常绿灌木，也是可持续发展的再生资源，属于退耕还林中的一个树种。润民公司开发良旺茶、青刺尖茶受到了多方的关注扶持，兰坪县各级领导多次亲临良旺茶厂房和基地视察。良旺茶的开发也受到了挂钩扶贫的上海交通大学和珠海的帮助。上海交通大学协助研发的良旺茶手工皂、精油已上市。珠海帮扶注入润民公司资金，用于良旺茶基地建设。目前，帮助公司收购良旺茶，以及在公司做事的建档立卡户有32户。2019年兰坪县脱贫出列，在后续产业发展中，润民公司可以解决兰坪县易地搬迁户部分就业。

新时代赋予农业科技工作者展开追梦的翅膀，良旺茶故事是古道变迁中的精彩一笔，谱写出兰坪县盐马古道崭新的精神风貌和文化风采。

三、上阵父子兵

金顶镇箐门村仁和小组，一座普通的农家小院里，绣球花开得灿烂。两位70多岁的老人正在忙碌着。老阿妈在东屋走廊上收拾背篓，旁边有一箩苞谷，青青的苞谷皮还没剥开。老阿妈脸上挂着汗珠，身后是一小堆洋芋。平房里酒香扑鼻，老阿爸正专心地接住从甑子里流淌出来的酒液，他身边立着大大小小的酒坛。走进这个农家小院，感觉就像回到澜沧江畔的老屋一样。这座开满鲜花的农家小院正是李加迅的老家，两位慈眉善目的老人正是李加迅的父母。

成功人士背后离不开家人的支持，而在李加迅身上，成功的李加迅背后也站着一位不平凡的父亲。这位令人尊敬的父亲名叫杨继文，是兰坪县金顶镇仁和种植专业合作社（以下简称仁和合作社）的社长。

2011年7月，时年67岁的杨继文老人创建兰坪县金顶镇仁和种植专业合作社，其社员有11户。仁和合作社收购菌类、豆类、中草药，种植重楼、金铁锁等中药材。成立合作社以前，杨继文老人在村里是有名的养猪和种植中药材的能手，也精于酿酒。当时，箐门村的农作物比较多，时常出现农产品滞销的情况。杨继文成立合作社后，给社员们搭建了一个互帮互利、资源共享的平台。仁和合作社抱团取暖的方式，得到李加迅的赞赏和支持，他不知不觉地参与进来，一心要为乡亲们做点事。他弄来了桔梗种苗，赠给合

李加迅的坚强后盾——父亲杨继文（左一）与乡亲们亲切交谈

作社种植，待药材收获时，他找药材商来村里收购。2012年，他又弄来附子种苗，提供给社员们种植，叮嘱社员们要保留种子，结果却被社员们卖掉了。附子价钱便宜，合作社的社员们种了一年后，没有再种下去。从2013年开始，合作社的社员们只种重楼、金铁锁。金铁锁俗称独定子，种了两年后，也没有再种下去，而重楼一直到现在还种着。在李加迅的指导下，有的社员留着重楼籽种再繁殖扩大种植，通过李加迅搭桥卖了好价钱，每年出售重楼籽种收入1万多元。作为合作社的社长，杨继文种植重楼已有多年经验。我到仁和小组采访杨继文老人时，正是2018年暑假。老人家告诉我，2019年他家光重楼一项收入就有8万元。

金顶镇推广种植油牡丹后，土地流转给油牡丹公司，每亩800元，如果土地的主人参加除草的话，每亩流转金再加700元。箐门村的乡亲们因此不再种芸豆、苞谷、洋芋等农产品。他们种植油牡丹以前，所种农产品遇到销售困难时，村里人就找李加迅。李加迅总是想法设法为村民解决燃眉之急。为乡亲们做事，为贫困户解决实际困难，能够用自己的技术优势帮助并带动乡亲们脱贫致富，一直是李加迅的心愿。他一直在琢磨和寻找着合适的产业，这个在大山里长大的农家孩子，这个与大山不断打交道的农学土专家，这个自幼被盐马古道文化浸润的金顶箐门人，在我深入兰坪县8个乡镇做盐马古道课题研究的旅途中，给了我深刻的感触。当我去查看老姆井遗址，走进老姆井村，深入基地观察良旺树，与建档立卡户坐在小溪边交谈时，我感慨地想，新时代给予李加迅施展抱负的平台，他开发良旺茶、青刺尖茶，这是天生注定的缘分。

作为仁和合作社社长，为了做好示范，杨继文老人特地前往大理州宾川县学习种植中草药技术，当了5天学徒。说起发展产业及做生意，杨继文老人感慨不已，当农民不仅得会种植，还需要了解市场行情。可市场这个，谁也不好预料，没有精准的预测专家，在箐门村村民心目中的能人李加迅也有马失前蹄的时候。杨继文从电视上看到金铁锁的报道，吩咐儿子李加迅买这个药材籽种。李加迅从迪庆藏族自治州维西傈僳族自治县买来金铁锁种子，2000元1斤。杨继文老人选出两亩地来栽种，当年收获70斤金铁锁种子。不料，金铁锁种子价格在市场上居然一落千丈，暴跌到500元1斤。杨继文老人已投入成本近4万元，成本收不回，还倒贴亏损，这一年的辛苦劳动白费了。父子俩没有抱怨一句话，反而互相鼓励，在田地上尝试种植中药材，想寻找到最适合的产业发展路子。他们都有个心愿，那就是带动乡亲们一起致富。“做生意有垫本，投资有风险，做坏事付出代价，借钱要还。”这是杨继文教育孩子们做人的道理。种植中药材，附子价格偏低遭到抛弃，金铁锁虽然丰收，但在市场波动中惨遭损失，最终选定并坚持种植重楼而赚了一桶金，对于父子俩来说，这些经历都是正常的事。发展产业，李加迅有一块最好的试验地，这块试验地就像一艘希望之舟，满载着他的梦想。无论狂风暴雨，或者风和日丽，希望之舟都稳稳当当地破浪向前，因为这艘船的掌舵人是李加迅那可亲可敬的父亲。

箐门村仁和小组背靠金鸡寺，晨钟暮鼓，一代又一代箐门人讲述着老姆井的历史。老姆井是兰坪县开发时间较早的盐井，属国家级文化遗产。20世纪90年代，杨继文在金鸡寺管理委员会当副主任兼会计，这个职位一做就是10年。金鸡寺庙祝段祖德的孩子反应迟钝，段祖德担心孩子，叮嘱杨继文“以后我死了，帮我娃娃安排庙子上的活”。一年后，庙祝去世了。杨继文后来离开了金鸡寺，一心养猪、酿酒以及种中药材，发展家庭经济，但他没有忘记庙祝的嘱托。他决定成立仁和合作社，把贫困户、困难户、残疾户吸收到合作社里。这并不是让他们等靠要，而是引导他们并示范怎样种植，通过合作社的抱团取暖，给予他们人性关怀，鼓励他们身残志坚。李加迅出任润民公司老总（之前，老总是另一人），开发良旺茶产业，也考虑到金顶镇箐门村有一部分因残疾致贫的家庭，这些残疾人可以干活。给予他们就业机会，帮助他们的家庭走出贫困，父子俩的想法不谋而合。仁和合作社里，有一半左右是残疾人。庙祝有6个孩子，其中两个有残疾，他们在合作社里受到较好的关照。李加迅在金顶农技站工作时，挂钩扶贫村里最困难的李润才家，李润才家也成了合作社中的一员。

春节期间，人们到金鸡寺游览，但见路边有茶摊，杨继文老人冲泡了良旺茶，免费招待路人游客。口渴疲累的行人坐在茶摊前，喝上一杯香茗，甘甜驻心。曾经在金鸡寺任职的杨继文老人，他慈善的笑容就像清香的热茶，温暖了人们往来金鸡寺的记忆。

润民公司成功开发良旺茶、青刺尖茶后，惠及箐门村民，乃至金顶镇百姓。拉井镇、通甸镇这两个乡镇适合良旺树生长，当地老百姓采摘了良旺树、青刺尖嫩叶，带到金顶大石桥卖给润民公司茶厂。同样，大理州云龙县的百姓，他们也将采摘到的良旺树、青刺尖嫩叶带到金顶大石桥，增加搞副业的收入。

每年收购良旺树、青刺尖嫩叶，加工制茶，仁和合作社成了强有力的根据地。收购鲜叶时，老社长杨继文和他的老妻成了挑选鲜叶嫩叶的带头兵。他们坐在大簸箕前耐心地挑选。以前，良旺茶、青刺尖除了出现在箐门人的餐桌上外，还用于祭祀活动。良旺茶用于退口舌仪式，青刺尖用于驱鬼。而今，良旺茶、青刺尖茶就像从灰姑娘变成了高贵的公主，从乡野登上了大雅之堂。它代表着兰坪的品牌名片，成了茶文化中一道亮丽的风景线。在录音机里放上一盘白族调，挑选良旺树、青刺尖嫩叶的箐门人，喜悦发自内心，溢于言表。清香扑鼻的茶叶呈现在众人面前，良旺茶颜色较浅，显得轻盈；青刺尖颜色较深，显得厚重。良旺茶、青刺尖茶放在精美的礼品盒里，成了兰坪特产中“高大上”的礼品。

乡村脱贫规划蓝图（右二为李加迅）

2013年12月，仁和专业合作社被认定为“云南省林农专业合作社省级示范社”，云南省林业厅、省财政厅、省供销社颁发荣誉证书。现今，仁和合作社的社员已发展到了117户，带动建档立卡户35户。

暖暖良旺茶，悠悠仁和情。沘江河畔，兰坪人打响脱贫攻坚战，演绎上阵不离父子兵。

四、扶持贫困户

顺着马踏箐河逆流而上，我们前往陡箐山良旺茶基地。正巧碰到几个背着茶树苗的箐门人，他们开心地告诉我，良旺茶基地要扩大种植。我们一路同行，路上山青林密，岩石嶙峋，山路蜿蜒，溪水潺潺，小鸟啁啾。不知走了多少路，到了一个较为开阔的地方，但见几只鸡正在寻觅草虫，河畔一座简陋的石棉瓦房映入眼帘。房子周围，蜂箱分布有序，顺着山势延伸。这座简陋的石棉瓦房就是良旺茶基地的核心，是仁和合作社的另一个战场。基地负责人李家雄，他是合作社社长杨继文的小儿子。

良旺茶是常绿小灌木，属于五加科，生长在海拔2400—2700米的山坡上阴凉、潮湿的灌木丛中。掌状复叶，复叶虽然相似，但叶片数目不同，有3—6片，没有固定。叶片两头尖尖，边缘有稀疏的锯齿，形状有点像柳叶。基地上的良旺茶长势良好，山风吹拂，青青的叶子频频向我们点头问好。李家雄裤脚上沾满泥土，忙前忙后。同行者放下背上的东西，在石棉瓦房旁边小憩，他们告诉我，背来的良旺茶树苗来自大理州云龙县。昨天，李家雄带着他们去云龙山上收购种苗。作为良旺茶基地的负责人，李家雄从云龙回来，顾不上休息，顾不上拍掉沾满裤脚的泥巴，就马不停蹄地忙乎起来。

马踏箐河有段人工修建的水塘，可以看见鱼儿在清澈的水里游动。陡箐山上，山花若隐若现，沿河进入基地的路边种满月季及其他花卉。李家雄向我们介绍基地发展状况，这个朴实的庄户人讲起他的基地梦时，平静的表情难以掩盖自信。待条件再成熟一些，李家雄打算在基地上搞简易农家乐，让县城百姓在周末有个好去处。品味良旺茶香，也品尝佐伴良旺茶的菜肴。尤其是通过采摘良旺茶，让城里人亲身体验采茶的乐趣，领会建设生态家园的意义。如果不做深入采访，是无法理解金顶人如何爱护良旺树的。为了保护茶树，人们在采茶时，会用一只手轻轻捏住叶柄，另一只手一片一片地摘下嫩叶。“绿水青山就是金山银山”，领悟习近平总书记这句话的要义，人们对良旺茶树愈加爱护。良旺茶基地扩大种植面积，正是润民公司与仁和合作社生态建设发展理念的体现。

种植培训授课风采（站立讲课者为李加迅）

极目风景怡人的良旺茶基地，不由得追溯基地建设的过程。兰坪县大力发展高原中药材、花卉、核桃、漆树、青刺尖茶、良旺茶等特色生物产品，润民公司以此为契机，结合兰坪县打造绿色品牌策略而大胆创新。2013年，润民公司与仁和合作社建立了合作关系，以“公司+合作社+基地+贫困农户+产品”模式，流转宜林地1102亩。润民公司将仁和合作社社员的林地整合流转发展生物产业，仁和合作社主要负责基地建设及提供良旺茶、青刺尖茶原料。基地建设需要大量的劳动力，润民公司统筹产业发展全局，大量吸收农村剩余劳动力及贫困人口。仅以良旺茶种植一项为例，每年可以安排困难户参与种植8个月，人数达到120人；安排贫困户采集良旺茶鲜叶、青刺尖茶鲜叶5个多月，人数达150人；安排贫困户参与加工茶叶5个月，人数达35人。参与良旺茶、青刺尖茶采集、加工的贫困户平均每天每人劳动收入约120元，带动建档立卡贫困户77户。

怒江傈僳族自治州打响了脱贫攻坚战，怒江人众志成城，为确保如期实现脱贫摘帽的目标任务而努力奋斗。润民公司与仁和合作社针对周边贫困人口比较集中及致贫类型，依托产业扶贫、技术扶贫，安排贫困人口就业，建立多种扶贫方式，积极投入兰坪县的脱贫攻坚战中。润民公司主动联系贫困户，积极动员贫困户参与基地种植、茶叶采集和加工；对于没有劳动力的贫困户，润民公司优先租用该类农户的林地，或折入股份，令其靠租金、股金增加收入。因身体残疾致贫的贫困户，润民公司根据其残疾程度，鼓励安排其就业，积极投入相应资金保障其劳动收入。同时开展实用技术培训，通过技术扶贫，让贫困户提高劳动技能，增加收入。

参观陡箐山良旺茶基地，从一棵茶树到另一棵茶树，让我体会到生态家园建设中的火热情怀。与在基地里干活的几位建档立卡户促膝交谈，他们如数家珍，说起自家的情况，对润民公司与仁和合作社开发良旺茶给他们带来的就业实惠充满感激。

关于建档立卡户与良旺茶基地的故事，仅以箐门村仁茂小组为例：段银华是残疾人，妻子是哑巴，夫妻俩是仁和合作社的社员，在良旺茶基地打工，短时4个月，长时半年。有时他们的孩子也会来基地帮工，增加一些收入。施忠诚家也是建档立卡户，有4口人，妻子耳聋残疾，两个孩子在读书。良旺茶基地建立后，夫妻俩便有了打工机会，通常能做上半年。基地没活干时，施忠诚就到外地去发展。他说，虽然外地打工收入多一些，但开销也大，比较下来，还是在家门口打工较好；在基地当管理员的赵神灿，他家也是建档立卡户，有7口人，他的4个孩子中，有2个是残疾人。与他们同住的兄弟也是残疾人。赵神灿木讷，话不多，他的妻子段吉宝善谈。她说，良旺茶基地建起后，我们家是最大的受益者。说起良旺茶基地，她感激万分，说与他们家同住的丈夫兄弟是一级残疾。他们的4个孩子，大女儿到贡山打工去了；老二小时患小儿麻痹症落下残疾；老三小时候跌倒而导致残疾，不能干活，只能在家做饭；老四读书，却体弱多病。家庭无法承担医疗费，至今还欠着部分药钱。段吉宝感激地说，良旺茶基地建立后，公司与合作社特意照顾她家。基地上有两个长工，一个是负责人李家雄，一个就是自己的丈夫赵神灿。丈夫是基地管理员，每月都有固定的工资收入，她与二儿子是基地短工，每年在基地工作半年左右，没活干时，母子便到县城或外地去打工。她那读书但又多病的孩子，也没少受到公司与合作社负责人的照顾。

家住箐门村石登小组的两个建档立卡户家庭接受了我的采访。李来益家户口上只有她与丈夫两人，女儿们出嫁后各立门户。大女儿一家是建档立卡户，搬回娘家住。李来益的丈夫患有腰椎间盘突出，做不了重活。一家人的生活拮据，幸得良旺茶基地负责人照顾，安排李来益在基地工作，一干就是4年。良旺茶基地的建立，大大缓解了李来益家的困窘局面，其感激之情溢于言表。李宗贵家也是建档立卡户，她丈夫脚上有血栓，只能在家喂猪、做

良旺茶基地的建设者们（右二为李加迅的兄弟李家雄）

点家务，而她患有甲状腺病和肾结石，曾到昆明、下关做手术。2018年7月，她到良旺茶基地打工。

在金顶镇采访，人们给我讲起润民公司的故事，这些故事充满人间温情。润民公司人性化的管理，体现在爱护与体谅，给予员工关怀和温暖。随着公司业务发展壮大，收购良旺树、青刺尖鲜叶量也随之增大。公司员工建议老总李加迅降低收购价格。但李加迅说，老百姓从山上找回良旺茶鲜叶很辛苦，赚几块钱不容易，咱们公司宁可少赚钱，也不降低收购价，要保证老百姓的收入。有时，乡亲们从山上找来的是老叶子，不符合收购的质量标准。李加迅深知乡亲们上山采茶不容易，还是让员工收购了。待乡亲们走后，公司员工进行筛选，把老叶子拣出来丢掉。润民公司从不拖欠乡亲们的货款和民工的工钱，遇到公司资金短缺时，李加迅会向亲友借凑或向银行贷款。

心系贫困群众，润民公司老总如此，员工也是如此。有一次，有位老人听说金顶镇大石桥有人收购青刺尖，于是上山采摘，背着一背篓青刺尖走到润民公司所在地。公司员工对老人采摘的青刺尖进行验收，均不符合制作茶叶的标准，且无法分拣，可以说是废叶。厂长张照全觉得老人不容易，便给了路费。公司这样补贴吃亏的事，远不止一两件。

大理州云龙县有个小伙子，听说兰坪县金顶镇大石桥的茶厂收购良旺茶、青刺尖鲜叶，便发动当地老百姓采摘青刺尖，他由此收购了300斤左右。他把青刺尖拉到金顶镇大石桥，因没有经过采茶的专门培训，也不知道制作青刺尖茶对鲜叶的要求，这批货基本上都是单片嫩尖，且在运输过程中，很多叶子被压烂了，无法通过验收。厂里的专业技术人员对这位来自云龙县的小伙子进行指导，以小伙子运送来的青刺尖叶子作为基础进行讲解培训，告诉他这次虽然亏损近2000元，但不要灰心，只要按照厂里良旺茶、青刺尖鲜叶的标准进行收购，是有机会赚回来的。在接受技术人员培训后，小伙子回到云龙，再次收购茶叶时没有出现失误，拉到厂里验收都合格。茶厂有意培养这位小伙子成为茶厂的原料供应商，小伙子也有这个意向。为了保证当地群众的利益，金顶镇大石桥良旺茶厂要求这位云龙来的小伙子不能压低当地的茶叶收购价，要求他最多每斤赚1元。小伙子被茶厂老板心系群众的真情感动，答应了要求。就这样，这位云龙来的小伙子成了茶厂可靠的长期供应商。

荣誉证书对于一家公司来说，是对其发展足迹和事迹的认可。润民公司的项目“怒江野生青刺尖和良旺茶深加工产品开发示范”获州农业局颁发的2013—2014年度怒江傈僳族自治州农业科技奖二等奖。2015年1月，润民公司荣获云南省科学技术厅颁发的“云南省科技型中小企业认定书”。同年12月，荣获怒江傈僳族自治州农业产业化经营协调领导小组颁发的“农业产业化经营州级重点龙头企业”证书。2016年9月，荣获云南省工业和信息化委员会、云南省财政厅授予的“云南省省级成长型中小企业”称号。同年11月，良旺茶基地被县残联授予“兰坪县残疾人种植示范基地”。

“全面建成小康社会，最艰巨最繁重的任务在农村，特别是在贫困地区。没有农村的小康，特别是没有贫困地区的小康，就没有全面建成小康社会。”我走在沘江畔，情不自禁想起了习近平总书记的话。从一个季节走入另一个季节，从一个年头跨步进入另一个年头，从一个贫困户家庭到另一个贫困户家庭，随着采访的不断深入，润民公司、仁和合作社与当地老百姓间的故事俯拾皆是。李加迅就像雪山上飞翔的雄鹰，用专业技术带动良旺茶产业，而良旺茶产业带动箐门村贫困户脱贫致富。李加迅把深入学习贯彻习近平总书记关于扶贫工作的重要论述付诸实践，展现出农业科技工作者立志建设美丽家园的伟大胸襟。

“茶的滋味，大抵在其或苦或甜，或浓或淡的色味交织之中，品出一种淡定的人生，一种不可释怀的人生，一种笑看风轻云淡的人生。”行走在金顶镇中，耳听沘江流水声，我突然想到这句有关茶的唯美句子。“老姆井”良旺茶和青刺尖茶，何尝不是一种人生！

“收购良旺茶啰——”

作者简介：彭愫英，白族，云南省怒江傈僳族自治州人，笔名沧江霞衣，中国作家协会会员，鲁迅文学院第三十七届中青年作家高级研讨班学员。出版发行长篇小说《枣红》、散文集《追风逐梦》等共6部。作品入选多种文集，荣获省级、国家级奖若干次。获评怒江傈僳族自治州首届“怒江名家”。

英雄下夕烟

邓慧娟

高贵的理性，智慧的举动，伟大的力量，崇高的灵魂。人的礼赞是对伟大斗争的无悔牺牲，人的颂扬是对伟大工程的忘我奉献，人的讴歌是对伟大事业的真情付出，人的归属是对伟大梦想的承前启后。这是一个以人为本、命运共同的时代，这是人才迁徙、定点帮扶的杰出成果。

脱贫攻坚的旌旗飘扬在祖国的山河大地，消除绝对贫困的号角吹响在每个角落，个人，家庭，社会，从未因一项为生民立命的事业而如此紧密地联系在一起。

财政部定点帮扶云南省丽江市永胜县，是一个团队的倾情倾力，从此永胜沟壑山岭田间地头布满了他们的脚印。

仁为己任，任重道远

——记财政部定点帮扶工作队队长魏高明

仁者爱人，义者顺时。爱是对贫困的悲悯，是对穷苦的扶持，是对落后的改变，是老吾老以及人之老，幼吾幼以及人之幼的一视同仁；是不断增长的美好生活需要，是不平衡不充分的发展现状。义是持之以恒地追求共产主义的目标，是立谈使命一诺千金的义胆忠肝。君子报以仁义，可倾尽天地。

从此，永胜高山峡谷的苍凉萧索变得春华秋实，永胜贫困群众的寒苦凄微变得温暖柔和。

2018年1月，财政部社会保障司的魏高明同志派驻永胜县，担任永胜县委副书记、财政部驻永胜县定点扶贫工作队队长。于是，山岭逆折马不停蹄，平坝走行披星戴月，知其然晓其困，出奇谋定良策，外联内修，不惑不惧，把仁义的重任扛在肩上，虽困难千万，往则往矣，刚毅而坚卓。

脱贫攻坚是一场复杂的战役，没有硝烟，但有牺牲。

为有牺牲多壮志，敢叫日月换新天。“态度很重要，学习的态度、工作的态度、生活的态度，要一以贯之，以学习提升思想，以实干落实工作，及时交流，资源共享，做事要事半功倍，做人要温良恭俭。”魏高明说。建立学习制度，每星期以党建群的方式交流学习，凡扶贫相关政策，必须了然于胸，如有余力，则要熟知国家大政方针政策。唯有学习是冲锋陷阵的枪支弹药，弹药充足，方能攻无不克，战无不胜；学习也是坚定理想信念的基石，是一往无前、俯仰无愧，把安身立业与国家的梦想紧密联系起来的纽带。有了“不破楼兰终不还”的信念，才会忘我地投入工作，千方百计地在纷繁复杂的矛盾中找到突破口，取得新成绩。他就像挺拔的青松，以昂扬的姿态屹立着，温和而不屈地坚定着信仰。

不以规矩，不成方圆。制度是高效管理的基本手段，是高屋建瓴的基本长策，制度的形成是完备的知识构架和长期工作实践的总结，是根本性、全局性、稳定性和长期性的执行力，相较拔刀相向、直面敌人而言，战略性的指挥愈显重要。六抓六定的项目资金管理制度，是以魏高明为中心的财政部定点帮扶工作队经验的总结，以项目制度的制定拉开了永胜项目库的高效管理。抓制度建设，为扶贫资金管理使用定规矩。健全扶贫资金使用流程、环节和层级的制度链条、制度体系，制度化、规范化管理财政扶贫资金。抓项目建设，为扶贫资金管理使用定用途。科学合理制定项目内容，规范程序，精准使用扶贫资金。抓绩效预算，为扶贫资金管理使用定目标。永胜县率先在全国进行了全口径扶贫项目资金绩效目标的申报和审核工作，建立了“花钱必问效，无效必问责”的长效机制。抓执行进度，为扶贫资金效益发挥定时间。永胜县多措并举，通过定期通报、强化责任、定期督导等方式，不断加快预算执行。抓督查问责，为扶贫资金使用主体定红线。加强督促检查，加大惩戒问责力度，对违反规定的行为零容忍，不破规，不姑息，坚决维护制度的刚性约束力。抓能力提升，为扶贫资金管理使用定基础。通过扶贫资金动态监控系统，多维度多视角动态实时监控扶贫资金，提高扶贫资金使用绩效。永胜县聚焦脱贫标准，以脱贫成效为导向，形成了1个县级项目库、

15套乡镇路线图和150套村级施工图。形成“多渠道引水、一水池蓄水、一龙头放水”的资金池。弹不虚发，百发百中，一颗子弹消灭一个敌人。

授人以鱼，不如授人以渔，尊重贫困者的无可奈何，但这不是无所事事的理由，应该用就业岗位捍卫劳动者的尊严。他联系岗位，组织200余人到北京务工，增长知识，拓宽眼界。这一年，松坪岩头村一个返乡过年的孩子带回了全乡第一个马桶，在他父亲骄傲的烟斗中燃起了人生新的希望。一念立人，一举兴家，就业立竿见影的效果仍是萦绕在魏高明眉间的思索，也许还有更多的方法可以实现就地就业。办法真的有，因为真情在。打造扶贫车间，引进陕西金鹿服装公司落地涛源，在金沙江畔，培训就业300余人，凭技能获得生存的资本，凭技能收获骄傲的价值；然而，不仅仅是这些，他领导帮扶队员工协调开发公益性就业岗位6000余个，护路、护林、护河、保洁，从此，在晨光熹微中，在暮色四合里，在山林深处，在大街小巷，都可以看见自立的身影。授其鱼安其身，授其渔成其业。

人无贵贱，业无高卑，站在贫困以外的人也不过就是资源禀赋不同而已，而这个时代，终究将消除差异，实现资源共享。而每一个奋战在脱贫攻坚一线，为这一事业摩顶放踵的人，都只希望这一天早来。

授人以渔，不如授人以鱼塘，渔是立业的技术，鱼塘是技术施展的基地。产业的长远发展，是打赢消贫战役的中期目标，是筑牢乡村振兴的基础，魏高明为永胜的长远发展描绘了色彩斑斓的产业图画，从机制联动、产品种植、保险覆盖、技术指导、宣传销售、完整的产业链接，是对整个鱼塘的管理，谋划出攻占贫困城堡的体系，运筹着制胜的思维方式和策略。

创新利益联结，找寻鱼塘以渔。采取“党支部+合作社+带头人+贫困户+企业”的经营模式，以贫困户入股合作社或企业，采取以资金入股、技术入股、劳动投入等方式，与龙头企业和能人合作社建立利益联结关系，在5个村积极推进产业扶贫，建立了3个养殖场，发展了羊肚菌、食用玫瑰、花椒、魔芋、小米蕉等产业，为长期发展渔业开掘鱼塘，为长期获得利润创新机制。

因地制宜，丰富鱼类品种。永胜垂直分布的气候带，从海拔1000—3000千米，都有贫苦百姓生活，都有种养殖业零星分布，如何适应土壤、气候等因素，将荒凉的山脊变成富饶的土地？请专家勘测，结合百姓种植经验，推广适合种植的农作物，大安的魔芋、羊坪的小米蕉、金沙江沿岸的红高粱等，丰富的鱼类品种，映照出一片绿水青山，掩映着金山银山。结果也许轻描淡写，过程总是汗水艰辛，像鲁地拉的1800米农作物分水线、金沙江干热河谷气候、羊坪冗长的霜期，总有适合土地生长的作物，只要有心找到它，在合适的环境里就是丰收的硕果，每一寸土地都会给予它对人类的祝福。

保险覆盖，未雨绸缪。天有不测风云，防患于未然是必要的措施，2019年年初永胜大旱，后期多雨，草地贪夜蛾泛滥成灾，魏高明积极协调中国人保财险以最优惠的价格，实施了自然灾害险和价格指数保险。天灾不可怕，人间自有真情。团结起来，与天抗争，其乐无穷。

技术指导，鱼肥质优。2018年，魏高明协调设置院士专家工作站3个，对永胜农特产品进行技术指导，充分发挥日照充足的优势，不断提升农副产业的科技水平，提升各类鱼产品的质量。

广泛宣传，铺设销售渠道。酒香也怕巷子深，宣传是为了更好的分享。2018年9月魏高明协调快手对永胜软籽石榴进行宣传，以流量带动贫困山区农业产品销售；2019年协调永胜成为脱贫攻坚战“星光行动”明星代言县之一，江疏影团队为永胜优质农产品代言，拓宽了销售渠道，借助阿里巴巴“兴农扶贫”项目的东风，在现有的直播、新闻公众号等渠道之外，利用抖音、快手、微博、微信公众号等知名新媒体平台优势，运用“互联网+”助力脱贫攻坚，不断扩大品牌知名度，建立起品牌效应。扶贫，财政部定点扶贫工作队是不遗余力的，魏高明一直用实际行动践行着这个标准。要实现农产品从使用价值到价值的转换，从生产者的辛劳付出到销售者的利益获得，销售才是最后的实现方式。魏高明致力于拓宽线上线下的销售渠道和平台，协调永胜农特产品进驻大润发、兴业园、百果园等进行售卖，联动阿里巴巴淘乡甜、淘抢购、淘宝直播、首届农民丰收节线上购物节、聚划算等线上活动，与阿里巴巴、苏宁等电商企业建立起长期战略合作关系，逐步实现产地直销，走出农业产业发展与脱贫攻坚互促互进的道路。同时协调永胜特产大礼包进驻财政部“关爱通”、公益中国、公务之家平台，积极与部内各单位对接销售永胜农产品。2018年8月，永胜软籽石榴作为全国20个农副产品之一，入围首届中央电视台中国丰收购物节晚会，轰动全场，并作为唯一农产品亮相枣庄市台儿庄古城现场农产品展销推广会和庆祝晚宴。当优质的产品被共享，无论生产者还是分享者都是幸福的吧。

魏高明作为利益联结者更是喜悦的，授人以渔和授人以鱼塘的长久基业，是泛爱众的亲仁，是适时而为的大义。

授人以鱼塘，不如授人以渔道。凭自己的双手实现了劳动价值，以渔保障基本生活，又以鱼塘的经营管理获得归属和爱的能力，那么自我实现创造的价值就是渔道。谋求长远上脱贫致富，教育是立德树人的百年大计。为有效解决永胜直过民族的教育问题，魏高明提出了集中办学的思路，在永胜县城新建一所能容纳3000人的民族中学，专门招收全县以傈僳族为主的少数民族贫困家庭学生。逐步实现全县傈僳族初中适龄少年全寄宿、全免费完成义务教育，并进入更高一级的普高或职校就读，从读书时期，特别是初中以后，远离原来的环境影响，让孩子们走出封闭的大山，开阔视野，追求前程，缓解控辍保学压力，阻断傈僳族贫困代际传递。同时，与云南民族大学附属中学签订教育合作协议，扎实提升永胜县民族教育水平。渔道钻研的过程也许漫长，但收获的将是一片光明。

像坚定的磐石，我看见了帮扶者在阳光的照耀下熠熠生辉。

永胜的就业、产业、教育都以蓬勃的气势发展着。以仁为己任，任重而道远；以义为己责，责深而信长。

如果仅仅是这样，坐镇军中，运筹帷幄，指点江山，挥斥方遒，像不败的将军可以成为传说，却真正少了精神和灵魂共鸣的震撼，真正不败的将军永远是和士兵们冲锋在最前线的，他也一样。

他关心每一个山岭沟壑、田间地头遇到的贫困群众，他走在每一天夕阳西下的炊烟里思虑人民的饱暖。

他曾焦急地奔跑在滞销大蒜的农田里，经过半个多月的努力，终于将滞销的5000多吨大蒜销往全国各地，握着蒜农皴裂的手，他心里握着更多的贫苦，微笑里流淌着坚定的信念，仁是每一缕光线照进泥土的芬芳，悠远馥郁。

他曾翻过悬崖峭壁，给鲁地拉镇东红村坝依拉小组的王正学家送去衣物，像老朋友一样谈论生计，温暖人心的也许是谈论的姿态和话语的音调，仁是春风拂过山岗激荡在岩石上的回音，不绝如缕。

他曾在久旱后的雨中欣喜若狂，跟老百姓一起伏地抢种红高粱的种子，仁是那拖满裤腿的泥，簌簌地颤悠，从午夜至黎明，从清晨到黄昏。

在碧水东流的金沙江畔，在白雪皑皑的他尔波忍山山顶，在格克天路上，在松坪深山中，执笔云岚，立戟冈峦，仁义肩上扛，英雄天地间。

云南西北，他乡故乡

——记财政部农业农村司定点帮扶永胜工作队队员王鹏

云南的西北，丽江高华而静美；丽江的东南，永胜壮丽而淳朴。山霭云霓林间远岫，江滨岭上花香鸟语。

2017年7月，带着激情、抱负、才华和构想，带着父母的嘱咐和对妻儿的牵挂，财政部农业农村司的王鹏一路南下，携着三千里的风景，来到永胜。但愿苍生皆饱暖，不辞辛苦下西京。

转瞬，即将三年。三年，从时间的跨度比，不算长，可在意气风发的奋斗岁月中是弥足珍贵的。他们深知，这珍贵的岁月是有限的，他们终会回到故乡，于是，在永胜的每一天，他们都把时间计划到分秒投入脱贫攻坚战役中。打一场战役不难，难的是千方百计打赢脱贫攻坚的战役，更难的是打赢这场战役的同时，还要衔接下一场战役。而，无论难的、更难的，他都打得很好。且，立志后南下中践行使命时，桑梓青山之外，云南的这个边陲小县俨然成了他比家乡更熟悉的故乡。

三年间，永胜的九镇六乡都留下了他的足迹，清风吹过，足底留香。

运筹决策，谋定千里，永胜的产业布局像自己掌间的纹路一样熟悉，万亩石榴、万亩沃柑、万亩杧果、万亩荷花、万亩魔芋、高山重楼、林下天麻、棚中菌子、花间蜂蜜、江边高粱、仁和肉牛、格克黑羊、六德乌鸡、三川火腿，永胜的产业呈现出一派生机勃勃的景象。

在资金有限、政策倾斜的基础上，建立贫苦户与企业家之间合作共赢的利益机制，扩大企业发展规模，拓宽贫困群众致富道路，壮大村集体经济，增强企业家社会责任感，提升贫困群众发展动力，形成目标一致的利益共同体，不断夯实产业基础。2018年，牵头申请永胜县成为全国绿色循环优质高效特色农业试点县和云南省首批乡村振兴试点县，引进资金3000万元，抓住永胜县优势特色产业龙头，带动产业发展提质增效，使农业产业由“大”向“强”转变。

“要实现产业振兴，从永胜的角度出发，如果把我们优质的高原特色农产品从西南边陲推到全国，要做好四门功课：选对门、铺对路、保生态、赢民心抢市场。”王鹏说。如今看来，这些都实现了。

2018年10月，王鹏在脱贫攻坚指挥体系中协助挂包帮扶大安乡大安村，在大安村建立了规范的专业合作社，制定运行指导意见，采取“党总支（村委会）+合作社+党员致富带头人+示范基地+企业（订单农业）+集体经济+精准扶贫”的模式运作，实施魔芋规模化种植。参与合作社的村民保证每家最少种植1亩，在不断探索完善的一县一业、一村一品的基础上，发展庭院经济，相互促进，互为补充，实现了户均增收1万元。示范是风险的摸排总结，示范是实际的操作培训，示范是以点带面的扩散辐射。

“财政部帮扶全村不断创新农业产业发展模式，实现魔芋规模化种植，有力促进了全村群众增收脱贫。”大安村村委会主任曾林志介绍说。产业是云贵高原上荒凉山脊的锦缎，是百姓幸福生活的希望，是百年梦想实现的基石。谋其长远，方能成其大业，至2019年年底，大安乡魔芋种植取得了良好的效益。

产业立起来了，还要走得出去。2018年因市场滞后性影响，大量大蒜弃置田野，枯黄的蒜叶披倒在浅棕色的土地上，赤灼的是无数家庭的生计，消散的是贫困群众对致富的信心，产业种植者对市场的不信任一度慌乱升温，在紧张的氛围中，财政部定点扶贫工作组奔走联系，联系央视、新华网、人民网等主流媒体做专门宣传报道，20多天早出晚归，集中汇聚，统一输运，将5000多吨大蒜以市场价的两倍价运往全国各地，有效防范了大蒜滞销造成的蒜农上访事件，增强了百姓对政府执行能力的信心。“蒜你狠”的市场极端为高原产业的市场提前进行了一场风险预演。

让人警醒的是，永胜辖区面积4950平方公里，40余万人口，产业分布在各个乡镇的不同海拔区域，县内两条国道通往外界，向东经过延绵不绝的山脉，于金沙江处隔断与楚雄的连接；向北百余公里到达宁蒗彝族自治县；向南经宾川往下关，距省会昆明500公里，仅仅依靠县内消化各类农产品或辐射周边地区，永胜的产业规模就不能扩大，扩大后规模经济的效益指数就会降低，那将造成企业的亏损、脱贫的长效巩固机制无法建立和县域品牌经济衰微，因此，产品外销范围的扩大至关重要。

2018年至2019年，王鹏多次带着县团队到上海、北京、深圳等地进行招商引资，推介永胜的农特产品，与财政部定点帮扶团队一起引进国能能源集团、贵州茅台集团、五粮液集团、云南中畜肉牛产业服务有限公司等企业入驻永胜，拓宽线上线下的销售渠道，与阿里巴巴、苏宁等电商企业建立起长期战略合作关系，进驻大润发、兴业园、百果园等进行售卖，逐步实现产地直销，推进“永胜山货”进机关、进食堂、进家庭。协调永胜特产大礼包进驻财政部“关爱通”平台，积极与部内各单位对接销售永胜农产品。同时，协调永胜成为星光帮扶县之一，江疏影团队代言永胜农产品。“永胜县从不缺乏优势资源和特色产品，我们就像一个航空母舰一样，背着深厚的历史和文化资源。从脱贫攻坚刚开始到现在，永胜县这些年的努力，取得了不错的成效。”王鹏向江疏影团队介绍，“现在已经到了脱贫攻坚的关键阶段，我们不仅要做好当下的工作，还要规划好未来的工作。”江疏影感慨：“希望每一个人都能关注永胜的火腿、软籽石榴等特色产品，为永胜的脱贫攻坚贡献力量。星星之火，可以燎原。但请不要放弃那一点点星星之火。我相信2019年永胜县一定能脱贫摘帽。”至此，永胜的名字频频出现在祖国的大江南北，永胜的产品销往全国各地。

然而，新鲜果蔬运输成本高，当地沃柑10元1公斤，快递费用基本是12元起步，依次递增。应邀来永胜考核的“去扶贫”平台公司董事长罗五明在永胜涛源做过实验，5公斤沃柑寄往深圳，运费50元，4天后收到沃柑，从口感到甜度都没有新鲜的好。永胜的产品要高质量地输送到全国各地，缺少高效的运输管网。财政部定点扶贫工作队与工信局研究解决办法，与邮储合作建立保价线，定向将优质果蔬运往各地，永胜产品有了翱翔九州的翅膀。

于是，产业又回到了最初的局面：龙头企业和合作社不断扩大规模，增强带贫能力，实现经济、生态的双赢。谋一事的起步不难，难的是谋事始终的良善循环，最难得的还是帮扶人的赤子情怀，王鹏，是永胜的儿子。

层林尽染，万山红遍以后，还对社会播下了栋梁的种子，以教育兴起为戟，对贫困的最后搏击。

为有效解决永胜直过民族的教育问题，财政部定点扶贫工作队与有关部门提出了集中办学的思路，积极协调财政部科教和文化司、云南省财政厅，争取民族中学专项建设资金4000万，仅用时一年，一所由清华大学设计院设计、可容纳3000名学生、专门招收以直过民族傈僳族为主的少数民族贫困家庭学生的现代化民族中学正式建成开学，实施全寄宿制管理模式，配备现代教学活动设施和后勤保障，逐步实现全县傈僳族初中适龄少年全寄宿、全免费完成义务教育，并进入更高一级的普高或职校就读，养成良好的行为习惯，培养健康的兴趣爱好，丰富学习方式，增加知识技能，立志求学，追求前程。阻断傈僳族贫困代际传递，大力提升永胜民族教育整体水平。牵头永胜县人民政府与云南民族大学附属中学（以下简称“云南民大附中”）签订教育合作协议，实现师生互通互派互学常态化；带动永胜县100名少数民族学生及部分老师，到云南民大附中参加教学互动活动。聆听名师授课，参观附中心理健康中心、通用技术教室、图书馆，在云南省科技馆中探索科学的奥秘，在讲武堂、西南联大旧址中重温历史的厚重，开阔他们的眼界，增强了他们的自信和为实现梦想而努力拼搏的勇气。同时，为提高老师的业务素质，提升钻研水平，协调永胜县100余名高中教师分两批到云南民族大学培训学习，实现永胜高中教师培训全覆盖。

教育是对智力的开拓，是对性格的养成，是对心灵的培植，是对爱的传递，是天下为公的使命，非为已往，非为当前，只为将来，以爱倾注继往开来的世界，非目光远大者而不能为，而王鹏，用行动践行着爱的理念，他是永胜的儿子。孩子是血脉的联系，是责任的担当，是相互扶持，是患难与共。王鹏，一直做得很好，同泽同袍，偕作偕行，未曾懈怠。

他关心衣食住行，关心生老病死，协调易地搬迁指标，协调增加公益性岗位，协调北京、长沙、昆明的工作岗位，协调企业捐赠衣服，协调医疗救急包，协调培训资源，不计其数，凡民所需，尽皆协调。一年三百六十日，不在扶贫，就在扶贫的路上。

精准识贫、帮扶、巩固的路上，他悲悯一切遇见的贫困，黝黑的三脚架火塘，捉襟见肘的衣物，食不果腹的寒微，额头顶着玉米秆前行，一座山头一户人家的闭塞，悬崖峭壁上摩托车架着水泥的轰鸣，腐烂的茅草房上长满绿色的苔藓……

他感动于一切为脱贫奉献的故事，产假未满背着孩子带着婆婆一起全程走访贫困户的工作队队员，因多次被狗咬还不敢告诉妻子怕家人担心的驻村工作队队员，因病白天工作晚上住院的乡镇干部，因为走村入户牺牲在岗位上的村干部……

他说，这些都激励着他，让他觉得自己的使命前所未有地崇高，生逢这个时代，很幸运有能力为百姓做一些事，而这一做，就是三年，不曾松懈的为脱贫奋斗的三年。

生命有且仅有一次，因为自己所怀有的才能，因为流淌在血液里的初心，因为满足人民需要的使命，但存一躯，便矢志不渝。

是，他是永胜的儿子，便把自己全身心地投入永胜，而他自己的儿子在北京的幼儿园，老师问起为什么没看到过他爸爸来接他的时候，幼小的孩子昂着头骄傲而铿锵地说："我爸爸在云南扶贫！"

枕上十年事，江南二老忧，都到心头。谁都有父母妻儿，离家千里，便是把家中大小事都抛开了，生活碎屑都担在了家人身上，父母病痛，不能侍养；妻子忧乐，不能分担；幼儿成长，不能陪伴。寒潮霹雳，日光风雨，分隔两地，为人子，未能尽孝；为人夫，未能共勉；为人父，未能陪伴。鱼与熊掌不可兼得，他便担起了脱贫攻坚的大义。他，是永胜的儿子，一起与贫困群众席地而坐、油碗喝茶、忧愁生计的儿子，一起牵念完家人后又投入工作的儿子，一起期待永胜实现高质量脱贫后投入乡村振兴的儿子。

"贫穷就像金沙江的水一样在永胜千百年来一直在流淌，我希望有一天金沙江水能够把我们永胜的贫穷永远地带走。"王鹏说，最后留下的，是希望，是美好的明天。

青山为衣裳，他乡是故乡。

广阔天地，大有作为

——记财政部人事教育司定点帮扶永胜驻村工作队队长颜铭

去云南做一个上山下乡的知识青年，喂马，劈柴，驻村，关心粮食和蔬菜，关心山峦和人才。在云南做一个奋发有为的攻坚战士，张旗，呐喊，冲锋，温暖寒苦和凄微，温暖激情和梦想。和每一个贫困群众联系，告诉他们幸福的道路，给一隅川河描绘美丽的色彩，绽放青春极富张力的真情色彩。

云南有个风俗，喜欢将稍大的湖泊称作海，这是因为云南少数民族彝族和纳西族对湖泊的发音和"海"相同。程海本是一个内陆湖，人们却喜欢叫它海。在钩月西垂的傍晚，在晨光熹微的黎明，飘荡在岸边的猪槽船轻轻地摇曳，野鸭子忽然一头扎进水里，一条条不规则的青灰色绸带似的波纹划开深蓝色的湖面，我就一厢情愿地认为时间和生命是从湖底慢慢生出来的，而周围的村庄都是时间和生命的守护者。

崀峨是程海湖东岸山岭上的一个村庄，静静地耕耘和守护着沉重的历史，苍白而吃力。2018年1月，财政部人事教育司颜铭到永胜县程海镇崀峨村开展驻村工作，自此，蛰居伏藏、惘然惆怅的崀峨村迎来了自己的高光时刻。

从此，人才的力量得以发挥，山水的优势得以彰显。

青山藏秀，人才作为。宏大的愿望，精密的部署，归根结底，都要落实到人的能力、人的素质、人的发展上来。建立一支文能谋策、武能攻坚的队伍，相互配合、协同作战，攻城拔寨，获取胜利。一个好的领导者要凝聚一支队伍，朝着一个目标，克服一切困难，担起致力于实现人民美好愿景的使命，积极作为。把对制度和规则的遵守培养成习惯，把立足全局和长远的观念锻造成性格，把无私和忘我的奉献升华成精神。

“作为国家治理体系中最基层的细胞，一项政策能否在村一级得到有效落实，很大程度上取决于乡村的纪律环境和村干部的基本素质。”颜铭说。

崀峨村全体干部达成共识，通过健全基层党组织领导下的乡村治理体系，调动村委干部的积极性，增强为民办事的服务意识，努力提高服务能力。于是，每周一早晨用一小时时间组织村委会干部、驻村扶贫工作队队员开展理论学习，总结上周工作情况，梳理本周工作重点，交流工作经验，研究疑难问题，成了崀峨村的惯例，一支组织有方、推动有力的队伍逐渐形成。

有了强有力的工作队伍，还要有明确的发展方向和目标，调研总结民主决策后，立足当前，崀峨村建立了永胜县的第一个村级三年规划，有方向不迷茫，有目标不焦躁。在资源共享的时代，再小的愿望都需要一个团体共同实现，这个团体包括规划者和被规划者。

“要和农户、贫困户有感情交流，一回生二回熟，他们信任你了，有困难自然会找你。”颜铭反复强调。信任不是一朝一夕建立起来的，困难也不是一时半刻就能解决的。

于是，两年之间，纷繁琐屑的事成了颜铭的情怀，他高效解决问题的形象累积成了百姓心中坚定的砥柱。颜铭在，则安心。

甚至，崀峨村有几户贫困户家有学生读书，读几年级，成绩如何，他都清楚；崀峨村有几户因病致贫户，什么病，病到什么程度，他都清楚；崀峨村有几户房子需要改造加固，基本测算面积是多少，改造需要多长时间，他都清楚；崀峨村贫困户家有几亩田地，种植什么作物，年收入是多少，他都清楚；崀峨村有几户边缘贫困户，致贫风险在哪里，需要如何巩固，他都清楚；崀峨村有多少贫困群众在外务工，务工收入是多少，他都清楚。清楚，是一双又一双的鞋走出来的；清楚，是一页又一页的笔记记录下来的；清楚，是一颗炽热的心和无我的精神显现出来的。

甚至，烟叶施肥松土的问题，孩子假期作业的数学难题，邻居屋檐滴水的纠纷，驴难产的问题，捡菌子被虫叮咬的问题，摘花椒摔伤腿的问题，不一而足，日常生活不是惊天动地的演绎，是平凡恬淡的堆砌。颜铭的驻村工作，将每户贫困群众的心扉打开，让他们敢于直面自己的问题，经营自己的生活，勇于用自己的双手劳作而获取幸福。从对水桶提水、柴灶生火、窝棚吃饭的不可思议到对晴天灰满身、雨天泥没腿的习惯，生活因为同甘共苦而弥足珍贵，岁月因真情扶持而温暖甘醇。

崀峨建立起了一支高效解决群众问题的攻坚队伍。

如果一定有什么事是值得铭记的，那一定是因一策而利千百家庭，因一策而利一方水土，因一策开一种先河，而崀峨玫瑰的种植，就是这样一件值得铭记的事。

一项产业的创新，打破了原来的固化思维，创立了新的利益联结机制，辐射了新的产业区域，崀峨玫瑰的种植，就是这样开先河的产业。

崀峨村原本赖以生存的烤烟种植产业，因不同土壤基础和常年种植等因素影响，不同农户种出的烤烟品级差异较大，收购价格不等，作为巩固脱贫的单一产业不利于长远发展。

“崀峨村两年不种植烤烟，全村都要返贫。”颜铭经过调查发现，因烟叶生产规模受到限制，发展新的特色主导产业，改变崀峨单一产业发展的模式迫在眉睫。

反复调研选定产业、多方调解流转土地、联系企业订单收购、动员百姓利益联结、协同劳作齐力致富。过程仿佛云淡风轻，实则艰难困苦，玉汝于成。从调研到利益关联，每一步都是艰辛的探索，都是多方的协调。

充分调研，选定产业。初到崀峨，颜铭走遍全村，向种植经验丰富的群众询问种植过的所有产业，请专家对土壤的酸碱度进行测算，对气候进行了解，比对不同产业的市场性价比及长远发展效益，结合当前产业发展情况，与区域整体以旅游为导向的长期规划同步，发展食用玫瑰种植是高效的短平快与长远影响相结合的产业。

土地流转，以土生金。在习惯把土地当作自己最后的守护者的百姓面前，要想将土地流转出来集中使用，困难不可谓不大。即使他们知道在自己的手里一年的农作物按最好的市场行情计算，扣除成本，和流转费用差不多；即使他们知道，解放出自己的双手，外出务工可以获得更多的收入，但他们心理上无法接受自己没有田地耕种的事实，在不确定因素面前，田地可以保障生存，田地可以给他们安全感。如何实现双赢呢？既保留土地的使用权，又发挥土地最大的效益，动员百姓以土地入股！颜铭带着村干部多次到百姓家中做思想工作，在不厌其烦地解说中，1个月后流转了200余户200余亩土地。

合作共赢，建立利益联结机制。2018年1月开始，利用财政部结对帮扶永胜结对子村发展村集体项目资金和县级涉农整合资金，采取“党支部+合作社+企业+贫困户”的管理模式，成立了永胜邑峨富美种养专业合作社，在水畔土地建设了170亩食用玫瑰标准化示范基地，选举成立村委会集体经济管理小组进行管理，形成村集体资产。并引入丽江程海沁香玫瑰庄园有限公司，公司以玫瑰苗款的20%作为股金参股合作社，以订单的方式进行保价收购。同时，全村所有建档立卡户每户一人以1元入股，享受分红，务工收入由合作社进行支付，从此，产业发展关联到每户贫困户，形成了企业、合作社、贫困户完善的利益联结机制。

订单农业从此开启了邑峨前所未有的产业发展方式，入股的1元像南门立木取信于民的木头一样，玫瑰种植像纽带联系起了本不相关的人和事。

2018年7月，邑峨村全村村民热火朝天激情高昂地投入玫瑰种植的劳动中，面朝程海，邑峨种下了一片食用玫瑰苗。在湛蓝的天空下，在蔚蓝的程海湖边，承接无数希望的花苗静静地长着。颜铭在村的每一天都要去花田里看看，像精心呵护一个孩子的成长。滴灌带的布置、蓄水池的建立、施肥锄草防虫，曾经不思劳作的贫困户有了努力的方向，付出有了收获的动力，也积极投入劳动。

在人们的期待中，9个月后，100多亩玫瑰花盛开了，开出了阳光和土地的执着真情，开出了生命和岁月的美好希望，空气中充盈着真情浇灌土地的幸福香味。邑峨种植的玫瑰以玫瑰糖、玫瑰柔肤水、玫瑰精油、玫瑰酒等产品流入市场，深得顾客喜爱。

“我们种植的玫瑰是食用品种，可以直接吃，甜度达11.6。”颜铭向采访的记者骄傲地介绍。

2019年12月，邑峨村集体经济邑峨富美种养专业合作社首次分红，以“1：4：5”的比例分配盈利，即除去外部股本分红后，计提10%作为村集体经济收入；40%作为留存资金，用于合作社扩大再发展；50%向贫困户分红，带动贫困户收入稳定增长。贫困群众以土地流转费用、务工费用及分红收入，实现持续稳定高质量脱贫，待脱贫攻坚成果巩固稳定后，合作社再逐步提高村集体收入比例，加大公共民生投入，让全体村民享受到政策红利。脱贫攻坚战役结束后，各项政策红利将逐渐转化为普惠政策，以此增加群众幸福感和归属感。

食用玫瑰的成功种植为村集体经济的产业发展打开了一种新的思路，产品要实现利益的纵深发展，就要以产品深加工的方式实现；食用玫瑰的种植成功建立了企业、合作社与贫困户间的利益机制，扩大了企业的规模，增强了企业奉献的情怀意识；增加了群众的收入，增强了群众对党的拥护，实现了新的利益共赢思维方式；食用玫瑰的种植推动当地的新旧产业发展转型，实现了经验探索和总结。

赠人玫瑰，手有余香。手是真情赋予汗水浇灌的土地，手是清风拂面温暖柔和的岁月，手是不遗余力帮扶的真情，手是奋力拼搏劳动致富的人民。

“颜书记晒黑了！”北京来的崔老师说。黑是大地泥土的颜色，黑是刚毅的精神衬托，黑是勇于作为的担当。那些我所熟悉的场景就浮在眼前：锄草修枝、翻土覆肥、捻土摘花、搬运货物的场景都是田垄里的常态。而不止这些，翻山越岭，走村入户，了解贫困家庭情况，劝返辍学的学生，帮助大病家庭筹集资金，凡此种种，是一个有卓绝才干的帮扶干部的日常。而颜铭，未曾因为远离家乡而稍有退缩，未曾因为未尽其才而心生委屈，未曾因为日常琐屑而不为小善。

“晒黑了”是高原热情的阳光对颜铭入乡随俗的最高礼赞，“晒黑了”是共同成长的亲戚旧友对其离家千里的诚挚慰问，“晒黑了”是对日以继夜的基层工作中忘我付出的诠释和肯定。

在程海，在崀峨，颜铭关心每一个贫困群众的衣食住行，关心每一个非贫困群众的悲欢喜乐，趁着年轻，改变贫穷的家庭，改变贫穷的村落，甚至，改变这个贫困的区域。即使两岁的幼女宁愿不要新的玩具，只愿爸爸陪在身边，这个千万家庭习以为常的小小的愿望却无法实现，千里南下，颜铭离开北京，离开家庭，不能陪伴幼女成长，不能陪伴妻子和父母喜乐。但许家国，不问前程。在无垠广袤的田地里俯仰无愧，无愧使命的真切担当，无愧青春岁月的意气风发，无愧江南江北的父老乡亲。

每当山风吹来，愿意为了一个理想而奋斗；每当日月朗照，愿意为了一域生民而奋斗；面朝大海，春暖花开，广阔天地，大有作为。

财政部的帮扶是立足于百年梦想的实现，将脱贫致富与乡村振兴衔接，夯实了永胜的产业基础，培养好了继往开来的人才，丰富了民族文化的底色，建立了党建帮扶的机制，力行了绿水青山的远见。

财政部帮扶干部是思维的、观念的帮扶，是眼界的、制度的帮扶，是方式的、态度的帮扶，他们将永胜的山水糅进自己的血脉进行思考谋划，他们将永胜的贫困刻进眉眼倾注扶持。他们将永胜的人民握进掌纹进行温暖呵护。从繁霜重露的黎明到炊烟四起的黄昏，从伏夏的汗流浃背到严冬的寒风刺骨，他们不辞辛苦，忘我无私，付出的是真心，一起走来的是真情，他们把英雄的品质皴染在江川山岭，他们用英雄的气魄感染了广大百姓，他们以英雄的无畏捍卫了历史的尊严。

凡是过往，皆为序章。而所有的序章，都将开启一个新的篇章，铺垫更美好的故事；所有的序章都是可以回首的日月，都是白首与共的深情。而这些序章，都是岁月以真情酝酿，不曾因是过往而褪色，不曾因为开篇而惊怖，却因醇厚而隽永，因真诚而深远。

作者简介：邓慧娟，女，汉族，生于1987年1月，云南永胜人，有作品见诸《壹读》《丽江日报》《永胜文艺》等刊物。

此水此山此地

韦兴生

走进光辉的毕节，踏上海雀英雄的土地，步入文朝荣理想的家园，正是隆冬时节，我自然而然就想到了习近平总书记于1990年7月15日读《人民呼唤焦裕禄》一文后所填写的一首词《念奴娇·追思焦裕禄》：

魂飞万里，盼归来，此水此山此地。百姓谁不爱好官？把泪焦桐成雨。生也沙丘，死也沙丘，父老生死系。暮雪朝霜，毋改英雄意气！

依然月明如昔，思君夜夜，肝胆长如洗。路漫漫其修远矣，两袖清风来去。为官一任，造福一方，遂了平生意。绿我涓滴，会它千顷澄碧。

2014年3月，习近平总书记视察河南兰考县时，再次有感于焦裕禄同志全心全意为人民服务的崇高精神，当场重诵了此词，并强调“这首词直抒了我的胸臆”，意义深远，发人深思。词的上阕以记叙为主，追思了焦裕禄同志的功绩，百姓对他的爱戴、缅怀，以及词作者对他的评价。下阕以抒情为主，抒写了焦裕禄精神对词作者的影响，深刻表达了执政为民、造福百姓、惠及万众的伟大理想和宏愿，对“我们能为后人留下些什么”进行了深入思考和响亮回答。全词寄意高远，感情真挚，语言质朴，意象鲜明，格调清新，震撼心灵，深深表达了习近平总书记穿透时间的维度对焦裕禄同志的崇敬之情，歌颂了以焦裕禄为代表的共产党人亲民爱民、为人民生活谋幸福的奋斗精神，体现了他们与人民相依为命、心心相印的高尚情操，以及关心国家前途、民族命运的赤子情怀。

之所以想到习近平总书记的这首词，是因为黔山秀水西北角的群山之巅，在“贵州屋脊”上的海雀村，得到了习仲勋同志、习近平总书记两代人的关心厚爱，村支书文朝荣、文正友父子俩带领海雀百姓感恩奋进，海雀村发生了天翻地覆的巨变，形成了贵州决战脱贫攻坚、决胜同步小康的一个生动缩影，打造了生态建设和经济发展有机结合的一个成功样本。故事生动感人，事迹历久弥新。

习仲勋同志、习近平总书记两代人对海雀村和海雀人民的关怀厚爱正与此词的下阕情境相融，村支书文朝荣、文正友父子俩接力奋进的鲜活故事与此词上阕异曲同工。两代党的领导人与两代基层村支书红色基因代代传的精神符号，是共产党人薪火相传、不忘初心的典型，是我们党代代接力、牢记使命的榜样，是全党上下同呼吸、共命运、心连心为人民谋幸福的典范，也是此词的意境与情怀所在、价值和意义所系。

一、遇见

车子在积雪的群山间小心翼翼地慢慢爬行，我们就在冰冻的乡间小路上走走停停，以至于有人感慨“我们是在重走长征路，践行毛主席的‘乌蒙磅礴走泥丸’”，此虽戏语，却是事实。而面对这方被冰雪覆盖的大美山川，想到乡亲们战天斗地的雄壮画面，顿时让人思绪万千，让不懂词的人都忍不住词意大发，所以试着写下一首“打油词”《沁园春·毕节》。

大贵云巅，漫步冰尖，揽怀雪原。望乌蒙左右，大道迢迢；峰峦上下，丰碑隐隐。玉树银装，琼枝蜡像，感恩奋进风景妍。正冬腊，看战天斗地，侃侃因缘。

磅礴泥丸当年，引贫壤苗乡启新篇。说扶贫开发，春风化雨；人口控制，蕴化之源。大计千年，生态建设，松果含羞惠农乡。作远思，莫忘初心矣，使命绵延。

说实在话，在未到达目的地之前，我们并不知道什么时候能到达，甚至连能不能到达都是未知数。因为连土生土长的本地人——驾驶员都摇头，这更让我们不敢再多言，怕老师傅分神。

我们的目的地，正是海雀村。熟悉又陌生，陌生又熟悉。

海雀村位于赫章县河镇彝族苗族乡东北部，距乡政府所在地12公里，距县城所在地88公里，海拔2300米。全村总面积11.87平方公里，耕地面积1780亩，林地面积14700亩；辖5个村民组222户871人，其中苗族212户819人，彝族10户52人。

说过去，谈变化，历史与事实总是在对照中印证着发展。

关注着海雀的人都知道，海雀村曾经是被称为“苦甲天下”的地方。

海雀，在彝语中意为“湖水灌注的地方”。拥有这样一个充满诗意和情怀的名字的少数民族村寨，在20世纪80年代却陷入了“越穷越生、越生越垦、越垦越荒、越荒越穷”的恶性循环怪圈。

“海雀村，作坊河，罩子遮齐门槛脚；要想扯尺遮羞布，肩膀当作地皮磨。”这是极度贫困的海雀村当时的真实写照。

“海雀地无三尺平，有女莫嫁海雀人。踏着云雾去种地，抬起楼梯进家门。”这是山下的人给海雀村编的“顺口溜”。

翻开陈年的史料，在岁月的夹缝里，我们同血与泪的疼痛相逢。1985年的海雀村，全村人均纯收入仅33元，人均粮食占有量不足107公斤，80%的村民衣不蔽体，食不果腹。当年采访的记者走进苗族大娘王朝珍家，看到大娘那条破烂成线条一样的裙子，一走动，躯体就暴露无遗。见有客人来，大娘立即用双手抱在胸前，难为情地低下头。苗族大娘安美珍当年瘦得只剩枯干的骨架支撑着脑袋。当年平均每对夫妇生育4个孩子，引发了“越穷越生、越生越穷”的恶性循环。全村仅有5人具有小学文化程度，村民几乎不识字。全村有瓦房12户、茅草房114户、杈杈房42户，家家户户人畜混居，人畜大小便解在一起；没有一家有像样的床或被子，有的钻草窝，有的盖“秧被”，有的围着火塘过夜。没有通村通组公路，境内山高坡陡，土地破碎，25度以上陡坡耕地占90%，加上海拔有2300多米，不适宜搞生产发展，坡田薄土，苞谷只长半米高，结一个小棒子，村民戏称田鼠也要跪下才能啃到。森林覆盖率不到5%，越垦越穷、越穷越垦导致水土流失严重，山头变成“和尚坡”，整个村子沙尘漫天。村民的杈杈房经常被大风“连根拔起”，恶劣的生态环境被联合国教科文组织专家确定为是不适宜人类居住的地方。

“没有共产党就没有新中国……共产党辛劳为民族……他改善了人民生

活……”海雀群众唱着这首歌的时候，是如此深情、如此动听、如此有味，沁人心脾。

就是在这个“不适宜人类居住的地方”，传说中诸葛亮七擒孟获的古战场，在党的领导下，在党中央和党的领导人的关怀下，海雀人民以“不甘贫困、自力更生、苦干实干、敢于攻坚”的海雀精神，硬是创造了绝处逢生的奇迹，书写着决胜贫困的传奇，让人遇见了“花园海雀”。

万亩林海银装素裹，玉树琼枝分外妖娆，陌上人家的迷人院坝曲径通幽，青瓦白墙的新式民居错落有致。如今的海雀，全村有5个村民组222户871人，人均纯收入从1985年的33元增加到了2017年年底的8493元，增长了250多倍；人均粮食占有量从1985年的不足107公斤增加到了2017年年底的395公斤。家家户户的孩子都送进了学校，农村合作医疗参合率达100%，城乡居民社会养老保险参保率达99%，真正实现了“学有所教、劳有所得、病有所医、老有所养、住有所居”。

跨越穷与苦的沧桑，穿越时空的巨变。安美珍老人一家当年终年不见食油，4个人只有3个碗。现在她每个月有75元的养老保险、100元的老年补贴，并通过特惠贷入股、蛋鸡养殖分红、打零工等，人均纯收入已经达到9000元，住上了新修建的少数民族特色民居，去年一家里就杀了两头400余斤的年猪，过上了乐乐呵呵的幸福生活。

吃水不忘挖井人，幸福不忘领路人。

安大娘竖起大拇指，激动地说：“习书记好！大恩人，大恩人。”

二、恩情

安大娘所感谢的大恩人“习书记”，就是时任中央政治局委员、书记处书记习仲勋同志。

恩情源于当年习仲勋同志全国罕见的“三个惊叹号”和之后他与毕节海雀贫困群众的不解之缘。这些过往至今还让贵州百姓津津乐道、印象深刻，让海雀人民记忆犹新、深受感动、永不忘怀。

在海雀村的展览室里，陈列着习仲勋同志对海雀的关怀与牵挂，春风化雨，润物无声，默默地温暖着海雀、滋润着海雀。

时光回到1985年6月2日，时任中央政治局委员、书记处书记习仲勋同志在新华社《国内动态清样》“赫章县有一万二千多户农民断粮，少数民族十分困难却无一人埋怨国家”一文上做出重要批示：“有这样好的各族人民，又过着这样贫困的生活，不仅不埋怨党和国家，反倒责备自己‘不争气’，这是对我们这些官僚主义者一个严重警告!!! 请省委对这类地区，规定个时限，有个可行措施，有计划、有步骤地扎扎实实地多做工作，改变这种面貌。”

是的，“三个惊叹号”，醒目的“三个惊叹号”，耀眼的“三个惊叹号”。这是一位党的领导人、一位老一辈革命家力透纸背的“三个惊叹号”，我们不能也无法揣测老人家落笔时的心情。

可是我们知道“三个惊叹号”撬动了高原、震撼了群山，党中央的关怀翻山越岭走进乌蒙山深处，习仲勋同志的关怀踏雪破冰走进海雀村贫困百姓的心坎。据当年的媒体报道，习仲勋同志做出批示的当天，贵州省委就接到中央办公厅传来的批示，并连夜召开紧急会议进行传达学习和安排部署，抽调得力干将星夜兼程赶赴海雀村，查看缺粮断炊情况，发放救济粮赈济灾民，一次就发给赫章县救济粮20万斤。才几天工夫，海雀村像变魔术一样，整个村子喜气洋洋。海雀村山沟里、山坳上，人背马驮救济粮回家，纯朴的乡亲们脸上挂满笑容，发自内心地一口一声“感谢共产党!”“感谢人民政府!”

春风化雨润海雀，一言一语总关情。我们知道“三个惊叹号”点亮了海雀的霞光，掀开了海雀的黎明。由此起航，前行之路豁然开朗。据有关资料显示，1985年7月，习仲勋同志特别向当时即将上任的贵州省委书记胡锦涛同志提到了赫章县海雀村缺粮的问题。7月24日，胡锦涛同志上任第三天就专赴毕节调研，7月26日驱车前往大山深处的海雀村考察，被这个极端贫困村寨的实际问题所震发，催生了决战贫困的思想。1988年6月，国务院批准建立由胡锦涛同志倡导的毕节地区“开发扶贫、生态建设”试验区，拉开了贵州决战贫穷落后的序幕。海雀村正是毕节试验区的发祥地。

时光流逝，牵挂如一；情系海雀，无微不至。我们知道“三个惊叹号”是深深的挂念。习仲勋同志一直关心着毕节发展、牵挂着海雀的脱贫进程。时隔9年后的1997年，退休后定居深圳兰园的习仲勋同志从报纸、电视上看到毕节、海雀的贫困状况，既感动又痛心。习仲勋同志将自己当月的工资和津贴2000元全部捐了出来，夫人齐心同志也捐出了自己当月的工资和津贴1000元，共计3000元寄往毕节和海雀。

从对往事的沉思与深情的记述中，还原了一个终生践行群众路线的革命者的伟岸形象。

从这些历史的记忆中，映照了老一辈革命家全心全意为人民服务的思想厚度和造福人民的胸怀气魄。

习仲勋同志对毕节和海雀的关心与牵挂，让人想起了在1999年庆祝新中国成立50周年大典上，老人家在天安门城楼上观礼时所说的饱含深情、震撼人心的一句话：“江山就是人民，人民就是江山。”这也让人想到了习近平总书记在《父亲往事——忆我的父亲习仲勋》中写道：“在他心里，人民至上，党至上，为党和人民而战斗、奋斗，是他心里的无上快乐。”

三、厚爱

如果说习仲勋同志的“三个感叹号”全国罕见，那么习近平总书记的“多次批示、指示”就是全国仅有，饱含着格外的关怀和特殊的厚爱，继续鞭策着毕节、鼓舞着海雀。

毕节的同志如数家珍般介绍说：“习近平总书记对毕节的指示、批示数次之多，在全国绝无仅有。总书记的深切关怀和殷殷嘱托，成为毕节试验区和海雀村永续发展的强大动力。”

岁月交替，情义更浓；岁月无痕，真情永恒。2014年3月7日，习近平总书记参加十二届全国人大二次会议贵州代表团审议时，深情宣读了习仲勋同志当年对海雀贫困的批示原文，并强调指出：“毕节曾是西部贫困地区的典型，那里的发展变化有重要的示范作用。历史经验告诉我们，干部要看真贫、扶真贫、真扶贫，使贫困地区群众不断得到实惠。”习近平总书记心里惦念着贫困地区的人民群众，特别是对海雀民众的深深牵挂，让海雀的乡亲们倍感温暖、倍感振奋、倍感力量。这是“不忘初心、牢记使命”的“闹钟”，是新时代为中国人民谋幸福，为中华民族谋复兴的“号令”。

嘱托，声声入耳；要求，重如千钧。2014年5月15日，习近平总书记在中共贵州省委上报的《关于毕节试验区建设发展情况的报告》上做出重要批示：“毕节曾是西部贫困地区的典型。毕节试验区创办26年来，坚持扶贫开发与生态保护并重，艰苦奋斗，顽强拼搏，实现了人民生活从普遍贫困到基本小康、生态环境从不断恶化到明显改善的跨越。……建设好毕节试验区，不仅是毕节发展、贵州发展的需要，对全国其他贫困地区发展也有重要示范作用。希望试验区进一步深化改革，锐意创新，埋头苦干，同心攻坚，努力实现人口、经济与资源环境协调发展，为贫困地区全面建成小康社会闯出一条新路子。”批示充分肯定了毕节试验区建立以来的建设成绩，对新时代如何搞好建设提出了殷切希望，为毕节试验区的建设发展指明了方向。据了解，时隔一个多月的6月24日，习近平、李克强等中央领导同志在《为加强贫困地区生态文明建设探路——来自毕节生态文明先行区的调研报告》上再次做出新的重要批示，要求总结推广毕节生态文明先行区的做法经验，并加大对贫困地区可持续发展的支持力度。

党的十九大期间，习近平总书记在10月19日参加贵州省代表团讨论时再次对毕节试验区工作做出重要指示，肯定了毕节探索创办新时代农民讲习所等工作，强调“党中央历来重视贵州的扶贫工作，尤其是毕节。到2020年实现第一个百年目标，重中之重就是脱贫攻坚战。现在时间已经进入倒计时，我们再不能犹豫、再不能懈怠，因为没有时间了。打赢脱贫攻坚战，在此一举”。

2018年7月18日，在毕节试验区建立30周年之际，习近平总书记又对毕节试验区工作做出重要指示，强调“把毕节试验区建设成为贯彻新发展理念的示范区”，为毕节试验区发展指明了方向、提出了更高要求，为新时代毕节试验区建设提供了行动指南和根本遵循。

“多次指示、批示”，让人想起2017年习近平总书记在新年贺词里说到的“我最牵挂的还是困难群众，他们吃得怎么样，住得怎么样”。习近平总书记在2019年新年贺词中再次强调“我始终惦记着困难群众”。这是人民领袖的殷切之心、厚爱之情，这也是海雀之幸、海雀之大幸。

人民领袖深切的关怀，人民应该感恩奋进；人民领袖殷切的嘱咐，人民必须感恩奋进；人民领袖寄予的重托，乡亲们在感恩奋进；人民领袖给予的厚望，老百姓在感恩奋进。

四、蝶变

远学焦裕禄，近学文朝荣。

“牢记嘱托　感恩奋进”是贵州人民的时代本色，更是海雀百姓的优秀品质。

这种品质从30多年前开始，就在海雀村的老支书文朝荣身上得到充分体现。

在去海雀村的路上，人们总会思考这么一个问题：文朝荣作为贫困村平凡而普通的老支书，为什么会赢得全村老百姓的尊敬和爱戴呢？为什么能成为共产党人的楷模呢？

青松安静不言，在文朝荣的笔记本里，我们看到了真相。他的笔记本上写着：

“共产党领导不会饿死一个人！”

“只有千年的名，没有千年的人。要清清白白做人，踏踏实实做事，绝不能做让人戳脊梁骨的事。”

“幸福不是天上来，要靠我们自己去创造。”

……

大山沉默不语，从众多村民感激的目光和朴实的话语中，我们找到了答案。

一些村民逢人便说：“老支书靠得住，跟着他干会有饭吃。”

在他逝去之后，村民们一提到老支书，依然喃喃自语道：“好人哪，好人哪！”

毛主席在给吴玉章祝寿的时候说：“一个人做点好事并不难，难的是一辈子做好事，不做坏事，一贯的有益于广大群众，一贯的有益于青年，一贯的有益于革命，艰苦奋斗几十年如一日，这才是最难最难的啊！”

“好人”是对一个人最高的褒奖，是一位共产党人获得的最高的荣誉，是群众授予的分量最重的“奖杯”。

据海雀村乡亲们回忆，1985年，文朝荣看到村子因贫穷而震动中南海、惊动党中央，他心急如焚，思考着怎样让全村群众吃饱饭，如何让乡亲们脱贫致富，不能再让党和政府为海雀村担心牵挂，下决心和大伙一起奋斗改变面貌。海雀的“蝶变”开始了。

从展览室的图片和资料里，我们直观地感受到了文朝荣同志感恩奋进，深入学习贯彻落实习仲勋同志“有个可行措施，有计划、有步骤地扎扎实实地多做工作，改变这种面貌”的批示精神。他团结带领海雀干部群众，以“艰苦奋斗、无私奉献、愚公移山、改变面貌”的精神，战天斗地，破解了海雀村生活之贫、生态之瘠、生命之困的世纪难题，把“苦甲天下”的穷村子带上了“林茂粮丰”的致富路，书写了绝处逢生的精彩传奇。

“生态建设是可行的措施。”1987年，文朝荣提出了“山上有林才能保山下，有林才有草，有草就能养牲口，有牲口就有肥，有肥就有粮”的思路，通过召开支部大会、村民代表大会、寨老会等各种形式，耐心对群众进行思想动员。在文朝荣的带领下，海雀村开始了较大规模的植树造林“革命”。1987年到1989年连续3年的冬天，文朝荣每天带领村民忙碌在高海拔的山坡上，就连春节都是在山上过的。他们用了27年时间，将村里原来光秃秃的大小30多个山头全都变成了郁郁葱葱的万亩林海。林地面积达14700亩，户均66.2亩，人均16.9亩，森林覆盖率从1985年的不足5%上升到70.4%。据估算，海雀村的万亩林场经济价值达4000多万元，人均5万余元。

“有计划，重在兴教扶智。”十年树木，百年树人。1988年秋天的一次村民大会上，文朝荣对大家说：“现在最紧要的，就是好好为村里的娃娃盖所学校，不能再让他们像我们这一代一样睁眼瞎。”他带头捐出当时省吃俭用的全部钱款168元钱，用于建设海雀小学，有计划地开启了海雀兴教扶智之路。1994年，老支书文朝荣多方努力，新建有4间校舍的教学楼，使海雀基础教育有了初步的改观。2006年，“名誉支书”文朝荣争取到台盟中央和地方政府共同投资46万元，新建海雀小学并完善附属设施，办学能力从3个年级提升到6个年级。全村适龄儿童入学率达100%。在文朝荣的动员下，村里成立了教育基金，对考取大学的学生和入学难的孩童进行帮扶。2009年，海雀村有两名苗族学生考上了大学。迄今，海雀村已培养出8名大学生。

“有步骤，贵在人口控制。”文朝荣常把一句话挂在嘴上：“你们讲难！难！难！只要我们带头就不难！”人口数量控制不下来，群众生活水平就上不去。为了打开海雀计划生育工作局面，文朝荣以身作则，不但带头做了结扎手术，还在劝说儿子儿媳带头办独生子女证的过程中放出了“你要是不去办，我就不再认你这个儿子，你也不要认我”的狠话，硬是让长子文正全成了海雀村具有《独生子女父母光荣证》的首户人家，成为全村乃至全乡、全县第一批少有的办理独生子女证的人。这促使广大村民把少生优生变成一种自觉行动，婚育新观念在海雀村蔚然成风，全村人口自然增长率为2‰。

“改变面貌，是海雀历史性的变革与成就。”在党和政府的关怀支持下，文朝荣积极参与、出谋划策，大力改造茅草房户和危房户，建设黔西北特色民居，户户硬化了院坝，彻底改变群众以往住“杈杈房”“茅草房”和“人畜共居”的历史；改厕130个，全村共建沼气池209口；建成了文化广场、生态公园、人畜饮水工程等，实现了水、电、路、通信、广播电视“五通”。在被联合国教科文组织确定为“不适宜人类居住”的乌蒙山区的土地上，硬是在石漠化严重、气候条件恶劣的海雀村，造出万亩林海，实现了全村基本脱贫，创造了中央确定的毕节试验区“开发扶贫、生态建设、人口控制”的实践范例。2016年，海雀实现整村脱贫，人均收入7320元。

在海雀的荣誉墙上，海雀村全体干部群众的奋斗历程闪闪发光。海雀村先后被命名为贵州省“巾帼示范村”，毕节地区“民族团结进步先进集体”“计生协会示范村”；海雀村党支部被省、市、县命名为“五好”基层党组织，2011年被评为“全国先进基层党组织”；2013年获得“全国造林绿化千佳村”荣誉称号，2014年先后获得“全省生态文化村”“全国民族团结进步模范集体”和“贵州生态文明教育基地”等荣誉称号。

2000年，59岁的文朝荣退休离任，担任“名誉支书”。他不顾病魔缠身，不顾个人安危，经常拎着镰刀，背上背篓，揣上小本子，坚持义务巡山护林，四处爬山巡看他最心爱的华山松、马尾松林子，检查护林员的工作，20多年从未发生过一起火灾、偷盗案。2014年2月，文朝荣因积劳成疾去世，享年72岁。2014年“七一”前夕，文朝荣同志被中央组织部追授为“全国优秀共产党员”；2015年1月，被中央宣传部授予“时代楷模”荣誉称号；2017年6月30日，被授予贵州年份英雄十大人物“年份英雄”称号。

斯人虽逝，林海长在；青山含翠，幽思长存。微风吹过，松涛阵阵。万亩林海碧波荡漾，这是永恒的生命符号；满坡苍松挺拔，这是永远的信仰的简谱。

风入寒松声自古，水归沧海意皆深。“搬动贫穷大山的老愚公”文朝荣走了，几代中央领导对海雀村的期盼和愿景已经变成了现实。

他，站着是“多彩贵州”的一面旗帜。

他，是“贵州屋脊”上的一座丰碑。

五、接力

所有的抵达，都意味着新的出发。

一切伟大的成就都是接续奋斗的结果，一切伟大的事业都需要在继往开来中推进。

“中华民族伟大复兴的中国梦终将在一代代青年的接力奋斗中变为现实。”党的十九大报告中这一令人振奋的论断，正在成为党和国家各项事业蓬勃发展的真实写照，也在海雀村得到生动践行。

站在新时代的起跑线上，历史在这一页翻开新的篇章。

文朝荣老支书去世后，其子文正友继承文朝荣的遗志，接过海雀发展的“接力棒”，扛起文朝荣奋斗的旗帜，担任了海雀村支部书记。在座谈中，我们知道他接力海雀村支部书记以来，不断深入认真学习贯彻党的十八大精神、党的十九大精神和习近平总书记在贵州省代表团讨论时的重要讲话精神，特别是习近平总书记对毕节的指示、批示精神，大力培育和弘扬新时代贵州精神，接力奋进，锦上添花，续写新时代海雀的新辉煌。

海雀的“接力赛”开始了，赛事异彩纷呈，成绩喜报频频。

“深化改革，锐意创新。”海雀的“生态红利”越发凸显。

据相关资料显示，2014年以来，海雀村大力实施退耕还林、森林抚育等工程，在文朝荣组织种植的华山松、马尾松的基础上，又种植北海道黄杨、红豆杉等2100多亩。森林覆盖率达85%左右，比文朝荣在任时期增长14.6个百分点。

文正友介绍说，2016年，海雀村成功申报国家AAAA级景区。2017年开始，海雀实施启动了“海雀·文朝荣”乡村旅游建设项目。该项目总投资3.58亿元，包括文朝荣纪念馆、文朝荣故居、祈福林生态公园、门头区、复原区、路网等建设项目，旨在将海雀村打造成集“生态保护、党政教育、廉政培训、文化体验”于一体的旅游示范乡村。目前该项目已经完成投资8000万元。

“不犹豫，不懈怠。”海雀人民的幸福指数越来越高了。

2014年，海雀村建起了养鸡场，养鸡场与每户贫困户建立了利益链接机制，每户贫困户每年可以获得2727元的分红。2015年，海雀民族服饰加工厂成立，服装固定销往浙江沿海一带，并在天猫旗舰店上销售，每天销售量达700余件，年产值近800万元，带动全村妇女70余人就业。2017年，海雀村引进苹果种植企业，建立了矮化脱毒砧木苹果种植基地，引导群众以每亩500元的价格流转土地，共种植矮化苹果257.1亩。预计2018年至2020年，农户通过土地入股可以获得每亩500元的土地入股分红，2021年以后，农户可以每亩获得毛收益的10%。农民通过入股分红、参与经营、入企打工、土地流转等方式，户均增收3万余元，人均增收4000余元，创造了土地流转有“租金”“特惠贷”，“土地租金”入股有“股金”和入企务工有“薪金”的“三金”农民。

“还是党的政策好啊，年年都可以领分红!”已年近60岁的贫困户王思聪在海雀村蛋鸡养殖专业合作社分红现场领到分红款后非常激动地说，他万万想不到，这把年纪了还可以当股东分红。

“埋头苦干，同心攻坚。”海雀的“战斗堡垒”越来越坚强了。

据文正友介绍，海雀村创新采用了“村建党委、企业建支部、村民组建党小组，党员联贫困户”的“三建一联”党建机制，除了文正友是村党支部书记外，河镇乡人大主席兼任了海雀村党委书记，实现了“高配”。目前，海雀村有党员27名，是村干部的6.75倍，4名村干部全都是党员。同时，还成立了赫章县海雀村生态专业合作社，引进企业创建了海雀生态养殖有限公司。通过流转土地、争取扶贫资金与养鸡场合作，海雀每年可分到20万元作为村集体经济收入，不断增强基层党组织的凝聚力和战斗力。

2018年1月，文正友在贵州省第十三届人民代表大会上当选为全国人大代表。

他，正以文朝荣精神最直接的传承者和发扬者的身份，接过海雀“接力棒”，驰奔在新时代的春天里，带领海雀从“富起来”向“强起来”“美起来”前进。

他说，习近平新时代中国特色社会主义思想是我们不甘落后、跨越发展、填谷造峰、锦上添花的行动指南、根本遵循、坚强保证。

他说，新时代贵州精神是我们开拓进取、克难奋进、砥砺前行的力量源泉、制胜之本。

从他掷地有声的话语中，我们相信。

从他坚定的目光里，我们相信。

六、赞歌

赞歌从乌蒙山深处响起，我们从历史的维度直观地感受到：海雀村和毕节试验区能有今天的发展变化，最根本的就是有党的领导，有一代又一代中央领导人的持续关心和关怀。从习仲勋同志做出重要批示，到胡锦涛同志倡导和推动建立毕节试验区，再到习近平总书记重要批示指示和关心关怀，是海雀人民和毕节试验区人民搬动贫困大山、不断夺取跨越式发展新胜利的根本保证和坚强后盾。这就是海雀村的典型所在。

赞歌在贵州屋脊激荡，我们从现实的维度深刻地感受到：从习仲勋同志到习近平总书记对海雀人民、对试验区人民始终如一的关心关怀和牵挂，充分体现出我们党始终把关心民生疾苦、改善民计民生作为最大的忠诚和良知，体现的是党为人民谋幸福的初心和使命，体现的是党的宗旨、党的信仰。从文朝荣老支书到文正友新支书带领海雀人民几十年满怀信心挑战贫困的实践，体现出海雀人民和试验区人民坚定信心跟党走、坚信沿着党指引的道路走下去一定会迎来光明前景的信心和信念。这就是海雀村的鲜明的亮点。

“春季里来气象新，新气象里想亲人；‘三大主题’来引领，他和我们心贴心。夏季里来飘彩云，‘开发扶贫’惠民生；闯出毕节新模式，城市乡村面貌新。秋季里来好收成，‘生态建设’展文明；山上栽满摇钱树，山下修起聚宝盆。冬季里来雪纷纷，‘人口控制’要记清；政策落实制度好，娃娃优育又优生。试验区来往前奔，同德同向又同行；洞天花海美如画，科学发展万年春。”

这是由海雀村苗族同胞创作演唱的《毕节试验区四季歌》，反映了海雀村种下“千秋树”、吃上“科技饭”、住进“小康房”、过上小康生活的时代进程，民歌中唱到的“生活殷实、山清水秀、生态良好”，就是苗、彝等各族同胞今天幸福生活的生动写照，体现了海雀老百姓内心最真实的感受，记录着海雀人民群众感谢共产党、赞美试验区、热爱新生活的朴素感情，这是对时代变化、发展历程的最好注释。

此水此山此地。站在时间的页码上，幸福是奋斗出来的，奋斗本身就是幸福。冬日的海雀村，宁静而安详，洋溢着暖意，透露着生机……

作者简介：韦兴生，布依族，1988年8月生，贵州省册亨县人。贵州省作家协会会员，作品见诸《贵州日报》《贵州作家》等刊物。

瑶山伙计

孟学祥

一

“食尽一山，再移一山。”这是贵州省荔波县瑶山乡人生活的真实写照。山连着山，山系着山，生存在这样的土地上，出路变得分外曲折，岁月变得十分艰难。穿越冗长的历史时空，回溯上古的原始部落，“东方印第安人”的悲壮称号，将瑶族人的生活之路书写得曲折艰难，曲径无涯。他们衣不遮体，食不果腹，穴居山洞，采食野果，狩猎为生，刀耕火种，不断迁徙，在深山中寻觅着生活的出路；一个铁三脚架，一两个鼎罐，几个粗陶碗，几块木板，几件破烂的衣服，就是他们的全部家当……这样的情景犹如历史的慢镜头，摇过瑶山的山岭沟壑，深刻地烙印在瑶山历史的记忆中，把“瑶山”二字凝固成贵州贫困的代名词。历届战斗在瑶山土地上的基层干部，用他们的执着和真诚，在不断探寻中拓展瑶山扶贫攻坚路。

在瑶族人看来，能称得上“伙计”的人，就是除了他们家人之外，最让他们信任和最值得他们亲近的人。

2013年10月18日，时任瑶山乡党委书记玉可雕走在瑶山移民新村洁净的水泥路上。下午他要出差，这次出差时间有点长，他想在临走前，再到瑶山新村去看看，问问几户新移民过来的村民，看看他们生活是否习惯，家里的设施是否还需要添置，顺便督促他们搞好家庭卫生，保持良好的卫生习惯。更重要的一点，他要去看看他的“伙计”何金二，看看他为下步配合旅游开发，搞“农家乐”的事筹备得怎么样，同时他还要送一套新衣服给何金二的儿子，给这个小家伙一个迟到的周岁祝福。从何金二家出来，在家门前准备农具的何业拉看到玉可雕，立即高声喊道：“伙计，你来啦，来家坐坐歇会儿吧。”

除了熟人和朋友，在中国的任何一片土地上，几乎没有人会用“伙计”来称呼自己的“父母官”。一个普通村民把乡党委书记称为“伙计”，这是何等亲切；一个地方“父母官”与自己治下的村民并肩为“伙计”，这是何等平易近人。

在何业拉家二楼，玉可雕与何业拉夫妇促膝交谈。何业拉夫妇把他们最近遇到的困难和困惑一一向玉可雕道出，玉可雕耐心地听着，听完后又给他们出主意，有些困难乡里能够解决的，就应承下来，着手给他们解决；有些困惑自己能够化解的，就立马化解掉了。最后告别的时候，何业拉夫妇真诚地对玉可雕说：“有伙计的帮忙，我们对搬到新村来的生活就更有信心了，对未来的日子也更有希望了。”

是的，瑶山乡的干部首先要做的，就是要让瑶山的群众对生活有信心、有希望，对未来有信心、有希望。玉可雕从到瑶山来当书记的第一天起，就用这句话来界定自己的工作重心，也用这句话来诠释全体乡干部职工们的工作思路，指引他们的工作方向。然而，瑶山就像一本难懂的书，一直让玉可雕无法读透。初到瑶山时，茹类、拉片那些镶嵌在深山野岭中的茅草房的柴扉门总是在他的脚步走近时就悄悄地关上了，不光是他这样的乡干部，就是远方的一个路人走近，茅屋的柴扉门也不会轻易打开。这是玉可雕行走在瑶山土地上遇到的一个不容回避的现实，也是瑶山发展中一个让人不能轻松的现实。玉可雕记得他第一次下乡的时候，在通往茹类的一条山路上，远远地看到有一位瑶族同胞迎着他走过来，他也加快脚步走过去，想同这位瑶族同胞打招呼，然而转过弯，却不见了那个应该同他相遇的路人，回转身，他发现那个人从小路旁的树林里钻了出来，快步从他身后向远处跑去。这样的情形他还遇到过很多次，每次与他相遇的瑶族同胞，要不就躲着他，要不就是绕开他，实在绕不过去，与他相遇时都是低着头匆匆走过，不理他的问候，更不会主动同他打招呼。

这是一个“历史遗留问题”，是瑶山来路上无法回避的一环。无论是生活在瑶山土地上的瑶族群众，还是在瑶山做过工作的本地抑或外来的干部职工，对瑶族同胞这种自我封闭，不与外人接触，更不向外人敞开心扉的特征无不记忆犹新。时任瑶山乡乡长何正光是地地道道的瑶族人，他说以前瑶族群众轻易不会来找乡干部，即使迫不得已来了，也只找本地的瑶族干部，如果本地的瑶族干部刚好有事不在，他们宁愿不办事，也决不会找其他外来的干部。

这就是真实的瑶山，这就是真实的瑶族同胞的心态，究其原因，就是4个字：贫穷，自卑！瑶山是美丽的，瑶山也是贫穷的。处于喀斯特腹地的瑶山，就像是被石头包裹起来的一片桃花源。然而，这片桃花源里的人均耕地面积却不到两成，这点可怜的耕地，还都是村民们在石头旮旯中一小块一小块挖刨出来的。被石头蚕食的泥土，种出来的庄稼更是难以让瑶族同胞们果腹。没有吃的，哪来的稳定；没有稳定，哪来的安居；没有安居，哪来的自尊；没有自尊，哪来的幸福；没有幸福，哪来的希望？出生于瑶山，一直扎根在瑶山本土工作30多年的瑶族干部，52岁的原乡人大主席陆应华说，以前因为贫穷，瑶族连逝去的祖先都无法维护应有的尊严。那些不幸在春夏季节里逝去的祖先，都没办法入土为安，要等到秋收后打下粮食了，瑶族人才能为逝去的亲人举行葬礼，让逝者入土为安。试想，在这样的生存环境中，瑶族同胞何来的自尊，何来的朋友，何来的文明？

追溯历史，反思过去，谁能够敲开瑶山封闭的柴扉门，大大方方地走进瑶族同胞的草屋，接近和融入他们的生活，取得他们的信任，与他们一道共融、共谋、共发展？那就是他们的“伙计”——瑶山乡的干部们。在瑶山，“伙计”就是合伙谋生，同辛苦、共患难的象征。由于生活的艰难，一直以来，瑶山人都是通过“搭伙计”的方式来互相结成同盟，共渡难关。一旦人与人之间搭上伙计，也就预示着搭上伙计的人今后就可以有福同享，有难同当了。过去，瑶山人的伙计都只局限在他们的族群中，无法外延。而且，也因为他们生活条件差，食不果腹，衣不遮体，卫生状况更是让人目不忍视，其他民族和山外人都嫌弃他们，都不愿意和他们交朋友，更不会和他们“搭伙计”。茹类村的何金二见玉可雕提着酒菜走进自己家门，到他家来与他们一起做饭吃，还要与他“搭伙计”，他简直不敢相信这是真的。当玉可雕与他一道把饭做好，与他一道坐到饭桌旁，与他一起喝下一碗酒，称呼他为“伙计”时，他都不敢答应。同何金二一样，瑶山很多与乡干部“搭伙计”的瑶族同胞，他们都不相信这些乡干部会与他们结交，真心对待他们。对于乡干部与他们搭伙计，开始他们都不相信，都不当回事。乡干部们用“伙计”这个瑶山比较亲切的词称呼他们时，他们都不知道该不该答应。从茹类移民到拉片新村的何永国说，以前他们寨子有一个人，经常挑山货到王蒙去卖，后来同当地一个经常收他山货的布依族搭上了“伙计”，这就不得了啦。在茹类这片山上，这个与布依族搭上“伙计”的人，一下子就变得很有地位，人人羡慕。不光一个寨子，整个茹类山区，都对他很尊敬。他走到哪里，都会招来大家仰慕的目光。今天，来客已经无法从何永国的述说中，去揣度这个同布依族搭上“伙计”的瑶族人的风光和荣耀了，但在那个时候，在山路曲折、生活窘困，吃了上顿没下顿的年代，能同生活比自己不知要好上多少倍的布依族搭上“伙计”，这位瑶族同胞的日子一定会比其他的瑶族同胞好过和惬意。假设那位瑶山的先人还能活到今天，看到他的后代子孙不光循着他走过的路，与外族人搭上了伙计，还与这片土地上的“父母官”们搭上了伙计，他不知要生出多少嫉妒和羡慕来。

瑶山辛酸的伙计史让时任瑶山乡党委书记的玉可雕悟出了一个道理：瑶山的干部要想在瑶山扎下根，不仅仅只是走进来沉得下去那么简单，要取得瑶族同胞的信任，就得要在沉得下去的时候把心敞开，与他们交心，与他们结成伙计一样的挚友，融成一片，才能把工作做好。于是，瑶山诞生了与瑶族同胞结成挚友的“伙计干部”，瑶山乡46名干部职工以“主动，让我来，责任是我的”为信条，用无私和诚信敲开了瑶族同胞那很难为外人打开的柴扉门。

二

“伙计，我遇到难处了，想来想去，现在只有伙计你才能帮我这个忙。”2012年5月的一天深夜，睡意蒙眬的瑶山乡政府干部何归被一阵电话吵醒，电话是他的瑶族“伙计”——50多岁的谢木新打来的。谢木新在电话中哽咽着告诉他，父亲去世了，家中无粮为老人办丧事，走投无路的他只好打电话向伙计求援。何归一面安慰谢木新，一面叫他不要担心粮食的事，先去为老人做别的后事准备，粮食由他来想办法解决。放下电话，何归也睡意全无，立即起床挑灯为伙计谢木新赶写申请困难补助的报告，并把第二天要做的工作排列出来，分个轻重缓急，然后安排时间到谢木新家帮忙料理老人的后事。

第二天天刚亮，何归敲开乡主要领导的门，送上了他连夜帮谢木新家写的困难补助报告，乡领导也雷厉风行地为谢木新筹措到了200多斤大米。何归和乡里的其他同志一道把米送到谢木新家，谢木新拉着何归的手说：“伙计，你来了我就不慌了！”何归说：“我是你的伙计，乡里的干部也都是你的伙计，有我们在，天大的事情你都别着急！”此情此景，让在场的其他瑶胞深受感动。

“责任是我的，我要成为多给予的人。”正是这种舍小家顾大家的无私精神，才让瑶族群众在遇到困难的时候，首先想到的是与他们交往的乡政府那些伙计；正是在这种以公心对待群众的奉献中，瑶山乡的干部伙计们才成为瑶族群众的贴心人。38岁的廖金梅和30岁的罗优都是何归的伙计。廖金梅父亲生病去世，为给父亲治病和安葬父亲，她欠下了10多万元的债务，何归主动和她搭伙计，帮助她出点子，谋发展。罗优每年靠在外租田种来养活一家人，生活常常捉襟见肘。一次，他找到何归，希望何归能帮他解决暂时的困难，尽管此时何归的母亲因为得脑出血在医院抢救，家中还背着几万元的外债，但伙计有困难找到他，他立即就伸出了援手。而那些与瑶族群众结成伙计的乡干部们，每一个人也都在倾尽全力，为自己的伙计解决困难。

伙计，你来了我就不慌了！在瑶山，很多乡干部被瑶族群众的这句话砸得心里热乎乎的。在他们看来，这句话比瑶族群众请他们喝一顿酒、吃一顿饭摆谈，请他们到家中去喝一口水、泡一杯茶畅谈，更能激发他们为瑶族群众做好事、服好务的热情和信心。乡干部覃廷霞的伙计谢金伟夫妇外出打工后，家中只留下80多岁的老母亲和刚上小学四年级的儿子谢宝濑。覃廷霞第一次踏上伙计家的门，就发现伙计10岁左右的儿子谢宝濑没有去上学，一问才知道他因为父母长期外出打工，对他关心不够，也就无心再去上学了。得知情况后，覃廷霞立即打电话和谢金伟联系，动员他们夫妇安排一人回家照顾老人和孩子，一面又着手安排谢宝濑重新入学的事宜。在她的动员和帮助下，谢宝濑在辍学了几个月后，终于又重新走进了课堂。谢金伟夫妇不在家的日子里，覃廷霞每天都要走进他们家一趟，看望老人，检查孩子的学习情况，时不时地给他们捎上一些生活用品。2012年4月的一天，拉片村民何昌胜喂养的两头老母猪生病了，他立即给伙计陆曦打电话，此时陆曦正在县城出差，接到伙计的电话时天都快黑了。在电话中，陆曦叫何昌胜不要

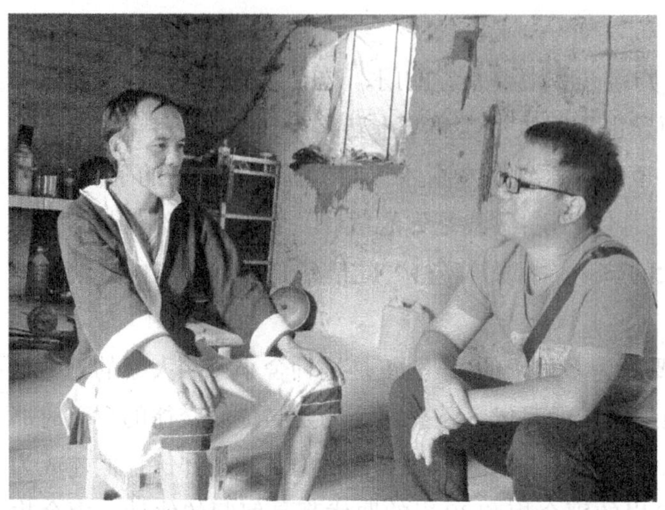
何昌胜（左）向伙计乡干部陆曦诉说他养殖中碰到的困难

时任瑶山乡干部覃廷霞给伙计谢友成送去养鸟科普资料

慌，先仔细观察病猪的变化，他马上就请兽医来帮他看。放下电话，陆曦又和兽医站的工作员取得联系后，骑上摩托车，拉上兽医，连晚饭都顾不上吃，就赶往何昌胜家。由于耕地面积少，长期以来，何昌胜一直都是通过到邻近的广西南丹桂江去租田种来养活一家人，他一直想通过养殖来摆脱贫困，但由于没有资金，这个梦想一直都没有实现。同司法所的干部陆曦搭上伙计后，他就把这个想法和伙计说了出来。得知伙计的想法后，陆曦当即帮他筹备，跑项目，跑资金，协助他搞起了养鸡场。然而，由于经验不足，养鸡场搞起来没多久，场里的鸡苗就病死了好多。陆曦闻讯后，立即协调兽医站的工作员上门对何昌胜进行指导，帮助何昌胜解决困难，挽回损失。如今，何昌胜不光养鸡，还养猪、养羊，成了瑶山闻名的养殖专业能手。谈到陆曦对他的帮助，何昌胜都会历数出这个伙计对他的好，每次他都会用一句话做总结：“每次我遇到困难，都是这个伙计来帮我解决，有他在，我就不会心慌了。”同样对于投资6万多元，在自家背后的山上创建“百鸟园”养鸟场的拉片村村民谢友成来说，伙计覃廷霞就是他的主心骨，百鸟园遇到困难了，覃伙计都会上门帮他解决。2011年秋天，谢友成的“百鸟园”刚办起来不久，放到园里的鸟生病的生病，死亡的死亡。覃廷霞走访伙计时见此情景，立即为他采取了补救措施，除请兽医来帮他给鸟治病外，还给他买来了很多养鸟的书籍供他学习参考，并推荐他到外地去参观学习取经，让他学到更多的养鸟经验……

“有谁需要帮助，我就去给予。”

这是用不平凡的付出写在不平凡旅途上最伟大的诗行。

这是一个个平凡的脚印在瑶山土地上镌刻起来的丰碑。

20多岁的何建华早年父亲因病离家出走，母亲改嫁，留下他孤单一人，一直过着贫困的日子。陆应华和他结为伙计后，指点并资助他外出打工。通过打工，何建华不但走出瑶山见了世面，还在打工不久后就娶妻成了家。在伙计家走访中，陆应华看到何建华家的房子破烂不堪，就提出由自己来帮助他解决水泥的问题，何建华自己准备其他材料，把房子修建起来。何建华不相信这个伙计能帮他把水泥弄来，也就没有把建房的事放在心上，直到有一天，他上山干活归来，看到陆应华真的把水泥送到他家门口了，才彻底信服。打工找到了生活的出路，又在陆应华的帮助下建起了新房，每逢和人谈到陆应华这个伙计，何建华总是真诚地说：“伙计真好，真心实意为我们百姓办事。”2011年夏，一个风狂雨骤的夜晚，拉片村罗正刚家的房子在风雨中垮塌了，他打电话向伙计徐仕银求援，徐仕银立即和乡里的其他领导冒着风雨赶到现场，排除危险，安排他家人到邻家借宿。回到乡里后，大家又顾不上休息，着手为罗正刚家重建的事筹措物资和资金。34岁的徐仕银是从小七孔镇到瑶山乡来挂职的干部，是具体分管伙计干部管理工作的乡领导，她本人也与5个村民结成伙计。她在懂蒙的伙计罗继生的母亲谢林娅60多岁了，没有领到养老保险金。在下乡代收养老保险时得知这件事后，徐仕银就带着老人到县相关部门去咨询，得知谢林娅与另一个组的一位老人同名同姓，那个老人已经领得了养老保险金，县相关部门以为两个人是同一个人，就没有发放给罗继生的母亲。了解情况后，徐仕银工作之余，专门跑到另一个组去核实情况，然后重新为谢林娅老人填表申请，重新启动办理程序，最后终于让60多岁的老人领到了养老保险金。领到保险金的谢林娅老人说：“没有继生的这个伙计帮我们，我们都不知道该怎么办了。”

“我们是伙计，有事同商量，互信谋发展，勤劳奔小康。”这是瑶山乡伙计干部对他们伙计的承诺。

每一片土地的上空都有一片天，这片天是靠什么在撑着？瑶族同胞居住的瑶山土地上的天，就是靠瑶山乡党委、乡政府的46名干部，携手瑶族同胞们，用伙计之间真诚的交流方式，在共同支撑着。在瑶山乡，瑶族同胞们的一句话最让乡里的伙计干部们心暖："有困难，找伙计去，伙计有办法。"这句话撑开的这片天，让人倍感温暖。

三

2011年秋，时任乡党委书记玉可雕到懂蒙去看望自己刚认下的一个伙计。当他提着礼物，热情洋溢地来到伙计家柴扉门前时，却吃了闭门羹。这个伙计不买他的账，躲着不见他，他就在门口站着等待，站了1个多小时也不见伙计家开门。他不气馁，隔了几天再次来到伙计家，这次伙计倒是没有躲出去，一家人都在家中坐着，他进门时他们不看他，也不招呼他坐，对他带来的礼物也不闻不问，把他弄得特别尴尬……

一次又一次地走动，一次又一次地往返，一次又一次地吃闭门羹，一次又一次地遭遇尴尬。玉可雕说："要不是为了工作，要不是想到'责任'，真想放弃了。说真的，从参加工作以来，我从未受过这样的委屈。"

是的，这样的委屈不光玉可雕受，乡里的干部们都不同程度地受过这样的委屈。乡林业站的潘杰首次到伙计谢金强家去，明明看到他家门是开着的，可还没等他走到门口，门却关上了，他站在门口等了20多分钟，无论怎么喊怎么敲，都不见有人开门。无奈的他只好回到公路边，40多分钟后，他又赶回去，明明看到谢金强的妻子与邻居在院子里拉家常，然而等他大步赶到她家，人又不见了。潘杰不服气，在家中坐等了1个多小时也不见人回家，只好无奈地返回乡里。第二次再去，见到了主人谢金强，还没说上几句话，人又不知跑哪去了……这样的遭遇，就连本地的瑶族干部也不能幸免。瑶族干部陆应华说，有一年他送炸药去懂别村给村民们搞坡改梯，把炸药拉到村里后，他去找村支书，看到支书和他的兄弟在喝酒，两人都喝得醉醺醺的了。他叫他们别喝了，去找人把炸药搬回来，赶快把工作安排下去。村支书不但不停下，还邀他上桌去喝酒。他不喝，村支书就对他说："你不来同我喝酒，我就不叫大家帮你做事了，你来陪我喝两杯，我就叫大家帮忙。"陆应华说："本来我去帮他们做事，现在这件事反而成了我的，村支书的话真是让我哭笑不得。”

站在瑶山乡政府楼上远望拉片瑶山新村，拉片新村就像矗立在山野上的别墅群，占地200多平方米、一楼一底的房屋错落有致地排列着，一排一排地顺着山势从低往高处延伸。从远处延伸过来的公路，逶迤着一直延伸进通往新村的水泥路，然后四通八达的水泥路又通往新村的各家各户，连接着各家各户用水泥铺就的宽阔院坝。然而谁又能知道，为建设这样的瑶山新村，推动瑶族同胞居住环境及生活的改善，瑶山的伙计们付出了多大的努力？

瑶山乡干部对伙计们的承诺

徐仕银是一个外镇到这里来挂职锻炼的干部，她说：“刚到瑶山的时候，一点都不习惯。以前只听说瑶胞们居住的环境差，瑶寨的环境卫生差，瑶族同胞的家庭卫生状况堪忧，当时以为只是传闻，差也差不到哪里去。进来后才发现，比想象的还要糟糕。”徐仕银走进伙计家的第一件事，就是帮助伙计家搞卫生。开始的时候，她也受到冷遇，受到白眼。记得她第一次走进懂蒙的一个伙计家，伙计也是给她吃了闭门羹，一次，两次……多次。终于见到了伙计，但伙计没有让她进屋的意思，只是和她站在门边。她自己硬着头皮走进伙计的家门，看到屋内很脏，拿起扫把就帮伙计家扫起了地，而伙计夫妇既不参与动手，也不说什么，只是站在旁边冷冷地看着。将近一个多小时的时间，在一种很尴尬的气氛中，她终于帮伙计把屋里屋外清理得干干净净。同样尴尬的还有乡干部覃兰珍，她第一次到伙计何金山家，看到屋里很脏，就动员何金山把卫生搞好，何金山张口就问她：“打扫卫生给不给钱？”听到这句话，覃兰珍呆了：怎么，搞好个人家里的卫生还要问我有没有钱？

人与人的心，在没有产生碰撞前，都横亘着看不见的距离，这个距离有时就像一把锁，看得见，但如果找不到适合的钥匙，就无法打开；一旦找对了钥匙，打开这把锁也是轻而易举的事。搭伙计，对于乡里的男同志们来说，可能不是很难，虽然开始时也会吃闭门羹，也会受到冷遇，但厚着脸皮提上几斤酒、几斤肉，与瑶族同胞喝上几杯，尴尬就化解了，伙计也交上了。但对于女同志们来说，搭伙计的道路就更要曲折一些。覃廷霞说："刚开始的时候，伙计看我是个女的，不认我，去了几次都不理。和他们打招呼也不应，问他们事情，回答几乎都是'磨吧几（不知道）'。想坐下来和他们聊天，他们要么坐着不动也不说话，要么就是和邻居说得火热，把我冷落在一边。那时我感到了从未有过的沮丧。"从邻县独山到荔波来工作的杨玉英和刚刚参加工作的24岁的姑娘罗婷，也遇到过同样的尴尬。她们的伙计也曾见到她们后扭头就走，不和她们打招呼，不给她们好脸色。同样的际遇，乡里的其他女干部都碰到过。

困难，既是意志的考验，也是发展的机遇。吴利荣有次到她伙计家去，看到一帮人在院子里坐着吹牛，她和他们打招呼，没有人理她，这还罢了。有人以为她听不懂瑶语，就用瑶语说："这个老奶又来了，真是脸皮厚。"杨玉英说："伙计越冷落我，我就走得越勤。有事无事我都到他们家去看看，帮他们打扫卫生，遇到他们有困难就尽力去帮他们解决，解决不了的，带回来向领导汇报，请领导协调解决。有时我还会买上一些菜，到他们家去与他们一道做饭吃，顺便督促他们搞好卫生。"瑶山的女干部们正是以这种锲而不舍的精神和无私无畏的执着，赢得了伙计们的信赖。如今，只要看到她们走来，远远地伙计就会同她们打招呼："伙计，来啦！"其亲切的程度绝不亚于看见那些男伙计。是的，能走出这一步，她们的艰辛、她们的付出，常人是无法感受得到的。

覃廷霞的家在都匀，2011年大学毕业后作为选调生下派到瑶山乡工作，至今已经快5年了，5年中，她回家探望父母的时间屈指可数。徐仕银的家在县城，上小学的儿子由其母亲照顾，从瑶山乡政府到荔波县城，距离才30公里，但是她和儿子相聚的时间少之又少，周末回家看儿子，相聚一夜后又匆匆赶回。每次与儿子告别，儿子都会拉着她说："妈妈，你别走吧，多陪我一天。"为这，她不知偷偷流过多少泪。27岁的杨玉英，刚做母亲不久就离开独山，只身一人到瑶山来工作，刚来时十分牵挂年幼的孩子，与家人聚少离多。眼看着孩子一天天长大了，可是长大了的孩子又不认得她了。今年6月，她好不容易挤出两天时间，想在家好好陪伴家人和孩子，然而进家想抱抱孩子时，孩子又哭又闹，不要她抱。想起这些，她感觉特别心酸，特别想哭，觉得自己挺对不起家人，更对不起孩子。但她说她不后悔，既然已经选择了，就一定要扎下根来，把工作做好。

以真诚之心待人，换来的一定是他人以真诚之心待己。2013年春节，村民何金二的爱人给徐仕银送来了一套她千针万线做出来的瑶族服装，坚决要她收下；还有的村民，在山上采得野菌、挖得山药等野货，都要送到乡里来请他们的伙计品尝。瑶山乡伙计的真诚付出赢得了瑶族同胞的信任。套用拉片谢友成的一句话说："我很喜欢这些伙计，他们真心诚意为我们百姓办事，他们最值得我们信任。"

四

时任瑶山乡乡长的何正光，2014年刚好40岁。作为瑶山本乡本土的干部，2001年到瑶山乡政府工作后，就一直没有换过其他地方。从副乡长到乡长，一干就是10多年。瑶山的变迁，瑶山的发展，他深有体会。他说："瑶族是一个从原始社会直接过渡到社会主义社会的民族，没有经过其他社会变迁的洗礼，缺乏社会认知经验，缺少文明进程，不会规划和设计生活，存在文明和礼仪的缺陷，不懂得与人交往，不懂得搞好家庭卫生。社会进程跨度大，引导起来也很费劲。所以在瑶山工作就要比在其他地方工作多花一倍的精力。"作为瑶族的后代，何正光更希望瑶山变化，更渴望瑶山能尽快赶上外界的文明，融入外界的社会，与其他民族共同前进和发展。

何正光在思考瑶山的文明进程，瑶山乡的其他干部们也在思考瑶山的文明进程。同其他乡干部一样，何正光也与5个瑶族同胞结为伙计。但瑶山的瑶族有3000多人，乡干部不可能人人都与他们搭上伙计，而推动瑶山的文明，除了伙计们的工作，大量的工作还要整体铺开才会有效果。

为了引导瑶山发展，瑶山的伙计们就率先担当起了推动瑶山文明进程的使者。覃廷霞每次走进伙计家，都要亲自动手帮助他们清洗碗筷，打扫卫生，整理家务；周信说："与瑶族同胞搭上伙计后，我首先教会他们除掉陋习，改善环境。"周信在瑶山有5个伙计，每次到伙计家去，除了帮助他们打扫卫生、整理家务外，还要向他们灌输养成良好卫生习惯、预防疾病的相关知识；莫远奎、陆曦、陆应华则帮助伙计梳理发展思路，协助他们修建鱼塘养鱼、办养鸡场养鸡、开办农家乐经商等，瑶山的文明在瑶山伙计们的推动下，正一步一步地向前发展。

"伙计，我帮你送水泥来了。"兰英良家房前屋后到处堆的都是柴草杂物，屋子里也是一团糟，其母亲还在房前搭建了一个小棚子堆放杂物，伙计谢玉华看到这样的状况，一次次地上门动员清理屋前屋后及家中杂物，并拆掉乱搭乱建的小棚子。在兰英良拆掉小棚子后，谢玉华通过乡政府协调到23包水泥，亲自送到兰英良家，兰英良家房前屋后都进行了硬化，看上去焕然一新，彻底改变了过去那种脏乱差的面貌。谢玉妹是单亲母亲，丈夫2012年6月因病去世，自己带着两个女儿生活，生活非常困难。她的伙计潘爱吉除了对她给予关心和帮助外，还积极推荐她参加乡里举办的厨艺培训班和夜校培训班，提高自身素质，并帮助她筹备农家乐接待，寻找脱贫的门路。

这是一个我们都清楚的现实。中国历史上，各个民族、各个地区的进步和繁荣是不平衡的，有的地区发展迅速，一直保持领先地位，有的地区发展缓慢甚至不发展，一直处在落后的状态。一个地区的发展情况如何，人口素质是关键，而人口素质是否在不断提高，无疑就成了检验这个地区发展的标准。提高人口素质，才能推动地区文明发展，这是一个不容回避的问题。瑶山也得走上这条路，才会有发展，才会走向文明。

开展培训是从根本上提高瑶族同胞的民族素质，是推动瑶山走向新文明，发展经济的必然选择。从2011年开始，瑶山乡政府就开始组织瑶族同胞开展培训，除了培训他们爱护环境、搞好卫生外，还开展其他技艺培训，借瑶山对外开放、发展旅游业的东风，让瑶族同胞掌握一技之长，从原始的游猎生活中解放出来，投身新的产业，开创新的生活门路。

2013年5月，在外打工的谢木新接到伙计何归打来的电话，说乡里在办厨师培训班，希望他能回家来参加学习，下步争取开办农家乐，在家门口赚钱，就没必要外出打工了。放下伙计的电话，谢木新没有犹豫，立即结束手上的活，乘上长途汽车，赶回家来参加了培训。有人问谢木新在外干得好好的，为什么要赶回来参加这个培训，谢木新说："我相信伙计的话，他一直都在帮我，是为我好，他的话绝不会错。"

谢木新听伙计的话，因为他知道伙计是为他好；王小业听伙计杨玉英的话，因为他的爱人黄小妹通过培训，成了瑶山土生土长的导游，他搞养殖的父亲也通过培训学会了给羊治病，现在羊生病也不用再跑到王蒙的兽医站去请人了；谢勇周、何金荣也听伙计何正光、陆应华的话，通过培训，他们在瑶山办起了农家乐……然而谁又能想到，乡里刚刚开展培训工作的时候，因为还没有与乡里的干部们成为伙计，没有得到伙计们的指点，培训班基本没人来上课，好不容易动员几个人来了，还不好好听课，要不就是喝了酒来上课，在课堂上打瞌睡，要不就是进教室待一会儿就悄悄溜出去了。“如果不是伙计们的推动，培训工作就很难搞下去了。”玉可雕如是说。

马克思主义哲学认为，外因通过内因而起作用；毛泽东说，星星之火，可以燎原。瑶山伙计们正是把两位伟人的理论恰到好处地有机结合，用于瑶山文明工作中，才有了瑶山今天的局面。2015年10月1日，一大清早，拉片村的谢勇周和何金荣就在他们的“农家乐”里忙碌起来，预订到他们这里来吃中午饭的游客已在来路上，从昨天开始，他们就已经为游客的到来做好了准备。自从2011年在乡里伙计们的帮助下开起了“农家乐”，他们的生意就上路了，而且一天比一天好，一年比一年兴旺，每年光是十一黄金周这七天，两人各自的纯收入就超过了3万元。2012年4月29日，荔波瑶山古寨国家AAA级景区授牌仪式和首届瑶山欢乐节开幕式在瑶山乡举行，当地瑶族群众载歌载舞，欢庆这片古老的土地被纳入中国旅游经典的行列。这片处在世界自然遗产地上的神秘土地，走上了发展壮大旅游业，不断拓宽瑶族同胞致富的新道路。随着游客不断涌进瑶山，瑶山的多种产业链也在不断形成和壮大，瑶族同胞的就业门路也越来越宽广。廖金梅在伙计的帮助下开起了米粉店，收入一天比一天好，不光偿还了外债，还小有收入；谢友成的“百鸟园”独树一帜，他巧妙利用自己居住靠山的条件，围山养鸟，供游客观赏，在2015年的十一黄金周，他也有了可观的收入；何昌胜放养的瑶山鸡，远销荔波、小七孔等县城和旅游景区酒店，更是深得到瑶山来观光的游客们的青睐；50多岁的龙成友开了个小卖部，收入也日日翻新……

鼓声激越，沿着拉片村四通八达的水泥路，在路与路连接着的漂亮民居中穿行，仿佛就穿越到了一个梦幻的天堂。亭台楼阁间，激越的鼓声中飘荡着天籁般的芦笙小调，古歌余韵里款款轻舞着一队队美丽的瑶族少女，她们是瑶山土生土长的导游，她们用歌声诉说着瑶山的昨天，她们也用歌声憧憬着瑶山的明天，她们更是用梦想畅想着瑶山的前景。50多岁的村民何永国自豪地说，他现在是演员了，他不光在瑶山的土地上为到瑶山来的客人们表演，他还到荔波、到都匀、到贵阳去为外地的客人表演过，将瑶山最精彩的一面奉献给外面的世界，让外界重新认识一个崭新的瑶山。他说：“除了到外面去开眼界，我一个月还可以有几千元钱的收入。”看得出，何永国很为自己现在的生活感到幸福，他不光找到了生存的希望，还找到了未来的希望。2011年，瑶山拉片民族村寨荣获“贵州最具魅力民族村寨专家特别推荐奖”，并成功申报为国家AAA级景区，2012年5月1日正式列为多家旅行社必游景区，成为荔波第一个国家AAA级的民族文化景区。拉片民族村寨先后实施了三期扶贫移民搬迁，352户1231人搬到了拉片村民族村寨居住，人均收入从过去的1900元增加到现在的5000元。2014年起，瑶山乡又启动第四期生态移民工程，搬迁规模为489户1818人，加上前三期迁入的农户，将使拉片瑶族特色村寨达到上千户，“千户瑶寨”规模进一步扩大，人气进一步聚集。随着民族村寨民族风情游的日益红火，瑶山乡的很多村民吃上了“旅游饭”，通过发展农家乐接待、从事民族旅游商品销售、参加民族风情表演队等改善了生活。村民的钱包鼓起来了，通过发展特色水果种植及乡村旅游项目，光是拉片村就实现了村集体经济积累5.6万元。

拉片瑶山移民新村全貌

站在一个新的起点上，才会上升到一个新的高度，这一点，瑶山乡干部职工们做到了，与他们搭伙计的瑶族同胞们也做到了。现在的瑶山，群众观念转变了，群众生活改善了，环境卫生也得到了彻底的改观。从山外延伸进瑶山的公路，沿着樟江一路逶迤前行，在铜鼓与芦笙的合奏中，连接起拉片民族村发展的大门。漂亮的民居，洁净的院子，宽阔的进户道路，以及路两边整齐的太阳能路灯等，都不同程度地展示了瑶山诱人的新天地。从拉片延

瑶山旅游成为农民增收新途径

伸出去的盘山公路，穿越瑶山土地上的沟沟坎坎，又把希望的种子撒遍了瑶山的每一个角落。何金二在伙计的动员下参加了乡里组织的厨师培训，他的“农家乐”已有了收入；谢金雄已将家中多余的房子整理出来开上了家庭旅馆……瑶族同胞已经迈开了追赶山外发展的步伐，从刀耕火种的原始生活中解放出来，走上了与各民族共同繁荣发展的康庄大道。他们的后代，已经得到了很好的教育，其中的一些孩子，已经通过学习敲开了他们此前想都不敢想的大学校门。我们还可以从以下这些数字来看待瑶山的发展：

2015年年底，瑶山乡已建成蜜柚种植基地5000亩，血橙种植基地1000亩，油茶1000亩；火龙果、提子、脆红李等精品水果400多亩。建有百鸟园1个，黑猪和香猪养殖基地3个，冷水养殖基地1个。黑山羊养殖90多户，出栏2万多只，存栏8000多只。瑶山鸡规模养殖26户，带动2000多户群众进行家庭养殖，年均出栏达10万羽；大多数瑶族同胞家庭年人均收入从过去的不到千元，提高到了现在的7000多元。2015年，瑶山乡8个村已基本消除村集体经济“空壳村”，实现了村级集体经济组织100%全覆盖。通过创新村级集体经济发展模式，进一步实现了村级集体经济增收，有效促进了农业增效，农民增收，为全乡实现同步小康奠定了坚实基础。随着一个个资源的盘活，一个个产业的发展壮大，8个行政村分别通过盘活资产、流转土地、兴办实体、发展产业、入股分红等方式发展集体经济，走出了一条“以地生财”“以资源换财”的路子，增强了瑶山乡村级集体经济发展的潜力……当然，数字是枯燥的，但枯燥的数字里浸润着滴滴心血，颗颗汗水；数字也是简单的，但从这些简单的数字中，我们可以解读出瑶山发展和转变的具体景象，以及瑶山伙计们自强不息的奋斗精神；数字是单调的，但这单调的数字背后，流传着一个个活生生的动人故事……

瑶山干部之所以能跟瑶族群众打成一片，彼此以“伙计”相称，这与他们的思想是分不开的。站在瑶山的土地上，他们没有把自己当外人，更没有把自己当成“官”。他们把自己的思想、行动深深融入瑶山，与瑶山群众一道，开拓瑶山的未来，实现瑶族群众的梦想。在苍茫的大山中，在原始的密林里，在弯弯的山道上，书写下了一个闪光的名字——瑶山伙计！

作者简介：孟学祥，毛南族，生于1964年10月。先后在《民族文学》《中国作家》《山花》《青年文学》《山东文学》、台湾《联合报》等报刊上发表过中短篇小说、散文200余万字。出版有中短篇小说集《山路不到头》《惊慌失措》，散文集《山中那一个家园》《守望》。先后获第九届全国少数民族文学“骏马奖”，第四届贵州省政府文艺奖、贵州省作家协会“乌江文学奖”、遵义“尹珍杯文学奖”等奖项。中国作家协会会员，贵州省作家协会主席团委员。鲁迅文学院第十七届中青年作家高级研讨班学员。

迎春花又香

肖家云

“幸与松筠相近栽，不随桃李一时开。”根据白居易的诗，迎春花与梅花、水仙和山茶花被统称为“雪中四友”，是中国常见的花卉之一。其端庄秀丽，气质非凡，不畏寒威，不择风土，适应性强，历来为人们所喜爱。

在麻山腹地，喀斯特峰丛深处，迎春花是最普通的花。这里土壤未必肥沃，雨水未必充沛，阳光也未必灿烂……迎春花却能顺应地域时令，在百花之前绽放，一如这里的人，在平凡的生活里创造生存的奇迹。

贵州省罗甸县沫阳镇麻怀村的邓迎香就是其中之一。对于她和当地村民来说，山崖、天坑、荆棘、炊烟、茅屋……从普通的生存逻辑里积蓄向上之力，把最柔软的花心锻造得坚硬如铁，勇于奋斗而不蛮干，懂得顺应却不盲目。

邓迎香说她喜欢迎春花，又说迎春花给了她力量，还说自己的人生就像迎春花，每当春风吹起，便在山崖高处，荆棘丛中，迎着风，开了又香，香了又开，开了又香……自然往复。为了采访邓迎香，我一次次从县城去往麻怀村，既倾听故事，又接受洗礼。

麻怀村爱情故事

许多年以后，邓迎香依然会想起自己第一眼看到袁端林时的情景：那是在1990年10月的一个下午，那个高高瘦瘦的后生穿着朴实，眼神里透着一股干练之气，跟在介绍人金玉祥身后，等金玉祥介绍完，才伸直腰上前一步腼腆地与邓迎香打招呼。

金玉祥是麻怀村屯上组人，又是乡里的干部，邓迎香信得过，加上自己对于袁端林的好感，几天后就带口信给金玉祥，说可以试着和袁端林相处。

1991年农历正月十二，借着金玉祥家贺新房的机会，邓迎香第一次来到麻怀村。她从羊场公社走路到沫阳，又从沫阳坐车到麻怀村外的山脚下，然后又翻山越岭才进了村。

那之前，邓迎香没有想过袁端林所在的村子会是什么样子，她只是觉得，自己也是农村人，再恶劣的环境，不也还是农村吗？她做了充分的心理准备。

可当自己艰难地翻过岩山来到麻怀村，远远地看到翁井组那个小小的盆地里散落的十几户人家，家家都是茅草屋，牛粪敷篾片制成的墙壁……荒凉的景象让邓迎香感到很灰心，她才意识到，原来农村与农村之间的差距也可以很大。

邓迎香成长的村庄，罗甸县董当乡高峰村，老百姓俗称“羊场”，那里产的“羊场大米”很有名。高峰村与麻怀村比起来，一个天上一个地下。在别人看来，她选择从“米箩”跳到了“糠箩”，有些傻。

有好多天，她脑子里一团乱麻，一会儿闪出麻怀村破落荒凉的景象，一会儿又跳出那个穿着朴实的年轻后生。两种声音在打架，一个声音说，不行，麻怀那么穷，如果嫁过去，这辈子就完了；另一个声音说，我嫁的是人，又不是地方，好不好主要看人努力不努力，和地方有什么关系。

最后，爱情战胜了理智，她在心里悄悄地和自己说：既然相中了燕林（袁端林的小名），就不能后悔。

按照当地习俗，媒人须到女方家“过礼”。1991年农历三月某日，媒人金玉祥带着两件衣服的足尺布料和12块礼金跨进邓迎香家的门槛。但他没有得到热情款待，邓迎香的父母没有给他好脸色。

邓迎香的妈妈直言：“人家姑娘嫁田坝，我的姑娘嫁山上，怎么可能？”

金玉祥走后，邓迎香和父母的冲突变得剧烈起来。

邓迎香并没有兄弟，只有三个姊妹，自己在家排行老二。老两口没有安全感，便把四个女儿都当儿子养，希望她们出嫁后都能离羊场近一点，嫁去的人家稍微富一点。谁承想有一天老二迎香突然说要嫁到大山深处那个穷得出名的麻怀，他们当然不能答应。

媒人上门了，二老一点心理准备都没有，有些措手不及。之后的几天里，他们天天在邓迎香耳边劝说，希望她能打消念头。但她就像着了魔，还是一门心思要嫁给袁端林。

农历四月十七日，邓迎香和父母之间的“战争”升级了。

被多次顶撞后，父亲动了“家法”，将邓迎香打了一顿，但没有达到预想的效果，反而更坚定了邓迎香的决心。她清楚，父母肯定不会让自己那么顺利地出嫁，必然百般阻挠。为了顺利嫁给袁端林，她决定走婚。

当地的少数民族群众往往有“走婚”的习俗，未婚的女子可以不经过任何仪式到男方家住下，直到生了小孩，才回娘家补办婚礼。

农历四月二十一日，是邓迎香实施自己“走婚计划”的日子，天上下着大雨，邓迎香起得很早，把自己纳了多年的鞋底都拿出来，收进包袱里准备带走。她盖上柜子，在移动柜子时发现柜子太轻，怕不小心被发现，又悄悄地在屋外找了一捆木柴装进柜子里，试了试重量，才放心离去。离开了生养自己的“米箩”羊场，奔向大山深处的“糠箩”麻怀村而去，一路上，邓迎香有些害怕，又有些憧憬。

几乎是同一时间，袁端林牵着马等在沫阳镇街上，心情同样很复杂。

骑上了袁端林牵着的大马，一路就弯弯绕绕，到了袁端林家。那时邓迎香眼里只有袁端林，对袁端林家家徒四壁的景象视而不见，尽管要什么没什么，尽管吃着粗糙的苞谷饭，尽管一家人都没几件像样的衣服……她都安安稳稳地住下了。

邓迎香去麻怀了——这件事在羊场引起了轰动，但没有人认为羊场的姑娘会心甘情愿嫁到那只能吃苞谷饭的山窝窝里去。

“是不是被拐卖去的哟!”有人猜测。

“谁说不是呢！年轻的小姑娘懂什么？肯定着药了!”闲话越传越离谱，没影儿的事情，被说得如亲眼所见、亲耳所闻，邓迎香的父母更深以为然：我家姑娘被金玉祥拐去卖了。

后来，邓迎香和袁端林还是决定办酒席，日子定在六月二十二。他们提前一个月到羊场送信，希望能得到老人的祝福。

得知邓迎香和袁端林的确切婚期后，二老心急如焚，他们不能看着女儿“往火坑里跳”，要拉一把。五月二十五，邓迎香的父亲就在村里邀了20多个村民，腰里别着斧头，气呼呼地到麻怀村找袁端林家“要人”。

袁家也提前收到了消息，就把村子里的人都喊上，就是这样，一边声称姑娘被拐卖，勒令“放人”，一边说只要邓迎香愿意，人家小两口恋爱自由、婚姻自由，坚决“不放”！邓迎香躲在暗处，紧张地看着争吵的双方，怕真的动起手来，只好露面说明情况。

“没有哪个拐卖我，这是我自己的选择，爸爸你不要再逼我了。”那是邓迎香第一次在人前大声地发出自己的声音，也是她第一次那么动情地表达自己的意愿。

“我看你被鬼迷倒了！”这样说着，老人流泪了。然后一边流着眼泪，一边从腰间拔出斧头，在袁端林家门口磨。很多年后，当翁井的村民提起那晚村里磨斧头的声音，仍然心有余悸：“老人家毕竟善良，说是要磨刀杀人，不过是做做样子。后来实在无奈，只好回羊场去了！”

之后的几年里，邓迎香和娘家人断了联系，在麻怀村开始了新生活。

那时的邓迎香怎么也想不到，自己只是一个普普通通的农村女人，竟有一天能获得国家大奖，成为全国优秀共产党员，成为党的十九大代表，前往北京参加大会，还得到国家领导人的接见。

而这一切，都源于她对幸福生活近乎执拗的追求。

寻 路

从2016年3月第一次到麻怀村采访邓迎香至今，已过去了3年，起先是自己采访需要，后来又带着中央和省州各级媒体去采访，后来又领了文学家、剧作家去，我一次次在喀斯特峰丛里通过，一次次遥望从荆棘丛中生长出来的迎春花，一次次顺着花香的指引，穿过麻怀隧道。其间，我反反复复听邓迎香讲麻怀村的故事，看着这个淳朴的基层女村干部慢慢蝶变，并见证一个村庄翻天覆地的变化。

邓迎香说，她与麻怀村的所有变化都是因为一个字：穷。

穷则思变！用麻怀人的话说，日子不好过，就得想办法，活人不能被尿憋死。

“原以为做好吃苦受穷的准备，但我还是错误地高估了自己的承受能力。有些苦难我真的无法承受。”邓迎香红着眼说，麻怀村的山太高太无情，村里收了粮食养大了猪都运不出去卖，许多村里的老人小孩被耽误在送医途中，她和袁端林的第一个孩子袁洪球就是因为被耽误才在山坡上死掉的。

儿子死后，为了尽快忘记悲伤，邓迎香夫妻俩决定逃离麻怀村，去寻找新的生活。

20世纪90年代末，全国各地农民纷纷进城务工，各地方政府将劳务输出纳入搞活地方经济、促进老百姓增收的“灵丹妙药”。借着“劳务输出”的东风，许多生长在农村的年轻人开始“逃离”自己的村庄，去沿海一带，去浙江，去山东，去福建，都涌到城里去寻找属于自己的新生活。

“吃过了山高路陡的亏，当时发誓这辈子再也不回麻怀了，要去也是去交通发达的大城市。”回娘家羊场稍作安顿后，夫妻俩又上路了，起初他们在罗甸林场，一个帮张家搬运石头，一个帮蒋家打沙，日子过得很快。1997年，袁端林进了逢亭的铁合金厂。1998年，夫妻俩来到罗甸的一家硅厂上班。几年来，一家人颠沛流离，没有过过一天安定的日子。

1999年10月某日傍晚，邓迎香和袁端林下班回到在县城租宿的房子，远远看到有个人蹲在石坎上，再仔细一看，原来是村副主任李德龙。

“你们两口子倒是找到出路了，可是村里的其他人都还没有找到。”因走了远路，口渴难耐，看见邓迎香倒水递过来，李德龙便接过那碗凉水一仰脖子喝了下去，告诉邓迎香和袁端林，村里打算顺着岩山下面的溶洞挖一条出山隧道，规定每家都要投工投劳。

那天晚上，夫妻俩都失眠了。

“没有一条出山路，我们麻怀人都要被困死在那个山旮旯里。”袁端林说。

“当年要是有一条路，小洪球能够早点送到医院……”提起当年在广山坡上咽气的孩子，夫妻俩又是伤心，又是感慨。

第二天一早，袁端林先到硅厂请了假，然后急匆匆地赶回了麻怀村。到村子里时，才知道大家已经在岩石下面的溶洞边“扯起了场合”，人人精神饱满，个个干劲十足。

袁端林很快就融入了打隧道的人群里，大家分3个班：村民袁端红带9户，蒋自伦带9户，曹远新带6个人专门负责打炮眼、放炮，大家心往一处想，劲往一处使，好不热闹。袁端林在人群中干得不亦乐乎。

那之后的几年里，麻怀村村民举起锄头，扛起大锤，修修停停……到

2004年6月，216米的麻怀隧洞初步打通。随后，麻怀村村民的生活逐步进入正轨，日出而作，日落而息，该播种的播种，该施肥的施肥……简单的村庄用原始的方式静静地诠释着生活，而袁端林则继续收拾行囊，外出寻路。

袁端林只身一人到了贞丰，找了一份挖煤的工作，每天下深深的矿井里去挖煤。挖煤收入不错，一个星期就能挣500块，于是他就把邓迎香和孩子也接到贞丰。

邓迎香回忆说，那是一段难得的幸福时光，她每天看着丈夫下到黑漆漆的矿井里，自己在地面上打零工，日子过得很安逸，生活条件也明显改善：孩子们吃上了白米，吃上了糕点、冰激凌，穿上了新衣。逢年过节，他们一家人大包小包，风风光光地回麻怀村。

没人知道，邓迎香一家的幸福生活背后，灾难正悄悄地笼罩而来。

2004年6月19日是一个刻骨铭心的日子。那天早晨，邓迎香睡意很浓，袁端林起床后去上工她都没打招呼，只是眯着眼睛，安静地看着丈夫打开门，出去，又随手带上。

“如果我知道会这样，怎么也该起床给他煮一碗面吃，怎么也得送送他……”当天晚上，矿井里瓦斯爆炸，袁端林被炸死在井下。10点多，袁端林的尸体被矿友们用矿车推出来，脑袋上被开一个大窟窿，浑身上下没有一处不是伤，看到眼前的景象，她晕了过去。

当晚，矿上的工友们用被子裹好袁端林的尸体，用皮卡车连夜送回罗甸。

邓迎香的妈妈说：“就拿去羊场安葬吧，麻怀的山爬都爬不过去。”邓迎香却坚持要将丈夫送回村，她文化程度不高，却懂得落叶归根的道理。

在麻怀村外的山脚下，邓迎香呆住了。当年她与袁端林沿着陡峭的山路离开，从没想过再回来时是怎样的光景。村里的人闻讯赶来帮忙，大家看着袁端林的尸体躺在皮卡车上，都忍不住流眼泪，看着邓迎香和她的一双儿女，想要过去上前安慰，却不知道说什么好。在真正的苦难面前，语言很苍白。于是大家都默不作声，七手八脚抬起袁端林的尸体，爬上了山坡。

隧道已经修通了，大家都以为这辈子不会再爬岩山，谁料因为抬袁端林的尸体回村，大家又重走一回。一路上，邓迎香看着袁端林冰冷的尸体躺在门板上，被高高地举到半空，又想起在山顶上咽气的小洪球，禁不住悲从中来，号啕大哭，大家也不劝她，知道劝也劝不住，不如让她好好发泄。

在当时，很多人都以为袁端林死后，她一定会“就坡下驴”回羊场，和麻怀村撇清关系。但谁也没想到，她选择回到麻怀村，真正成了“麻怀人”。从第一眼看见这个村庄，到后来嫁给袁端林，然后回羊场，之后再出去打工……一去13年，她才感到，原来一直都没真正把自己当麻怀人。现在丈夫没了，两个孩子要靠自己养育，孩子们身上流淌的都是有着麻怀基因的血，邓迎香不能让孩子们再东奔西跑，她得让孩子们找到归属感，这是一个妻子对亡夫的交代：我得留在这里生活，我得替他看着村庄、土地和孩子……

当时，矿上赔偿给邓迎香49800元，加上自己和丈夫这么多年在外面打工的全部积蓄，总共有10多万。有了这笔钱，她开始在距离麻怀隧道最近的路口挖地基，到2005年10月，一栋二层小平房就修建成了。失去了丈夫，所有的事情都要她一个人扛起来。“随便换一个人，都会选择拿着10多万到羊场去过自己的好日子，可是她偏不，非要在麻怀村修房子，而且还真让她修好了。就凭她的这份心，还有修房建屋的本事，我们就服气。”提起邓迎香的表现，村里的人没有不竖起大拇指称赞的。

那时候的麻怀村，年富力强的差不多都外出打工了，只留下一村老弱妇孺，还有一个年富力强的没出门，就是副主任李德龙。一方面李德龙耳朵聋，到外面去找不到工作；另一方面，他独自一人要照管3个小孩，也根本出不了门。

原来，李德龙的妻子2002年死于一场车祸，之后的几年里，他都独自照管3个孩子，邓迎香带着孩子回村生活后，他又多了一桩任务，没事就到邓迎香家里去帮衬着。

寡妇门前是非多。一来二去，两个人的接触越来越频繁，村子里开始有人传闲话了。

“你们两个一个未娶一个未嫁，怕什么，又不犯法，你已经为端林守了这么长时间，难道你真想守一辈子？”正在邓迎香磨不开的时候，娘家人突然站出来替她说话。

“那个人耳朵不好，但又不是一点都听不见，没有什么影响的。最主要是人家对你好，对孩子好。”后来，四妹捅破了邓迎香心里的窗户纸。

“我本来还在考虑，但是两个孩子已经和李德龙的3个孩子玩在一堆了，就像一家人一样，我就开始尝试接受他了。”

嫁给李德龙后，邓迎香成了他的耳朵，谁有什么事情找他，最快捷的办法就是先告诉邓迎香，然后由她去沟通。于是，这个“传声筒”以一种特殊的方式开始接触村里的大小事务，以另一种新的姿态和面貌出现在麻怀村村民面前。

在村民们眼里，副主任李德龙刚娶的这个老婆是个热心肠，别人家有个什么事都愿意上前去伸伸手帮帮忙，大家有什么困难也愿意和她说，谁叫她是副主任李德龙的“传声筒”？

刚开始，她不愿意当“传声筒”，就说：“你们自己跟他讲嘛！”

“你又不是不清楚，和他讲话要大声吼，哪个好意思吼他嘛。”别人不好“吼”，邓迎香自己倒养成了大声讲话的习惯。慢慢地，这个普通的农村妇女开始发出自己的声音：我要当计生员，我要入党，我要修一条通往幸福的隧道，我要让我的孩子都过上好生活。

修　路

邓迎香说，十九大召开后，她到过许多地方宣讲，一年多讲了300多场次，远的地方去过山东、福建、云南、江苏，近的地方去了贵定、凤岗、安顺，还去了医院、厂矿和高校，更是被邀请去为来自全国的第一书记做培训。

“嫁到麻怀村后，我和其他村民命运相通，怀着同样的希望，拥有同样的梦想。”在2018年9月18日的“北京人权论坛”上，邓迎香将自己带领麻怀人修隧道的故事讲给来自50个国家、地区及联合国的200多位嘉宾听，她的经历、她对于幸福生活的追求，穿越时空和语言的界限，让很多人流了泪。

采访中邓迎香一再强调，不想说过去那些老掉牙的事，但她越不想说就越是激起了我们的好奇心：

嫁给李德龙后，她成了5个孩子的妈。

“把孩子教育好，让他们有一个好前程。”邓迎香说。

从羊场到甲哨，从甲哨到羊场，又从羊场到田坝，最后从田坝到东跃，为了给孩子良好的教育，邓迎香先后给孩子转学4次，隧洞修通后才转到了东跃小学。

到了东跃小学后，孩子们在上学路上的安全，成了邓迎香的一块大心病。黑乎乎的湿滑的隧洞里，洞顶落石、蛇虫鼠蚁……很多危险不可预知，邓迎香心里有一万个不放心。每天天蒙蒙亮，她就早早起床护送孩子上学。在那黑暗的隧洞里，一个孩子说："妈，我怕。"另一个孩子也跟着说："妈，我也怕。"邓迎香就跟孩子们说："不怕，有妈在。"许多年后，邓迎香提起当时的情景，说："其实我自己也害怕，但我是孩子们的依靠，再怕也只能硬撑着。"

"我和李德龙刚刚结婚的时候，他身上没有什么钱。大儿子李飞上到了高二，大女儿李琼初三毕业，正准备要上高中。可是家里实在没钱了，李德龙想让李琼出去打工，然后挣钱供李飞上学。可是李琼想读书，在家里生了好几天闷气。"李德龙拿闺女没办法，就到沐阳的信用社，请那里的人吃饭，想靠贷款供女儿上学。

"但在那时，信用贷款不好办理，晚上回到家，我看见李德龙流眼泪，心里也跟着难过。后来我就和他商量，不行还是让小梅（李琼的小名）去读书吧，上不去高中，可以上职校嘛。"

邓迎香修了新房后，手上还剩下一些钱，李琼去职校给了一些，后来李飞当兵又给了一些。"既然有缘分做母子母女，我就必须尽心。"

2010年发生的一件事情再次刺痛了这个母亲的心。

原来，李琼从罗甸县职校毕业以后，去了苏州的一家公司，后来又与公司的同事谈恋爱。每一次李琼打电话回家，都会和邓迎香说体己话。看着这个与自己没有血缘关系的女儿找到了幸福，邓迎香由衷地为她高兴。

2010年5月的一天，李琼来电话说："娘娘，我国庆节回来结婚。"

国庆节那天，几乎所有麻怀村人都赶到了翁井，在麻怀隧道口，大家第一次看见电视上才能看见的新式婚礼，一袭洋气十足的洁白婚纱穿在李琼的身上，那种美让身为继母的邓迎香感到非常自豪。但是很快，邓迎香心里的自豪感就转化成十二分的尴尬。因为刚刚下过雨，隧洞里积水齐膝，李琼不得不脱了皮鞋换上拖鞋，两只手抓起婚纱的裙摆，在隧洞里高一脚低一脚踉踉跄跄地走过，个子高高的新郎官全程猫着腰从洞里钻过，新郎的接亲队伍要进来也得脱了鞋，然后换上拖鞋才能进得了麻怀村。等到一行人出了隧洞，个个身上都是脏兮兮的泥巴。本来很洋气的婚礼，最后演变成了丢人的闹剧。

"在麻怀这鬼地方还想学人家电视里的人结婚，真是痴心妄想啊。"李琼听到有人说闲话，脸色马上就变得通红通红，尴尬、无奈、委屈……李琼心里打翻了五味瓶。

那一天，邓迎香的心被刺痛了。

当天晚上，邓迎香想了很多。想起刚刚嫁到麻怀村时父母对自己的百般阻挠，想起小洪球在山坡上咽了气，想起前夫袁端林死时的惨状，想起护送孩子读书时的那一句“妈，我怕”，想起李琼穿着婚纱从隧道里走出时的尴尬和委屈……她流泪了。

“难道我们就应该这么穷下去吗？不，绝不，我要把洞凿高、凿宽，让所有嫁进和嫁出麻怀村的大姑娘小媳妇们都有一个体面的婚礼，让她们不再被人笑话。”

“你这个不知天高地厚的疯女人！”李德龙听妻子这么说，一激动，差点没翻身掉下床，他大声地嚷道。但是刚刚嚷完就有些后悔了，然后就努力让自己平复心情，并尝试着劝妻子：“前些年开挖隧道时，大家都耗费了九牛二虎之力，钱花光了，人累垮了，都灰心丧气了，‘东一榔头西一棒子’做到现在，耐力已到了极限。”

另一个现实情况虽然李德龙没有说，邓迎香却心知肚明。与其他地方的村庄一样，年轻人都走了，徒留一村空巢老人和留守儿童。

靠谁干这么大的工程？

“咣！咣！咣！”那是一个空气清新的早晨，大山深处的麻怀村翁井组的盆地里微风阵阵，夹着铁锤敲打石块时发出的铿锵之音，飘散到村子的每一个角落。

那是最美丽的音乐。邓迎香独自一人扛着大锤走进隧洞，敲击出激动全村人的声音。

邓迎香说，干起来，困难才可能被克服。之后李德龙跟着进洞了，隔壁的几个姐妹也跟着进洞了……

大家加油干，隧道扩宽了，小汽车开到村里，幸福才有指望。

隧道修好了，外面的姑娘才肯嫁到村里来。

我们不是为自己修隧道，是为子子孙孙修隧道。

隧道修好，只有参与的人才准过，其他的人家就走只能过摩托车、马车的小门。

邓迎香带领村民拓宽隧道（班方智 摄）

……

邓迎香说，为了修隧道，她试着给村民们“洗脑”，她和李德龙先后召集大家开了5次村民会，结果“洗脑”不成，反而被别人的怪话挤对哭了。

邓迎香和李德龙肯定得了什么好处，要不然不可能这么积极！

邓迎香带领村民拓宽隧道（班方智 摄）

邓迎香一边被人误解，一边消除误解。靠着乡政府、民宗委、环保局、民政局、发改委和职校等部门的支持，想方设法把全村群众团结起来，2011年年底，他们硬是修了一条高四五米的穿山隧道，第一辆小汽车开进了麻怀村。2013年，罗甸县财政、交通等部门又斥资180多万对隧道进行了加固，给隧道铺好了水泥路，整平了洞顶和洞壁。修整过的隧道里，车过时回声隆隆，隧道外的岩山上，当年麻怀人行走的小路已渐渐被荒草覆盖。

迎春花的香裹在风里吹得很远，喀斯特岩山上荆棘藤蔓交杂，光阴无声流逝。

迎春花又香

进入2015年，一场以“脱贫攻坚”为核心的大仗在全国范围内打响了。因为“合力修隧道”的事，麻怀村被推到了前线，成了罗甸县脱贫攻坚战的急先锋，邓迎香感到了前所未有的压力。

她心里明白：岩山下的麻怀隧道打通了，麻怀人心里的幸福隧道却还没有打通。

曾经，麻怀人通过外出打工的方式寻找脱贫的突破口，邓迎香和袁端林作为最早外出打工的麻怀人，曾是人人羡慕的“打工模范”；袁端林也曾以生命的代价向在外地打工的麻怀人敲响警钟，但外出打工的人还是越来越多。以任达发、任鸿等人为首的“山东帮”每年都要从麻怀村带走200个年轻人，以袁端胜为首的“福建帮”也带走了一部分村民，翁井组的组长曹响国有闯劲，他走江浙，跑山西，去东北……通过20多年外出打工的积累，村里大部分人家里修了新房，家家有摩托车，有些人家还在县城买了房，买了小轿车。

“因为修麻怀隧道，好几次都被村里喊回家，路修好了，大家都觉得可以放心到外面打工了，不会再有人打电话来喊他们回家了。”任达发回忆道，2011年隧道修拓并加固后，参加完通车仪式，年轻人们又继续踏上了打工的新征途。

任达发没有料到，2015年年初，他还是接到了村里打来的电话。不止是他，曹响国、袁端胜、汪俊、邓鹏……好多人都接到了电话，打电话的人就是邓迎香。

“隧道修通了，许多人家建新房了，也多少有些存款了。”路通后，麻怀村变了，家家盖了白色瓷砖房子，村村通了水泥路，还安起了路灯，20多年的坎坷就像一场梦。

那么，麻怀村的人幸福了吗？邓迎香摇头不语。

隧道修通后的几年里，她心里的繁荣村景并没有出现，麻怀还是一座只有空巢老人和留守儿童的寂静村庄。有一次，她到一个村民家，正巧赶上在福建打工的小夫妻回家。当时，有个画面让邓迎香很心酸：年轻的妈妈想抱抱3岁的女儿，女儿躲到奶奶身后，被吓哭了。

“多么令人痛心啊。”邓迎香觉得，要改变这种状况，必须进行“二次创业”，把富民产业做起来。

邓迎香在查看合作社种植的铁皮石斛的长势（班方智 摄）

当上了村主任后，邓迎香和村两委的干部做了很多尝试，他们弄过铁皮石斛和岩黄连，种过蔬菜，在林子里种过食用菌……这些项目始终“立”不起来。

邓迎香清楚，麻怀村要发展，得有能人带动，要先修一条“回路”，把村里的能人引回来。她一次次和大家在电话里沟通，不管别人怎么奚落挤对，都不厌其烦。

邓迎香带领群众学习食用菌栽培技术（刘文俊 摄）

“你们回来嘛，我们一起办一个合作社，搞种植养殖项目，在家边边发财，又可以照顾老人小娃。”

“你们在外面不好管娃娃读书，小娃书读不好，你就是赚再多钱又有什么用？关键是要把小娃扶出来。”

“要真的把我们村建设好，我们就还要拿出修隧道的精神，再努一把力。”虽然邓迎香的每一句话都能说在对方的心坎上，她电话里提到的“乌托邦式新麻怀”确实吊足了年轻人的胃口……然而，面对打工企业真金白银的诱惑，大家还是选择了后者。一边是伸手就能够着的利益蛋糕，另一边是一纸规划，这并不是一个多么困难的抉择。

然而只要有人努力，事情总会朝着好的方向发展。

第一个响应的是曹响国，他是党员，翁井组组长。从麻怀第一次开挖隧洞，到后来拓宽、加固等工程的实施，他都全程参与过。他说自己相信奇迹，因为麻怀人曾经一次次创造奇迹。

第二个响应的是袁端胜。袁端胜是袁端林的弟弟，在麻怀村村民眼里，不管邓迎香改没改嫁，袁端胜都是她的小叔子。在福建，他从打工开始做起，后来自己又办起来鞋厂，几年工夫钱也挣到了，在大家心里的地位也噌噌往上升。

“人家在外面那么大的产业，你喊他回来做什么？”邓迎香还没开口，李德龙就在旁边叹气。其实不止李德龙，很多人都认为邓迎香劝不动袁端胜，说那是祸害人的事。但当时邓迎香心里已经有了主意，便信心满满地说，他在外面赚再多钱最终还不是要回来，晚回来不如早回来。

当时袁端胜的女儿在罗甸县城上初中，学习成绩忽上忽下很不稳定。邓迎香知道他对这个事情很在乎，就拿这个来说事。她说：“你在外面那么辛苦为了什么，还不是为了小娃，你要是能回来，我保证你的创业梦想还可以继续。”

邓迎香在精心管护铁皮石斛苗圃

号准了脉，做起事情就事半功倍。很快，鞋老板袁端胜回村发展的消息就传遍了村子，有些人不信，说这是邓迎香放出来迷惑人的烟幕弹，还告诉自己在外面打工的子侄不要上当。

不管大家怎么猜测，2016年春节，袁端胜还是回来了。

一回到村子里，他就出钱把村里人都团弄来，要办一个感恩晚会，说要感谢邓迎香为村子的付出，在晚会上，他捏着话筒，大大方方地说：我回来就不走了，我要办合作社，开公司，搞养殖……你们谁要有种就回家来，把家乡变得更美，让所有人都过上好生活。

汪俊是村里的包工头，他带着几十个麻怀村及周边的群众，从山东到山西，到处去接工程，曾经做过不少大工程，也是个不服输的主。他接过袁端胜的话，嚷了一句，我马上转去收拾一下，把工程队带回来。

一个小小的村办春节晚会，把50多个青年的斗志激起来了，他们决定返回村庄，准备大干一场。

后来，县里往村里派来了驻村第一书记，邓迎香被选为党的十九大代表，前往北京参加十九大，与习近平总书记面对面交流。

村里的人沸腾了，创业激情空前高涨。

参会回来后，邓迎香发现，麻怀人的精气神变了，不用再“连哄带诓”，做什么都是出于本能和自觉，他们成立了迎香生态农业发展有限公司，还将村民家里的田土、林地等资源确权后入股公司，让大家都成为公司的主人，还注册了迎香、贵迎香、邓迎香几个品牌商标，从香菇种植、鹌鹑养殖、黑毛猪养殖几个产业方向入手，开始了新一轮的奋斗。

而邓迎香，这个执拗的女人，却踏上了宣讲十九大的漫漫征途。她说，我要把十九大精神和习近平总书记的殷切嘱托传递给更多人，让更多人感恩共产党，记着总书记的好。

宣讲中，她到过许多发达地区，大开眼界，增长了见识。通过一次次进步，一点点成长，她越发知道，麻怀村距离十九大提出的乡村振兴的标准还有很大差距，自己还要带着村民快马加鞭，追上发展的节奏。

她和麻怀村，都在路上。

作者简介：肖家云，汉族，1982年1月生，贵州省安顺市平坝区人，现任职于罗甸县融媒体中心，贵州省作家协会会员，有作品见诸《贵州日报》《当代贵州》《贵州作家》等报刊。

担　当

——记贵州省脱贫攻坚优秀村第一书记易青松

马仕安

伟人马克思说："人将围绕着自己的太阳旋转。"

这个太阳，就是人的自身价值，就是人用作杠杆得以实现自身价值并为社会所需要的事业。贵州省黔西南布依族苗族自治州（以下简称"黔西南州"）政务和公益域名管理中心主任，兴义市泥凼镇经堂村第一书记易青松正是以谦虚谨慎、不骄不躁的扎实作风和艰苦奋斗的实干精神，在脱贫攻坚的主战场上，开动脑筋、多措并举、攻坚克难、砥砺前行，为一方百姓脱贫攻坚做了积极的工作，被中共贵州省委授予"全省脱贫攻坚优秀村第一书记"荣誉称号。

追寻易青松的奋斗足迹，我发现，他的每一步都是那样坚实。"不求轰轰烈烈，只求扎扎实实。"自驻村以来，他在驻村书记这个平凡的岗位上躬身探索，为我们演绎了一个个敢为人先的故事……

2017年3月1日，对易青松来说是个永远难以忘怀的日子。

这天，他以驻经堂村第一书记的身份，满怀激情走进经堂这个边远、贫穷、落后的山村时，一种沉重的责任感和庄严的使命感充盈心头。他深知，对于一直从事机关工作的自己来说，新的工作环境、新的工作任务和新的工作方式，不仅是对自己工作能力的考验，更是一次传递党组织正能量，聆听基层干部发声，贴近群众现实生活，直接为他们服务的大好机会。

然而，当他跨进经堂村两委活动室时，映入眼帘的情景，让他火热的心不由得凉了一大截。村两委活动室没有牌子，室内没有一件像样的办公室桌椅，不大的地盘上除了烟头就是纸屑，五个村干部挤坐在破旧的沙发上，围着一个散发着煤气味的回风炉取暖办公，身旁没有一个多余的“位子”。

经过简单的自我介绍之后，易青松带着一种复杂且又失落的心情回到住地，将自己关在一间陌生的屋子里，盯着指尖燃起的烟雾，静静地想着在脱贫攻坚工作中，如何改变贫困村面貌和提振村两委干部精气神的问题。

尽管窗外已是夜深人静，可他心里有事，没有丝毫倦意。于是，他披上外衣，决定去找驻村工作队队员吴洪商讨破解村干部等、靠、要、赖、散、推的难题。

吴洪在泥凼镇工作22年，又长期联系经堂村，对村里的情况比较熟悉。两人话匣子一开，都是脱贫攻坚的坦坦真言，打开工作局面的切切心语。这一谈，就是两三个小时，而这短短的两三个小时，使易青松的心透亮了，也有底了。要改变经堂村的面貌，必须先改变村干部的精神状态。

第二天，他就以加强基层领导班子建设为重点，以推动经济发展为第一要务，以解决突出问题为突破口，全面提高农村基层党组织的创造力、凝聚力和战斗力，找班子成员逐个谈心，要求村干部要以身作则、廉洁奉公、砥砺前行。

为使全体党员和干部统一思想，共肩脱贫攻坚这个大任，在驻村不到一周的时间里，易青松就组织召开了村两委和党员干部大会，会议开得也很特别。会前，他带着村班子成员深入张大志等贫困党员和贫困户家走访，让大家在破旧不堪的木架房、长满青苔四处漏风的石头房、农具柴火四仰八叉分散躺着的每个角落前静默思考。会上，他直截了当地抛出问题：“脱贫攻坚这么多年过去了，我们的群众为啥还生活在这样的环境里？还没能脱贫致富?”

面对这一个个“老生常谈”的问题，在座的村班子成员默默低头，一言不发。为了缓解沉闷的氛围，村支书吴政学率先站了起来：“群众不脱贫，我这个支书负有不可推卸的责任。”紧接着村统计员杨远国也站了起来：“我们没有配合好支书做好本职工作，我们也有责任。”

一时间，大家争先恐后、畅所欲言，认真开展批评与自我批评。很快，会场的氛围变得热烈起来。看着人们振奋高涨的情绪，易青松抓住机遇，随即话锋一转：“既然问题大家都看清楚了，那下一步该怎么办?”

这一问，村干部的热情被激发开来，大家你一言我一语，各有各的建议，各有各的妙招。很快，易青松的本子上记得密密麻麻。

走访电湾组单身贫困户何仕华，解决住房难题（左一是易青松）

按照会议议题，易青松集思广益，他将班子成员分成两个组，带着精准识别贫困户等工作一头扎进村组贫困户和老党员家里，马不停蹄地开始了摸底、调研。他心里想，要把驻村工作搞好，为群众多办实事、好事，就得尽快熟悉村、组里的情况；只有住下来，潜下去，才能摸清村、组亟待解决的问题，从而找准驻村工作的发力点。要通过听民声、察民情、排民忧、解民难、谋民利，才能最终完成组织交托的驻村工作任务。

而为了这一光荣而艰巨的任务，他一潜下去，就是整整3个月的时间。

在这深入基层的3个月里，易青松一直思考、盘算着的，就是如何使经堂村尽早脱贫，使村民收入增加，使村集体的经济壮大。为了实现这个目标，他不敢“走马观花”，凭主观办事，他必须“下马看花”，做实际调查。在他看来，只有摸透全村的情况，因地制宜，“对症下药”，才能打赢这场没有硝烟的脱贫攻坚战。

经堂村位于泥凼镇西南部，因贵州省第一个天主教教堂诞生在该村而得名，经堂村也是贵州少数民族布依族特色村寨。全村22个组806户3515人，经过2014年、2015年黔西南州编委办两年的帮扶，还有贫困户140户613人，少数民族占33.3%，贫困面积为17.4%。每每看着这些数据，易青松深深地感到自己的肩上承受着许多无形的压力，如何念好脱贫攻坚这本

"经"，他经过深思熟虑，也有了自己的打算，那就是真抓实干，把扶贫扶在群众的心坎上。

说实话，刚开始村干部和群众对他并不信任。有人说他是"撇火药"干部，遭贬的；还有人说他是部门负责人，来"打酱油"的。对于人们的议论，易青松毫不在乎。他知道，这种不信任，是因为自己没有完完全全融入群众，没有同他们交心造成的……自己只有踏踏实实干事，才能得到群众的信赖和支持。

那段时间，他铆足了劲。除了睡觉，就是工作，只要一有空，他迈开腿就往组里跑，不辞辛劳，走家串户，嘘寒问暖，就村民关心的热点、难点问题及如何发展集体经济等广泛听取和收集群众意见，由此较全面地了解了村子的实际情况，掌握了许多方面的第一手资料。足迹遍布经堂村22个村民组，先后走访老党员、老干部和群众达806户人家。因长期在村组来回调研，在不到一年的时间里，他就穿烂了3双胶鞋，因而被群众誉为"胶鞋书记"。而他根据调研来的详细资料，先后拿出了《经堂村5年建设规划》《机构红页建设规划》等15份有关脱贫的相关文稿，为经堂村制定一系列切实可行的帮扶措施提供了依据。

与此同时，为打破经堂村的发展瓶颈，他开始马拉松式地跑项目，积极争取和协调各种扶贫资金，狠抓硬件建设，着力改变村容村貌。针对村办公场所陈旧老化、办公设施滞后的现状，他从市委组织部和州直机关工委争取到4万元资金，对活动室进行粉刷装修，配置电脑、打印机等，建立和完善了农家书屋，提升了村级活动场所的服务功能。

在2018年"春风行动"中，针对威瓦、大松林等地群众"天干没水喝，下雨就滑坡，出门去背水，半天才回窝"的实际情况，易青松暗下决心，一定要解决群众每天跑到2公里外的河谷背水吃和出行难的问题。于是他带着项目跑上跑下，四处"化缘"，先后争取市财政局30余万元"一事一议财政奖补资金"，硬化"断头路"1100米；在"娘家人"——州编委办领导的帮助下，又从市交通局争取到225万元资金修通了4.5公里的通组路，形成了以五台为中心，向安家坡、电湾、秧达、蒋家湾、松树堡、威瓦辐射的交通网络，使老百姓真正感受到党和政府的温暖。

行走在刚硬化的水泥路上，村民蒋兴兵按捺不住心里的喜悦，他掰着手指给我算了一笔账，以前他卖桉树，每吨480元，伐木花去工钱100元，马匹驮运花去160元，到手的钱还不到一半。现在好啦，车辆沿路直接进入田间地头，他可以节省大笔开支，产业也会兴旺起来。

“修好这个路，我们老百姓真是方便多了，不说别的，光我们上镇里、拉点货、走亲戚，不再是晴天土扑面、雨天泥裹脚了。”提起路的事，吴照文激动不已，连声称好。

蒋家湾组的村民蒋邦才，自1982年离乡到云南临沧打工已整整36年。听说家乡的路修通了，他带着妻儿回到了魂牵梦萦的家乡，望着自己临近公路的6亩土地，他打算申办一个规模化的养鸡场。

不可否认，在过去的时光里，由于路不通，城里的东西进不来，乡下的东西出不去。很多时候，老百姓只能像“蚂蚁搬家”一样，借用摩托车、三轮车甚至马匹，零敲碎打地搞外销。如遇路断了，老百姓辛辛苦苦“盘”出来的东西还被“二道贩子”赚了很大的差价，到手的利润更是微乎其微。现在好了，人们沿路乘车便可将货物带进市场，依市议价，卖与不卖全凭自己说了算。所以，心怀感恩的老百姓把这一条条连组串户、通向山外的乡村公路，称为致富路。

在饮水工程中，易青松急群众之所急，想方设法争取到15万元的安全饮水工程项目，建成30立方米以上小水窖69口、100立方米以上的大水池1个，解决了4个组128户376人饮水和400多头大牲畜饮用水的难题，使老百姓在脱贫致富奔小康的道路上看到了希望。

众所周知，脱贫攻坚是个系统的民心工程。因此，在实施精准扶贫的过程中，只要是老百姓关心的事，都是大事。在五台组，他抓住“寒婆古墓群”“安氏土司遗址”与原国民党行政院长何应钦、贵州督军刘显世两大家庭祖坟所在地以及当地至今还完整保留着的刘、何两大家族的二十四节气农耕习俗和五台浓郁的布依民族文化等优势，大打乡村旅游牌。争取到村镇联动小城镇建设资金310万元，基础设施建设资金35万元，用于五台民族特色村寨建设，让村民实实在在地受惠于社会主义新农村建设。经过半年多的施工，一个占地面积为9.6亩，配置各种体育健身设施，曲径回廊、草坪、风景树等一应俱全的休闲广场已经建成，对于生活在穷乡僻壤的村民来说，这还是自盘古开天以来的头一回。在乡村，这些民心工程像春风化雨，润透人心。现在，心存感激的村民们分享着脱贫攻坚带来的硕果，享受着饱含各级政府的体恤关爱和相关单位的深情厚谊，也凝聚着驻村书记易青松心血的广

陪同州委组织部副部长、州委编办主任陶星明到蒋家湾组杨兴祥家调研（右一是易青松）

场带来的便利。他们都更加自重自爱起来，自发地加倍珍惜爱护，自觉地告别了以往的不良行为，他们不但自豪感溢于言表，内心也更加热爱党和人民政府，积极支持、配合村两委的工作，精神面貌有了全新的转变。

凝望着风生水起、日新月异的新农村，全程陪同我采访的村支书吴政学深有感触地说："经堂村能有今天的变化，易书记功不可没。他办事不仅认真踏实，而且脑子灵、点子多。为打造五台，他还对接国土部门，整合450万元高标准农田资金开展农田、机耕道、河道环境整治，有力地改善了当地群众的人居环境……"一番话，道出了他对易青松的赞誉之情。

其实，在经堂村采访期间，人们对易青松的评价可谓是褒奖有加。安家坡组组长吴后国已经67岁，一提起易青松，他就特别激动："我干组长30多年了，还是第一次遇到这么平易近人的干部，说话没有架子，帮扶他出点子，没钱他想法子……"老人的一串顺口溜，说出了村民想说的心里话。

"如果没有易书记的关心，我家两个孩子就辍学了！"说这话的是低保贫困户曹付国。2018年年初，他不幸遭遇车祸住院治疗，他的大儿子为了减轻家里的负担，准备放弃升学的机会，外出打工挣钱帮助家里。易青松知道此事后，不仅为他请来法律顾问处理车祸事宜，还把他家纳入低保给予照顾。现在他家大儿已在省里的一所职校学习，小女儿在泥凼中学读初中，而他在辞去工作的妻子的精心护理下，已从病床上站了起来。

贫困户吴正昌一说起他们的第一书记就特别激动："我活了50多岁，从没见哪个村干部整天蹲在田间地头，了解土质的肥瘦，调研种啥有赚头。这样为我们想法子的干部，我们欢迎……"

"2019年年初，我们组织了一次对易书记工作的考评，结果参与群众都投了满意票。"经堂村治保主任喻茂品如是说。

常言道：金奖、银奖，不如老百姓的夸奖。易青松驻村的时间虽然不长，但他抢着时间办实事。为了农民兄弟能快些脱贫致富，他还引导群众散养生态猪1100头；利用养牛财政扶贫项目30万元帮扶27户77头，目前已增加到450头；利用组织部门壮大集体的25万元资金入股兴义市运宏山庄，使村集体积累由零发展至6万余元；利用50万元农业专项扶贫资金入股雷继礼的建筑公司，每年有6万元为入股的贫困户分红；利用中央财政专项扶贫资金79.5万入股黔农行，每户每年入股分红239元，覆盖贫困户135户613人。

在脚踏实地利用好每笔专用扶贫资金的同时，易青松不忘培植、盘活田间地头的绿色植物。在他的倡导下，全村抢救60年以上的古茶树50余亩，上百年古板栗树126株，盘活野生山栀子50余亩，并积极寻找技术支撑和销售订单。此外，精明过人的易青松还瞄准乡村公路养护这个市场风险低、劳动成本低、技术要求低的项目，积极协调注册100万元，组建兴义市茂德公路养护农民专业合作社。目前已有15户贫困群众参加合作社进行公路养护，每人每月增收1000余元，让党员和贫困群众在获得实惠中干起来。正是这一个个脱贫攻坚方略的出台和实施，截至2018年11月，经堂村贫困发生率已由5.4%降至1.9%，比预期目标提高5个百分点。

行走在脱贫攻坚的路上，易青松渐渐地明了：找水修路，并不能让山里的群众实现脱贫致富。他清醒地认识到，群众不能致富的原因，一是身居在不能改变的自然环境中，二是现代信息不畅通。尽管人们已进入21世纪的信息时代，可生活在大山里的人们始终在闭关自守中抱着老祖宗传下的那点"经验"不放，依然是别人种瓜我也种瓜，别人栽豆我也栽豆，丝毫没有一点忧患意识，更不知道山外的世界有多精彩，特别是在自给自足的小农经济的思想禁锢下，守本分更多地体现为守土。而且人们有特别浓厚的恋土情结，守着故土，哪怕它再贫穷再苍白。正是因为这样一种根深蒂固的情结，便衍生出了其他一系列的封闭观念。

但强烈的恋土情结以及生态惰性，并不意味着他们不想改变贫困的生活和贫乏的精神，而是这种愿望更为深刻、久远和复杂。也许是因为有过一代又一代的失望，已经变得麻木了，但这麻木了的愿望更让人们的心灵为之震颤。在这样一片穷山恶水之中生存，怎么会不对美好的生活充满遐想和向往？

作为驻村第一书记，一个地道的农家儿子，易青松更加知道农民祈求什么，渴盼什么。为使“脸朝黄土背朝天”不再是无可奈何的劳作，而是在地里刨金种玉，开辟另一种土地的神奇，他在冥思苦索中寻找着，寻找一种可以激活思路并承载脱贫攻坚重任的最佳途径。

很快，一个大胆的构想令他夜不能寐。自己就是搞网络的，为何不充分利用网络这个平台大做脱贫攻坚的精彩华章呢？

于是，易青松一个电话打到中央编办域名中心，向程雅静主任专项汇报了经堂村的情况和自己的想法。他的汇报很快引起了领导的高度重视，中央编办随即安排人员免费为经堂村建立机构红页。

从此，在贵州省兴义市的大山深处，一页页网络红页如同红色联系的纽带，使经堂村连接着大山内外……

随着网络建设的日益完善，雷厉风行的易青松随即将经堂村的精准扶贫和信息化网络结合起来，启动党员管理平台、创建“网上党支部”，开设“党员之家”“交流平台”“农特产品推介”等栏目，宣传党的政策，并适时进行村务、党务公开，与外出务工的党员、群众交流互动，被群众称作“风吹不跑，雨淋不湿”的明白纸。

在经堂村，我看到人们只需点一下鼠标，便可在红页线上开展技能培训，线下聘请农业教授、“土专家”和科技示范户进行指导，而现场授课，科技培训，“菜单式”等服务形式，不仅帮助贫困户解决了发展科技的难题，还使贫困家庭掌握1—2项致富技术，新上1—2个致富项目，提升了贫困户的致富技能和“造血”功能。

尝到网络甜头的村民周应德喜笑颜开地说：“前些年板栗树遇到个病虫害不知道怎么治，听了专家的讲解还是不能理解，现在打开网络红页随时随地就能查到如何防治，比以前方便多了。”

“以前我们苦于农产品没法卖，现在通过网络渠道，便可下订单，既方便，又实惠。”村文书杨远国说。

常年在广东省东莞市打工的村民杨友军得知村里建了自己的网站，一种思家的心情油然而生：“通过村里的红页我们了解到老家的变化，看到了希望。我相信，脱贫不是梦，我们也通过网络心系家乡建设，为家乡的脱贫攻坚出把力。”

说起网络红页建设，经堂村支部书记吴政学自有一番感慨：“谁不说家乡美，我们经堂村也是很美的，只是我们村在大山之间，各种条件制约了它的发展。通过村里的红页，我们学到了农业技术，了解了市场行情，看到了自家潜在的能量。可以说，有了红页，村里的生产和老百姓的精神都有了很大的变化，也为我们的脱贫攻坚提供了精神食粮。”

有资料显示，自经堂村网络红页开通以来，其点击分享次数已上升至8864次，平均每天有800多人在关注着经堂村的动态。

回望着网络红页给村民带来的好处，易青松向我谈了自己对网络红页的一些见解：“路、水、电、讯，这是农业产业发展的前提。群众要发展，这几个要件缺一不可。但很多时候，这些条件满足起来需要人力、物力等方面的支持。而网络红页却很便利、快速地搭建网站，根据实际需要调整栏目，建立线上线下互动，可以在短时间里就跟扶贫工作联系起来，按照群众和实际的需要来打造，让群众有满意感和获得感，促进农业生产，也让老百姓开拓了视野，拓展了信息渠道。所以，在以后的扶贫工作中，网络红页将扮演更加重要的角度，发挥更加突出的作用。经过宣传，村民们已经知道网络红页的作用，大家对建立农村电子商务的呼声很高，特别是我们的村支书，希望CONAC（政务和公益机构域名注册管理中心）能帮助开通手机App和电脑PC终端，将网络红页捆绑使用，进而达到推销特色农副产品的目的。”

易青松的一席话，使我对网络红页也有了新的认识。网络红页不仅是政民互通的桥梁，城市与乡村的桥梁，打破地域界限联通远山深处的桥梁，更是传递民众内心的声音和感受，真正服务民生的桥梁。

而在经堂村，为民众搭建这座桥梁的就是他们的驻村第一书记易青松。因为这座桥梁的搭建，使大山之中的经堂村名声远播。

2017年4月，全国机构编制信息化建设经验交流会在兴义召开。会上，易青松作为基层代表在会上做了交流发言。

会后，他捧着满满的鼓励与鞭策，以精益求精、永争第一的精神，大抓网络红页的建设。

到丫口组石材厂了解贫困户就业情况（中间是易青松）

为把全国第二家、全

省第一家免费开通的机构红页办出特色，使之成为老百姓脱贫攻坚的信息平台，2018年5月，易青松针对网上无法签到、无法实名、信息太慢等问题，四处寻找网络公司帮助解决，经过他的努力，最终得到了贵州青柚网络有限公司的大力支持，免费为村里安装阿里钉钉。随着一切准备工作的就绪，他将135户贫困户、87名帮扶干部、50名党员、618名外出务工人员全部纳入网上办公平台管理。如要查看，只需手机扫描二维码登录软件，便可准确抓取数据，全方位、全过程监督帮扶情况。同时，还可设定语音、短信和电话提醒模式，定期发送新时代学习大讲堂的学习内容、就业动态、扶贫政策信息等，有力地促进了经堂村的宣传教育和劳务输出。

据村支部书记吴政学介绍，仅在试运行阶段，全村就有56人通过网上党支部平台，走出田坎、迈出大山，实现了到广东佛山、澄海、东莞就业，人均月工资达3000多元。

面对信息化办公带给人们的便捷，易青松激动地说："网络红页和阿里钉钉的开通运行，既解决了城乡信息的互通对接，还解决了农村党员难集中、流动党员不好管、组织生活难开展、党费难收取、党员作用难发挥等问题，在支部和党员之间架起了一座便捷的桥梁，使基层党组织的凝聚力和战斗力发挥到极致。"

长期在广东东莞务工的贺绍启感慨万分："我一直在外打工，很少回村参加组织活动。时间长了，总觉得自己被组织遗忘了，找不到归属感，现在有了网上党支部，大家随时交流，我又过上了组织生活……"

作为一个有开拓进取精神的村第一书记，易青松从不满足于眼前取得的成绩，只要是对工作有利、对群众有益的事，他都竭尽全力去做，并把它做好。于是，成竹在胸的易青松对网络建设又开始了新一轮的改进。拿他的话来说，就是要拓展钉钉软件功能与合作社管理有机对接，形成产业链和利益链，全方位、全过程监督帮扶情况和帮扶成效，动态管理全村贫困人口，实时采集到户、到村等帮扶措施，把虚拟扁平化与传统层级化管理有机结合，实现非密公文上传下达、动态信息收集、办公流程自动运转等工作协同；同时将从国家扶贫信息系统导出的数据、行业部门确认或实施帮扶相关数据，帮扶干部及相关人员日常采集上报的贫困人口基本信息、动态信息、收支情况批量导入钉钉平台，为脱贫攻坚工作决策提供依据，使之成为经堂村脱贫攻坚的"利器"。

到蒋家湾组召开产业调整共商会（中间左一是易青松）

在狠抓服务功能建设的同时，易青松不忘抓党建和工作作风建设。驻村以来，生活虽然清苦了点，但工作开展得有声有色。其间，他把机关不少好的传统、好的工作作风、好的做法带到了村委。着力完善制度，推行民主决策。以脱贫攻坚为主要任务，积极开展“春风行动、夏秋攻势、五个专项治理和动态管理”，拟定了“脱贫攻坚主要任务、第一书记和村支部书记工作要点，州、市、镇三级关于经堂村脱贫攻坚任务清单”，建立了经堂村“三会一课”、党员学习、“主题党日”和党务、政务、财务公开以及村干部任职目标承诺公开制度，落实好公开台账，规范档案资料，做到有章可循、有账可查；规范村级重大事项民主决策过程，调动干部和群众的积极性；全面实行“四议两公开”，推进村级事务管理的制度化、规范化、程序化。健全村内矛盾排查化解调处机制，利用村两委成员轮流接访、走访、下访等形式，及时发现矛盾纠纷隐患，及时处理，把问题解决在基层。

对此，易青松说：“这些制度和举措看似苛刻，但对规范一个村的执政能力必不可少，只有制度健全，人们才会按章办事、依章行事、为民服务。虽然在执行的过程中，会碰到这样或那样的问题，但习惯了就好了，这样工作将收到事半功倍的效果。”

在易青松眼中，按章办事并不是一个人、一个部门的事，驻村以来，他

到电湾组召开夜间群众院坝会（中间左一是易青松）

力图通过制度的健全帮助村干部提高分析问题、处理问题、解决问题的能力。为此，他不遗余力，忘我地贡献出自己的力量。

为在繁重的日常工作中筑牢村里的战斗堡垒，他在州编委办领导的督导下，对村里的重点工作进行部署并指出工作存在的问题，明确第一书记和镇包干部严格落实日常化巡视制度，狠抓班子成员转思想、提作风、凝心聚力。坚持走村串户，深入民众之中，体察民情，倾听群众的呼声，然后和大家一道，分析问题存在的原因，与村支部书记和主任就群众关心的问题和困难在党员大会上公开做出整改承诺。同时，深入开展脱贫攻坚争先锋活动，设置党员先锋岗，要求党员佩戴党徽，强化党员常态化管理，规范发展党员的工作流程，切实做好党员培养教育工作。

易青松清楚，随着打工潮的兴起，村里的年轻人大都离家到外地“淘金”去了，现在的工作重点就是在农村致富能人、特色产业带头人、在外务工返乡经商人员、退伍军人等群体中发展、培养、推荐、选拔后备干部，从根本上解决村级干部后继无人、选不出人的问题。为此，他与村两委一班人形成共识，新吸纳党员积极分子3人，培养村级后备干部3名。在2018年泥凼镇党委命名的先锋模范中，经堂村有3人被授予“扶贫扶智”先锋荣誉称号、2人获“主动脱贫先锋”荣誉称号、2人获“同步小康先锋”荣誉称号。村党支部连续两年被兴义市委评为“先进基层党组织”。

随着采访的深入，有关易青松的故事不断地涌上我的笔头。作为一个有良知的记录者，我虽然不能面面俱到地展现他在脱贫攻坚中的风采，但我竭力将他在驻村工作中，为一方百姓所付出的心与智、情与爱都记录下来。

2017年，按照州委教育帮扶，为贫困家庭开阀减压，达到“扶志”和“扶智”的指示精神，他在州编办牵头，对接州妇联和贵州茅台集团长期资助贫困学生18人，每人每年资助3000元，一直帮扶到大学毕业；独自深入泥凼小学、中学进行考察，对54名贫困学生进行帮扶，每年每人资助200元，学期考试中成绩排在班级第一名的，再奖励200元。经他帮扶的学生，现有1名考入八中，2名考入五中。

在与易青松的交流中，我发现他的整个心思都牵系着经堂村的一山一水、一草一木。很多时候，他甚至自称是经堂村的人，以至于我们的话题总跳不出经堂村的昨天、今天和明天。

面对曾经陌生，如今熟悉深爱的经堂村，易青松满怀激情地向我畅说了他的下一步打算：

一是向集体荒山荒坡、群众空场空院进军，盘活山桅子、古树板栗和古树茶等潜在资源。利用好百年经堂石材工艺的传统优势，提高石材工艺的文化内涵和产品附加值，形成“聚能效应”；另一方面，引导群众结合自身特长和村民组的优势特点，积极发展当年投资、当年见效的特色产业，做到一组一特，形成“盆景效应”。

二是用集体土地协调地基，由承包商承建，村负责图纸设计和质量监督。房屋建成后，单身户即可入住，但只有使用权，房屋所有权归村集体，这样房屋可以重复使用，彻底解决单身贫困无房户的居住难题。

三是采取职业技能培训、与市内小微企业合作签订用工合同等方式，进一步解决移民贫困群众的就业问题，从而实现“一人就业全家脱贫”的目标。

四是采取“党支部牵头、合作社主导、贫困户转包、村集体分红”的新模式，全力打赢脱贫攻坚战，壮大村集体经济，为建成生态美、百姓富、实力强的小康社会宏伟目标打下坚实基础。

窥斑知豹，于细微处见精神。易青松孜孜不倦的追求，彰显着自己的执着和真情，尽管前进的路上荆棘丛生，但我相信，命运总是垂青敢于开拓进取、主动作为、敢于担当、忘我拼搏的勇士。我坚信经堂村的明天会更好的！

智者不惑，仁者不忧，勇者无惧！

易青松——祝福你！

备注：本文已在《贵州作家》（2019年第三期）、多彩贵州网、中共中央宣传部“学习强国”学习平台上发表。

作者简介：马仕安，回族，自由撰稿人。著有散文诗集《涨潮的相思河》、诗集《岁月之恋》和报告文学《这方热土》《龙城风韵》等9部著作。

曾获首届“珠江源杯”全国诗歌大赛一等奖、第三届全国散文诗大赛“新生代”奖、贵州省第五届“新长征”创作一等奖、“‘三个代表’的忠实实践者”《人民文学》优秀报告文学奖、“岑瀚杯”全国散文诗大赛一等奖等全国、省级各类奖项80多种。

有作品入选《中国散文诗一百年大系》《中国年度散文诗》《中国散文诗》《中国散文诗作家》《新世纪中国散文诗精选》《疯狂阅读》《阅读与作文》(高中版)、《年度中学生最喜欢的精美散文诗》等50余种选本。

参加过全国第三届、第十届、第十一届散文诗笔会，河北西柏坡文学笔会，其传略被收入《中国散文家大辞典》《中外华文散文诗作家大辞典》《中国回族文学史·当代卷》等。

千辛万苦不言悔　一路走来一路歌

——记贵州省贞丰县珉谷街道纳尧村第一书记皇甫亚宏

王立高

脱贫攻坚是一场关乎家国的伟大事业，不忘初心、牢记使命，拼尽全力投身其中，帮助群众脱贫攻坚奔小康，这就是在实现人生最大的价值。

——皇甫亚宏

三年前，有些村民质疑，这个中直机关来的干部，能在咱们穷山沟里待得住吗？

光阴荏苒，还是这些村民，他们如今由衷地感叹说：“原以为皇甫亚宏第一书记就是来挂个名，镀镀金，没想到他把纳尧当成自己的家，还为我们办了这么多好事、实事！”

村民们说的这个“中直机关来的干部”，就是中国黄金集团派到贵州省贞丰县纳尧村的第一书记皇甫亚宏。

2015年8月，在中国黄金集团公司工作多年的皇甫亚宏，有了一个新的身份——贵州省贞丰县珉谷街道纳尧村第一书记。短短的三年间，昔日的贫穷村旧貌换新颜。皇甫亚宏满怀赤诚之心，夙兴夜寐，辛苦付出，以“群众不富我无颜，面貌不改我难安，不脱贫不离村”的豪情，以有效的工作方法，带领百姓走上了打好脱贫攻坚战之路。

带着情感走进纳尧

2015年8月，皇甫亚宏克服困难，毅然地来到贵州省黔西南布依族苗族

皇甫亚宏第一书记与村民共商发展规划（图右一为皇甫亚宏）

自治州贞丰县珉谷街道办事处纳尧村担任第一书记，开始了艰辛的扶贫工作。异常艰苦的生活条件摆在眼前，环境脆弱、交通不便、基础设施落后、语言不通，还有莫名的孤独，无尽的思念……面对各种困难的考验，皇甫亚宏没有退缩，没有畏惧，而是用责任意识、担当精神和果敢的行动对理想信念做了最透彻的诠释。

2015年8月，皇甫亚宏响应党中央组织部的号召，主动向组织提出申请，毅然决定到贵州省贞丰县珉谷街道办事处纳尧村担任第一书记。尽管来时有充分的心理准备，但贞丰的辛辣饮食、语言障碍、生存条件、环境气候等困难接踵而至，让他一时间难以适应。但最让他感到孤立无援的倒不是条件艰苦，而是能否把扶贫工作做好。他时常想起习近平总书记的一句话："好日子是干出来的，贫穷并不可怕，只要有信心，有决心，就没有克服不了的困难。""我既然来了，就要干好，就要干出样子来！"这个生性倔强的东北汉子暗下决心。

没有调查，就没有发言权。皇甫亚宏上任后用一个多月的时间走村串户，走访全村100多户406人，走遍了全村每一个角落和每一户贫困人家。皇甫亚宏做的第一件事就是了解真情民意，了解他们的生产生活情况、家庭收入、主要困难、今后打算……这些问题他都一一记录下来，认真思考。同时他主动上门向老支书、老村长、老党员了解情况，与现任的村两委干部沟通交流。最终，他找到了纳尧村发展滞后、贫穷落后的主要原因：基础设施落后，特色产业空白，农业发展的积极性比较低。针对纳尧村发展的三大短板，他和村干部对症下药，确立了"强支部、聚民心、强基础、优产业"的发展思路。皇甫亚宏为改善该村基础设施建设竭尽所能，真情帮扶断"穷根"，为纳尧村带来了切切实实的变化。

带着思考走进纳尧

纳尧村距贞丰县县城7公里，山路崎岖，荆棘丛生，是贞丰县一类贫困村，自然条件恶劣，基础设施和公共服务欠账较多，贫困发生率高，脱贫攻坚难度大。纳尧村辖11个村民组，448户1808人，这个村居住着布依族、苗族等少数民族，基层党组织薄弱，无人管事；人才严重流失，无人干事；村集体经济薄弱，无钱办事；基础设施滞后，陈规陋习严重，发展基础不牢，内生动力不足，村级经济条件差，发展思路混乱。

村里主要以传统种植业、养殖业和劳务输出为主，大山人稀，环境脆弱，“水在河里流，人在山上愁”。

传统农业是纳尧村的主导产业，广种薄收、靠天吃饭是该村农民生产生活的真实写照，皇甫亚宏深刻地认识到，如果仅靠传统农业，纳尧村农民难以富起来，必须发展主导产业，授之以渔，增强村民致富的内生动力，村民才能过上美好的生活。鉴于此，皇甫亚宏带领村两委一班人在认真调查、讨论、研究的基础上，形成“以种促养，多种经营”的发展思路，使之成为群众的收入来源。他认为农民要脱贫致富，产业扶贫是关键。

纳尧村需要一个可持续、长期发展的脱贫路径，为做到不返贫，能够可持续发展下去，皇甫亚宏确定了纳尧村的发展计划，做好了贫困户产业帮扶计划，决定带领群众种植油茶。油茶的寿命为80到100年，属于常绿小乔木，种植油茶既能促进观光旅游，又能通过油茶果进行榨油，每亩的经济效益可达上万元，不仅可以走生态旅游之路，而且可以让村民在未来能有长期稳定的收入。皇甫亚宏规划了未来长远的发展目标。

一业兴带动百家富。纳尧村村民增收的路子越走越宽，山地特色产业使得越来越多的贫困户足不出村就能实现就业，腰包渐渐鼓起来了。

2016年3月，皇甫亚宏组织纳尧村20多名群众代表到册亨县学习油茶种植技术，村里的油茶种植项目得到册亨县政府批复，项目规划3000亩，现已种植2000亩。同时套种800亩小黄姜、140亩辣椒，覆盖全村所有建档立卡贫困户，带动60余人就业，4户贫困户脱贫。他还动员村里蓝靛种植大户牵头，引导17户85名贫困户参与种植蓝靛300多亩，2017年建档立卡贫困户分得5.5万元，人均可支配收入达到5000元以上，户均增收2000多元。在他的带动下，纳尧村大力发展优势产业，促进农民增收致富。

“如今的纳尧村，放眼望去，土墙房屋没了，泥泞小道没了，荒坡荒地没了，取而代之的是一栋栋错落有致的农民新居，宽敞整齐的柏油路展现在你眼前，产业项目一个接着一个落地生根。2019年纳尧村可望实现‘减贫摘帽’销号，农民对美好幸福生活信心满满。”纳尧村村主任左绍昉深有感触地说。

带着发展走进纳尧

光说不练假把式，脱贫攻坚绝不是嘴上功夫。皇甫亚宏和村干部反复磋商，为有效开发利用纳尧村3000亩荒地，他同村两委干部多次到村组进行实地勘查调研，广泛听取群众的意见，与群众共商发展大计，在中国黄金集团的支持下，修建了5段17公里“黄金产业路”，架起了4座通组桥，使纳尧村3000亩荒地得到有效的开发利用，实施了纳尧村四招联动的脱贫政策。

——同村民共商脱贫路子。在基本熟悉纳尧村的情况后，他每天都到村里走访，到田间同村民交谈，了解了105户村民群众的想法、意见及存在的困难和问题，与村两委领导班子沟通交流意见10多次，与两委班子一同召集党员、致富能人研究纳尧村的发展规划10次，到11个组组织村民召开共商会8次，最后达成一个共识，就是努力完善道路交通设施建设，立足村情实际，发展蓝靛种植和油茶种植产业。

皇甫亚宏到特色产业蓝靛种植基地调研（图右二为皇甫亚宏）

——同村民共建致富产业。在得到村民的信任后，他和村两委商量成立了纳尧村专业合作社，在2016年3月16日，他带领村两委干部和纳绕村11个村民组的20多个村民代表到邻近的册亨县学习油茶种植，从苗圃种苗、种植方式、前期投入、产值、榨油加工设备、市场销售、利润等方面进行了全面考察，回来后立即着手规划申报油茶种植项目，在珉谷街道办党工委的大力支持下，油茶种植项目得到县政府批复。同时，动员村里的蓝靛种植大户牵头，引导17户贫困户参与种植蓝靛，还争取到中国黄金集团投入20万元资金扶持，现全村已种植蓝靛300亩。

——同村民完善基础设施建设。为有效开发利用纳尧村现有的3000亩荒地，皇甫亚宏同村两委干部多次到现场进行勘查，争取到中国黄金集团帮助解决资金25万元，用于修建10公里的机耕道；还争取到中国黄金集团投入5万元在产业规划区修建了观光亭及便道，赢得了广大村民的信任和赞美。

——同村民改善教育教学环境。扶贫先扶智，教育搞上去了，村民的素质才能进一步提升，纳尧村烟山小学由于基础设施差，村民都不愿意把孩子送到村里的学校读书，导致该村唯一的烟山小学学生人数逐年下降，现仅有70多名学生。对此，皇甫亚宏及时向黄金集团领导汇报，争取到了10万元资金，为烟山小学购买了图书、投影仪、体育用品等，修建了“黄金书屋”，有效地改善了孩子们的学习环境。

在驻村三年多的时间里，他始终把关注贫困农户日常生活作为一项重要工作，积极实施黄金集团宏志班项目，从全县筛选了98名家庭贫困的初中毕业生，由中国黄金集团资助，到河南省三门峡黄金工业学校学习专业技能2年，毕业后安排到中金集团下属企业上班。

皇甫亚宏与贫困学生亲切交谈（图左一为皇甫亚宏）

皇甫亚宏挨家挨户摸清情况，扶贫帮扶招招有效，他把老百姓看成亲人，把贫困户看在眼里，疼在心里，并把平时节约的钱全部花在贫困户的身上，自掏1万元为贫困户送去大米、食用油及其他物品。村民们也把他当作亲人，逢年过节，群众争相把他请到家里做客，像一家人一样，十分信任这位“北京来的第一书记”。说起村民对自己的好，皇甫亚宏的眼眶红了，扶贫会让你的精神世界充实起来。

带着群众最想的事走进纳尧

皇甫亚宏每到一个村寨，走东家串西家，挨家挨户走访，很快理出了头绪，全村老小都称呼他为“皇甫爷爷”。2015年以来，他每天工作不低于8个小时，成了村两委最后一个下班的“站岗员”，全村乃至全街道办事处的同志都为他的精神所感动，都担心他哪天倒在岗位上。三年来，皇甫亚宏克服环境恶劣、语言不通等实际困难，爬坡上坎，上高山、蹚深沟、进农家，多干一天是一天的事，积极发扬“一不怕苦、二不怕累”的苦干实干精神，履行着对党的铮铮誓言。皇甫亚宏在贞丰县委和珉谷街道领导的关心支持下，紧紧依靠村党支部，将村党组织建设作为一项重要任务来抓。通过3个月的调查研究，2016年年初制定了《纳尧村“三会一课”学习制度》《纳尧村党建工程实施方案》《纳尧村党支部学习制度》等制度，创造出一套适合农村基层党支部的工作方法，建立和完善党的政策宣传、文化引领和服务民生的阵地，真情做事，真心为民，创造性地开展工作。

在纳尧村，有这样一对特殊的姐妹，11岁的王大粉和9岁的王二粉是一对孤儿，母亲因病离世，父亲再婚，后来父亲也遭遇意外，继母带着大粉、二粉改嫁到一个有着3个幼龄孩童的家庭，大粉、二粉无奈辍学。皇甫亚宏得知这个情况后，马上联系到中国黄金集团公司湖北三鑫金铜股份有限公司，经过协调，最后由公司党支部担负起两个孩子每学期2000元的学杂费，直至高考结束。

可纳尧村的贫困学生还有很多，皇甫亚宏立即组织分期分批争取到黄金集团宏志班希望工程项目。目前，通过宏志班的资助，贞丰县98名品学兼优的寒门学子已顺利进入河南三门峡黄金工业学校，受助免费完成为期两年的学习，毕业后安排在黄金集团公司下属部门就业。皇甫亚宏用实际行动为贫困山村的孩子播撒下一颗颗希望的种子。

此外，皇甫亚宏还积极争取到20万元帮扶资金建起了纳尧村文化广场，为群众提供了休闲娱乐的场所，丰富了群众的文化生活，从而提高了村民文化素质，提升了文化自信力。

带着群众最盼的事走进纳尧

2015年8月，中共中央组织部选派皇甫亚宏到纳尧村任第一书记，作为贞丰县唯一一位由中直机关选派的第一书记，他深感责任重大。在扶贫路上，他始终以饱满的精神状态，积极团结带领群众抓发展、强教育，改变了纳尧村昔日的落后面貌，让群众获得更多的幸福感。

怎样带领大家筑牢思想根基，帮助党组织增强凝聚力和战斗力？纳尧村的干部群众给出了答案。在纳尧村，每个党员干部和村小组组长兜里都揣着两个小本子。一本是皇甫亚宏自己摘录、印刷的《习近平经典名言100条》，翻开书目，为政篇、敬民篇、实干篇、修身篇等7个板块赫然映入眼帘；另一本摘录的是国家最新惠农富农政策和党的十九大报告，他带头讲授“手捧党章，不忘初心”主题党课。这是村里每月召开党支部会议时必讲的主要内容。

“很多宣传不是贴出去了大家就会看，形成每月宣讲的惯例，不仅能锻炼村干部的表达能力，更能督促村干部主动学习，进而将党的政策传递到基层，把党的声音传播到千家万户，这是我最大的心愿。”皇甫亚宏深情地说。

“北京来的第一书记，一点架子都没有，什么他都知道，总是让我们第一时间知道党的好声音、好政策。”“皇甫书记来了之后把活动室收拾得干干净净，这才像一个村委会，以前活动室都被群众堆放木材和杂物，看起来就不舒服，群众来办事都不想进去……”说起他们的第一书记，大伙总有说不完的话题。

十九大召开后，为了让村里的布依族和苗族同胞能够及时领会党的十九大精神，他专门组织了布依语和苗语宣讲队，在全村11个村民小组进行巡回宣讲。以山歌、说唱等方式，通过印制小册子、宣传折页、问答清单，让群众真切感受到党和政府的关心和关爱，把党的十九大精神传递到每一个村组、每一户村民家里，激发群众脱贫攻坚的坚强动力。

为了让群众学会弄懂、易学好记，皇甫亚宏反复琢磨，专门请布依族民间艺人余永平将十九大报告中的人民、脱贫、小康等关键词融入民族曲艺，创作了一段通俗易懂的说唱布依山歌："土地承包延长30年，山区村民心中甜，精准扶贫惠民生，共奔小康就在2020年……"生动的布依山歌说唱表演加上琴声伴奏，赢得了村民们的阵阵掌声，唱进了村民心里。群众及时了解各种优惠政策，通俗易懂，党的惠民政策在农民的心里扎深了根。大伙更加坚定了听党话、感党恩、跟党走的信念，使农村基层党组织永葆生机，充满战斗力。

有道是"扶贫先扶智"。皇甫亚宏深刻认识到要想彻底改变整个村的面貌，让贫困户走上致富路，首先要提高每个家庭的教育素质，只有知识才能改变命运。他捋捋思路，便开始了走访调研。皇甫亚宏住的活动室后面，是纳尧村烟山小学。刚到这里的时候，他看到烟山小学教学设施十分简陋，看着让人心疼。在他的努力协调下，中国黄金集团公司众筹了10万元资金提高了该校的硬件设施建设。

"我们都喜欢叫他皇甫爷爷，他给我们送来了2000多册的图书，还有很多我们以前没有见过的东西，我们很喜欢老师用这些东西来上课，使我们更加热爱学习。还有，他知道我们没有校服穿，然后又联系爱心企业给我们捐赠了许许多多漂亮的校服。"纳尧村烟山小学学生张佳佳激动地说着。

看着这位从北京来的黄金集团"高官"，就这么成为了自己村子的驻村书记，村民们眼神中夹杂着怀疑，也更多地流露出对这位"有来头"的干部帮他们脱贫致富的渴望和期盼。

带着群众的重托再回纳尧

2017年8月，皇甫亚宏圆满完成工作任务准备回京时，村民们奔走相告，怀着激动的心情要求皇甫亚宏继续留下来当纳尧村的书记，156名村民摁下一个个手印要求他留任……"书记，别走，我们舍不得你！"雪白的纸上，一个个通红的手印显得格外醒目，这是纳尧村第一书记皇甫亚宏任期满后，纳尧村群众和党员自发按手印挽留他的场景。乡亲们都不愿意让他走，希望他留任。

皇甫亚宏的心在纠结，要回北京呢，还是继续留任呢？就在这时，中国黄金集团的领导抱着商量的口吻对皇甫亚宏说，既然群众要求你留任一年，反正集团接替你工作的人选尚未确定，如果要延长一年的扶贫工作期限，你愿意吗？

他对集团领导说："扶贫工作是党中央做出的战略部署，我是党员，我不留任，谁来留任呢？既然群众需要我，我就再干一年吧！加之我是集团的一名党员干部，受集团的委托到贵州工作，要有大局意识，有责任为集团分忧，更要为集团增光添彩，在中国黄金集团需要的时候，我不能犹豫，我也不能退缩，我已经适应了贵州的生活，适应了当地的环境，与当地群众建立了感情，特别是与干部群众都建立了紧密的关系，留任有利于提高扶贫工作的实效性。我将继续完成我未竟的事业，我不能辜负集团领导对我的殷切期望。所以，我不仅要留下来，还要把工作做得更好。"

三年多的时间过去了，珉谷街道办干部、村干部和村民们常说："原以为北京派来的第一书记是来搞形式的，是来基层要经历的，转去好提拔当官，待不了几天就打道回府回北京了。没想到皇甫书记来了，为我们村办了这么多实事，有这样的党员干部，真是我们村的福气了，这样的党员干部挂村担任第一书记，我们希望今后多来、常来、常驻。"

三年扶贫一生情，三年来皇甫亚宏转战纳尧村的11个村民小组，晴天一身灰，雨天一身泥，1000多天奋战在农村第一线，被群众亲切地称为"最美皇甫爷爷""扶贫处长"和"最美第一书记"。"一次驻村，一生情怀；三年帮扶，终身牵挂。有了真情的温度，精准扶贫的深度、广度和精度，就有了隐形的翅膀。"皇甫亚宏深情地说。

一分耕耘，换来一分收获。2016年7月，皇甫亚宏荣获中国黄金集团授予的"先进个人"荣誉称号；2017年6月，荣获中共黔西南州委党的建设领导小组授予的"2015—2017年黔西南州全州优秀第一书记"荣誉称号；2017年7月，荣获中共贞丰县委授予的"2017年度全县优秀同步小康驻村第一书记"荣誉称号；2017年7月，荣获中国黄金集团授予的"先进个人"荣誉称号；2017年7月，被评为贵州省脱贫攻坚优秀第一书记；2018年2月，中共贞丰县珉谷街道纳尧村党支部被黔西南州委、州政府授予"黔西南州'五共四化'党建扶贫示范村"荣誉称号；2018年7月，被评为贞丰县脱贫攻坚优秀第一书记；2018年7月，中共贞丰县珉谷街道纳尧村党支部被中共黔西南州委表彰为全州脱贫攻坚先进党组织。2018年7月，皇甫亚宏再次被中共贞丰县委评为全县脱贫攻坚优秀第一书记。

皇甫亚宏经常说："组织和引领群众摆脱贫困，是我们共产党员不可推

皇甫亚宏走访贫困户（图左一为皇甫亚宏）

卸的时代责任。脱贫攻坚，就要做群众最难的事、最关心的事，做群众最想的事，做群众最盼的事，做群众能得到长远利益的事。”

秋意渐浓，当你走进纳尧村，展现在眼前的是一条条宽敞的柏油路，一幢幢整齐的民居，一应俱全的文体娱乐和教育卫生设施，处处洋溢着幸福祥和的气息。纳尧村这个布依族、苗族风情浓郁的特色村寨，犹如一颗璀璨的明珠，熠熠生辉。村干部黄佳胜深情地说：“纳尧村这个鲜花盛开的地方，正在绽放出更加绚烂的‘幸福之花’！”

这个贫穷落后的小山村，缘何能够在几年内发生翻天覆地的变化？用乡亲们的话说，那就是北京派来的这位一心为民，踏踏实实为村民办实事的第一书记，是他带领村民艰苦奋斗，换来了如今新的面貌。纳尧村党支部书记唐生龙如是说。

笔者采访皇甫亚宏，问他到贵州开展扶贫工作三年最深的体会是什么，他回答说：“人生的每一条路，都必须用自己的脚步去丈量。奋战在大贵州西部脱贫攻坚的主战场上，用脚步去丈量土地的宽广，去感受岁月的激情，是使命、是重托，更是一种荣耀。第一书记要时刻把老百姓的冷暖放在心上，真心实意地和他们掏心窝子，讲农家事，叙农家情，品尝农家的喜怒哀乐。只有做群众的贴心人，群众才会对你更贴心。”

三年多来，皇甫亚宏为村里的贫困户制订了具体的帮扶方案，分别采取政策帮扶、产业帮扶、社会帮扶、紧急救助等多种扶贫方式，将扶贫对象的致贫原因、脱贫措施、工作进展等做成动态的台账。2015年至2017年年底，纳尧村建档立卡贫困户96户406人，已脱贫88户379人，2018年拟脱贫6户21人。

在皇甫亚宏的工作日记中写道：“在脱贫攻坚这场战役里，我始终坚信，只要能‘无中生有，无私无畏’，就会‘无所不成’！将来有一天，回首这场战役，我们会骄傲地说：‘当年那场脱贫攻坚，我在！’”

每当村民们提起他，当地知道的人没有不竖起大拇指的，这位北京来的第一书记，带着亲情驻村，带着热情解难，带着真情帮扶，察民情，解民忧。如今，他时常眺望纳尧村旁的那座山峰，勉励自己不忘初心，砥砺前行，继续一步一个脚印地履好职，尽好责，一如既往地为脱贫攻坚这场战役贡献出自己的一份力量。

作者简介：王立高，生于1967年12月，布依族，中共党员，大学学历，系贞丰县党校副校长，研究方向为县域经济。

来自北京的书记

龙 艳

一

“这是从北京来的杨端明书记，是来给我们扶贫的！大家欢迎！今后要好好地配合杨书记做好扶贫工作，在书记的带领下，一起脱贫致富。”这天，锦屏县敦寨镇罗丹村村委会领导把杨书记带到村里，给村民们隆重地做了介绍。

杨端明获“全国脱贫攻坚奖创新奖”

“杨书记好！”“欢迎杨书记！”“这下我们村好了！有北京来的书记！”“太好了！谢谢杨书记！”村民们都纷纷表达着自己的热情，喜笑颜开。有的村民从来没出过家门，更没有去过北京，但他们都知道那是毛主席住过的地方，那里有个天安门。啧啧，从北京来的呢！光是听到北京这个地方，就已经是让他们惊奇不已，羡慕不已了。他们高兴地相互转告，高兴地议论着。可村子大了，什么人都有，也有些村民不以为意，觉得北京来的书记跟他们离得很远，跟他们没有多大的关系。还有的村民远远地冷眼看着，心想：我倒要看看你这北京来的书记能够在我们这穷山沟里待多久，有什么能耐，别没过几天就又跑回去了！要知道，在这穷山沟里，想致富可不是那么简单的事！

杨书记是经单位推荐、中共中央组织部选派到贵州锦屏县敦寨镇罗丹村担任第一书记的。他中等个子，衣着简朴，身形偏瘦，面相和善。面对村民们的种种反应，他始终保持着和善的微笑，真诚而谦虚地对待每一个人。他的态度一点也不像是从北京来的书记，倒像是个从小地方来的平民百姓。

锦屏县敦寨镇罗丹村是锦屏县的112个贫困村之一，全村辖3个村民小组186户786人，其中建档立卡贫困户57户218人，截至2017年年底，贫困人口尚有9户28人。罗丹村交通不便，基础设施落后，产业薄弱，人心涣散，全村主要劳力大部分外出务工，留守的大多是老人孩子，缺乏组织向心力，缺乏致富的信心和门路。这是杨书记初到罗丹村时的现状。

初到罗丹村时，他人生地不熟，又从来没跟少数民族人民打过交道，不知道该怎么与他们交流、相处才是，怕一不小心冒犯了他们。因此，刚开始时，他都很小心，尽量少说话，多观察，处处留心。他住的地方条件很差，屋里没有热水，也没有厕所，得走到几百米处的农村简易茅厕里去解决。白天还好，晚上出来时，看着附近不远处的坟堆，他总是头皮一阵阵地发麻，好半天不敢出大气。这样过了许久，他才慢慢适应。

为了尽快了解村民们的情况，杨书记决定勤走多问。他一遍遍地、一家一家地走访村民，了解他们的情况和困难，然后积极地为他们解决困难，出谋划策。刚开始，他的热情也受到了打击，工作的进度受到了一定的影响。一些村民认为，他一个北京来的干部，到基层来就是为了镀金，驻村只是做做样子，好回去当更大的官。于是，村民们对他的来访也就没多大的热情，有的甚至故意回避。这就让杨书记的工作难度增大了许多。但他没有气馁，觉得自己作为一名共产党员，不能遇到困难就气馁，更没有放弃。他调整好心态，利用大量的休息时间，一次次地到村民的家里去，深入他们的生活中去，真诚地帮助他们。

村里的排水沟年久失修，垃圾堵塞，污水经常浸漫到几户村民家里，严重影响了整个片区群众的生活。杨书记协调争取了20万元的资金，亲自带领群众们一起对排水沟进行了清理，新建了一条长364米的排水沟，彻底解决了村子雨天污水横流影响群众生活的问题。

龙池小学条件差，没有热水，住校学生无法洗澡，冬天孩子们只能用冷水洗脸洗脚，看到他们一个个冻得直哆嗦，杨书记心疼极了，这些可都是祖国的花朵呀！长期这样洗冷水，冻坏了可如何是好呀！于是，杨书记便主动与四季沐歌科技集团有限公司联系，筹集23万元资金为学校安装太阳能热水系统。看到学生们能在大冬天里用上热水，他欣慰地笑了。

看到很多群众到车来车往的公路边跳广场舞，杨书记觉得很不安全，为了能够让村民们有个聚集在一起活动、娱乐的场所，他多方筹集资金，终于筹到了40万元，整合“一事一议”项目资金，修建了3000平方米的村级文化广场。

杨端明走访贫困户

2015年以来，在杨书记的带领下，罗丹村以抓党建促脱贫攻坚为统领，按照“党支部+实体公司+合作社+贫困户”的总体思路，通过整合农业发展银行（以下简称“农发行”）等帮扶部门的资源优势，探索实践“基层组织驱动、平台公司撬动、合作组织推动、贫困农户联动”的扶贫模式，构建了攻坚有保障、创业有门路、增收有办法、脱贫有动力的产业扶贫新态势。

杨书记坚持抓党建、带队伍、促攻坚，提升“组织能力”，深入推进罗丹村党支部规范化和基础设施标准化建设。通过一番努力，全村共整合项目资金500余万元，建成标准化党群服务中心和文化广场各1个，硬化通村通组公路3000余米，铺设给水排水管道3600余米，实施民房风貌整治30余栋，完善村寨文化设施50余处。

杨书记还深化“结对帮扶”，村内帮扶干部与罗丹村的贫困群众结成帮扶对子。结对帮扶行动已覆盖罗丹村的57户贫困户218名贫困人口。

接下来就是配强“轮战干部”，村里以杨书记等同志为骨干，组建罗丹村同步小康驻村工作组和驻村脱贫攻坚“尖刀班”。就这样，杨书记他们凭着满腔的热情和实干、苦干精神，轮战干部共走访群众220余人次、优化村级服务措施10余条。

二

秋天是丰收的季节，乡村的山坡上随处可见累累硕果，有橘子，有椪柑，还有梨等果子。可让杨书记纳闷的是，村民们都不采摘这些水果，任它们熟透了被鸟吃、被虫吃、烂掉。难道这些水果不能吃或不好吃？为什么村民们不采去吃或采去卖呢？

杨书记带着疑问走访了几户人家，得知这些水果不是不好吃或不能吃，而是在村里这样的水果很多，吃不了这么多，也卖不出去，还不如任其烂掉。不然，还得白白浪费采摘的时间和精力。

这不是守着金果银果受穷吗？白白浪费了这么多这么好的资源。可以把它们卖到北京去呀！

有心的杨书记在认真地调查一番后，带上一包水果就到北京去了。通过一番比较，询价，他心里有了底，便回到村里与村两委发动有水果的村民都把水果交给他们去卖，为了让村民们放心，他说他用自己的工资做抵押，万一水果卖不了，就把他的工资分给村民们。

就这样，杨书记带着满满一车的水果和几位村民一起向北京出发了。

一路上，他们着急赶路，便很少休息、吃喝，紧赶慢赶地来到了北京外环路上。

由于杨书记他们的单位须经过二环路才能走到，而他们的货车却不能进入二环路。怎么办呢？杨书记和村民们急得如热锅上的蚂蚁。

只有跟交警同志说好话，求情。在杨书记一番苦苦解释、恳求下，交警同志的脸色渐渐缓和了，最后放了行，但交代他们千万不能强行通过那些低于货车高度的地下通道。而且，他们的货车只能在夜间进入并于凌晨5点前出来，否则，后果将会很严重。

千恩万谢谢过交警同志后，他们在附近的服务区休息，等待天黑时才小心翼翼地进入了二环。还好，杨书记对这里很熟悉，他认真地规划了线路，避免了许多的麻烦。可为了万无一失，他找来了尺子，对那些没有把握的地下通道进行了测量，能过的才敢通过。为此，还引起了某些当地人们的误会，他们以为要对那些地方进行拆建了呢！有的人还兴冲冲地跑来问杨书记，这里什么时候开始拆迁，准备拆来做什么，有没有补偿款等。弄得杨书记哭笑不得，只好如实相告，那些人才失望而去。

就这样，他们硬是赶在凌晨5点前到达了目的地，又一分钟也不敢耽搁地赶紧卸下货，让货车司机顺利开走了。经过一番折腾，他们一个个累得够呛，也困得不行。但他们都还不能休息，得接着卖水果。不巧的是，他们正好赶上了北京的雾霾天气，还下起了小雪。

"得赶紧买棉被来给水果盖上，否则冻坏了就卖不掉了！"杨书记当机立断。

2/3的水果卖给了杨书记单位的职工们，剩下的1/3只好摆摊来卖。

"买水果呀，这是贵州山区无公害绿色水果，营养丰富，味道鲜美！"

"物美价廉的水果啊，大家快来买啊！"

杨书记顾不上形象大声叫卖着，也确实吸引了一些市民前来购买。可没过多久，他的叫卖声也引来了城管工作人员。

不管他们怎么解释，水果都被没收了，他们也傻眼了。不甘心的杨书记跟着城管工作人员来到了城管办公室。他满脸胡子，两眼通红，又困又累又急，进门就找领导。找到领导后就把身份证给领导看了，又把实际情况都说了一遍，然后诚恳地说："我是从北京到贵州山区去帮乡亲们脱贫的。他们种点水果出来不容易，来北京卖水果更不容易，你们这样做太伤他们的心了！能不能特殊情况特殊对待？"

领导听了他的这一番话，进行了核实，然后握着他的手说："真对不起！我马上让工作人员把你们的水果退还给你们，向你和老乡们道歉。不，这样吧，我马上动员大家买水果，也算是献点爱心吧。"

就这样，水果终于都卖完了，赚了11万元。杨书记回到了家里。他爱人一见到他吓了一大跳："你，你怎么搞的，成了这副样子，像足足老了10岁！"

"快别说了，先让我睡一觉，困极了！"杨书记说着一头倒在沙发上睡着了。爱人心疼地给他盖上被子，眼泪不禁流了下来，喃喃地说："你这哪是扶贫呀，简直就是在拼命！”

好在，杨书记的努力没有白费，通过这次探索，他们在北京打开了一条销售水果的路子，第二年又为村集体赚了40多万元，并带动村民们卖出了200多万元的水果。为此，杨书记说他们的辛苦是值得的。

在杨书记的积极协调下，定点帮扶单位发挥信息和资源优势，帮助罗丹村破解市场瓶颈、提高产业效益。村里利用农发行资助的130万元，建设了1000平方米的水果冷库。

2017年冷库建成投用后，罗丹及周边村寨的椪柑等水果的市场价稳定在每斤1元以上，较往年的收益提升20%以上。组建专业合作社，按照“合作社留存30%+村集体提留20%+贫困户分红基金50%”的机制，对罗丹村的农特产品实行统购统销。

召开组织生活会

罗丹村农产品种植农民专业合作社共有社员213人，全村57户贫困农户全部加入合作社并实现分红增收。开辟市场新渠道，以农发行驻点帮扶为纽带，组织农特产品集中销往北京、上海等大城市，同时通过建设农村电商服务点的形式，构建线上线下同步的水果销售渠道。目前，罗丹村已分别在北京、南京等地设置水果代销点3个，仅2017年就实现“线上线下”销售水果45万公斤，增加村集体经济积累10万余元。

三

接连做了几件实事后，村民们渐渐认可了杨书记。大伙纷纷传话：“北京来的老杨肯干事，能带头干事！也能做成事！这回，我们真的遇到了好人了！”

杨书记赢得了村民们的认可，也迎来了更多的信任和求助。越来越多的村民主动跟他拉家常，反映问题，越来越多的困难等着他去帮忙解决。杨书记前所未有地劳心劳神，也前所未有地感到充实、快乐。能帮助的人越多，解决的难题越多，他的成就感就越强，快乐也更多。

这天，一向内向话少的贫困党员龙立潮也向他诉说了他家的事情。他们家14岁的女儿患了皮肤病，四处求医都没能治好，想求他帮忙找专家试一试。本来，他们家里穷，又花费了不少钱，现在就更困难了。但他们又不得不厚着脸皮来求助于杨书记，因为龙立潮夫妇没有小孩，女儿是他们抱养的，如果不继续给她治疗，一方面担心女儿的生命安全，又担心伤了她的心。她可能会想，如果她是他们亲生的女儿，他们就不会不想办法救她了。

这确实是个大难题，杨书记觉得龙立潮是把自己当成了真正的朋友，才把这么私密的事情告诉了他，再难他都要想尽一切办法帮他一把。于是，他就动用了所有的关系，多方打听、求助，终于在北京找到了一家医院，带着他们一家来到了北京，又帮助他们一家在医院里挂号、看病、开药。

临回去的当天，他们突然说，他们一家人订的是第二天下午的火车票，听说北京的中医非常有名，他们还想趁早上的时间找个中医看看，放心一些。看中医，这在北京也是个难事，杨书记只好又硬着头皮四处找人帮忙。最后，还是通过一位战友帮忙找到了一家中医门诊，但当天的号已经挂完了，是战友好说歹说医生才同意增加一个号。

他们赶到了中医门诊处，那里排了长长的队伍，把走廊都占满了。他们进了诊室，试着跟医生商量，能不能先帮他们看一下。医生说不行啊，本来给他们加一个号就已经很为难了，那么多人都在排队等着，大家都急，再让他们插队就不好了，怎么能行呢？

“医生，求求您了！先帮我们看看吧！他们买了下午的火车票，要赶回贵州乡下去，孩子要去上课呢！请您帮帮忙吧！”杨书记再次帮他们向医生求情。

“不行，现在的医患关系这么紧张，你们这不是在害我吗！别说了，排队去吧！”医生面有难色地说。

他们只得乖乖地出来排队。眼看着时间一分一秒地过去，已经快十一点钟了，队伍还很长，再排下去就真的赶不上火车了。可就这么走了，他们又很不甘心，好不容易找到了这家中医门诊，又好不容易挂上了号。没办法，他们只好再次厚着脸皮来到医生面前，只差点就跪下了：“医生，我们还是求求您，帮个忙吧！我们真的太难了！”

杨书记把他们家的情况不管不顾地说了，然后眼巴巴地望着医生。听了杨书记的一番话，看着他们急切的表情，医生也没办法了，他说：“唉！你们求我也没用，这样吧，你们去外面问问外面的人，看他们有没有人能跟你们换个号。”

“好的，好的，谢谢医生，我们这就去！”他们来到了诊室外，跟那些排在队伍前面的人们商量，能不能帮忙换个号先看。一开始，人们都一口回绝了：“不行呢！我们都从昨晚开始在这里排队了，我们也很急呀！”

“怎么可能！谁不急呀！排队！排队！”

“不准插队！前面的，不能让啊！我们不同意！”

“真是的！连这也想特殊化！”

……

龙立潮一家人看到这情景，难过得低下了头，眼泪在眼里直打转转，却又不敢哭出来。他们甚至想打退堂鼓，回去算了。这时，杨书记红着眼圈，猛地一下掏出党徽，动情地说：“请大家安静一下，听我说几句话。我是党员，在农发银行总行工作，到贵州山区去帮扶，他们既不是我的亲戚，也不是我的家人，他们是我的帮扶对象，他们的女儿14岁，得了很严重的皮肤病，去了好多地方都治不好，孩子又得赶今天下午的火车回去上课。所以，我请求大家帮个忙，让他们先看一下病，可以吗？”

人群沉默了一会儿，然后有一个声音先响了起来：“我换，我愿意把我的号换给他们。”

接着，又有一个人举着自己的号大声地说：“我也愿意换！换我的！”

“我也愿意换！”

“换我的！我的号靠前一些！”

……更多的声音响了起来，最后，所有的人都愿意换号，同意让他们一家人先看。

杨书记和龙立潮一家人忍了许久的眼泪此时却再也忍不住了。他们流着感激的泪水朝人们不停地鞠躬，道谢。然后，再次走进了诊室。

“你们怎么又来了？不是让你们去跟大家商量吗？”医生看到他们后不高兴地说。

“医生，他们都同意了，我们才来的。”

“都同意了？真的吗？”

“真的。”

这时，在外面的人们好像都听到了医生的问话，纷纷进来说：“是的，我们都同意了！请医生先给他们看吧！”

“好，好，好！太好了！”医生也被感动得一连声说好，行医多年，他已经很久没有看到这么感人的一幕了。他仔细地给龙立潮的女儿看了病，开了处方，又留下了联系方式，让他们回去后方便再联系，有什么情况随时咨询、沟通。

龙立潮一家人感动得不知说什么好，只一个劲地说着“谢谢”。

他们一家人在杨书记的帮助下，如愿以偿地看了病，顺利地回到了家，不久，他们女儿的病情也有了好转，一家人心里的大石头终于放下了。

后来，一说起杨书记，他们一家人就都先红了眼睛。他们说，杨书记就是他们家，不，是他们村的大恩人！而听的人也都一致附和：“是呀！是呀！杨书记真是我们的大恩人啊！”

“真不知道该怎么谢谢他才好呀！”

“你说，杨书记为什么会这样帮我们呢？”

“听说，杨书记家以前也很贫穷，所以他知道贫困的滋味，便一心想帮大家都富起来。”

“嗯，我们自己也要争点气呀！不能让人家杨书记太操劳了！”

“谁说不是呢！”

之前，有的人家兄弟不和、邻里闹矛盾、夫妻吵架等都要来找杨书记给评理、调解。杨书记成了罗丹村里最受欢迎和最忙碌的人。一次，一对年轻的夫妻因为一些小事争吵不休，说要去找杨书记评理时，一位老妇人拉住了他们，说：“你们就别再去麻烦人家杨书记了行不行，还嫌人家不够累的呀！你们这点小事，就自己解决了行不？害不害羞呀！”两个年轻人一听，果然就红着脸消停了。

从此，村里的懒人少了，无理取闹的人没了，大伙有什么事都想着杨书记，有好吃的也都想着杨书记。杨书记，俨然成了正义的化身，杨书记一来，便能解决问题和麻烦，他也成了人们心目中的英雄。只要听到他的名字，就会让人感觉到亲切、安定。那些之前说是要看看他有什么能耐的人也都心服口服地竖起大拇指说："这北京来的杨书记确实不一般咧！我们真是有福了！"

四

杨书记还积极整合定点帮扶资源，以实体公司为依托，组织建设罗丹村龙虾养殖基地，拓宽贫困群众创业增收渠道。公司"兜底创业"，以清水江集团公司为主体，投资500余万元专项资金，建设规模达1000亩的小龙虾养殖示范基地，引导贫困群众参与小龙虾养殖。集体"保障资源"，以村支两委为主体，按照每亩每年600元的标准，以"现金补偿+固定分红+二次分红"的形式推进农村土地流转。这一项工作也遇到了一些困难，有的农户起初观念转不过来，不愿意流转土地，任凭杨书记他们怎么做思想工作也没用，就是要留着土地种农作物，这就影响了项目建设的进度。后来，经过杨书记他们一次次反复耐心细致的劝说，那些个别农户才慢慢改变观念，同意流转土地。现在，村里已完成第一期300余亩小龙虾基地的土地流转工作。

发放工资

接下来，杨书记还创建了多方"分红创收"模式，按照"村集体5%+贫困户5%+土地股5%+公司（资金）股50%+合作社盈利及基地发展资金35%"的机制，带动19户贫困农户通过参与示范基地建设管理或劳务服务实现分红增收。

杨书记围绕村民的自主发展和自觉脱贫，强管理、抓产业、促就业。联动强管理，将罗丹村全部村民划分为6个社会治安和环境卫生管理主体。在主体户长的带领下，村内各管理主体共投入卫生清理320余人次、村寨安全排查巡逻120余人次，村民自治水平全面提高。自此，村里彻底改变了以前卫生脏乱差的情形。以前，到村里来旅游的外地游客们都说，乡村里的自然风光很美，村里的民族建筑很有特色，村民们都很纯朴可爱，可就是村里的卫生太差了，到处都是牛粪、猪粪的味道和痕迹，有时都找不到个落脚的地方，如果什么时候能把这个问题解决了就好了，乡村就会更加吸引人们来旅游观光甚至长住了。现在，村民们在自己享受到了干净环境的舒适后，也一改往日的懒散，个个变得衣着整洁起来，精神面貌也好了很多。他们见了面都忍不住相互打趣、夸赞对方一番："怎么？今天打扮得这么漂亮，难道要去相亲?""哈哈哈！我看你才像是要去相亲的样子呢！还说我!"

他们还联合抓产业，将全村群众划分为11个产业发展主体，并将11个产业能人选拔为主体户长，解决产业扶贫过程中遇到的技术和市场问题。

现在，罗丹村金秋梨、椪柑、稻鱼及小龙虾等产业发展良好，120余户村民参与其中，产业发展主体的覆盖率超过60%。而且，村里还实现了联带促就业，通过组建劳务服务队的形式，引导更多农村剩余劳动力通过就近就业实现增收。罗丹村共组建劳务工程队5个，整合农村剩余劳动力资源80余人，实现就近就业400余人。

截至2017年年底，罗丹村共有120多名农村贫困劳动力实现就业增收、190名贫困人口实现如期脱贫，全村农民人均可支配收入提高到7880元、村集体经济收入积累到20余万元。罗丹村已成长为锦屏县的"美丽乡村建设示范村"，杨书记也先后被授予"全国脱贫攻坚创新奖""全省优秀村第一书记""全省脱贫攻坚先进个人""全省脱贫攻坚优秀第一书记""全州最美第一书记"等奖项及荣誉称号。

2019年10月17日，2018年全国脱贫攻坚奖表彰大会暨首场脱贫攻坚先进事迹报告会在北京会议中心隆重召开，139名2018年全国脱贫攻坚奖先进个人和先进单位在会上获表彰。中国农业发展银行总行办公室正处级干部、贵州省黔东南苗族侗族自治州锦屏县敦寨镇罗丹村第一书记杨端明同志获得"全国脱贫攻坚奖创新奖"，是中央金融单位中唯一的个人获奖者。

可是，人生没有不散的宴席，杨书记因工作需要就要回公司总部去了。大家都很舍不得他走，可又不能把他留下来。杨书记还有更重要的工作要做呀！总不能因为他好就一直把他留在这里吧！

于是，大家请求他跟他们吃一回饭，杨书记答应了。那天，虽然饭菜很丰盛，大家都各自从家里拿了许多好菜来，可大家都没吃什么，最后都抱着杨书记哭成了一团，杨书记也哭了，说他还会抽时间回来看大家的。果然，没过多久，杨书记就回村里来了。

他离开村里的那天，好多村民都非要跟着，送了一程又一程，直到把他送到了邻县的高铁站。他的提包一直是村民们帮着提，直到他进站了才交给他。车子开动了近半小时，他接到一位村民打来的电话："杨书记，你来我们村帮了我们太多的忙，我们不知道该怎么感谢你。你的包里有一些钱，是我们村民们自愿凑的，只是一点点心意，请你收下。"

听了这话，杨书记大吃一惊，赶紧打开包来看，包里果然多了一万多元钱。天，他们什么时候放的钱呀？难怪他们一直帮他提着包，原来是有原因的呀！唉，这些纯朴的老乡，怎么会想得出这一出。这怎么能行呢？

杨书记当即说要通过网上银行把钱退给村民们，可村民们死活不收。没办法，杨书记只好抽空又回了趟龙池村，把钱都退给了村民们。然后，他幽默地对村民们说："你们想让我回来可以直说，可不许再用这样的方式让我回来了哦！要知道，你们这样做，不是在爱我，而是在害我呢！"

"哈哈哈，以后我们想你了，就用这种方式让你回来看我们！"村民们都开心地笑起来。

回到单位后不久，杨书记实在放心不下黔东南大山里的村民们，他再次申请回去做扶贫工作，再一次地投入新的扶贫工作岗位中……

作者简介：龙艳，女，苗族，1974年生于贵州省施秉县双井镇凉伞村，笔名龙砚、冰凌，系贵州省作家协会会员，黔东南作家协会副主席。至今已在《民族文学》《山花》《读书人》《杉乡文学》《夜郎文学》《黔东作家》《文友》《百花园》《贵州民族报》《国际日报》《中华原报》《贵州都市报》《黔东南日报》等报刊上发表小说、散文、诗歌等多篇（首）并多次获奖。散文《母亲》《古城凤凰》分别入选《中国苗族作家作品选集》《新时期中国少数民族文学作品集苗族卷》；闪小说《保家牛》《母女连心》《灯草席》《儿子的心思》《信任》入选《中国闪小说年度佳作2014》；《土酒》《母女连心》《意外收获》《完美女人》入选《聚焦新文学——当代闪小说精选》；闪小说《神判》《神树》《寨佬》入选《2016中国闪小说年度佳作》等。

绰尔河畔军民鱼水情

叶 鸣

生机勃勃的肥沃田野，见证着巴达尔胡农场的发展与变迁，滚滚流淌的绰尔河水，奔涌着人民子弟兵对这片土地上人民的关爱与深情。这样的关爱与深情，也直接表现在内蒙古军区巴达尔胡农场二队和三队的定点帮扶工作中。无论是在第一轮还是在第二轮的帮扶中，前来帮扶的驻村官兵们，都是满怀真情，不负党和人民军队的重托，用自己的青春和热血，谱写出一曲创新与实干的“守望相助”的和谐篇章，用心血和汗水托起了中国共产党人执政为民、无私奉献的历史丰碑。

镜头一：给水团自千里之外来，农场4500亩农田变水浇地

人头攒动，人们脸上洋溢着激动的笑容。蓝天白云下面，20座红顶机房点缀在广阔的田野之中。在高耸的钻机旁，内蒙古军区政委陈运火少将轻轻按下电钮，一股清泉喷涌而出，顿时鞭炮齐鸣，掌声雷动。人群沸腾了，奔向井边，感激的话说不尽，官兵的手和农场职工的手紧紧地握在一起。这正是内蒙古军区帮扶巴达尔胡农场钻井竣工剪彩仪式上的动人场景。

巴达尔胡农场始建于1950年，隶属兴安盟农牧场管理局管辖，是以农牧业为主导产业的国有农垦企业。地处内蒙古兴安盟素有“北八乡”之称的扎赉特旗北部，农牧业收入是该农场职工的主要经济来源，除了牧业养殖外，还种植玉米、大豆、葵花等农作物，但近几十年来，随着自然生态环境的恶化，土地出现了十年里有九年春季大旱的严重缺水状况，这种状况严重

制约了当地农牧业的发展，使农场沦为国家级贫困农场。在接受自治区党委和政府要求帮扶巴达尔胡农场二队、三队脱贫致富的重要任务之后，内蒙古军区高度重视此项工作，军区首长亲自组织技术骨干多次到农场调研，召开专题会议研究扶贫方案。当了解到巴达尔胡农场二队、三队贫困的原因，主要是因为缺乏水浇地，收成没有保证时，内蒙古军区便决定帮扶工作从打抗旱井、增加水浇地面积入手，并向内蒙古军区给水工程团发出了为巴达尔胡农场“打井”的号令……

打井工地上，有着23年军旅生涯的内蒙古军区给水工程团副团长王永杰，从没有将自己的人生与为群众找水送水分开过。他以找水、打井为圆心，与给水团的官兵们一道，用开拓甘泉的一个“泉”字书写人生履历。他得知给水团将前往内蒙古的革命老区兴安盟执行“给水”任务时，主动请缨来到了巴达尔胡农场，担任此次“给水”帮扶工作的总指挥。从小在农村长大的王永杰，总是无法抑制对农民群众的那份亲近感，无论是西北地区的“百井工程”“人畜饮水工程”，还是帮助扎赉特旗巴达尔胡农场贫困群众打井，他的座右铭自始至终都是以满足人民的需要为第一天职，以解决人民的急难为第一要务。40多天的坚守，给水团的官兵为二队、三队干旱的农田打出了22眼“抗旱井”，平均每天打井2眼，这是他们第一次来兴安盟打井的记录。没有过多的豪言壮语，没有给战士喘息的时间，到达帮扶点的第二天一大早，王永杰就命令部队立塔开钻第一口井。“作为给水人，我们有义务，更有责任响应自治区党委的号召和人民的召唤，为贫困地区人民群众缓解缺水的现状。”

隆隆的机器声和汩汩的井水，给这片干涸的土地带来了新的生机与希望。打井期间，农场职工多次慰问官兵，用他们朴实无华的行动，感谢人民子弟兵为这里的人们和对这片土地的付出。巴达尔胡农场二队、三队原本都是落后的村落，职工生产生活水平低，大部分职工都还住在20世纪建造的土坯房里。他们的梦想，就是早日摆脱贫困，过上好日子。可这里地质环境差、水源匮乏，农民只能靠天吃饭，作为本应该为国家和城市人民提供优质粮食产品的国营农场职工，自己却要靠天吃饭，这不能不让他们汗颜。如今，在人民子弟兵的帮扶下，二队、三队共打出了42眼“抗旱井”，这怎能不让这片土地上的人民激动！原驻村扶贫少校军官那日森介绍说：“‘抗旱井’打成后，二队、三队水浇地面积达到了4500多亩，极大地提高了从事农业生产的职工家庭的收益，也为以农业为主的农场职工脱贫致富打下了良好基础。”

农场二队职工刘忠英一家四口人，由于受当地自然条件的限制，每年种的70余亩耕地，产量和经济收入都不好，年人均收入一直没有超过千元。在内蒙古军区来帮扶以前，他也曾计划在地里钻井，但是高昂的费用令他望而却步。内蒙古军区给水团打井的农田里，就有他家的几十亩土地，有了水浇地的刘忠英说：“用水不忘打井人，生活好了要感谢解放军，是人民子弟兵为我们致富创造了便利条件。”这是发自内心的感激话语。在内蒙古军区给水工程团完成任务离开时，为了感谢人民子弟兵，农场的职工满怀感激之情，送上了“军民共建新农场，鱼水浓浓近代情”的鲜红锦旗和牌匾。

镜头二：风景如画小村落，旧貌换新颜之路上的帮扶故事

在三队职工图书阅览室里，一伙年轻的职工正在电脑前上网，他们有的查阅农牧业科学技术资料，有的阅读网络电子书，还有的利用休闲时间展开“网游”之战，当然图书室里也有人在看书，年轻的三队队长沈洪权说：“我们的图书室有20台电脑，都是新的品牌电脑，图书也有近2000册，都是内蒙古军区帮扶送来的，对丰富和活跃我们连队职工的文化生活，起到了积极的促进作用。”

2011年，军区投入资金20万元，为三队建设了300平方米的包括图书阅览室在内的职工文化活动中心，第二年又投入资金19万元，为活动中心购入图书和电脑。一项项务实有效的“扶志”帮扶措施，为连队职工致富增添了巨大的生产动力。农场纪检书记刘海峰说：“兴安人民永远不会忘记，巴达尔胡农场的职工更不会忘记这一切。如果没有内蒙古军区的帮扶，图书室里很难会有电脑供职工上网读书和学习。” 图书阅览室，为职工群众了解市场行情、科学种养和学习科技知识等方面提供了平台，也使职工群众在富了口袋的同时也富了脑袋。不仅如此，帮扶中，连队还建设了篮球场、门球场，购买了配套的体育健身器材。如今，二队、三队职工，夏季可以在文化广场上开展活动，冬季则躲避风寒进入室内开展活动。同时，连队的党支部和共青团支部也有各自的活动室，为基层党团组织建设提供了优越的环境基础。

行走在巴达尔胡农场三队的街道上，整洁的街路两旁绿树成荫，文化广

场上粉色、紫色的花灌木上繁花似锦，村里清一色的崭新彩钢瓦房，统一的村街与家庭院落围墙，干净整洁的水泥街路，让这个农场职工居住的村落也更加亮丽迷人。越过街路走上文化广场，几只路过的大白鹅似乎正在归家的路上，主人的召唤声远远传来。看着生机勃勃、焕然一新的三队职工居住村，与军区扶贫官兵有着多年感情的农场纪检书记刘海峰介绍说："在帮扶工作开展之前，农场职工的住房多为20世纪建造的土房、草房，内蒙古军区在帮扶中，与农场协力合作，统一规划、统一户型、统一立面、统一施工，采取农场拿一部分、职工自筹一部分、军区帮扶一部分的方式，为二队、三队职工居住村落改造危草房，建成了水泥红砖砌筑的彩钢瓦房。危草房改造完成后，内蒙古军区与农场一同筹集资金，为二队、三队职工居住区砌筑了统一的9000多米的街路围墙和路边沟，并安装了路灯，同时还为两个村落建设7000多平方米的文化广场，并配套了体育健身器材，使村容村貌发生了极大的改变。"

在这项帮扶工作中，二队、三队职工获益家庭近200个。二队职工孙利明在得到帮扶前，一家人靠天吃饭，生活比较拮据，儿子孙秀臣27岁没有成家。在得到帮扶后，他家不但盖了新房，儿子还娶了媳妇。同样， 66岁的白老汉，原名白振林，他曾经居住的两间土房一到夏季连雨季节，随时都有倒塌的危险。老伴体弱多病，一个人的退休金，除去老伴吃药打针的花销，所剩无几。儿子条件也不好，老两口也不愿意给儿女添麻烦，觉得自己都这么一大把年纪了，将就在破土屋里住着吧，哪还敢想再盖新房子，却没想到还住上了新房。三队职工门艳萍，家中4口人，本人患有精神障碍疾病，婆婆马淑珍患有腰椎间盘突出疾病，儿子读小学，家中只有丈夫一人具有劳动能力，他家也在危房改造中受益，住上了新房。2019年春，她家还获得了军区5000元的春耕备耕物资帮扶。像孙利明、白老汉、门艳萍这样的在危草房改造中获益的职工或困难职工家庭，在二队、三队有178个，内蒙古军区也先后投入了139万元用于该项目。如今的巴达尔胡农场二队、三队职工居住村落，到处洋溢着新农场的新气象。

镜头三：帮扶资金在牛群里壮大，盈利分红为职工致富保驾护航

巴达尔胡农场优质种牛繁育基地，是内蒙古军区援助巴达尔胡农场贫困

职工脱贫致富项目中的一项，是为增加农场职工脱贫致富后续保障而建立。走进这个繁育基地，宽敞的大院一侧的棚圈里，在几十头憨态可掬、绒毛柔柔软软的小牛犊大大的眼睛的注视下，人们的心里也会有阵阵的柔软情绪袭来。据随行的农场干部介绍，这些牛里有内蒙古军区投资66万元购买的40多头优质种牛，也就是说，这些招人喜爱的小牛犊里，有一些就是内蒙古军区“投资牛”生产下的小牛犊，而这些牛犊成长起来后会产生一定的利润，利润也会作为职工帮扶资金使用。内蒙古军区与巴达尔胡农场优质种牛繁育基地签订养殖合同，每年至少有5万元的利润分成，会以基金形式进入帮扶专项账户。三队贫困职工门艳萍家正在上学的孩子，前不久就收到了1000元的帮扶基金，而这笔钱就来自养牛的利润分成。按照内蒙古军区帮扶工作的具体安排，二队、三队今后出现的突发因病致贫、求学缺少资金等情况，以及特殊情况下返贫的家庭，都可以享受到“基金”帮扶，而随着养牛繁育基地的发展壮大，随着牛群队伍的发展壮大，将来利润分成也会增加，获益人群也会更多，这无疑为农场职工走在脱贫致富的道路上解除了后顾之忧。

镜头四：子弟兵爱民之手，擎起“八一爱民学校”援建项目

奔跑在校园里的孩子们，沐浴在春天的阳光里，宛如充满勃勃生机的小树苗茁壮成长……这里，是巴达尔胡农场学校；这里，也是一所地处偏僻地区的乡村学校。如今，这所学校里生活着小学和幼儿园阶段的数百名农场职工子弟，他们每天快快乐乐地走进校园，琅琅的读书声绵延不断地飘荡在农场的上空。但是，这又是一所基础设施建设相对滞后的学校，学校的教学和住宿条件较差；而幼儿园的孩子们，由于条件有限，孩子们上课、玩耍、活动、午休都要挤在一间24平方米的小屋里。全校目前有男女生32人住宿，而中午在学校进餐的学生多达52人，但因学校的床位、餐桌、餐椅数量有限，孩子们只能4个人挤在一张床上午休，午餐只能站着吃。此外，学校目前只有200平方米的黄沙质地土操场，根本满足不了孩子们日常的体育活动……就是这样一所学校，在2019年的春天，迎来了为援建校园而来的内蒙古军区的首长们！

巴达尔胡农场学校，是内蒙古军区在兴安盟革命老区的定点帮扶单位，为深入贯彻落实中共中央总书记、中央军委主席习近平同志关于“军队参与

打赢脱贫攻坚战”的重要决策指示，推动“教育扶贫”落地落实，内蒙古军区在了解到巴达尔胡农场学校的现状后，启动了援建“八一爱民学校”项目。这一天，内蒙古军区政治委员王炳跃、内蒙古军区副政委李少军、内蒙古军区政治工作局副主任王华林和内蒙古自治区扶贫开发协会会长李斌，以及兴安盟盟委委员、兴安军分区政委范颖，兴安军分区司令员李发迎，兴安盟军区政治部主任谭晓勇等首长和领导，一同走进了巴达尔胡农场学校，并在这一天启动了援建“八一爱民学校”项目。

在援建“八一爱民学校”项目中，内蒙古军区不仅自己伸出了援助之手，筹集了35万元的资金，还为学校争取到扎赉特旗教育局配套资金70万元，用于建设食堂、宿舍，并争取到自治区扶贫协会爱心企业的支持，获得120万元用于援建学校200米塑胶跑道。与此同时，还投入资金20万元，争取教育局配套资金30万元，用于新建学校幼儿园。目前，在内蒙古军区的大力协调下，已筹集到援建资金275万元，建设项目也已开工，待全部工程结束，巴达尔胡学校将彻底改变落后面貌……届时，住校学生所需的床铺，食堂所需的灶具，教学所需的钢琴等乐器物资，也将一同运送到更名为“八一爱民学校”的巴达尔胡农场学校。今后，内蒙古军区将持续解决学校办学过程中面临的资源紧缺问题，而巴达尔胡农场学校也将以一个崭新的面貌出现在巴达尔胡农场的土地上。

镜头五：3000亩订单合同，让高粱种植开启帮扶职工的致富之门

2019年春天的备耕时节，巴达尔胡农场的土地上呈现一派繁忙的景象，有些人在跟随大雪机械耙地，有些人则外出购买玉米、大豆、葵花等春耕所需的种子，还有的走进一家又一家的农资商店，查看各类有机肥、磷肥等庄稼所需肥料的质量和适合度……这个时候，内蒙古军区的帮扶工作队，也带着龙鼎（内蒙古）农业股份有限公司驻兴安盟扎赉特旗源龙源农业产业化园区的负责人来到了农场，带来了“3700亩的种植订单合同”，其中，高粱3000亩、大麦500亩、豌豆200亩，并签订了种植和收购合同。

合同的由来是这样的。内蒙古军区为了帮扶兴安盟巴达尔胡国营农场的职工尽快走上脱贫致富的道路，实现产业扶贫可持续发展战略，他们为农场引进了龙鼎农业，并促成了与农场共同推进三产融合发展项目，争取到了

3000亩高粱的种植订单项目，用于实现产业扶贫的目标。这个项目按照订单合同，将收购的3000亩高粱种植产品以每斤1.2元的价格回收，如秋后高粱产品市场价格高于1.2元时，则按市场价收购。其他两种作物，即大麦、豌豆也同样签订了订单合同。这样的订单合同，不仅为农场职工解决了秋后产品的销路问题，还解决了可能出现的高粱市场价格回落，给农场职工家庭带来损失的问题。如今，农场近50个家庭接受了订单合同。与此同时，龙鼎（内蒙古）农业股份有限公司已按照每亩种植成本约40元的资金，为种植户发放了近15万元的无息贷款。内蒙古军区为鼓励群众种植经济作物，也针对具体对口帮扶的三队职工，发放了用于春耕的无息贷款，确保三队的生产能手租赁到种植所需的土地……如今，订单农田的庄稼长势喜人。

简单的镜头是有限的，人民子弟兵在绰尔河畔谱写的爱民故事是无限的。对于中国共产党和党指挥下的人民军队官兵来说，奋斗的信念之本，完全源于全心全意为人民服务的宗旨，而对于内蒙古军区的人民子弟兵和他们帮扶的巴达尔胡农场的广大干部、职工来说，他们奋斗的精神之源，完全来自相互关爱的鱼水情深。自2006年和2012年接受帮扶兴安盟巴达尔胡农场二队、三队改变贫困落后面貌的任务以来，内蒙古军区党委努力践行当代革命军人核心价值观，广大官兵牢固树立“只要是有利于贫困群众脱贫致富的事，都是部队要做的事；只要是贫困群众迫切需要解决的事，都是部队要尽力协调办好的事”的理念，与帮扶单位的人民群众一道，不断地向贫困宣战。

自帮扶工作开展伊始，内蒙古军区党委和军区司令部领导，每年都会亲临帮扶单位调研，并专门派出精英骨干官兵到二队、三队开展帮扶工作，结合职工需求和农场实际情况，制订帮扶规划，并把工作列入军区党委的工作日程。军区领导每年都会举办专题座谈会，研究帮扶方案，为帮扶点职工脱贫致富寻方法、找出路。如今，巴达尔胡农场二队、三队的每一片农田里，都留有军区官兵的足迹，每口抗旱井都洒下了军区官兵的汗水，农场的职工看在眼里，疼在心上，他们共同谱写着一曲壮丽的军民鱼水情赞歌。

巴达尔胡农场二队，土地总面积为2.4万亩，共104户324人，人均占有耕地22.2亩，人均年收入7500元，牲畜存栏2778头（匹、只）。三队，土地总面积2.4万亩，共109户327人，人均占有耕地28.9亩，牲畜存栏4008头（匹、只）。内蒙古军区扶贫工作队入驻后，从打井为农场增加水浇地面积入手，保证了广大农业职工在自然干旱的年头也能获得丰收，也能获得收益保障。

授人以鱼，不如授人以渔，用技术改变贫困，让文化武装村民，为提高扶贫成效，驻村少校军官那日森聘请了农业、畜牧业专家，有针对性地对二队、三队从事农业或牧业生产的职工，推广和普及农牧业实用技能，并在连队进行宣讲授课，从专业知识及实用技能两个方面不断提高职工的实际应用能力。协助举办“小尾寒羊养殖班”“蔬菜种植培训班”“化肥用量培训班”等，让每一位村民，特别是贫困群众拥有永远的生财之技能，鼓励农场职工学习科学技术，早日步入富裕之路。

说起少校军官那日森，这位执行内蒙古军区驻村帮扶任务的优秀军人代表，农场二队、三队的职工和干部都认识他，他从2007年开始驻村开展帮扶工作，与当地职工群众结下了深厚的情谊。那日森到农场扶贫时，才29岁，直到2018年40岁离开，他在巴达尔胡农场二队、三队的土地上生活了12个年头，帮扶了很多困难群众，他将青春年华留给了这片土地，诠释了一名人民子弟兵为人民利益奉献一切的忠诚。许多职工还记得，那日森经常骑着摩托车来巴达尔胡农场。他们说：“那时交通不便，他早晨从乌兰浩特市出发，乘坐大客车到扎赉特旗的音德尔镇，然后骑摩托车到农场，早晨出发，往往傍晚才能到帮扶点，那时年轻，不把辛苦放在心上，总感觉，作为一个现役军人，完成部队交给的帮扶任务才是最重要的事情。”此后很多年，大客车和摩托车成了他经常使用的交通工具。由于经常往来于两地，外出困难的职工会让他帮忙购买一些所需的农用物资，兽药、农药、种子等，有的是从音德尔镇购买，有的是从乌兰浩特市带回，来来往往中，大客车和摩托车成了他最好的行路伴侣。

那时，农场的通信条件也很落后，有手机没信号。有一次急着给领导打电话，那日森骑着摩托跑出了几十公里，快到音德尔镇了才打通电话，这让那日森很懊恼，也让他暗下决心，一定要解决当地通信难的问题。但是解决这个问题也不容易，当时兴安盟移动公司每年只有几个建立通信基站的指标，为了得到这个指标，那日森多次上门向移动公司的领导求助，还动用了“能说上话”的大学同学的关系，终于获得了在巴达尔胡农场建立基站的项目，解决了当地通信条件落后的问题。

少校军官那日森与农场职工的鱼水情分，从王金锁脑出血住院这件事上可见一斑。那日森的妻子还记得那一天是正月初七，刚刚安家在乌兰浩特市不久的他，给新婚不久的妻子上街购买生日蛋糕，蛋糕还没买到手，就接到三队职工王金锁家属打来的电话，说王金锁脑出血，家人带他去了兴安盟医院，大过年的，医院里空荡荡的，也不知道在哪里找医生，哪是哪也不知道。那日森接到求助电话，生日蛋糕也不买了，和媳妇两人直接赶往医院，找医生、做检查、张罗住院……那日森妻子的生日，两人就在忙碌中度过。一切稳定下来后，那日森和妻子又给王金锁和家属购买了吃的用的，看到病房比较冷，又把家里的一套新被褥送到医院。王金锁病愈出院后，一直记得那日森的好，他的妻子还做了一双布鞋送给那日森，表达感谢之情。

那日森的妻子到如今还"耿耿于怀"，别人谈恋爱去公园、影院、风景区，她和那日森谈恋爱，却不断地逛种子站和农资商店。那日森解释说，他和媳妇处对象时，正逢春耕备耕季节，为了抓住最好时机——抢种，他会利用回乌兰浩特市家里的短暂时间去逛农资店，还会针对当地特殊的地理环境，拜访农业专家及有经验的种子经销商，跟他们交流学习，选择适合当地农田的优良品种向职工推荐，并且不止一次购买大豆等农作物的种子，赶在帮扶点春雨到来之前送到贫困户手中。

春季是播种的季节，播种结束后，炎热的夏季就会紧随其后而来，夏季到了，雨季就到了，这时节农场领导、连队干部和那日森就会担心职工的危房问题。有那么几年，春播结束后，他们又会马不停蹄地投入另一场更加艰巨的脱贫攻坚战中——为老旧危房和贫困职工建扶贫房。通过亲自挨家挨户的走访调查，给每户村民建立了住房档案，并带领村里的小伙子们利用春播后的短暂空闲时间放线、打地基、拉砖……十几年来相继在二队、三队共建扶贫房130余栋。二队、三队的很多群众对驻村扶贫少校军官那日森的付出都是看在眼里的。炎炎烈日，为了早日完成危草房改造任务，打造乡风文明、干净整洁的村容村貌，也引入了建设整齐划一的街路围墙和庭院围墙工程。为了节省开支，面对画图纸、做预算这一系列专业知识的考验，那日森把从部队学到的手勤、脚勤、嘴勤的本领发挥到了极致，不怕辛苦和麻烦，任何事情都要亲力亲为。那日森是内蒙古军区驻村扶贫军人的优秀代表，他在20多年的军旅生涯中，荣立过个人三等功四次。在12年的扶贫工作中，由于他的突出表现和真情付出，还被兴安盟委授予盟级劳动模范、民族团结好青年、盟级扶贫工作先进个人等荣誉称号，获得全国拥政爱民模范个人等荣誉称号。

嘘寒问暖暖人心，扶贫救困情谊深。在内蒙古军区帮扶工作中，逢年过节慰问贫困职工家庭，成为“必修课”。在慰问中，他们不但送上米面油，还会发放慰问金。连续多年来，内蒙古军区送来慰问金达几十万元，米面油也多达十几吨。部队官兵的赤子之心，军区首长的关爱，使农场职工感受到了浓浓的温暖，这温暖也激励着他们勤劳致富。

2013年，为了帮扶贫困职工家庭尽快脱贫，内蒙古军区投入36万元，为三队困难职工家庭购买196只基础羊，作为养殖业发展的启动项目，并在其后的发展中采取三七分成的形式，集体提取三成的羊，按每只500元作价，并将提成款用于帮扶其他职工发展养殖业。目前除去出栏羊，已发展养殖基础羊570只，对贫困家庭脱贫致富起到了扶助作用。三队职工、低保户王金锁，患有血液疾病，每年都需要去外地治疗多次。为了让他家早日脱贫，内蒙古军区于2019年春为他家发放了扶贫资金5000元，他家利用这笔钱购买了基础羊，准备以养殖增加收入，争取早日脱贫。三队职工、低保户白金连家也得到了扶持资金5000元，她家利用这笔资金购买了雏鹅，准备以养殖白鹅增加收入。2019年，像王金锁和白金连这样得到5000元扶持资金的贫困职工家庭还有17个，他们都分别安排了扶持资金的用途，有的购买了农用物资，有的购买了牲畜进行养殖。

“每一分钱，都要花在刀刃上。”在帮扶工作中，内蒙古军区的官兵是这么说的，也是这么做的。巴达尔胡农场的地理位置比较偏远，为了解决二队、三队职工看病难问题，帮扶期间，内蒙古军区还投入资金建设了标准化卫生室，同时为卫生室配备了B超机、心电图机、妇科检查床等医疗设备，并协调解放军第二五三医院，长期对卫生室工作人员进行技术指导，并提供常备药品。解放军第二五三医院为农场卫生室培训卫生员2名。与此同时，还为二队、三队职工援建了综合活动场所和队部办公室。由于帮扶成果显著，2012年内蒙古党工委组织的自治区各厅局对口帮扶兴安盟成果现场会在巴达尔胡农场召开，参加单位130多家，军区帮扶工作获得了自治区各厅局领导的一致好评。

如今的三队，街道宽了，房屋亮了，看着有线电视，上着宽带网，职工的日子日新月异，人均收入由2800元提高到6200元，脱贫致富的劲头更足了，特别是三队的变化更是让人有目共睹，从一个贫困队，一跃变成农场的样板队。如今的三队职工，农牧业生产效益稳步提升，人居环境逐步改善，职工群众精神面貌焕然一新，每天傍晚响彻文化广场上的秧歌曲，振奋着广大脱贫致富奔小康的农业职工们的心。吃水不忘挖井人，今天的幸福生活离不开军区官兵的真情帮扶，巴达尔胡农场二队、三队的职工在内蒙古军区帮扶的激励下，将创造一个更加美好的未来。

《谁是最可爱的人》《高山下的花环》等令无数人热泪盈眶的文章，谱写着他们的战绩，他们的勇敢，他们的付出。内蒙古军区的官兵们，作为新时代的军人，他们用实际行动、无私奉献的精神和对巴达尔胡农场人民群众的爱，谱写着一曲又一曲人民军队与人民群众之间的鱼水情深之歌！

作者简介：乌海辉，女，蒙古族，笔名叶鸣。中国少数民族作家学会会员，内蒙古作家协会会员，兴安盟作家协会副主席。内蒙古大学文学研究生班毕业。

长篇小说《苦女》，获内蒙古自治区第十一届“五个一工程”奖；散文《祖母的火盆》，获由《散文》杂志等单位主办的全国“古风杯”散文大赛优秀奖；短篇小说《山里女人》，获内蒙古草原文学奖；电影文学剧本《蓝色歌谣》，获2013年中国少数民族电影节入围剧本奖。

在《民族文学》《中国文学》《草原》《漓江》《鹿鸣》《词刊》《兴安文学》等文学杂志上发表作品百作篇（首）。出版长篇小说《苦女》《红马鞭》《天边有只红鹘鸟》；中短篇小说集《城市炊烟》；报告文学集《流金岁月》；长篇纪实文学《边陲草原青悄悄》等。

扶贫路上见真情　脱贫百姓永不忘

——内蒙古自治区自然资源厅干部李陟宇帮扶兴安盟扎赉特旗白辛嘎查脱贫工作纪实

高学英

本文的主标题是2019年1月21日兴安盟扎赉特旗阿尔本格勒镇党委书记史连福、副镇长施文秀、白辛嘎查党支部书记王晓荣代表全体贫困户送到内蒙古自治区自然资源厅的锦旗上绣的14个金色大字。同时，他们报告了白辛嘎查即将实现全体精准脱贫的喜讯。阿尔本格勒镇副镇长施文秀代表白辛嘎查全体贫困户饱含深情地宣读了感谢信，开头是：“尊敬的自然资源厅的各位领导、同志们，你们好！怀着感恩的心情，首先向你们致以衷心的感谢，感谢你们对我们白辛嘎查的支持，感谢你们的帮扶，使我们在温馨舒适的环境下生活。这份感情，白辛嘎查的村民将永远铭记于心。”

李陟宇2018年荣获全区国土资源系统优秀共产党员称号

白辛嘎查是内蒙古自治区兴安盟扎赉特旗阿尔本格勒镇的行政村。过去，扎赉特旗属国家贫困县，阿尔本格勒镇又是扎赉特旗中的穷乡僻壤“南三北八”乡之一，也就是说，是穷得出名的地方。白辛嘎查的穷，在阿尔本格勒镇又是数得上数的：辖4个自然屯，共418户1849人，其中贫困户309

李陟宇获得的各种证书

户948人。如今，他们送来的这面锦旗里包含着怎样的感情？感谢信里说起的事迹，都是谁去落实的，又是怎么落实的？落实这些事的这个关键人物，想了些什么，做了些什么？带着这些问题，我去白辛嘎查实地采访了解。

汽车从阿尔本格勒镇下高速，转行一条水泥乡间路前往嘎查所在地。马路两侧田地平整，有一条河蜿蜒流淌，北望有山，山上林木依稀可见，这是一个依山傍水的地方。行至村庄，绿化带层次分明，院落围墙规划整齐，太阳能路灯林立路旁，排洪渠牢固坚实，文化广场富有民族特色，农家小院干净整洁。贫困？哪里还有丝毫贫困的影子。

到了驻村扶贫点的院子里，有人推门出来相迎。一米八左右的个子，身材标准，五官端正，皮肤白净，不戴眼镜却自带儒雅气质。按现在时兴的说法，是个"很有颜值"的人。手伸过来的同时，男中音传来："辛苦，一路辛苦。"普通话里略有西部发音特质。就是他了——李陟宇，内蒙古自治区自然资源厅（原国土资源厅，于2018年11月改革重组为自然资源厅，为方便叙述，以下称为国土资源厅）执法监察局副局长、现驻村干部，就是他把自己最年富力强的5年，奉献给了这块土地，为白辛嘎查的命运改变做出了不可磨灭的贡献。

李陟宇思路清晰，表达流畅，多年的行政执法工作和领导经历使他形成了沉稳持重的性格。

李陟宇回忆，2014年5月，自治区党委、政府启动"三到村三到户"扶贫攻坚工程，要求自治区各厅局以村嘎查为单位开展帮扶工作，必须选派得力干部驻村抓扶贫，实施精准扶贫，实现精准脱贫的目标。国土资源厅党组高度重视，召开了驻村干部动员会议，要求45岁以下副处级干部报名。符合条件的不少，但各家有各家的情况，长期工作在那么远的地方，对谁来讲都有困难。再说，白辛嘎查从2011年开始就是国土资源厅的帮扶对象，虽然已经做了一些基础性工作，但仍然是根难啃的"硬骨头"，是场长久战、攻坚战。李陟宇做了慎重的思考，想想工作的需要，想起自己从小到大的经历和愿望，他觉得应该有这份担当，于是，他向厅党组提出了申请。

李陟宇出生在鄂尔多斯市伊金霍洛旗的一个贫困小山村里，祖上也是农民出身。李陟宇打小就常跟着大人们下地干活，放过羊，也放过驴，开春送粪，炎夏锄地，秋天收田，冬日拾粪，但日子过得依然清贫。经历过贫穷的父母立志改变下一代的命运，硬是咬牙把他送进了旗里最好的小学去上学。李陟宇珍惜这来之不易的机会，刻苦用功，最后顺利地考上了大学，一步一个脚印地走到了现在。时至今日，仍然有人生活在贫困线上，白辛嘎查的贫困状况触动了李陟宇的心。现在国家实施这世界瞩目的脱贫开发、全面建成小康社会工程，在这么好的政策面前，他更要把握难得的历史机遇，完成自己的夙愿。

“我不是一时冲动，是深思熟虑后决定的。来到这里，工作怎么开展，刚开始也不太懂，我就加强学习，多研究政策，搞清楚政策，开展工作就有思路了。”李陟宇谦和地笑了一下。

他发现，这里水资源、饲草料资源十分丰富，老百姓守着“金山银山”，生活却一贫如洗。这是为什么？“穷根”在哪里？语言不通的李陟宇，开始在村干部的带领下挨家挨户地走，认真记录了嘎查贫困户的基本情况、致贫原因和致富想法等。作为扶贫干部，他要掌握第一手基础材料，做出规划和方案，一步一步地解决这些问题。

采访中我翻到李陟宇写下的驻村工作感怀，深受触动，截取几句作为每个部分的小标题。

一、教育扶贫最当先，阻断穷根代际传

当来到白辛大屯特困户韩当阿的家里时，李陟宇的心情尤其沉重：低矮的院墙东倒西歪，破烂不堪，院内有一栋刚刚封顶的砖瓦房尚未粉刷和装修，一家人住在新房后面年久失修、摇摇欲坠的旧茅草房里。6口人中，户主韩当阿年近60岁，是这家唯一的劳动力。岳母年事已高，身体不好，只能帮着干点家务活。韩当阿有一个11岁的女儿在阿尔本格勒镇中心校读小学四年级，孩子聪明懂事，成绩优异。韩当阿当初是倒插门的女婿，他的妻子及跟着他们一起生活的两个妹妹都是智力障碍者，生活不能自理。因为没有能力耕种，他们只能将自家的几十亩地租给别人种，全家人靠地租和低保

救济款勉强度日。茅草房里，昏暗杂乱，蚊蝇乱飞，墙上糊着20世纪八九十年代的画册和海报，家里没有一样家用电器，仅有的家具是角落里的旧衣柜和炕上的小方桌。与韩当阿的岳母攀谈后得知，茅草房前面的砖瓦房是通过旗危草房改造项目盖起来的，财政补贴一部分资金，因为家里没有一点积蓄，自筹部分是由自治区国土资源厅筹集捐助的。外孙女都来玛在镇里上小学，因为没有路费，周末也经常不能回家。小都来玛的现状让李陟宇仿佛看到了自己童年时的身影。这一家人的生存状况如此让人揪心，可他们有希望的种子——他们的都来玛，只要这孩子有希望，这一家人就有希望。只有让这孩子接受良好的教育，将来能够顺利就业，支撑起一家人的生活，才能从根本上拔掉这一家的穷根。

在厅党组的协调和李陟宇的努力下，新学期开学，都来玛转学到了兴安盟最好的蒙古族学校就读，学费由国土资源厅负责解决，一直到大学毕业。

二、农田水利基础欠，土地整治勇当先

如何把帮扶工作做得更好，如何把国土资源厅党组研究确定的“以产业为先导、以项目为抓手、整村推进、精准扶贫”工作思路落到实处，李陟宇全身心投入思考和规划当中。经过扎实的入户调研，李陟宇发现白辛嘎查的贫困问题主要集中在两个方面：生产生活基础和条件落后，广种薄收，导致老百姓致富信心缺乏；没有形成可靠的产业支撑，又远离城市，务工机会少，村民都是靠天吃饭，整体收入水平难以提升。搞清楚问题的症结所在后，接下来的工作就是“下药方”了。

与嘎查第一书记、两委班子成员入户调研

要按照国家“各部门安排的惠民项目要向深度贫困地区倾斜，深度贫困地区新增涉农资金要集中整合用于脱贫攻坚项目”的政策要

求，向土地产出要效益。土地整治项目是我国贫困地区脱贫致富的金钥匙，国土空间综合整治原本就是国土资源部门的职责所在，是国土资源部支持国家重点贫困地区脱贫致富的重要手段。对于李陟宇来说，积极发挥行业优势，在“治地”上下功夫，围绕土地的提质、提效、增收、治本来做好土地整治工作，当然是首选。在他的协调下，国土厅投入近3000多万元，对白辛嘎查2万亩耕地进行综合整治，既提高了地力，又增加了产出，整理后每亩可增收300元，人均年收入增加3200元，硬是从地里“整”出钱来，实现了提质增效，以地生财。

“我家有80多亩地，之前都是旱地，在自治区国土资源厅的帮扶下，现在都成了水浇地，你看这遇到旱年，我们家基本上没受啥影响，现在真是旱涝保收了，一亩地能增产300多斤，家里收入增长了一大截。”嘎查村民刘巴图在村里生活了50来年，他对现在的日子满意得不得了。

“尤其是遭遇旱灾，在整治后的土地上，抗旱水井发挥出了平时看不到、用时真需要的关键作用，切实增强了我们白辛嘎查内生发展动力，杜绝了脱贫人口因旱返贫的现象。”阿尔本格勒镇党委书记胡格吉勒图说。土地整治项目的实施，为白辛嘎查的农业生产打下了坚实的基础。

另外，国土资源厅委派李陟宇延伸帮扶触角，提升土地的产出效益，助力农民增收。在扎赉特全旗范围内实施土地整理项目24.6万亩，打机电井2079眼，新增耕地950亩，涉及项目资金3.1亿元，全面提高了土地的产出效益。随后又投入资金2000万元，建成了1000亩水稻标准化催芽浸种基地，实现水稻工厂化育秧，提升水稻标准化、规模化生产水平。

三、荒山绿化千秋业，定好项目上好弦

习近平总书记指出，要大力发展产业。尤其要基于资源优势，大力发展特色产业。不少贫困地区往往具有很好的气候和土壤条件，具有特色农业资源，但由于缺乏有效开发机制，当地群众只能守着金饭碗过穷日子。必须把资源优势转化为发展优势。

产业扶持要因地制宜。根据白辛嘎查宜林荒地资源丰富、村民具有养殖生产传统的优势，李陟宇进行了仔细的论证分析，针对白辛嘎查为养而种、饲草料丰富的实际，决定将产业发展重点放在现代养殖和林果种植两大主导

产业上。李陟宇和村两委班子经过调研后决定，在村集体所有的1000亩不适合农作物生长的坡地里，建一座沙果园。沙果树适合当地气候条件，而且病虫害少，好管理，兴安盟当地就有沙果干、沙果汁生产企业，销路也不成问题。说干就干，两年之内，这里栽种了5.2万株沙果树，一座占地千亩的致富果园就建成了。为了防止牛羊进去破坏，李陟宇专门让人在果园周边挖了一道两米深的壕沟。李陟宇将其中的500亩果树发包到174户贫困户手中，每户150棵，剩下的500亩作为集体经济产业，由村集体所有。曾有村干部算过，按照现在的市场行情，沙果园挂果后，每户将增收1000元以上。

“授人以鱼，不如授人以渔。”产业带动带来了丰硕的成果。

早春的果园，果树枝条已经柔软，一个个小绿苞即将绽开嫩叶。“这1000亩的树苗，都是自治区国土资源厅掏钱给种的，我们家分到了150棵。自从帮扶以来，我是天天眼瞅着大伙儿的日子越过越好。”村民宝音图指着东边山坡上的一片果树林说。再过几年果树进入盛果期后，这150棵沙果树将会成为他家的“摇钱树”。

四、发展产业是良方，厂房农机都配强

白辛嘎查之前就已经有一座大的畜牧园区，但管理较为松散，配套设施也跟不上，导致效益很低。李陟宇决定对其进行就地扶持，把它作为发展养殖业的基础。在他的努力下，国土厅投入资金选购1800只基础母羊和种羊，并成立了养殖协会，采用大户代养方式，收益4：6分成，贫困户占40%，大户占60%，可为贫困户平均每年提高纯收益1500元以上，并且实现贫困户的全覆盖。

自然资源厅投资的产业帮扶育肥牛项目

嘎查村民王海清说：“以前家里啥产业都没有，一家老少5口就靠着那90来亩地，想发展没有资金，日子越

过越穷。”了解情况后，国土资源厅给王海清家分了80只羊，并让他免费入驻养殖园区。现在，他不仅自己养，还代养了其他贫困户家的80只羊，王海清从建档立卡贫困户摇身一变，成了养殖大户。

实施育肥牛产业。投入140万元，组建成立了由致富带头人牵头的“金骏马农牧合作社”，以嘎查提供土地，合作社提供设备、人员、技术，国土资源厅提供资金的模式发展育肥牛产业，并以承包的方式交由合作社自主经营、自负盈亏，每年向嘎查集体返还利润20万元，仅此一项可为贫困户每人每年增加纯收入2000元以上，并将分红金发放与贫困户遵守村规民约、家庭环境卫生、赡养老人、尊老爱幼等乡风文明建设内容挂钩，进一步提升贫困户的“精气神”，防止“养懒汉”的现象发生。

养殖规模扩大了，生产配套设施也得跟上去，李陟宇找厅领导协调，又新建一座占地2.7万平方米、厂房建筑面积530平方米、晒场面积500平方米的饲料加工厂，同时配套购买了收割机、粉碎机、打捆机等10台农机具，形成“作物收割—秸秆加工—舍饲养畜”的集约化循环养殖链条，组建了金骏马农牧专业合作社，既解决了舍饲养畜饲草料的来源难题，又通过销售剩余饲草料发展壮大了集体经济，培育、引导了现代养殖业，增强了白辛嘎查的“造血”功能，使产业发展走上了良性轨道。

“困难有人帮，牛羊都托养，致富有产业，吃住不发愁，生活大变样！”走进白辛嘎查，不论是嘎查干部还是村民，都对这几年村上的变化赞不绝口。

一项项产业精准落实，一户户百姓增收致富，白辛嘎查正朝着“在脱贫达小康的路上不落下一个人”的方向突飞猛进。

五、筑桥修路是主业，百姓出行才方便

“要想富，先修路”，这不只是一句口号，这更是前人多年的工作经验的总结。

罕达罕河流经4个屯子，将嘎查一分为二，两两相对、隔河相望。这条美丽的河流养育了两岸的白辛嘎查人民，但同时成了白辛嘎查4个村庄之间相互通行的天然路障。到了旱季，浅处的河水齐人的膝盖深，还可以勉强过河，但要是到了雨季，洪水常常会漫过堤坝，阻断交通，老百姓就只能望河

与贫困户白文龙拉家常，落实帮扶措施

兴叹了。有一天，李陟宇要过河去办事，到了河边时，恰好一个放羊的老汉赶着羊群过河，羊从漫滩处结群而过，也只露出了个头和背，可见河水之深。李陟宇站在河边没有动，他想看放羊老汉怎么过河，如果他能过自己也就能过了。老汉看着羊群已经快过河了，不慌不忙地从肩上卸下一个袋子，蹲下来往身上套，李陟宇这才看明白了，老汉往身上套的是打鱼用的水服。老汉穿上水服，拎着赶羊的棍子，一步一步地往对岸走去，到河中央时，水已经齐腰深了，李陟宇傻眼了。这时，一阵“突突突”的马达声由远到近，原来是村书记听说他要过河，特意派村里的一个小伙子开了一辆四轮拖拉机来送他过河。但只开了车头，并不带车厢。李陟宇喜出望外，坐在车轮盖板上同小伙子聊起天来，方才知道这台拖拉机是村里接送客人过河的专用交通工具，过罕达罕河，其他车都不灵。到了雨水多的年头，水深有一米多。有一回一个外地人开了辆挺好的越野车，以为没事，结果走到河中央就灌水了。

嘎查的畜牧园区和三分之一的耕地都在河西，但这条河拦住了发展的路。日常出行都这样，更别说运输生产资料了。

要是有座桥就好了。李陟宇开始思忖怎么向领导反映一下这个事情。刚好过几天厅领导来慰问，慰问期间需要去白辛哈达的两家贫困户，李陟宇给领导安排拖拉机过河，领导问他，你每次都这样过河吗？李陟宇说咱这待遇已经够高了，老百姓天天得下水啊！要是解决了这条路，往来运输可就方便多了。领导回去没多久，李陟宇就接到了电话，让他拿出一个建桥的方案，李陟宇喜出望外，马上联系村委会召开会议。会上大家一致认为，要想彻底改变这个状况，最好是能建两座桥，白辛大屯和白辛哈达之间建一座大一点的，耿家屯和套木台之间建一座小一点的，通行难的问题就彻底解决了。方案报上去之后，李陟宇心里忐忑不安，修一座桥都得不少钱，两座桥能批吗？让他意想不到的是，方案竟然顺利通过了。2015年7月7日，两座百米长桥同时动工，同年9月20日就竣工了。竣工那天，老百姓自发买了鞭炮，很多嫁出去的闺女也都跑回娘家，几代人的期盼终于变成了现实。

白辛嘎查的4个自然屯之间的路，坑洼不平，一下雨就泥泞不堪，往来运输可是个不容易的事。路要修，但是没有钱，怎么办？国土资源厅就和交通部门置换项目。李陟宇说，铺了“村村通”17.5公里，完成街巷硬化6.2公里，厅投资修建水泥路面9公里，总计已贯通近33公里的水泥路面。现在往来顺畅，可真是大大方便了运输和出行。

自然资源厅投资为帮扶点修建的大桥

村干部向李陟宇反映了一个情况：白辛嘎查新修的那条路边有3公里的路段经常会出现滑坡和落石，有对过往行人造成伤害的危险，有时还会阻断道路，希望扶贫工作队关注一下。安全的事没有小事，李陟宇马上做了调研并整理材料向厅里汇报，争取到154万元的地质灾害防治项目资金。很快，一道2米高3公里长的石头防护墙就建设起来，彻底解决了落石对道路和百姓安全的威胁。

李陟宇把大家的诉求放在心上，从此村民把李陟宇当成了家人、兄弟，工作开展更为顺利了。

六、危房改造百余间，街灯照亮致富心

驻村第二年开始，正是自治区党委、政府抓全区农村牧区基础建设的时候。在实施危房改造方面，扎赉特旗进行了统一部署，每个嘎查村都有相应的指标，白辛嘎查贫困程度深，历史上积累的危房数量众多，旗政府匹配的

危房改造指标难以满足嘎查的需要，为了使贫困户早日脱贫，李陟宇和村干部召开了村委会，议定一方面争取厅里给予资金支持，另一方面积极向旗政府汇报情况，加强对接与沟通，由驻村干部与嘎查“两委”主要负责人与旗城建部门和政府主要负责人协调，追加部分指标。他们的努力没有白费，最后，危草房改造累计达到160户，白辛嘎查的村民彻底解决了住房问题。

自然资源厅投资为帮扶点村民修建的文化广场

白辛嘎查在百年历史上，从未有过街灯，村民们日出而作，日落而息，夜间出行不方便，也存在着极大安全隐患。现在生活条件好了，房子盖上了，路也修平整干净了，老百姓有了新的愿望，要是有路灯，就更方便了。本以为是闲聊的话，李陟宇却记在了心里，让嘎查的夜晚亮起来，成了李陟宇的又一个目标。在一次回国土厅向领导汇报扶贫工作的时候，李陟宇向厅领导反映了村民们的愿望和他的想法。没想到厅领导非常重视这件事，认为事情虽不大，但这是老百姓的迫切需要，要给予帮助。厅领导指示李陟宇一定要把这项工作当成重点抓起来，一定要让嘎查的夜晚亮起来，为村民提供一个安全方便的夜间出行环境。

在实施嘎查亮化的过程中，遇到了不少困难，李陟宇也颇费了一番辛苦和周折。首先是嘎查的街巷众多，长达6.5公里，如果按照每30米一盏、双排布灯的标准，资金压力将会很大。经与嘎查两委班子共同商议，先期对主要干道和重点部位进行亮化，通过实地采点和测量计算，共需购买129盏街灯，其中包括120盏街灯、8盏景观灯和1盏广场使用的18米高、8个灯头的高杆灯。街灯的数量和位置确定了，第一道难关解决了，但第二道难关又出现了。这么多街灯，电费是个不小的数目，费用怎么解决？这是一个棘手的问题，因为嘎查没有集体经济，没有稳定的经济来源，如果使用民用电来照明，129盏灯每晚的用电量可不是一个小数目，日积月累，嘎查终究会承担不起这样的经济负重，安装的街灯将会成为摆设，不会发挥它应有的作用，嘎查的老百姓不会享受到夜晚的光明，这将是一种极大的浪费，也是帮扶干部的失策和失职！怎么办？采用太阳能节能街灯，能够解决这一问题，但是购置费用将会翻倍，原先批准的资金根本不够用，李陟宇这下可真被难住了。看着嘎查村干部们迫切的目光和村民期盼的眼神，强烈的责任感和使命感促使李陟宇坚定了信心，一定要让嘎查的街灯亮起来！

他连夜调整了亮化方案并及时向厅党组做了情况汇报。厅里领导认为虽然新方案增加了费用，但这是一项让老百姓长期受益的事，决定追加资金，并指示安装更加实用的风光互补的太阳能节能街灯，确保即使是阴雨天，在夜晚街灯也能亮起来。有了厅党组的支持和充足的资金，工作进度突飞猛进。看着一盏盏竖立起来的成排的街灯，李陟宇心中充满了成就感，同时也为厅党组的全力支持感到由衷的感谢。

白辛嘎查的街灯终于亮了，激动的村民们纷纷走出庭院，三五成群地在明亮的灯光下大声地笑着说着："这是史上头一遭！要感谢党的政策，感谢国土厅啊！"

七、习总书记认定帮扶业，小康社会共跨越

按照精准扶贫的思路，白辛嘎查实施了黑木耳种植项目，由于销路不畅，导致部分贫困户的黑木耳没有完全售出，影响了白辛嘎查下一年黑木耳种植的积极性。李陟宇也一筹莫展，他及时向厅党组做了情况汇报，希望得到领导们的支持和帮助。在这种情况下，2018年7月2日，张利平厅长一行来到白辛，亲自走访了每一个贫困户，了解群众的实际困难，并对贫困户发放育肥牛项目分红，让群众感受到了产业帮扶的红利，也促进了育肥牛养殖项目的持续壮大发展。10月23日，陈伟副厅长、张伟书记一行来到白辛，在座谈会上承诺帮助解决贫困户黑木耳的销售问题，并号召全区国土系统订购黑木耳，这些举措让白辛嘎查贫困户群众对产业发展充满了希望。在各位领导的关注下，在2018年年底前，通过李陟宇和魏志刚两位同志的沟通协调运作，将2017年年底积压的黑木耳和2018年新生产的黑木耳全部售出，既保障了贫困群众的收入，也促进了该项产业在白辛嘎查的长远发展。

另外，国土资源厅还出资190万元，延伸帮扶阿尔本格勒镇珠日根嘎查

黑木耳生产基地建设，2017年这个嘎查生产的200万根菌棒，将辐射带动全镇600户农牧户1200人脱贫致富，同时为这个嘎查带来30万元的集体经济收入。李陟宇往来多次，完成了项目的落地和生产。

八、幸福生活享悠闲，乡风文明谱新篇

通过学习，李陟宇懂得了乡村文化对整个乡村社会的互助发展、乡风文明建设起到至关重要的作用。美化人居环境，激发乡村活力，培育文明和谐乡风，丰富农民生活内容，提升农民生活品质，这一系列工作被提上日程。李陟宇向厅领导汇报了自己的想法，国土资源厅党组大力支持，筹集资金1000万元，李陟宇逐步开始了对白辛嘎查的村屯实施环境综合整治，开展了绿化、美化、净化、亮化、硬化等五化工程，改善村容村貌。为了使嘎查两委班子这只“领头雁”更好地发挥作用，李陟宇协调各方面资源和力量，帮助白辛嘎查建成建筑面积370平方米的嘎查两委办公室，配备了嘎查文化室、老年门球场、篮球场、两处文化广场，配备了健身器材。

文化室内设立了农家书屋，购置了农民急需的技术类书籍5000册，满足村民对种植、养殖方面的知识需求，助力村民发家致富。“以前想看书，得到旗里的书店里才能买到。现在好了，我们自己有了书屋了！”33岁的村民吉日嘎拉边翻书边说。

“原来我们这里都是土墙，这家高那家矮，一点都不整齐。现在统一了标准，多好看。”刘德海看着自家的院墙，心里别提多高兴了，“墙修好了，树栽好了，水泥路也修好了，咱们不比城里差！”

自从村里开展环境综合整治，村民赵长海就多了一份新工作。每天天不亮，他开动垃圾清扫车，带上垃圾袋和扫把，就风风火火地出门了。赵长海说：“过去由于卫生设施不完善，以及村民多年养成的杂物乱堆、垃圾乱丢、污水乱泼等不文明习惯，环境脏乱差。现在，村里变得越来越美，老百姓的观念也有了很大的转变。”

最热闹的是建于罕达罕河边的桥头文化广场，凉亭流水，别有意境，夏日傍晚，凉风习习，人们载歌载舞，其乐融融，乡亲更亲了，邻里更和睦了，打牌喝酒的也少了。有时候李陟宇也会到那里去，站在一边看，乡亲们开心，他就开心。

如今，无论清晨还是夜幕降临，这里都是村民休闲娱乐的好去处，村民们在此健身、聊天、休闲，尽情享受着悠闲的乡村生活。

九、党组嘱托记心间，把好项目用好钱

定点帮扶白辛嘎查的这几年，李陟宇深切体会到了党中央、国务院和自治区党委政府对扶贫工作的重视和关怀。在他驻村扶贫期间，厅领导、兴安盟国土资源局、扎赉特旗国土资源局、阿尔本格勒国土资源分局四级联动，相关领导多次深入帮扶点，了解、解决帮扶工作中存在的困难，共商扶贫大计，整合有限的资金和资源，各出一盘菜，办好一桌席，形成合力，推动帮扶工作进一步开展，李陟宇深深感受到了组织的力量和温暖。

采访中，李陟宇说到更多的就是“厅党组”三个字，厅党组的重视，厅党组的决策，厅党组的支持，他说：“我要做的，就是怎么把好事做好，把项目落实到，把钱用好。”可我们知道，这些责任和任务，远没有他说的那么轻描淡写。阿尔本格勒镇党委书记史连福在向厅领导汇报时说：“驻村工作队队员更是舍小家为大家，用他们辛勤的脚步走遍了每一家每一户，听民意民声，上下沟通协调，把白辛嘎查当成了第二故乡。驻村干部在白辛的日子里，我们贫困群众心里就有了主心骨，有了坚强的依靠。白辛嘎查每一处变化都有着他们辛苦付出的背影。”

如今白辛嘎查的社会经济得到了长足的发展，人民生活水平逐年提高、群众精神面貌实现整体转变。贫困户从之前的309户降至2018年年底的8户21人。白辛嘎查的基础设施建设、村容村貌、公共服务等方面发生了根本性改观。2017年白辛嘎查还被自治区党委、政府命名为自治区级文明村。通过定点帮扶一步一步改变了他们的生活，一件件实事温暖着白辛嘎查群众的心房，让他们有了战胜贫困的信心和自力更生过上好日子的决心。

这些，每一样每一件都有李陟宇付出的心血。

脚下有多少泥土，心中就沉淀多少真情。

李陟宇说：“最忙的时候是2015年和2016年，要建栏舍，要调研，要订羊、买羊，要分羊入栏，还有建设工程上的一些事情，忙得不亦乐乎。有一段时间连续起早贪黑忙了45天，头发长得老长，有时胡子也来不及刮，时任扎赉特旗旗长的姜天虎看不下去了，他劝我休整几天，不然会熬坏身子。

咱要把厅党组的决心和信心不折不扣地落在这张描绘新生活的画卷里，一笔一笔，扎扎实实地落到实处。”说这些话时，他的表情诚恳而坚定。

我将无我，不负人民。习近平总书记的这句话，道出了无数党员干部的心声。

离家几千里地、驻村五年时光的李陟宇，有一个怎样的家呢？

李陟宇指了指墙角的一只黄色皮箱，笑了，说：“这就是我的‘家’，刚下来驻村的时候爱人给买的，从此，人到哪里，这个“家”就在哪里。父母那边还是相对放心的，身体还健康，两个妹妹在他们身边，她们替我承担了责任和义务。我爱人在一家企业做销售，加班和出差也是常事。苦的是我的儿子，他马上面临高考，我们照顾不周到，他中考时我也不在身边。”李陟宇双手用力搓了搓脸，低下了头，愧疚之情不言而喻。过去的五年父亲不在身边，将来的几年孩子又将去过大学生活，孩子的整个青春时代，作为父亲的李陟宇缺席太多了。但是我想，孩子应该知道父亲在做什么，为谁而做，身教重于言教，榜样的力量会使孩子更加发愤图强的。

“忽然一夜清香发，散作乾坤万里春。”早春的白辛嘎查，远山已脱去冬雪织就的外衣，罕达罕河水汽蒸腾，路旁的杨柳新发苞芽，平整的农田里，灌溉井的屋顶彩钢瓦在和煦的阳光下闪烁着耀眼的红光，这一切是那么欣欣向荣，充满生机。

作者简介：高学英，女，1970年生人，蒙古族，内蒙古作家协会会员，鲁迅文学院第二十九期少数民族文学创作培训班学员，兴安盟作家协会会员。

扶贫日记

——内蒙古兴安盟乌兰浩特市义勒力特镇民生嘎查驻村第一书记李恩祥扶贫纪实

苗善华

“我一个人的力量是有限的。但我要把有限的力量运用到调动更多力量为百姓服务中去。不求轰轰烈烈，只为踏实做事。”这是李恩祥写在扶贫日记扉页上的一句话。

李恩祥，是内蒙古兴安盟乌兰浩特市义勒力特镇民生嘎查驻村第一书记。

党的十八大以来，党中央把贫困人口脱贫作为全面建成小康社会的底线任务和标志性指标，在全国范围内全面打响了脱贫攻坚战。全国共选派77.5万名干部驻村帮扶，19.5万名优秀干部到贫困村和基层组织薄弱涣散村担任第一书记，解决扶贫最后一公里难题。李恩祥就是其中一员。

乌兰浩特市教育局驻民生嘎查第一书记李恩祥

李恩祥原是兴安盟乌兰浩特市教育局督学，受乌兰浩特市教育局的委派，到乌兰浩特市义勒力特镇民生嘎查驻村，开始了他生命中最具挑战性的工作，直到2018年5月提任乌兰浩特市网信办主任。

驻村三年来，李恩祥吃住在村里，没休过节假日，一行行脚印把513户农家穿在了一起，一道道车辙印在了从嘎查到镇里的14公里路上。

李恩祥是乌兰浩特市扶贫办主任推荐我采访的，并亲自带我去了李恩祥驻村的民生嘎查。在民生嘎查的会议室里，我见到了正好谈项目回来的李恩祥。

李恩祥40多岁，浓眉大眼，浅色格子夹克里面的白衬衣很干净，脚上的运动鞋也很干净。他给我的第一印象是干净利索有头脑、思路清晰有方法。随后的两个小时的采访证明我的判断是对的，外加一条：口才好。说起扶贫的事儿，他的眼睛亮亮的，那兴奋劲儿就像一个考了满分的孩子。

李恩祥有4本扶贫日记，从他驻村的第一天开始记的。李恩祥说他的扶贫日记就是工作日记，没啥好看的，我却如获至宝，把日记揣回来，从头至尾一字不漏地看。

李恩祥的日记有个特点——大多数都有标题。如“养奶牛的贫困户开奶资啦！”“久旱逢甘霖，丝雨贵如油”“党建促脱贫，两学一做常态化”“贫困户王志春卖羊获利还贷！”“白秀兰的福音，邵静的蜕变”等。

透过一行行或端正或潦草的字迹，我看到了在驻村干部的帮扶下村容村貌的变化、村民生活的变化、村民思想的变化；看到了贫困户一点点从穷困潦倒的生活中走出来，露出幸福的笑容；我也看到了帮扶干部工作作风的转变，看到了干群关系一天天地融洽；看到农牧民正朝着小康路上高歌迈进。

这一本本充满温情、凝结着帮扶干部辛苦的日记深深地触动了我日渐麻木的神经，激起我难起波澜的心，让我禁不住地想摘取其中点滴与大家分享，请大家和我一道感受帮扶干部对群众那份发自肺腑的大爱，对扶贫工作那份坚定的执着。

一、找突破口，踢开头三脚

2015年10月6日　晴　驻村工作第6天

首先关注的是进村东侧街道硬化。在昨天纠正盒板后，今天开始上水泥，已经硬化50米左右，进展顺利，质量不错。

第二件事也是最令我满意的事儿。今天清理的是我入村第一天给我提意见的村民家门前的街道。我高兴不只是因为这条街道清理得最干净、最平整，更重要的是我第一天来时做出的“一定修好这段泥水路”的承诺实现了，说到做到了！这不仅解决了秋收时拉玉米进车的难题，也让村民出行方便了。更高兴的是，村民说："这条路清好了，我们的心就敞亮了。我们就需要你这样的办实事儿的好官儿。这下民生嘎查有希望了。"听了这样的话，我的内心也十分激动，深受鼓舞，同时也感到身上的担子更重了，责任更大了。

今天街巷清理得好，有效果，群众反映好，为他们解决了实事。村委班子合作的意识也在提高。

2015年10月7日　驻村第7天

已经是"十一"长假最后一天了。大家可能都收拾心情准备上班了。转眼我已经当了七天的"村官"，虽没有休闲放假，放松心情，但这七天，我收获得更多，因为我在脚踏实地地为村民服务。如果村民都能理解，并都能积极主动地参与其中，那么即使没有休息日，我也心甘情愿。说实在的，这七天的感触很多，乡村生活多姿多彩，虽然每个村民都有个性，但只要你真心、真诚地与他们交流，真正为他们办事，办事公开、公平、公正，他们还是很支持工作的，他们原本就是朴实善良的。

今天村东侧两条路硬化完毕，很平整，质量很好，村民显得极为兴奋。

村会计家门前的道路清理比较困难，满街的污水粪堆，清理一次也不太理想，还得重新修整。

2015年10月11日　驻村第11天

标题：坚持奇迹就会出现

从10月1日开始工作到现在，虽然只有11天时间，却有一种跨越的感觉。时间过得快，角色转化快，工作进展也快。四条街道2.2公里硬化完毕，四条街道清理铺沙整治完成，违章建筑得到纠正，整治工作开始顺畅，效果显著。道路通畅了，百姓心顺了，农民丰收的果实可以运回家了，村干部之间的矛盾消除了，合作意识渐浓了，主动工作的意识增强了，认识逐步提高了，组织纪律性增强了，不再是明争暗斗、各自为政了，工作扯皮的不利局面没有了。映入眼帘的是另一番勤政的景象，干部们工作主动，动作麻利。这不是嘛，昨天所有下派干部和村干部顶着大雨安装宣传栏，全身都湿透了，没有一个有怨言、退缩的，这就是思想工作的效果，这就是榜样的示范作用。看来，只要坚持原则，坚持服务群众的理念，精诚团结，奇迹就会出现！

2015年10月20日　晴　冷　大风　驻村第20天

接着入户调查。真的发现很多问题：真困难的很多没有报上来，危房也报的不准，低保给的不服，房改政策落实得不好，村领导处事不公平、私心重，大家有意见。

西北硬化完毕。

对乱扔、乱烧玉米秸秆的行为进行教育、整治。

2015年10月31日　星期六　晴　驻村第31天

任驻村第一书记以来，虽然进入角色比较快，在忙忙碌碌中也觉得很充实。回想一下一个月所做的工作，总是把如何调和两委班子团结协作、共同抓好十个全覆盖工程的落实、街道的硬化、村容村貌整治作为重点，却忽视了贴近村民的生活。当我近距离走进他们生活的时候，却发现有的村民的生活并不是那么美好，依然穿着破旧的衣服，在瑟瑟的秋风中颤抖，守候着满目狼藉的破旧的小土屋，我的心为之一震，心里泛起一阵凉意，禁不住流下酸楚的泪水。扪心自问，我们都在做什么？又在忙碌什么？我们下来帮扶的最终目标是什么，不就是让百姓在优美舒适的环境中过上欢乐祥和、衣食无忧的日子吗？我深深地自责，为什么入户不能再深入一点，了解情况不能再细一点，为什么不能把惠民政策落得再实一点？还有这么多的村民没有脱离贫困，我们怎么能说工作尽职尽责了？好在我们的工作没有走偏，今后，我们要采取积极的措施，深入贫困户中进行帮扶。我的力量有限，不能够解决根本问题，好在有教育局党委的重视，有局领导的关心，有教育界同仁们的奉献，我们一定要共同扛起扶贫扶困的大旗，打赢这场脱贫攻坚战。

面对今后的工作，我会谨记习近平总书记的话：只要还有一家一户没有解决基本生活问题，我们就不能安之若素，只要群众对幸福生活的憧憬还没有变成现实，我们就要毫不懈怠，团结带领群众一起奋斗。我有信心带领干部同甘共苦，共同打造美丽、和谐、文明、富裕的民生嘎查。

2015年10月1日，当人们都满怀欣喜开始享受“十一”长假的幸福时，李恩祥却打起行李卷踏上了去往民生嘎查的扶贫之路。

民生嘎查属乌兰浩特市义勒力特镇，辖一个自然屯，共513户1890人，其中，少数民族人口1263人，蒙古族占68%，农业人口1848人，劳动力951人；辖区面积25平方公里，耕地面积18600亩，全是旱地，其他土地面积1967亩，林地12269亩。

到民生嘎查之后，一直在机关工作的李恩祥一头雾水，手足无措，不知道从哪儿下手。当时民生嘎查党支部换届选举没产生书记，村两委班子不全，两委班子成员不团结，互相拆台，帮扶措施落实不了。百姓人心浮躁，干部不作为，干群关系紧张。走在村里，到处是垃圾、臭水，道路又破又乱。一打听才知道，民生是有名的垃圾村，30年几乎没清理过垃圾。

李恩祥的心情很沉重，感觉接手的这项工作比自己预想的要难得多。李恩祥素来干净利索，看不惯脏乱差。他倒要看看这个嘎查为啥穷，怎么就能脏成这个样。

他沉下心来，入户走访，调查了解摸情况，寻找突破口。

第一天就走了50户。在入户调查中他发现很多村民对村干部有不满情绪，对村务管理有意见，对村里的环境卫生、破损道路有看法。几天下来，情况摸得差不多了，李恩祥心里有了谱，他决定“以环境整治为突破口，以抓党建为主线，以提升村务管理水平为抓手”，带领驻村工作队开展驻村帮扶工作。

深入贫困户落实精准扶贫措施

通过两个月的集中整顿，村两委工作状态好转，可以开会落实工作了，班子成员也都能分工负责了，并能带领村民修路、铺沙，治理环境了。

村里的力量不够，李恩祥就向局里求助。局里给予了大力支持，出车、出人。两年间，累计投入人力1000多人次，运出300多车垃圾，铺了200多车黄沙，修路15公里。村民高兴地说：“路修好了，我们的心就敞亮了。”

驻村两个月，村里大变样。村容村貌有了大幅度改观，村民逐渐改变了对两委班子的成见，积极参与美丽乡村建设，并开始主动配合帮扶干部和两委工作。

二、定思路，打开扶贫新局面

2015年12月11日

标题：精准扶贫工作会

驻村第一书记、书记、村主任到镇里开会。

精准扶贫是习总书记提出的。按照“六个精准”“五个一批”“三到村三到户”的要求，认真抓好扶贫工作，在精准与识别上要求实事求是，深入农户家中进行全面调研，逐户逐人进行排查，确保贫困户选的精准，及时上报，村民代表必须签字，公示后再上报镇里，确保公开、公平、公正，没有争议。

2015年12月12日

标题：贫困户入户确认

精准扶贫户，初步认定为110户184人。为确保这些人和户的真实性、有说服力，今天镇、村干部分组一同入户调查各户的贫困情况，先排列五保户、残疾人、无收入人员，剩余的贫困户作为重点入户排查对象。经过一天的努力，基本排查清楚，初步做出排序，待通过上报。

2016年2月26日

标题：“一对一”帮扶

按照市委、市政府把扶贫工作作为工作的重中之重的工作要求，民生嘎查贫困户脱贫的任务由镇、村和教育局三方共同承担。以镇协调、村录入、局帮扶的模式开展扶贫工作。

今天教育局组织120多名干部深入民生嘎查，进行“一对一”帮扶对接，明确责任，并进行入户培训。干部们当天入户与贫困户对接。

2017年5月19日　星期五　晴　有风　18—28度

从昨晚到今早电话不断。“李书记给我们学校再分几百盆花呗。”“我们学校也多买点儿吧，今年的花太好了。”这些电话都是教育系统的各学校打来的。他们积极落实项目、帮助嘎查脱贫的热情让我非常感动。原来下订单时热情还不高，现在看到姹紫嫣红、艳丽无比的花海，属实让人心动。这不仅是在欣赏花的美丽，更重要的是那种高尚无私的帮扶心情。这是2016年教育局帮扶民生贫困户10万株项目的延续，也是2017年帮扶措施的巩固。从4月15号下订单，到5月19号的草花回收，仅一个月的时间，10万株草花全部开放，预计两天内全部回收到各个学校。10万株草花纯利润5万元，参加种植的贫困户，每户收入4000多元，其他参加打工的也有近千元的收入。这是我们教育局2017年脱贫巩固、提升的一项，待花回购完之后，五月末开始小笨鸡的订单，全力助推贫困户脱贫。

2015年年底，精准脱贫攻坚任务下来了。

建档立卡使贫困数据第一次实现了到村到户到人，这在扶贫历史上是个不小的飞跃。贫困户精准了，扶贫才有针对性。经过几轮评定、公示，最后民生嘎查确认26个建档立卡贫困户，49名贫困人口。

贫困户识别、认定程序严谨，李恩祥和他的帮扶工作队每天都忙得不可开交。李恩祥觉得自己一个人的力量太有限了，要真正帮助这26户49口人彻底摆脱贫困，光靠工作队和村干部几个人是做不到的，必须调动更多的力量才能完成帮扶任务。

李恩祥到贫困户家里调研

乌兰浩特市教育局是李恩祥的坚强后盾，教育局领导是李恩祥的主心骨。分管扶贫工作的副局长郭世庆多次深入民生嘎查现场办公，全力支持帮扶工作。

李恩祥按照市委、市政府《关于乌兰浩特市打赢脱贫攻坚战工作实施意见的通知》精神，制定了《乌兰浩特市教育局帮扶民生嘎查贫困户脱贫方案》，以三纵、三横、五提升、六大思路，即“3356”工程统领教育系统扶贫工作。其中片区责任制很有特色。

片区责任制就是把民生嘎查划成16片，派16所学校包片。片区责任人不仅负责片区内贫困户脱贫，还要负责片区内农民的思想教育、庭院经济发展、环境打造等问题。片区责任制的实施，分解了任务，明确了责任。各学校纷纷组织行动起来，组织教职工深入村屯开展帮扶工作。变“输血”为“造血”，通过订单式种植、养殖发展庭院经济，使村民收入大幅增加。

李恩祥紧紧地把基层组织建设抓在手里，从提高干部的思想意识和为民服务意识、增强干群关系，发挥党员的榜样示范作用、强化组织生活，严格“三会一课”制度入手，真抓、真管、真学、真做，彻底改变了过去基层党组织涣散、党员不作为的局面。

三、心系群众，甘于奉献

2017年5月27日　星期一　阴　小雨

久旱逢甘霖，期盼的第一场雨如期而至。昨天市里雨下得挺大，我心想这下民生嘎查的百姓可以集中种庄稼了，再也不用抗旱了，想想都高兴。带着这种满满的希望，早晨驱车来到民生，在大路旁停车，急忙去田地里查看。见到刘占富的家属正在播种，与她进行沟通交流，看刘占富家的土地还不错，土壤潮湿，适合耕种。

2017年8月9日　星期三　阴

标题：贫困户还贷有困难，垫付利息

产业扶持户的贴息贷款已经到期。还有几户贷款没有缴上来。这大灾之年也真是不容易。无奈我还得催缴。已经上缴贷款的贫困户没有缴利息的钱，全部贷款2.28万的利息。没办法，我只好个人出资先垫付，先解贫困户燃眉之急吧。帮助他们是我们的职责，他们有困难我总不能看着不管吧？尽管这些百姓有各种理由，但我们必须要讲信誉，先把贷款还上，再考虑产业持续发展的问题。发展的方法有很多种，只要我们用心，贫困户都能脱贫。只是其中也有个别农户总是小心眼儿，有钱也说没钱，对国家的钱总是不愿还。越帮助他们越不知足，总觉得是应该的，你就应该帮我，有时也挺伤人心的，心里也很不是滋味。为什么要做这个工作呢？为什么非得是我呢？有时，自己也不理解。啥也别想了，先渡过这个难关吧。信用第一，个别人无信，但干部要有信。

2017年9月18日　晴　星期一

标题：贫困户发展入户自查

为了更好地掌握建档立卡贫困户的发展情况，帮扶工作队深入贫困户家中了解情况，对帮扶工作开展自查。

从早到晚，22户全走了一遍，其中兜底户的政策保障落实到位，生活住房有保障；产业发展户发展良好；种养殖业都已发挥效益。

王志春家卖牛收入4.3万元；王久海家卖羊收入2.85万元；乌力吉卖羊收入1万多元；王贵臣家加工厂已收入8000多元、猪收入4000多元；叶红喜猪收入3000元、奶牛收入2250元；迟玉峰家卖牛收入4500元；王喜成收入4500元；王喜彬家收入6750元；周双喜家收入6750元；王彦江家收入11250元；包铁桩家收入2万元，都见到了效益。说明我们的真帮真扶取得了良好的效果。

驻村就要驻心，驻心就要驻情。

自从李恩祥驻村，他就开始关心天气，关心季节变化，关心粮食收成，关心老百姓家的猪、牛、羊的长势。以前，他从不关心这些。

李恩祥是个心细的人，这从他的日记中就可以看出来。他细心地记录着每家每户的家庭情况，种养殖情况，甚至记录着贫困户的身体情况、情绪反应。看到贫困户有了收入，他高兴；看到春旱不下雨，他着急。他在驻村的三年里，竭尽全力关心群众、帮助群众，全身心地投入扶贫攻坚中，不计较个人得失，忘我地工作。在贫困户遇到困难的时候责无旁贷地顶上去。

天有不测风云。2017年8月4日，为了要及时落实贫困户的产业变更，本来想去村里的李恩祥改变路线去镇里找镇长商谈贫困户产业变更的事情。没见到领导，他便沿着东线从胜利嘎查回民生嘎查。没想到，当来到胜利嘎查北山敖包附近时，岔路口冲出来一辆面包车，无法避让，直接撞上了。“咣”的一声巨响，李恩祥满脑子空白，以为这下交待了。气囊打在他的手和脸上……车的右侧面目全非，万幸的是，人都没事。第二天是村里的党员主题活动日，当李恩祥出现在会议室时，大家都十分惊讶，都说，出这么大事儿咋不休息几天。李恩祥说：“你们别这么看着我，我这不没啥事儿吗？

只要我还能动，我就不会放下村里的事不管，不会放下百姓的事，不会放下贫困户的事。”

李恩祥跟我说，出了那么大的车祸，真是有些惊魂未定，按理说应该休息两天，静一下心情，可是他怎么静得下来呢？村里那么多的事儿，贫困户那么多的事儿要处理，他怎能待得住。第二天又是党员主题活动日，还有重大的事情要讨论呢。

当一个人的心里装着别人、装着事儿的时候，他自己的事儿就都是小事，都可以放下了。

四、创佳绩，奖牌沉甸甸

2017年5月31日　晴　风4—5级

标题：憨人的微笑

上午十点我们驻村干部继续深入农户家调查了解情况。

第三户来到周国俊家里，院里有些乱。收来的废品堆放在那里。新建的30平方米的房子有点小，屋里也有些乱，东西摆放不整齐。今年他家新添置了一台电视机，而且能上网。看到这些，我们为之高兴，一年前他家里还破破烂烂。更让我高兴的是他自己买了电动三轮车，每天收废品，有了正经事做。收废品每天都能收入百八十元钱，解决了生活费用的问题；土地出租出去了，帮扶片区责任人又给他100只养鸡的订单，年底回收，彻底解决了生活问题。我表扬周国俊说：你每天收废品虽然辛苦些，但是这是你自己靠能力挣的钱，这说明你不是啥都干不了，而且干得还不错。听到我的表扬，周国俊开心地笑了。

其实我更高兴，贫困户增加了劳动的信心，这比什么都重要，这就是我们的扶贫、扶志、扶精神的初衷。

2018年1月3日

标题：白秀兰的福音，邵静（白秀兰的女儿）的蜕变

看到2017年的收入，邵静喜笑颜开。

就在一年前，给白秀兰落实产业扶贫时为了让她家有更好的收入，将白秀兰列为产业扶贫户，国家补助1.5万元，与她家结对子的帮扶单位第十三

中学集资帮她家垫付了3万多元买了50只羊，又垫付1万多元建了羊舍，并跟她们说不用着急还款，发展起来后再还。可我每次到她家里，她们都极其不配合，总是抱怨。特别是她女儿邵静，说家里欠信用社那么多贷款，又欠了帮扶单位那么多钱，这日子怎么过呀？我每天都耐心地告诉她我们多方面帮助他家，是想让她们多挣钱，摆脱贫困。两年中，我们不断地给她家设计挣钱项目，做扶智工作。就这样磕磕绊绊地走过了两年，到目前为止，她家发生了翻天覆地的变化。仅2017年养猪、养鸡、养羊、养花的纯收入就达到1.5万元，政策补助收入25786元，总收入达到4万多元了，这在以前是她们想都不敢想的事情，加上帮扶单位在生活上的补助，她家的生活蒸蒸日上，已经走在小康路上。看到这样的收获，邵静怎能不高兴呢？

2018年1月4日

标题：是菜单扶贫拔掉了老王的穷根

一阵电话铃声，是贫困户王志春打来的，说他家杀猪了，让我去吃猪肉，我婉言谢绝了。我真为他高兴，贫困户在年节也能杀口猪，吃上肉了。想想帮扶初期，他们都对帮扶责任人持怀疑态度，没有当回事，当帮扶责任人带着对他家的规划和教职工集资的帮扶资金去他家时，这家人才如梦方醒，才重新燃起对美好生活的热情。几年前，他家房屋着火，烧了个精光，这让本来就困难的家庭雪上加霜。是职教中心的帮扶，帮他家走出困境，是菜单扶贫拔掉了老王的穷根。

2018年1月22日　天气寒冷　零下26度

标题：八旬老太乐开怀，千言万语谢党恩

“丛大娘，我来了，你知道我是谁吗？”“知道，知道，我老太太不糊涂，你是李书记，驻村的李书记。”“大娘，屋子挺暖和呀。”“是呀，快往里坐。李书记，你快帮我算算，我今年能得多少钱？”“大娘，你五保户、养老保险、高龄补贴总共8000多元，加上其他的补贴，一共16000多元。”“日子真好哇，我还得好好活呀，这日子真好啊！”简单的话语可以看出丛大娘对美好生活充满了向往，充满着对党的感恩，充满着对帮扶单位和责任人的感恩。我们也感觉到很欣慰，能让每个贫困户都过上幸福的生活，不正是我们的收获吗？我坚信只要我们真诚地帮扶，百姓一定会过上好日子。

2018年1月23日　周二　天气奇寒

“李书记，这么冷的天，你还入户啊?”“是啊，走走看看心里踏实。”这是与农户刘占富的对话。想想这几年每天坚持入户，了解农户和贫困户的生活情况，不知不觉入户已成习惯了。无数个这样温馨的对话场面也确实让人感到温暖。说来这两年民生嘎查村民的思想状态变化也确实是大，刘占富就是一个典型的例子。当初他对村干部有无数个不满，充满怨气，经常是人没到骂声先到。我曾多次对他劝导，也帮助他解决了很多难题，他对我特别的服气。他曾说：“你李书记死心塌地地为老百姓办事儿这一点让我服气。”有百姓的理解和支持，我们再苦再累也能坚持。看到这些贫困户都住进温暖的房子，过着衣食无忧的生活，我们帮扶干部感到非常欣慰。

春种一粒粟，秋收万颗子。

付出终有回报，三年的艰苦努力，迎来累累硕果。

李恩祥深入农户家中开展产业调研

李恩祥带领的扶贫团队，在脱贫攻坚工作中，不等不靠，率先落实产业扶持项目，按照“六个精准”“五个一批”“三到村三到户”的要求，深入建档立卡贫困户家宣讲党的方针政策，了解群众脱贫意愿，产业扶持一包到底、基层党建一抓到底，让贫困户看到了脱贫的希望，也有了积极致富的愿望，实现了思想提升、环境提升、经济提升、党组织建设提升和系统影响力提升。

走进民生嘎查的会议室、党支部活动室，一块块展板醒目耀眼。一张张图，一张张表，一幅幅画面，每张每幅都凝结了李恩祥以及帮扶团队的心血和汗水，这些成果背后的付出怎能是几块展板能够展现出来的?

“扶贫攻坚　党心所向　民心所依”“理清思路 攻坚拔寨”“聚焦精准脱

贫 精准扶贫 共建小康社会”。是啊，有这么清晰的扶贫思路，有这么敬业的扶贫干部，就没有攻不破的堡垒。

2017年在义勒力特镇庆“七一”表彰大会上，民生嘎查收获满满，不仅获得了优秀基层党组织、美丽乡村建设、脱贫攻坚三项集体大奖，李恩祥还获得了优秀支部书记、优秀乡村建设先进个人、脱贫攻坚先进个人三个单项奖。

李恩祥说，这些荣誉的获得不仅是村集体的荣誉，更是驻村工作的成果，能得到各级政府的认可，得到镇党委的认可，得到老百姓的认可，是驻村干部的无上光荣。驻村干部用真帮、真扶，换来民生嘎查百姓的真实受益，换来民生嘎查的巨变，这比什么都重要，都让李恩祥欣慰。

后 记

通过三年的努力，民生嘎查成为远近闻名的美丽乡村示范村。此外，党组织得到净化，干部的思想境界得到提升，村务管理逐渐规范化，村容村貌更加美丽，惠民工程和脱贫攻坚得到落实，每一个扶贫项目都能落地生根，开花结果；每一道难题都能被一一破解，硬是把一个脏乱差、人心躁、干部散的民生嘎查打造成了脱贫攻坚的典范。如今的民生嘎查发生了翻天覆地的变化，这些都倾注了无数党员干部的心血和汗水。

到2017年，民生嘎查26户贫困人口49人，人均收入达到16931元，全部通过自治区脱贫验收，彻底摆脱了贫困。

李恩祥说，要说成绩和收获，有四点。一是在党员干部带动下，村容村貌的改变，30年的垃圾村发生了翻天覆地的变化。用老百姓的话说：路通了，人心就顺了；环境好了，人心就敞亮了。二是基础设施得到提档升级。在帮扶单位的努力下，得到上级的关注，民生嘎查美丽乡村建设得到提档升级。三是帮扶工作以扶贫、扶志、扶精神的理念，做到了四个结合，打造了一个工程，脱贫攻坚工作走在自治区的前列。四是干部、群众思想转变了。党员干部的思想意识得到提升，服务理念增强，干部有干事的热情，群众有爱护家国的自觉性，都能积极参与到环境整治过程中，文明意识也在提高。

2018年5月李恩祥调任乌兰浩特市网信办主任后，分管乌兰浩特市委宣传部扶贫工作，市委宣传部的帮扶单位是乌兰哈达镇腰乐嘎查。他们在尝试

帮扶项目草花即将上市

提高贫困户自我脱贫的内生动力上，做了大量工作，组织干部积极推进“积分制”，经过一年多的尝试和不断完善，这种激发内生动力的方法取得了良好的效果，建档立卡户的致富积极性提高了，庭院经济收入增加了，参与乡村建设的公益劳动场面多了，家庭更加和睦，良好的乡风文明正逐步形成。单一的扶贫变成党建、扶贫、乡村振兴全方位的提升。投入90万元发展产业，使得村集体经济收入突破零，预计本年度村集体经济收入至少在18万元以上，对扶贫工作和乡村振兴起到极大的推动作用，经过两年的努力和完善，现在腰乐嘎查党组织发生了蜕变，彻底摘掉了软弱涣散党组织的帽子。干部思想转变、环境的改善，乡风文明等方面都取得了较大进步，看着李恩祥因坚定自信而熠熠生辉的脸庞，我不由得跟着他一起展望乡村振兴的美好未来。我切身地感受到，正是因为有千万个像李恩祥一样忘我工作在扶贫一线的帮扶干部的不懈努力、无私奉献，贫困户才有了今天的幸福生活，乡村才有了沧海桑田般的巨大变化，基层党组织才发挥出凝心聚力的作用。干部驻村不仅密切了党群关系，更锻炼了干部，培养出一大批能打硬仗、敢于担当的好干部。

2017年内蒙古自治区点名让李恩祥作为驻村第一书记的代表到自治区巡回讲演，促进全区脱贫攻坚工作的推进和完善。

作者简介：苗善华，女，内蒙古兴安盟人。内蒙古自治区作家协会会员，兴安盟作家协会副主席兼秘书长。

“扶智”与“扶志” 引领致富路

张玉柱

是谁唤醒了山村和那沉睡的土地
是谁让山里人搭乘时代的快车
是谁变换了山乡的容颜
是谁使敖尼斯台这昔日的穷山沟焕发出如今耀眼的光彩
……

敖尼斯台山，蒙古语的意思是带着锁头的山，它位于科尔沁右翼中旗（以下简称“科右中旗”）巴彦呼舒镇西南方8公里处，是一座从群山中分离出来的小小孤山。相传敖尼斯台山下埋着许多宝藏，山门被仙人锁住无法打开。祖祖辈辈生活在这里的人，都盼望能有个高人打开此山取出宝藏，过上好日子。国家实施精准扶贫攻坚战略，就有这样两个人，他们带着金钥匙打开了这座山上的锁头，带领敖尼斯台人脱贫致富奔小康。

内蒙古自治区文联扶贫干部齐双全

从科右中旗驱车不到十分钟，

我们就来到敖尼斯台嘎查，一进村，映入眼帘的是笔直平坦的街巷水泥路、标准化的院墙、宽敞明亮的铁瓦住房，整体看起来干净利落，一派新农村的新气象。嘎查部坐落在村子中间，院里小舞台、小广场、村民医疗室、办公室、图书馆、农村小课堂应有尽有。小课堂里，贫困户、残疾人和本村妇女正在上技能培训课，我也进去听了听，屋里有五六十人，讲的是蒙古刺绣，大家都听得非常认真，一边听讲一边操作。我心里想，真是个好点子，不但有可观的收入，我们的传统蒙古刺绣还有了传承人，真是一举两得啊！

嘎查两委班子也都在听课，我们来到隔壁的办公室攀谈了起来。干了五届嘎查党支部书记的周虎胜指着椅子叫我们坐下，笑着对我们说："自治区文联党组帮扶咱们8年啦，给我们嘎查派来两位好干部，尽职尽责、不图名利、任劳任怨，为我们基层干部做出了榜样。确实给我们嘎查带来不少帮助，变化太大了！我们嘎查百姓满意度特别高。包海峰来我们嘎查驻村帮扶8年了，他回自治区文联汇报工作还没回来。"他指着帮扶干部齐双全同志说："这是老齐同志，一晃儿来我们嘎查也近4年了，工作认真负责，这两位帮扶干部都是为百姓办事的好同志！让他介绍介绍具体情况。"齐双全腼腆地笑了笑说："没啥说的，都是包海峰主任打下的根基好！我要和他守好它、发展好它。这些都是我们该干的事，也是我们的工作呀，这些都同大家的支持、理解分不开，干好干赖还是我们的群众说了算。群众满意度高，就给了我们坚持好好干下去的勇气。"

就这样，我们认识了这几位带来金钥匙的人。包海峰同志是自治区文联的机关事务中心主任。他从2011年起就驻村帮扶，是个有实际经验的老帮扶干部，到这里之后完善了基础设施建设，帮助困难户建档立卡，协调解决帮扶项目资金，为搞庭院经济、集体经济建设献计献策，60多岁的人了，至今仍在敖尼斯台嘎查做帮扶工作，深受嘎查村民好评，曾多次获得自治区文联"帮扶工作先进个人"称号。齐双全是自治区职工文联副秘书长。2016年7月驻村帮扶，为嘎查办了很多大事实事。

齐双全继续介绍说："咱们自治区文联党组高度重视扶贫工作，经常来这里考察调研，特别关心这里的发展情况。每年年初都召开党组会议，听取帮扶工作汇报，对年度帮扶工作做出研究部署，在文联自身经费十分有限的情况下，还每年列出专项资金用于扶贫工作。我的搭档包海峰主任驻村帮扶来得早，当时贫困户101户，面对这种情况，包主任亲自入户摸底调查，找村民谈心，了解他们的实际困难，查找致贫原因，宣传党的扶贫政策，研究核对、建档立卡等工作，一心解决农牧民群众生产生活的实际困难，与广大村民，特别是贫困户结下了深厚友谊，做了大量的工作。他有高血压的毛病，离不开药，领导考虑他岁数也大了，几次想让他回去，可他舍不得这里，按他的话说：老了要做个让自己满意的大事。”

“几年来，在大家的齐心努力下，自治区文联先后在敖尼斯台投资198.9万元，积极协调各类扶贫项目资金240万元用于嘎查节水灌溉基础设施建设，到2016年贫困户只剩7户16人，脱贫率近94%，扶贫攻坚取得了阶段性成果。这几年随着自治区文联帮扶力度不断增大，村民脱贫奔小康的脚步也越来越快，贫困户只剩5户13人。人均纯收入由2011年的2610元递增到5000元左右，将近翻了一番。自治区文联两次被评为自治区扶贫先进单位。”

老齐说得挺自豪的，看得出他的信心和热情，也让人对这锁头山的脱贫之路充满了兴趣。

一、授之以鱼，不如授之以渔

为了把党的温暖送到千家万户，让农牧民早日脱贫致富，包海峰、齐双全两位帮扶干部对嘎查进行深入细致的调查，同嘎查领导不断磋商，他们查出了致贫的主要原因是文化程度低、思想保守、土地贫瘠、种植品种单一、跟帮种植。贫困户总是靠政府扶持过日子，渐渐地都有了等、靠、要的思想。要想从根本上解决问题，尽早让老百姓鼓足勇气奔小康，就必须从思想上有个转变。可是，几千年传统的种植方式，根深蒂固的保守思想，跟帮种植的不良习惯，严重阻碍着生产力的发展和农牧民脱贫致富奔小康的进程。要解决这个问题，必须从文化上、思想上先脱贫，为此自治区文联提出了文化脱贫、“扶智”“扶志”的总体思路。“扶智”就是转观念、信科学、有技术、阔视野、谋发展。“扶志”就是懂政策、树信心、改习惯、学先进、不懒惰。想法是好的，但做起来难啊！

自治区文联经费有限，可在有限的资金里，2016年自治区文联党组研究决定再加大帮扶力度，充分发挥文联优势，为嘎查修建了“索龙嘎”文化广场，设计修建了敖尼斯台特色雕塑和村标，为嘎查文化室捐赠了4000多册图书，进一步改善了嘎查的文化环境。还成立了知识讲座小课堂，对村民进行各种技能培训，并让他们学习国家政策法规。同时协调项目资金完善新农村建设，完成了村民房屋和标准化院墙的改造工作，进行了主街巷两侧的彩砖铺设工程，并赠铲车一台，用于嘎查村容卫生的整治。

文化室、培训小课堂成立初期，村民很少来这里看书学习，有很多村民没事也从不来文化室，帮扶干部和嘎查领导几次挨家挨户去动员，鼓励村民转思维、转思想，可他们认为那都没用，不如给点钱、给点大米白面实在。村民老王就是这里最固执的人，他说："学习？字都不认识几个，给我们点钱，买点化肥种子，种点地实在，要学你们学去吧，还不如在家喝点茶呢！"

面对这些情况，两位帮扶干部挨家挨户动员，几次对老王进行耐心说服，给他讲道理，告诉他没有文化的危害性，穷根病根都在这里。给他举事实、比好坏，让他学会"飞"。终于他答应试一试，没想到这些知识非常有用，后来每期的知识技能讲座他都不落下。在他的带动下，图书室看书学习的人多了，听小课堂培训技能的人多了。老王通过学习培训学会了农村庭院养鸡，每年收入可观，现在经常看到老王在图书室学习的身影。嘎查还组织家庭妇女定期接受各种刺绣培训、小型种植养殖技术学习，让她们都掌握几门技术，为发家致富出力。现在，很少有村民赌博、打架，村民素质显著提高，民风极大改善，一个团结向上、和谐相处的敖尼斯台展现在我们面前。

二、完善基础设施，建设美丽乡村

这是一条新建的排洪大堤，南北走向，从村子中心穿过。我们正走在堤坝上，帮扶干部老齐介绍说："为切实做好扶贫攻坚'十项重点工作'，自治区文联投资近20万元，光石料就用了15万元民生工程款，彻底解决了威胁嘎查多年的洪水隐患。"我们正说着，村民恩和白乙拉走过来，他高兴地指着堤西岸的家对我说："你看那就是我家，帮扶点的干部为我们修了防洪堤，我们这几家可放心啦！真是为我们老百姓做了一件天大的好事。你们可不知道，这地方，下雨就冲水，我们挨着堤的几家村民都被洪水冲过。我家的房子、院圬子都冲坏了好几次，一下雨大人小孩就担惊受怕，猪、鸡、鸭、鹅都不敢在院里养，一下雨就被冲跑。这回可好了，安全了，也不用怕了。现在没事我就去小课堂听课，通过技能培训，也可以多养点鸡、鸭、鹅之类的，还能增加收入。"

齐双全和乡亲们谈心

自2012年以来，自治区文联党组积极协调各方面力量确保帮扶取得成果，投入110万元，协调各类扶贫项目资金240余万元，用于嘎查基础设施建设。2012年至2013年，自治区文联投入资金45万元，协调资金95万元用于嘎查农田节水灌溉工程建筑。架设高压电线杆19根、高压线1600米、变压器4台，埋设地缆线9000米，埋设UPVC管9440米，一次性解决了2200亩农田灌溉问题。还为嘎查购置大型农机具收割机和捆草机各一台，大大地提高了嘎查农业生产水平。现在嘎查人均水浇地面积达到5亩。更多的水浇地解决了农民的温饱问题，不靠天吃饭增加了农民种地的信心，稳定了农民的收入，保证了禁牧期间牛羊饲料的供应。

81岁的老大爷帮柱对我说："我种了一辈子的地了，那时候共产党打土豪，分田地，我们有地了，感谢共产党，可那时候啥都没有，好几家合伙种地，种地都用人力。那我们都高兴。合作社了，靠集体的力量种地，有了马犁牛犁，那我们更高兴得不得了！可咱这山坡地多，怕旱。改革开放发展了，有四轮车种地了！还可以拉水抗旱了，也能多收点了。特别是这几年，自治区文联领导特别关心我们敖尼斯台嘎查，每年都来嘎查好几趟，走村串户调查了解贫困情况，驻村干部认真负责、勤勤恳恳地为我们老百姓办事，现在变化更大了！水田多了，灌溉都用电机井了，不用车拉抗旱了！又省钱，又方便。再看看我们的屯子，住房啊，大道啊，还有广场呢，不比你们城里人差。感谢好政策，感谢自治区文联的帮扶啊！”

从这个非常硬朗健谈的81岁老人的话里，听出了他的感受，也看到了敖尼斯台的改变。

如今的敖尼斯台嘎查街巷宽敞、道路整洁，村容村貌焕然一新，新建的“索龙嘎”文化广场更是农牧民休闲娱乐的中心。每天傍晚，忙碌了一天的村民们欢聚在广场上，老人们聊天，孩子们玩耍，小伙子们打篮球，妇女们跳着广场舞，到处充满着欢歌笑语，充满着和谐、幸福的气氛。

三、搞好产业扶持，为发展提供动力

2017年自治区文联党组根据工作的进展情况把扶贫重点定位为发展壮大集体经济、搞好产业扶持工作。驻村干部按照新的要求，认真调研，充分论证，确定项目，使“输血扶贫变为造血扶贫模式”，针对致贫原因加以分析，对症下药，设计好精准扶贫行之有效的好办法、好点子，逐条落实到人，既能解决眼前的实际困难，又能考虑到长远利益，百姓无不称快。

老齐介绍说：“为实施好这些好方案、好点子，自治区文联在10月底投入了15万元，购买了11头基础母牛，实施繁育养牛项目，为敖尼斯台嘎查以后的集体经济产业扶持项目的创建发展积累经验、打下基础。这样嘎查就逐步有了基础，村民就又有了一项收入保障。”

“你看看我们的经营模式：基础母牛繁育养殖项目经营模式、收益分配、风险评估抵押等相关细节内容，由镇级政府包片领导、驻村第一书记、嘎查两委班子、村民代表、贫困户代表、驻村帮扶队队员集体研究制定，要求承包养殖繁育的专业户首先要考虑有劳动能力的本村贫困户村民，还要投入一定资金扩大和新建养殖繁育基地棚舍等基础设施，确保养殖繁育牛项目的经营发展有保障。”

村民老王高兴地对我说：“有了集体经济，我们又多了一项挣钱的门道了，以后我们的集体经济发展了，我们家家的分红也多了！我们的日子就会越来越好了！”朴实的话里充满期待。

2018年自治区文联党组梳理了存在的问题，出台了新的解决方案，对有实际困难的贫困户实行更加灵活的动态管理，对集体经济增加投入，完善项目配套设施，增加头数，扩大规模。为了巩固成果、提高养殖环境，又新修建了砖结构牛棚院墙348米，修建了基地周围370延长米过水路面防洪渠，圈内建造了210平方米凉棚，配套了电水泵，增加了3个饲草料槽。购置了一头优质公牛，保证了小牛的质量，建造了宽4米、长15米、深3米的储饲窖，完善了各种设施，解决了饲料的长期存放问题。

驻村扶贫干部老齐领我来过两次这个养牛基地，我想他一定为这个养牛基地付出了不少心血和努力，看得出他对这个养牛基地寄予厚望。他指着刚出生几天的小牛犊子说："来，看看我们的小宝贝，快看，活蹦乱跳的，真让人喜欢啊！"

他又介绍说："现在大母牛有25头，今年存栏就能快到40多头了！我们又见发展了！"他高兴地用锹撮着牛粪说："我没事就来这里，帮管理员老周收拾牛粪，现在他忙，又看牛，还得给待产的母牛接产。"

他又向我介绍管理员老周："老周是老共产党员了，他办事认真，勤勤恳恳，是个厚道、让人放心的人，集体经济就得找一个这样可靠、无私心的人。家里老两口，生活也挺困难，经过嘎查领导开会研究决定让他们老两口来到这里，一晃也二三年了！干得不错。"老齐高兴地竖起大拇指。

我们去了后面的隔离圈，那里是要生产的母牛待的地方，管理员老周正在那里蹲着观察着，有三四头要生产的母牛关在这里。看我们到了，他对老齐说："这几头牛就这几天生产，一个今天下午就差不多下犊子。"

老齐嘱咐说："这几天是关键，可得多注意点。"

老周回答道："放心吧！我一定细心看护。"

老周回头对我说："我们老齐就是这样，样样细心，样样都能想到。"

说完给我讲起了关于老齐的故事。"2016年冬天，有一天下雪，老齐不放心，怕我们老两口冻着，也惦记他这帮宝贝，凌晨五点来钟徒步来到这里，当时我们还没有起来呢。头一天晚上我怕下雪，把饲草料都备足了。有孕的牛，吃饱喝足一般都不怕冷。他来后先到牛棚看看，又到草堆看看，才放心进屋，问我屋子冷不冷，煤够不够，这冷天牛掉不掉膘，牛的饲草料够不够用。我养过牛，所以有经验。我回答说，放心吧，老齐，冷天多喂点草，多给点精料，适当运动提高热量是没问题的。老齐说：'刚刚攒点集体经济，我真的放心不下呀！听你一说我心里有底了，昨天晚上这点雪我惦记得睡不着了！'"

说得老齐也跟着笑了起来。

老周的老伴看我们来了，热情地招呼我们进屋喝茶，老齐说："你们先进屋，我再看看。"

我进了屋，老周的老伴对我说："上面派我们嘎查来的两个帮扶干部可是好干部，他们都三天两头来这里，这几天老包没在家，老齐不放心，天天来帮忙，问我们缺啥少啥，都给我们买来，怕我们冷，又给我们的房子保暖了。没事儿就自己主动动手找活干。牛棚新建时，为了添草添料饮水方便，嘎查买了四五十个油桶，从中间截开，一个桶变两个，里面都是残渣油垢，找了十来个人刷油桶，清理油垢，几个人一看那么脏，给工钱都不想干了，正好老齐在这儿，他一看这情况，毫不犹豫就上去刮洗，旁边的人也都感动了！啥也没说都主动干活，一天就都清洗完了。关键时刻看领导，说的一点都没错。大家都喜欢他的为人，都亲切地叫他'老齐'。有知心话、有困难都找他和老包两个人，这真是为我们百姓办实事的好帮扶干部、百姓的贴心人哪!"

四、情系贫困群众，奉献真挚爱心

那是2014年的冬天，入冬以来的第一场雪降临，为了摸清敖尼斯台嘎查的实际情况，让贫困户精准脱贫，自治区文联党组配合嘎查干部顶着雪开始入户摸底调查，嘎查239户756人，当时有101户贫困户，他们带着米面、资金、衣帽来慰问贫困户。外面的风挺大，寒风刺骨，雪花打在脸上、身上。可他们还是坚持不落下一户，经过几天的摸底，掌握了情况，了解了乡亲们的具体诉求和愿望。知道了帮扶工作任重道远，并且提出了针对性的措施。为了落实好这些措施，帮扶干部包海峰，逐家入户，坐土炕，唠家常，送书籍，出点子，搞项目，跑贷款，送温暖，献爱心。扶贫工作队帮助贫困户找出致贫原因，给符合要求的贫困户都建档立卡，上低保、残疾补助、医保等各项补助，保证他们的日常生活；把党的温暖送到千家万户，组织贫困户学习党的利民惠民政策，用党的扶贫政策让贫困户树立脱贫致富的信心；宣传习近平总书记的讲话精神：小康的路上一个都不能少！扶贫工作队的成员鼓励大家撸起袖子加油干，组织村民参加科技技能培训，让他们在转变思维的同时多掌握点本事，坚定信心，过好日子。他们还经常协调民政部门和残联组织各种送温暖、送爱心活动，对困难户给予多种鼓励支持，过年过节送年画、送春联、送钱、送物，解决当前实际问题。他们鼓励贫困户，有党和政府在，有好政策在，我们一定帮助你们走出困境，一起奔小康。通过大家的齐心协力，和自治区文联党组的大力支持，扶贫帮困效果显著，也可以说："这里就是诞生奇迹的地方！"截至2018年年底，贫困户仅剩5户，都是残疾或疾病导致。老齐说："这5户是最难解决的重中之重，嘎查也开了几次会，针对他们不同的家庭情况，我们也采取了不同的针对措施。尽快让这几家摆脱贫困，过上正常生活。"

我们也走访了几家困难户。周彩霞，今年55岁，独身，是个糖尿病患者，有个养女嫁得远，好几年也不回来一趟，老伴儿去年也病逝了，因为有病，导致生活非常贫困。她自豪地说："2005年嘎查筹措资金为她争取了项目房，看我的房子多好哇！亮亮堂堂的，住房不愁了！自治区文联领导也来慰问我，真让我感动啊！一到年节，文联的人、民政的人，送钱、送物，还给我家贴春联，鼓励我好好过日子，保重身体，今年过年还给我家送来了1000元的慰问金。感谢共产党，感谢我们的好干部。"

白玉莹，61岁，老伴儿常年有病，照顾不了家，儿子股骨头坏死，先后花掉的治疗费用就超过11万元。由于家庭困难，儿媳妇无奈离婚了，一家人生活的重担就落到了白玉莹老人身上。我们去他家时，他正在院里用方管焊鸡笼呢。他说："嘎查对他家有了扶贫计划，叫他搞庭院经济。养鸡不耽误伺候病人，不用走出家门就能挣钱搞经济，我现在就准备准备，看我焊的鸡笼咋样？以前我的日子还算可以，我会电焊、会修车，庄稼活我更是一把好手，这有病，真的没办法，帮扶干部老包、老齐常来我家，唠家常，出点子。送温暖，送钱、生活用品，啥都想到了！还鼓励我坚定信心，我一定好好干，把日子过好！"

老齐说："老白，好好干，一切有我和包主任在，有啥好想法我们会协调嘎查两委，有困难跟我们说，咱们一起商量解决，好好养鸡，到时候我们帮你销售。"

老白激动地说："有你这话我更有信心了。"

走访过程中，我听到了两个感人的故事。

那是2016年到2017年年底，内蒙古文联官主席两次来敖尼斯台考察扶贫帮困工作，来到低保户秦伟杰家，了解秦伟杰的家庭情况，三口人，老两

作者调研（中间为作者）

口都是残疾人、低保户，在那样的情况下，把儿子送去当兵，保卫国家。官主席当即表示："要重点帮扶，宁可自己过困难日子，也要送孩子当兵，这种舍小家为大家的精神值得提倡。有困难不怕，我们会帮你，共和国也不会忘记你的奉献。"说完自己从兜里掏出5000块钱说："老哥！我就这点意思，虽然不能解决根本问题，但改善改善生活或急用是可以的。"在场的人无不动容。2017年年底，官主席又给了秦伟杰5000块钱用于发展经济，鼓励他树立信心、早日脱贫。

另一个故事。包连山，家里五口人，建档立卡贫困户，肢体残疾，失去自理能力，常年卧床不起，大姑娘去年才大学毕业，二姑娘就读大学，三姑娘在小学，一家的担子落在了包连山妻子的肩上。自治区文联帮扶干部齐双全看到包连山努力克服困难、身残志不残，深受感动，鼓励孩子们好好学习，改变命运。他自掏腰包给贫困户包连山买了拐杖和残疾人轮椅车，又协调残联、民政局给予帮助。他经常为他家送书籍、讲政策，同他一起唠家常，帮他解决生活中遇到的实际困难。他鼓励包连山的妻子："看孩子们这么优秀也要坚持把日子过好！有国家的好政策，有我们的扶持，一定能走出困境的！"

五、因为牵挂，所以坚守

几天来，遗憾的是我一直没有碰到包海峰同志，听说他去自治区文联汇报工作了。于是和他住在同一个宿舍的老齐带领我去了他俩的宿舍。老齐来敖尼斯台做帮扶工作也整整四年了，和包海峰两人住在一个20平方米左右的小屋里，里面有两张床，一个办公桌。我陪他住了三个晚上，春天风大，铁钢瓦的棚顶被风吹得呼呼作响。室内冷清，孤灯寒照。当我问道你最牵挂的事情是什么时，他坚定地回答道："今天咱们看的那五家特困户，都是大病致贫，就剩下这最后的五家了，因为有牵挂，包主任和我都恋恋不舍，所以选择继续坚守，等到他们几家完全脱贫。"

他接着说："首先让他们从思想上要树立信心，尽快走上正常生活的轨道，让他们切身体会党的温暖和国家利国富民的扶贫政策。我和包主任商量，再给他们一定的扶持，鼓励他们搞庭院经济，因为这几家的基本情况你也看到了，这地方家家庭院都挺大，政府扶持给盖好鸡舍鸭舍，来养鸡养鸭。这几家也都是因病因学导致贫困的，解决了老、弱、病、残不出家门就能搞经济来增加收入的问题，销售上我和包主任都帮忙找销路。这东西本钱小，效益来得快。农业、养殖业互补，对农村、农业自我转换拉动力还强。我看是一个提高现有生活水平、发财致富的好办法！"我非常佩服地看了看他，心里想："这才是驻村帮扶干部呢！把敖尼斯台嘎查的村民每家每户都摸得这么透，真是把一腔热血洒在这片土地上，把好想法、金点子送到了每家每户。"

我对他说："老齐，说说你自己吧。"

他低头沉默了很久，抬起头说："我没啥可说的，包主任来得比我还久，工作的时间也长，对帮扶工作有很多实际经验，他也很少回家，一切心思都放在老百姓咋样脱贫致富上。他常常对我说：老百姓脱贫致富了，我们的工作就做好了！就没有辜负文联党组对我们俩的信任。"

我又问："能讲讲你的小家吗？"

他抬起头笑了笑，又叹了口气说："那当然是对小家是有亏欠的了！去年我女儿高考，我早就答应抽出几天工夫，回去给女儿助力、打气的，正赶上嘎查事多，抽不开身，就没有回去。女儿打电话哭着说：'爸！这里是不是你家了？我到底还是不是你女儿了！看人家家长都等在门外！爸爸，我真的好羡慕啊！你再不回来，我都把你忘了。’”老齐说得有些哽咽，擦了擦眼角的泪说：“女儿的话我听了心里真的好难受，这也是女儿人生中最关键的一步，我从心里真的是愧对孩子、老婆和这个家呀！今年开春，气温冷热不均，妻子在家感冒了，两天后女儿打电话来告诉我，叫我回家照顾她妈妈，我打电话问妻子，她却说，不要紧的，已经好了，家里不要挂念，鼓励我安心工作，把百姓的事做好！最后听女儿说，一个星期后她妈妈才好转。作为一个党员，在大家和小家之间要有取舍，因为有了老婆、孩子的支持、理解，我们才能安心地把工作做好，才能全心全意为人民服务。这一点我要像我们包主任学习，他一晃儿来敖尼斯台嘎查8年了，这就是舍小家，为大家。他还在默默坚持，勤勤恳恳地工作，为我们党员干部树立了一个好的榜样。看到乡亲们的朴实、热情、渴望，我们怎能辜负？为尽快让村民过上好日子，为完成2020年脱贫致富奔小康的总目标，我们这些驻村干部和基层干部一直都在努力、坚守。百姓满意了，家家脱贫致富了，我做出点牺牲不算啥。”

听了老齐的这些话，这一夜我失眠了。我想，这不正是这场伟大的脱贫攻坚战中成千上万个帮扶干部的缩影吗！

自治区文联带来的这把金钥匙，开启了敖尼斯台脱贫致富奔小康的大门。这把金钥匙就是智慧的大脑、腾飞的翅膀、奋进的精神，是一个比学赶帮超的舞台，是一缕金色的希望。敖尼斯台人正满怀信心、团结奋进、勇往直前地走在希望的田野上，走向更加美好的明天。

作者简介：张玉柱，蒙古族，兴安盟作家协会会员。在《世界汉语文学》《北国新文学》《文学月报》《兴安文学》《光明文化》《五角枫》《百坡》《三门峡日报》等文学刊物以及近十家网络平台上发表过文章。在多次征文比赛中获一等奖、二等奖、三等奖。

宝力根花苏木金山嘎查的春天

——记内蒙古自治区帮扶兴安盟扶贫干部郝金龙

董一鸣

青春的时光多么像春天！草绿、花香，洁白的云朵、蔚蓝的天空，一切都是那么生气勃勃、生机盎然。

四月，我从内蒙古自治区呼和浩特市来到兴安盟扎赉特旗宝力根花苏木金山嘎查采访，采访对象是今年32岁的扶贫干部郝金龙。

郝金龙是内蒙古自治区扶贫办的一名普通干部。2016年，也是这样的春天，他被组织选派到扎赉特旗宝力根花苏木金山嘎查扶贫，成为驻村帮扶队队员，历任宝力根花苏木党委挂职副书记，金山嘎查第一书记、扎赉特旗扶贫办挂职副主任。

由于地域关系，同是春天，呼和浩特春风拂面，桃花盛开，春光烂漫；宝力根花苏木金山嘎查仍有些许春寒，树枝柔软了些，暖意中夹着凉风，向阳处小草刚刚冒出嫩芽。

初见郝金龙，他的面孔显得比实际年纪还要年轻，交谈之后，我发觉他是那样有条理和沉稳，练达程度超越了他的年纪。

郝金龙是土生土长的呼和浩特市人，军人世家，自己也曾有过一段光荣的军旅生涯。

一见面，我看见他还穿着薄薄的棉袄，问他："有多久没见过呼和浩特的春光了？"

"3年，兴安盟的春天着实挺冷。"他呵呵地笑着，"冬天更冷，不过，多穿点儿，没啥事。"

"为什么会离开大都市，选择扶贫事业，而且走到最基层？"

郝金龙的回答还如军人般干脆利落："服从、执行、责任重于泰山。"

从29岁到31岁，3年最美的青春时光；从繁华的都市到最偏远落后的村庄，每年工作时间都在300天以上；从村的东头走到村的西头，再从村的南头回到村的北头，有时，每天都要走上好几个来回……谁家的牛粪在路上没有清理，谁家的院墙掉了一块砖不整齐了，谁家的母牛产犊了，谁家的狗叫了，谁家的鸡鸣了，谁家的孩子考上大学了，他比村民们更清楚。

习近平总书记说："脚下沾有多少泥土，心中就沉淀多少真情。"

郝金龙作为内蒙古自治区扶贫办帮扶兴安盟的一名扶贫队员，他做到了，他的尽职得到了组织上的高度认可；他的尽责得到了村民们的深切爱戴与拥护。

一、为有源头活水来

贫困，就如没有硝烟的战场，脱贫攻坚是硬仗中的硬仗。在实现"全面建成小康社会，一个都不能少"的目标的进程中，有多少人投入战斗，多少人冲锋在前……有多少人以忘我的情怀追逐人民的梦想，用热血点燃信仰的熊熊烈火……

时间回溯到2006年3月。

兴安盟是革命老区，由于地理、自然环境恶劣，多年来，社会经济等各项事业一直处于落后状态。贫困，成为兴安盟的基本标志。如何让兴安盟"摘贫帽""拔穷根"？如何让百姓摆脱贫困共同富裕起来？这是压在各级党委政府案上的一块巨石。

2006年3月，为加快兴安盟脱贫进程，尽快缩小发展差距，自治区党委政府做出重大决策，全区137个厅局企事业单位定点帮扶兴安盟。带着特殊的感情、特殊的责任，他们用真情，用实干，用心血，用汗水在革命老区、在兴安大地谱写了一曲曲"守望相助"的动人乐章。

从2011年开始，内蒙古自治区扶贫办定点帮扶兴安盟扎赉特旗宝力根花苏木金山嘎查。

金山嘎查地处兴安盟北部地区，自然条件恶劣，基础设施较差。金山嘎查辖2个自然屯，面积33平方公里，有220户670人，有耕地11221亩、水浇地3600亩、林地3200亩、草地1260亩，牲畜2万头（只）。2014年建档立卡贫困户89户298人，贫困面大、贫困程度深。

自治区扶贫办党组高度重视定点帮扶工作，与金山嘎查两委班子共同研究，坚持因地制宜，从破解主要问题出发，综合施策，确立了“规划先行、项目支撑，强基础、扶产业、提素质、真脱贫”的工作思路。

春天的辛勤耕耘，换来的是秋天沉甸甸的收获。

金山嘎查贫困发生率从2014年的40%下降到2018年的1.34%，贫困户的人均年收入从2014年的2470元增加到现在的9947元，增收7000元以上，金山嘎查稳步实现整村脱贫。

能够取得这丰硕的成果，年轻的扶贫队队员郝金龙功不可没。

(一) 千里之行，只为脱贫攻坚

2016年5月，经内蒙古自治区扶贫办党组研究决定，选派办里的年轻干部郝金龙为新任驻村帮扶队队员，继续定点帮扶兴安盟扎赉特旗宝力根花苏木金山嘎查。

接到这个沉甸甸的驻村任务时，郝金龙29岁，女儿才1岁。他参加工作后一直在机关单位，没有基层工作经验，这个任务令他感到忐忑不安。

他怕自己牵挂年幼的女儿与年迈的父母，更怕给工作繁忙的妻子增加更多的负担；他担心自己能力有限干不好，会辜负单位领导及同事的期望与重托；他更担心自己这个汉族，对蒙古语一窍不通，在工作中，在情感上不能为蒙古族村民们所接纳……但是，军人出身的他，天生有一股热血男儿的豪气与勇于担当的豪情。他想，既然党组织信得过他，他就没有理由推脱，他更要履行一名共产党员的使命，一展“下基层、为脱贫、献青春”的凌云壮志。

郝金龙，安排好家中的一切，从繁华都市毅然决然地来到了千里之外完全陌生的村庄金山嘎查。

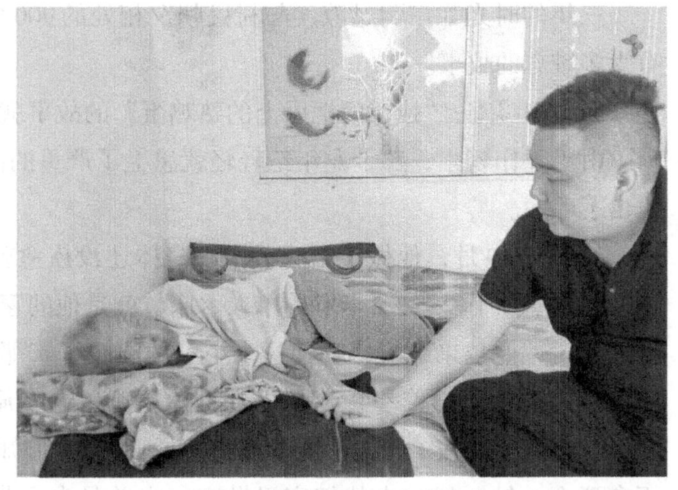

郝金龙看望村里生病的老人

没有调研就没有发言权。郝金龙到任

后做的第一件事就是深入群众，了解村情，理清驻村工作思路。

金山嘎查95%以上的农牧民都是蒙古族，村民们戏称身为汉族的郝金龙为“少数民族”。初来乍到的郝金龙在村民眼里，就是一个大城市来的毛头小子，20多岁，文质彬彬的，不会说蒙古语，肯定啥也干不了。待不上几天就会打马回山了，来住几天也是装装样子。没想到的是，天生倔强、行伍出身的他，身上偏有一股不服输的劲儿。他深深知道，作为扶贫系统选派的驻村队员，既要履行好职责，又要担负起责任，帮助金山嘎查理清发展思路，解决发展难题，责任非常重大。他从事扶贫工作近10年，熟知扶贫政策，精通扶贫业务，身后又有自治区扶贫办的鼎力支持。所以，不管村民们怎样猜测他，他都暗下决心：一定要履行好驻村帮扶干部的职责，不辱使命，争当精准扶贫的排头兵！

沉下心后的他，克服了生活条件差、语言不通等困难，把全部精力放在驻村帮扶工作上。白天，他挨家挨户做贫困情况调查；晚上，和村干部开会沟通，研究村集体经济发展思路。语言不通，他就学语言，每天至少向村民们学上一句蒙古语，把最简单的日常用语学会。现在，他已经能用简单的蒙古语和村民们交谈了，村民们说的话，他都能领略得非常明白。村民们也越来越喜欢这个“少数民族”了。

他开玩笑地说：“我对他们管理严格时，他们不满意时，背后用蒙古语‘嘀咕’我，我都能听懂，当然，更多的是满意的‘嘀咕’。”

（二）挂在门把手上的熟鸡蛋

三年的时光如白驹过隙，与村民朝夕相处的900多天，郝金龙的记忆里有太多难忘的故事。

在金山嘎查，“挂在门把手上的熟鸡蛋”的故事就这样悄悄地流传着。

由于工作繁累，郝金龙年纪轻轻就患上了严重的高血压、颈椎病，结肠也出了毛病。

2017年10月，他做了结肠手术，身体还没痊愈就回到村部。10多平方米的办公室加了一张1.2米宽的单人木床，就是他的家。

他说，他越来越能感觉到这个小家的温暖了。那天，没等他打开家门，就看到门把手上挂着一袋熟鸡蛋，不知是哪位老乡偷偷地来看他，怕他不收，就把鸡蛋挂在了门把手上。郝金龙说：“老乡们知道我的‘脾气’，从来不拿群众一针一线，去他们家里做客，也总是自己带上烟酒之类的礼物。”

他说，看到这一袋熟鸡蛋，他热泪盈眶，所有的孤独、所有的委屈都烟消云散；所有的付出、所有的辛苦都是值得的！

人心换人心。当乡亲们看到郝金龙是真的脚踩泥土、身上流汗，一心为他们寻找致富路时，他们真正地接纳了他，并被他的真情感动着。

54岁的贫困户包天星在没遇到郝金龙时，对生活已经感到绝望。郝金龙第一次看见包天星时，包天星正坐在自家的院子里晒太阳，他身子斜靠在房门口，结块的头发都长到脖子根了，看似好几个月没洗了，满是皱纹和污垢的脸上没有一点生机。随同入户的嘎查干部说，老包以前在村里是个很好的人，在几个弟兄当中对母亲最孝顺，但就是因为一场病把他搞成眼前的模样。他病了以后，妻子嫌他拖累自己，跟他离了婚，一儿一女也随妻子走了，剩下他和老娘相依为命。不幸的事接踵而至，他的病刚好，老娘又因患脑梗而瘫痪在床，生活又给了他重重一击。

听着嘎查干部的讲述，郝金龙的心也遭受了重重一击：这是一个典型的因病返贫的案例，自己一定要帮他，更何况他如此孝顺母亲，在郝金龙的眼里，孝顺的人就是有良心的人，有良心的人就一定懂得感恩，所以一定要帮。

包天星被驻村工作队列为重点帮扶对象，郝金龙特意安排他成为自治区扶贫办厅级领导的对口帮扶户。为了让包天星增加经济收入，驻村工作队带着自治区扶贫办领导们捐赠的资金，在包家院里新建了猪圈和配套的板房鸡舍，并发放猪崽3口和鸡雏100只。生产资料有了，生活也就有了奔头，老包整个人变得精神起来，头发也理了，衣服也洗干净了，每天忙里忙外，眼睛里充满了对生活的希望。

金山嘎查老百姓的院子都很大，包天星家的也不例外，正适合发展庭院经济。郝金龙同嘎查两委班子找老包商量后，决定帮他发展酿酒葡萄种植，协调当地红酒企业，免费提供葡萄苗，冬季定点回收。方案定下来以后，马上行动，几排整齐的葡萄架就搭起来了。老包的院里，有猪、有鸡、有葡萄架、有菜园，一切变得生机勃勃。

瘫痪在床的老母亲是包天星生活的另一个重心，老人已经大小便失禁，老包很大的精力要花在照顾母亲上。郝金龙了解到这个情况后，为了减轻老包的负担，专门跑到苏木，买了好多老年人专用的尿不湿送了过去，好让包天星能够腾出手来发展生产。一来一往中，郝金龙了解到老人爱喝奶茶，但家里的条件又实在是不允许，他便专门去买了方便冲喝的奶茶粉，看着老人喝了奶茶后满足的神情，郝金龙开心极了。

然而，在包天星的心里，还压着一块石头，那就是儿子还没有回来。媳妇走了，儿子也跟着走了，丢下他一个人，他想儿子却又说不出口。郝金龙看出了包天星的心思，亲自去找他的儿子。和他的儿子会面后，郝金龙能感觉到他们父子情深，儿子也想爸爸，可是回来也没啥营生。

是啊，这么大个小伙子，闲在家里不是个事，怎么办？他突然想到村里刚成立的农机修理站现在正缺人手，如果能把这个孩子送出去学习修理，回来既有了技术，又能照顾家里，两全其美。有了这个想法后，郝金龙又去找孩子做思想工作，孩子表示很愿意去学，也愿意回来。

包天星高兴极了，他是打心眼里感谢郝金龙，活了这么多年，在亲人都抛弃他的时候，是这个驻村帮扶干部给了他活下去的希望，给予了他无微不至的关怀，这样的好干部，谁碰上就是谁的福气。每每看见郝金龙，包天星就不由自主地开心起来。有一次，好几天没看见郝金龙，包天星心里觉得不踏实，他带了些点心去宿舍看他，这才知道他病了。包天星很担心，可郝金龙说自己没事，叫他把东西都拿回去。包天星不肯，郝金龙无奈，只好吓唬他说收了东西是会受到处分的，老实巴交的包天星信了，这才不情愿地回去了。

包天星每天都会过来看看这个年轻的病人，郝金龙让他别再来，他也不听。就连郝金龙回呼市了，他也要在晚上过来瞅瞅。郝金龙心里很着急，他这次回来，是准备利用“十一”假期做个手术，医生早就说过他的病情不能再拖了，但有时这扶贫的活儿就是离不了人，一忙就拖到了“十一”。假期结束第二天，郝金龙捂着还未完全愈合的伤口，匆匆地回到了金山嘎查。包天星听说郝金龙回来了，想带着东西去看他，碍于郝金龙的警告，便只好“迂回作战”，一大早起来，将前一天刚收的鸡蛋煮了十几个，装在袋子里，蹑手蹑脚地来到郝金龙家的门前，把这袋子鸡蛋挂在门把手上，“迫使”郝金龙收下。郝金龙看到这袋鸡蛋，心一下子暖和了起来，身体也轻松了许多，提在手里的这哪是鸡蛋啊，这是一颗滚烫的心，一颗包含着贫困户对自己默默支持与理解的朴实的心。他决定破一次例，收下这袋鸡蛋。

在驻村工作队的大力帮扶下，包天星原本风雨飘摇的家越来越有生机，现在已经完全实现脱贫。

（三）62个“红手印”，只为留住他

在宝力根花苏木，有这样一份特殊的文件：

关于申请郝金龙同志继续留任金山嘎查帮扶的报告

自治区扶贫办：

你办驻村干部郝金龙同志自2016年5月26日到任后，历任宝力根花苏木党委挂职副书记、金山嘎查第一书记。他克服了生活条件差、交通不便、身体疾病、语言不通等困难，紧紧围绕全村工作，深入贫困户调查摸底，认真理清工作思路，找准帮扶点，建立健全基层党组织制度建设，结合“两学一做”教育，得到了当地干部群众的好评，两年来平均每年驻村300天以上，真正做到了“派得出、驻得住、帮得起、真扶贫、扶真贫”。目前其任期已满，特此申请能让郝金龙同志继续留任金山嘎查帮扶。

原来，2018年6月，是郝金龙两年的驻村帮扶工作结束的日子。他刚刚收拾好行李、交接完工作，人还没离开嘎查时，两页摁满了62名村民红手印的申请书已经先他一步被寄到了自治区扶贫办。

“在他的帮扶和指导下，我们嘎查发生了翻天覆地的变化，大多数贫困户脱了贫，日子越来越好，现在他任期结束了，我们舍不得他走，为了金山嘎查的发展，我们恳请上级领导让他延长帮扶时间，继续带领我们脱贫奔小康。”申请书上字数不多，却句句实在。

接任金山嘎查第一书记的包宝山是第一个摁下手印的人。他说：“帮扶干部做得好不好，老百姓最有发言权，我们亲眼看到了嘎查的变化，让郝书记留任是大家共同的心愿。”

今年60岁的村民孟繁海在申请书上郑重地摁下了自己的手印。在孟繁海的小院里，牛壮猪肥、鸡鸭成群。

孟繁海是金山嘎查建档立卡的贫困户，老伴儿残疾，女儿在读大学，全家收入仅靠30多亩玉米地，生活拮据。2017年，他依靠着郝金龙帮助选定的庭院经济项目，打了个“翻身仗”。

“我家能脱贫，多亏郝书记给张罗的这些家禽家畜， 3头牛犊卖了2万元，小笨鸡卖出6000元，加上土地的收成也不错，还有我在嘎查当环卫工人的工资，还完了外债，家里已经有存款了！”孟繁海谈起自己的小日子，眉飞色舞。

“拉起悠扬的四胡，歌唱我们党的好政策，脱贫攻坚就是好，小康路上一个也不能少……”

走进村民张腰斯图的院子，乐声飘荡，吃过午饭的张腰斯图正在练习自己创作的好来宝《党的恩德和我们的生活》。

扶贫扶智。郝金龙组建了篮球队、广场舞队和蒙古四胡民乐队，丰富了嘎查的日常文化娱乐生活，调动了群众自我脱贫的积极性和主动性。

“以前拉四胡是在愁中打发时间，现在拉四胡是表达脱贫后发自内心的喜悦。我创作这首好来宝，就是想歌颂党的好政策，感谢郝书记的付出。如今不用郝书记每天督促，大家都知道要靠着自己的劳动改变生活，可有干劲儿了！”日子越过越好，张腰斯图难掩内心的喜悦和激动。

在金山嘎查党支部书记、主任邵红星眼里，郝金龙是他脱贫攻坚的战友，更是基层工作的老师。

已经脱贫，正向小康迈进的金山嘎查

“郝书记来的时候，嘎查里没有一页档案材料，是他一手抓起了嘎查的扶贫档案，我从他的身上学到了很多。”邵红星说，那段时间，郝金龙经常熬夜加班，独自完成了全嘎查 89 户建档立卡贫困户的档案及日常维护。不仅如此，他还统筹兼顾全苏木 10 个嘎查的扶贫档案，指导全苏木，手把手教学，统一档案标准，提高档案质量，为其他苏木乡镇树立了标杆。

“给钱给物不如给个好支部，我现在最重要的任务就是要给这里留下一支永远带不走的驻村工作队。”在帮扶工作中，郝金龙始终把嘎查两委班子建设作为关键来抓，帮他们开眼界、转观念，帮他们建机制、强管理，帮他们增实力、强活力。

62 个“红手印”犹如62颗滚烫的心，是对郝金龙扶贫工作所取得成就的最高褒奖，感动了自治区扶贫办的领导和同志们，也感动了郝金龙。为了不辜负父老乡亲的信任，郝金龙几乎没有停歇地回到了金山嘎查，开始了他新一轮的扶贫征程。

二、万紫千红总是春

“要真真实实把情况摸清楚。做好基层工作，关键是要做到情况明。情况搞清楚了，才能把工作做到家、做到位。大家心里要有一本账，要做明白人。要思考我们这个地方穷在哪里？为什么穷？有哪些优势？哪些自力更生可以完成？哪些需要依靠上面帮助和支持才能完成？要搞好规划，扬长避短，不要眉毛胡子一把抓。帮助困难乡亲脱贫致富要有针对性，要一家一户摸情况，张家长、李家短都要做到心中有数。”

习近平总书记关于精准扶贫的论述言犹在耳。郝金龙每学一次，就会多一份思考和行动。

以真心换真情，从发展党员到凝聚人心，从入户指导产业发展到壮大集体经济，从“输血”到“造血”，三年的时间里，他帮助金山嘎查理清发展思路，解决发展难题，创造发展机遇，让曾经贫穷落后的山村驶入发展快车道。

如今的金山嘎查，团结、和谐、文明、勤劳致富蔚然成风，帮扶成效清晰可见。

（一）壮大集体经济奔富路

发展壮大村级集体经济是巩固农村基层组织的根本保证。村集体有钱，经济实力雄厚，什么事情都好办，党支部有凝聚力、有号召力，村干部说话就有人听。村集体没有钱，经济实力薄弱，什么事情都难办，村级组织和村干部在群众中就缺少威信。村级集体经济发展得好，有钱为村民办实事、办好事，村兴民富，以党支部为核心的村级组织就会得到村民的拥护和爱戴，党的形象和威信也会不断得到提高。

郝金龙对此深信不疑，为此他付出了很多心思和努力。

嘎查开启“村企合作”新模式。本着“优化村级党组织设置，推行嘎查与企业结对共建”的新模式，调动全社会力量共同参与精准扶贫，形成专项扶贫、行业扶贫、社会扶贫“三位一体”的大扶贫格局，不断提高精准扶贫

把温暖送到贫困人家

的质量和水平。

依靠农业种植优势、区域条件和产业链的区位优势，探索打造出一条“非公企业+村党支部+贫困户”的发展模式，郝金龙几经协调，嘎查以党支部结对龙头企业模式，实现企业带村，村企联合发展，助力脱贫取得实效。

2016年9月9日，嘎查成立了阿都钦农机合作社。自治区扶贫办斥资110余万元购买了青贮收割机、薄膜打捆机、1404拖拉机、联合整地机、打草打捆机各一台。利用农机合作社大力发展青贮、黄贮产业。当年就收割青贮4000亩，黄贮1000亩，村集体纯收入超过10万元；完成青贮储备400吨，市值10万元，真正变“输血”为“造血”。其中，免费为贫困户收割300亩青贮，为牲畜过冬提供充足饲料。

2017年至2018年，连续两年举办农机合作社资产收益分红大会，为39户贫困户进行资产收益分红，每户1000元。2018年，对2户贫困户发放大病救助资金合计4000元，真正发挥了村集体经济作用，救百姓危苦，解燃眉之急。

村里的环境好了，嘎查原老支书邵石柱看到了新的商机，他依托有机冷水养鱼特色产业，带头办起了“金山淖尔渔村”农家乐1处，安置贫困户10人，人均增收1000元，并逐步向休闲、垂钓等方面延伸。2016年年底上交分红1万元。

招商引资，嘎查党支部与龙头企业结对。2018年，通过“非公企业+村党支部+贫困户”的发展模式，与当地的爱放牧集团签约了颗粒饲料加工厂项目，推出秸秆换化肥等惠民政策，带动发展金山嘎查种养殖业，为贫困农牧民铺开一条脱贫致富的好路子。爱放牧集团落户金山嘎查，让嘎查集体经济的发展有了无限可能的外延。

“爱放牧集团项目落地之后，双方签订了合作协议，成立了金山嘎查颗粒饲料加工厂，企业共投入价值40万元的设备，直接派驻专人经营、管理，为贫困户提供就业岗位。”郝金龙对嘎查未来发展前景充满信心。

2018年春天，爱放牧集团落实帮扶措施，免费为39户建档立卡贫困户发放了化肥80袋，为春耕生产提供了保障。同时，覆盖全嘎查贫困户及普通农牧户，推出秸秆换化肥等惠民政策，发展带动金山嘎查种养殖业，为当地农民铺开一条脱贫致富的好路子。2019年1月，进行资产收益分红43户，每户500元，实现了贫困人口全覆盖，增加村集体经济及贫困户收入，保障脱贫不脱政策。

（二）发展庭院经济，助推美丽乡村建设

在郝金龙办公室的墙上，一幅“扶无定法”的毛笔字挂在醒目的位置，这是郝金龙的工作法则。

“面对贫困户，要有方法，但并无定法，只要能给老百姓带来实惠，有助于脱贫致富，就是最好的办法。”郝金龙说。脱贫致富最关键的一环，就是提高贫困户的产业收入，让他们有持续的增收渠道。为此，郝金龙结合“菜单式扶贫政策”，协调帮扶资金，集中精力帮助贫困户发展庭院经济。同时，针对不同贫困户的特点与需求，因户制宜，“一户一策”，发展产业。

村容村貌的改变，事关村民生产、生活的积极性。郝金龙到任后，在前任驻村干部的成果基础之上，又做了大量工作。

他带领两委成员，发挥带头表率作用，发动群众，新建桥梁两座，实施街巷硬化1670米，整修院外墙5100米，新建内墙1260米，新粉刷院墙17000米，新建绿化隔离带5300米（栽植百日草和波斯菊等），维修体育文化广场，改建村级幼儿园，修建村级果园，新建标准垃圾池20个，硬化“金山淖尔渔村”休闲广场1400平方米。实施危草房改造项目共9户；节能环保工程（平改

招商引资，壮大村集体经济

坡），自治区扶贫办下拨资金52万元，对80户农户房屋进行了翻修改造。村容村貌的改变，让金山嘎查成了远近闻名的风景示范村。

庭院经济让贫困户富起来

脱贫致富最关键的一环，是产业得到全面发展。郝金龙针对具有不同特点与需求的村民，制订了不同的帮扶计划。

发展庭院经济，重点推广黑猪、笨鸡养殖项目。为巩固、增加脱贫户的经济收入，自治区扶贫办协调资金10万元，统一对89户建档立卡贫困户进行黑猪养殖全覆盖，取得了非常好的经济效益。同时，自治区扶贫办厅级领导共捐款1.5万元，为对口帮扶的贫困户每户购买鸡雏100只、猪崽1口、防疫药品及饲料来增加未脱贫户的经济收入；建设配套设施鸡舍23个，猪舍13栋，建档立卡贫困户中的39户实现了产业全覆盖，共享受“菜单式”补助资金70余万元。

发展庭院种植项目。嘎查共种植蔬菜4860平方米，49户村民葡萄种植达7500株，20户村民种植榛子树共6300棵，发展庭院水稻30亩。

发挥群众主体作用、激活内生动力是创新扶贫机制的重点。在帮扶中，郝金龙始终坚持指导不主导、帮扶不包办，先建机制，后建工程。危房改造、入户甬道硬化、庭院美化、院墙整修、产业发展项目建设全部采取先建后补、以奖代补模式，谁积极性高支持谁。帮扶单位、村两委班子共同定规划、定政策、定补贴，群众投工投劳、自愿自建，验收合格、补贴兑现。这种办法极大地调动了群众自我脱贫的积极性和主动性。扶贫攻坚由过去的“要我脱贫”转变为“我要脱贫”。贫困群众致富愿望十分迫切，村民中学技术、上项目、互帮互助、苦干实干的典型不断涌现。

内蒙古电视台、《内蒙古日报》、兴安盟等多家媒体的记者先后到帮扶点采访郝金龙同志的先进事迹，人民网、《中国扶贫》杂志、《实践》杂志、《内蒙古扶贫》杂志、《内蒙古日报》《兴安日报》和其他多家媒体对郝金龙的先进事迹进行了专题报道。2018年，驻村干部郝金龙同志被兴安盟组织部授予“优秀共产党员”称号；2019年，被自治区党委组织部授予“内蒙古自治区脱贫攻坚先进个人”称号。

三、“我爸爸扶贫去了……”

金山嘎查，天格外蓝，云格外白，大街小巷格外干净。你能想象，在我们的嘎查村都有清洁工了吗？都有现代化的清扫机了吗？

郝金龙说：“每天早晨牲畜放出去了，我们扫一遍；每天傍晚，牲畜回家了，我们再扫一遍。环境干净了，人就安康了。”

走街串户大半天的时间，所闻所见，都让我心潮澎湃。金山嘎查真正达到了社会主义新农村的20字标准：生产发展、生活宽裕、乡风文明、村容整洁、管理民主。

“错过了对家人的陪伴，但没有错过金山嘎查每一天的变化。”回忆这3年的驻村工作，郝金龙坦言，最大的收获就是赢得了老百姓的信任，有了这份信任和肯定，他就有了不断向前的动力。他说：“我的任期是2020年，我还要继续努力，绝不辜负父老乡亲的厚爱，见证嘎查的日新月异，为嘎查脱贫致富贡献自己的力量。”

采访结束，这篇报告文学也即将进入尾声。想了诸多总结，却无法平静，于是，我选择了摘录郝金龙的日记，作为我采访的结尾。

2017年12月3日　天气晴

深夜无眠，女儿的一句话让我深思许久，顿感愧疚。几日前由于工作关系，我从帮扶点回到呼和浩特市。

上飞机前和女儿在机场发视频道晚安，女儿睡眼蒙眬地说道：“等爸爸回来。”

每天视频的最后一句话都是如此，我也没当回事儿……

辗转到家，却见女儿仍坐在沙发上等我，顿时激动，几番亲热下来便问道：“到睡觉时间了，为啥还不睡觉啊？”

女儿答道：“等你回家哄我睡觉。”深深的内疚感袭上心头。

第二天，战友得知我回家的消息，上门拜访，闲聊中他逗女儿：“你知道你爸爸每天不回家干吗去了吗？”

女儿认真地答道：“我爸爸扶贫去了。”大家顿时大笑：“谁教你的？你知道啥叫扶贫啊?”女儿边吃零食边说:“扶贫就是帮助穷人,我奶奶和我说的。”喜出望外的我亲亲懂事的女儿,心中自豪感油然而生。

这时,女儿跳出我的怀抱,认真地说道:“爸爸,我也想当穷人。”听到这话,大家都收起了笑容。

我忽然想到几日前看到的一条朋友圈,其中提到一篇小学生的作文,写的就是长大的理想是做贫困户……也不管孩子能不能听懂,我很不高兴地对女儿说道:“爸爸的工作就是让别人不当穷人,不当贫困户,怎么到你这还想当,真给爸爸丢人,爸爸生气了……”我起身给战友续满茶水时,看到了女儿委屈的表情,心生怜悯,战友说:“才多大的孩子,懂什么,你干吗这么敏感,这不是得了职业病!”

气氛瞬间变成沉闷,这时,女儿拿着橘子钻到我怀中,说道:“爸爸不生气,我就是想天天看见你,我要是穷人了,你就不用走了……”军人出身的我很少流泪,甚至这些年下来早就忘了眼泪是什么东西,但在这一刻,我实在无法忍住不流泪,瞬间泪奔……这眼泪,是对家庭不能经常团圆的抱歉,是对年迈父母无法时常尽孝的无奈,更是因为对年幼的女儿没有尽到一个父亲的职责而愧疚。我不是工作狂人,也有七情六欲,但我把扶贫工作比作保家卫国般的重任,我曾是一名军人,以服从命令为天职。今日,我是一名驻村帮扶队队员,就像千千万万的驻村队员一样,我要认认真真地完成自己的使命,这样才对得起我的家人的支持,对得起自己的使命和良心!

作者简介:董一鸣,笔名伊宁,汉族,生于20世纪70年代。热爱文学,敬畏文字,尤喜小说创作。曾就读于鲁迅文学院第三十四期少数民族文学创作培训班、内蒙古大学第九期文研班。现系兴安盟文艺评论家协会副主席,在内蒙古兴安日报社工作。

唱响彝乡脱贫歌

——记中共昭觉县委宣传部副部长阿克鸠射

胡正清

2019年3月，春暖凉山，正是习近平总书记视察慰问凉山彝族贫困农户一周年。习近平总书记的亲切问候和殷殷嘱托，还在凉山人民的耳边回响，一本散发着淡雅墨香的纪实文学《悬崖村》，开始出现在人们的手上、网络空间里，渐渐热销开来。

阿克鸠射

这是中国第一部由彝族本土作家创作，反映彝乡脱贫攻坚历程的报告文学。作者为阿克鸠射。

悬崖村，全国人民都知道。2017年3月8日，习近平总书记参加十二届全国人大五次会议四川代表团审议，向凉山代表团的同志询问脱贫攻坚工作情况时，特别“沉重”“揪心”地提到“悬崖村”。

这些彝族聚居的村落，被习总书记谈到的是悬崖村；习总书记亲临关怀后牵挂着的是三河村、火普村。这三个村都在凉山，都在昭觉县。党中央和习总书记时刻牵挂着彝族人民。

阿克鸠射，大家熟悉的名字。习近平总书记在三河村的山坡上，又一次问起悬崖村时，凉山彝族自治州（以下简称“凉山州”）副州长、昭觉县委书记子克拉格，把阿克鸠射反映悬崖村脱贫攻坚发展变化的摄影画册《悬崖村之变》交给总书记，总书记翻阅后露出欣慰的笑容。

阿克鸠射也是凉山人、昭觉人，是昭觉县委宣传部副部长。

20世纪90年代后期，凉山人时常在报刊上看到一个叫阿克鸠射的学生发表的诗歌散文。他略显稚嫩的诗文，充满着对祖先和父母的感恩，对父老乡亲的热爱，对凉山大地的美好祝福和期望。

鸠射，彝语音译是“雄鹰之魂”。在那个时代，凉山的青年学生热衷于背诵当代著名彝族诗人吉狄马加的诗《彝人之歌》：“我曾一千次，守望过天空，那是因为我在等待，雄鹰的出现。我曾一千次，守望过群山，那是因为我知道，我是鹰的后代……我曾一千次，守望过天空，那是因为我在期盼，民族的未来。我曾一千次，守望过群山，那是因为我还保存着，无法忘记的爱……”鹰是彝族人的图腾，彝族人追寻鹰奋飞的志向、翱翔的境界。

阿克鸠射，人如其名，始终坚守着奋发向上的志气，成为大凉山“文字摄影两翼齐飞、新老媒体随意驰骋”的著名记者，成为大西南坚持彝汉双语创作且屡获大奖的彝族青年作家。文随其志，他始终执着地用赤诚、勤奋、灵性和汗水展示着凉山大地改革开放、脱贫攻坚、文明奔小康的感人故事和历史画卷。层出不穷的佳作让省内外、国内外更多的人认识凉山、关注凉山、向往凉山。

一、生逢其时的彝家娃

昭觉，是大凉山的腹心地带，曾是凉山州的州府所在地，彝族历史文化积淀十分丰厚。

1979年12月一个大雪飘飘的深夜，阿克鸠射出生在大凉山深处，昭觉县四开乡一个叫瓦洛觉迪的彝家山寨。父亲是拿斧头砍柴的，母亲是拿锄头种地的。谁也没有想到，在火塘边谛听祖辈和父母讲述传说故事、教唱古老歌谣、讲解尔毕尔吉（谚语）的小鸠射，长大后会拿起笔歌颂大凉山千千万万个阿妈的勤劳善良、千千万万个父亲的正直勇敢。

鸠射儿时的故乡远离现代文明。村里人用最原始的方式烧山垦荒，总是今天重复着昨天，明天又会是今天的模样。

在边远山寨的稀泥巴里、荒草坡上嬉戏的小鸠射，有时会离开小伙伴，呆呆地望着大山遐想：山那面有什么呢？我怎样才能像雄鹰一样展翅飞向山外呢？

路子就一条，读书。

从20世纪80年代开始，中国走上了科学发展的轨道。各项利国利民的新政策带着党的阳光雨露，洒落到民族地区，润物无声，逐渐给大凉山带来了从无形到有形、从无声到有声、从点到面、从表面到本质的变化。

在人们欣喜的掌声中率先到来的，是土地联产承包和教育方面的政策。一个惠及当下、触及根本；一个触及根本、利在千秋。

1986年颁布的《中华人民共和国义务教育法》规定："凡年满六周岁的儿童，不分性别、民族、种族，应当入学接受规定年限的义务教育。条件不具备的地区，可以推迟到七周岁入学。""国家对接受义务教育的学生免收学费。"

1994年，国家教委出台《关于在九十年代基本普及九年义务教育和基本扫除青壮年文盲的实施意见》，提出到20世纪末基本普及九年义务教育和基本扫除青壮年文盲（以下简称"两基"），20世纪90年代实现"两基"，是党中央、国务院的一项战略决策，是全党、全社会一项紧迫而艰巨的历史任务，是提高整个民族素质的奠基工程，是今后一个时期教育发展的"重中之重"。

"两基"的战略实施和工程验收，在千里凉山扎扎实实、轰轰烈烈地展开。

1988年的9月，鸠射的父亲牵着他和邻居家大他5岁的小哥哥，冒着绵绵秋雨，翻过两座大山，蹚过一条大河，穿过两片森林，走过一个平坝，走进了乃拖村小学。

30年过去了，阿克鸠射清晰地记得乃拖村小学那一排土墙瓦板屋的教室。在这简易的教室里，他学会了拼音字母和阿拉伯数字，也学会了阅读这个世界的文字。

每天晚上，在瓦板屋里煤油灯摇曳的灯光下，白天在学校认真上课的小鸠射在背书做作业。白天在地里辛勤劳动的父母，在相互教读扫盲课本。那个还很贫穷的家庭，情感和精神是多么的富有啊，破旧的土墙房里孕育着可盼的希望。

小鸠射迷上了读书。那时，寨子里哪家来了个客人，请鸠射背书成了一个固定的表演节目，鸠射渐渐地小有名气。有些客人高兴了，就要奖励他一两元钱。鸠射把钱攒着，等父亲去县城办事，就跟去，买回各式各样的连环画，翻来覆去地阅读把玩……

两种情怀在幼小的鸠射心中悄悄地滋长。一个是日益明朗的理想：好好读书，走出大山，为家乡的孩子写好多的书、画好多的画；一个是懵懵懂懂的美梦——长大后娶个能说汉语、能写汉字的老婆……

那时考上民族小学和民族中学，伙食费是国家补助的。恢复高考后，大学中专为民族地区的学生敞开了大门。由于国家的分配政策，凉山的中专教育十分到位，改变了万千学子的命运，也培养了千千万万的人才。函授、自考，为干部职工的学业深造打开了通道。好学的鸠射，一路享受着国家的良好政策求学而上。

1991年8月，阿克鸠射以四开乡第一名的成绩进入四开区中心校民族班就读。1993年8月，考入县城省级重点中学——昭觉中学，就读于初96届民族重点班，开始了文学创作。他献给昭觉中学建校60周年的诗歌《拉开梦想序幕的地方》这样写道："我敢说/1993年收获的金秋/您成了我一个山里彝人后代/梦想起航的地方/我的一切都从母校温暖的怀里/拉开了序幕……"1996年8月，他考上了西昌师范学校。

离开故乡，阿克鸠射看到了外面世界的精彩，也懂得了乡愁。在学习之余，他如饥似渴地阅读了一部部文学作品，也用文字抒发着内心的感受，发表了一篇篇文章。毕业离校之际，学校举办了阿克鸠射彝汉双语作品展。

1999年7月，阿克鸠射从西昌师范学校毕业后回到昭觉，被分到一所远离故乡的学校，当上一名乡村教师。

在繁重的教学任务和孤寂的艰苦生活中，鸠射没有随波逐流，没有消沉。无论天下阴雨还是地有雪霜，当别人还在睡觉时，鸠射已在学校背后的山坡树林中朗诵诗文。他并非有"天将降大任于斯人也"的豪气，但他坚信老师的教诲：幸运总是眷顾着有准备的人。他也不奢望什么幸运，他只是觉得这样探究学问的生活多么幸福欢畅。

一个周末，阿克鸠射在县城书店里买到了一本阿城的《棋王》，读到"人还是要有点东西，才叫活着"时，他更加坚定了继续读书、努力写作、一定要走出大山的信念。

夜深人静时，阿克鸠射燃起一支蜡烛，就着一杯浓茶和一包红山茶烟，苦读几个月后，考入西昌师范高等专科学校小学教育大专班。

调回老家任教时，阿克鸠射在彝汉双语写作方面有了质的飞跃。他在老家边教书边苦读苦写，创作出了长篇小说《雾中情缘》。后来，他又通过专升本考试，考入西昌学院彝汉语文本科班，有幸成为西昌学院彝语言文学院第一个成人本科生。

“我不是伟人，但我成长于一个伟大的时代!”鸠射经常这样自语，也这样向亲友倾诉。

二、热爱故土的大记者

进入20世纪八九十年代，乘着国家改革开放的东风，迎着西部大开发的浪潮，享受着党的民族地区扶贫政策的恩惠，凉山的山、凉山的水、凉山的地、凉山的人发生着日新月异的变化。

阿克鸠射的心随着时代的节拍而跳动，他的耳朵紧贴在父老乡亲的胸膛上。他在亢奋中思考着，在思考中深刻地告诉自己：既要创作文学作品歌颂凉山伟大的时代变革，更需要用新闻作品尽快把凉山的发展变化宣传出去，用正确的舆论引导人，用先进的事例鼓舞人，让凉山走向世界，让世界了解凉山。这是新时期凉山文化青年的时代使命和责任担当。

深邃的思想促成果敢的行动。

工作之余，阿克鸠射靠坐班车、走路省钱，又借了些钱买了一架相机，上山下乡去采访。从《凉山日报》彝汉文版、凉山人民广播电台，到外面的媒体，他的新闻作品一发而不可收，好评之声、获奖之讯频传。一时间，作为记者的阿克鸠射声名鹊起。

1991年1月，一个机构两块牌子的中国共产党中央委员会对外宣传办公室（中共中央对外宣传办公室）、中华人民共和国国务院新闻办公室（简称国务院新闻办）开始组建。从中央到省、到州县，外宣工作得到重视、加强和规范，成为热点亮点工作。作为凉山的腹心地带，“光荣老州府、奋进新时代”，昭觉的外宣工作尤显迫切，尤需精彩。

2004年7月，阿克鸠射被调到昭觉县委宣传部，成为一名新闻工作者。“漫卷诗书喜欲狂”的鸠射，意气风发、斗志昂扬。他感恩组织、感谢时代，让自己把爱好、特长和事业融为一体，这是多么难得而美妙的人生经历啊。他掷地有声地告诉自己：要义无反顾地投身民族地区新闻事业。

阿克鸠射

16年来，阿克鸠射切身感受到新闻姓“新”，他把学习放在首位，尽量抽出时间参加中国作协、国家新闻出版总署和省州举办的各类培训。他不断更新思想观念，掌握先进技术，始终保持着与时俱进的业务水平；坚守初心，始终做到心中有杆时代的秤，俯首亲吻泥土的芬芳；始终保持着采访的热情、创作的冲动，保持着忘我的工作状态，成为下基层次数最多、节假日坚守岗位次数最多、发稿量最多、获奖最多的“四多”记者，成为干部群众公认的凉山大记者。

克服一切困难，每次采访都深入现场，每一篇稿件都精益求精，高标准的自我要求、严于律己的责任担当，成为阿克鸠射被众人称道的工作亮点。

在山区行走，要过沟壑，山溪水易涨，常发生意外险情。2006年11月8日，阿克鸠射徒步9个小时去三岗乡马子普村采访乡村教师李元旦，路上不小心跌下10来米深的陡坡，腰部压着挎包，把包里的笔都压断了，却忍着一身的病痛，咬着牙继续坚持采访，写出了长篇人物通讯《玛鸪山上一朵守望的云》，纷纷被全国各大新闻媒体刊用和转载。2008年7月，他到四开乡采访，涉河时突然山洪暴发，行李被冲走，险些发生生命危险。2010年9月13日15时至14日凌晨，一场突如其来的强降暴雨袭击昭觉县，造成307省道昭觉县四开乡境内梭梭沟段公路12处山体滑坡、泥石流等地质灾害，给过往的200多辆车辆带来严重的危险。阿克鸠射跟随县委、县政府主要领导赴现场采访，经过连夜摸黑采访，写出了感人的现场特写《奋战15小时 昭觉抢通梭梭沟灾害路段》，被各级媒体刊用和转载。

2007年3月31日，他在县上采访县委常委民主生活会，不能请假，而妻子在乡下生孩子难产。当晚他匆匆租了辆出租车赶回家后，才把妻子送到县医院。第二天一早接到通知，州委书记到昭觉调研。他看一眼妻子疲惫的脸庞上泪汪汪的大眼睛，摸一摸刚出生的儿子可爱的脸蛋，平复一下呼吸，挎上背包，走出医院。他当天采写出长篇通讯《坚持扶贫开发不动摇 保增长保民生保稳定》，第二天就发表在《凉山日报》头版头条上，深受群众的欢迎。2010年8月25日，原本请着病假的阿克鸠射，又因州委主要领导来昭觉调研，接到通知后，带病完成了采访任务，受到县委、县政府主要领导的肯定。

2007年6月18日，阿克鸠射在下乡途中，瞬间抓拍到的新闻照片《昭觉万名农民走进课堂》发表在第二天《凉山日报》头版上后，得到了时任州委书记吴靖平的高度评价。吴书记在《凉山日报》汉文版报头位置上批示道，“德华同志：这幅照片就很好。今后要多登农民、工人、农村、工厂等基层的照片，少登领导的照片。登领导与基层群众在一起的照片，不登领导个人的照片。”这成为凉山新闻界实践“三贴近”和“走转改”活动的典型案例。

2015年1月10日夜，从西昌开会回昭觉的阿克鸠射，路过解放乡境内海拔3000米的马谷山时，气温急剧下降，下起暴风雪，上千辆车被困。大雪阻挡了驾驶员的视线，不时有车辆打滑横在路中央。车内的人饥寒交迫，就连上厕所都成了问题。这时一位名叫毛伦乐的彝族乡村老师，发动周围的人一起推车指挥车辆，当了近7个小时的临时交警……阿克鸠射现场参与，采写了通讯《昭觉：暴风雪导致上千辆车被困马谷山 教师当起临时交警》，在全国各级媒体上刊发转载，展示了凉山人顾大局、敢担当、讲文明的形象。

有人说阿克鸠射的报道是用“脚”写出来的。他三分之二的时间是在农村采访中度过的。全县抗低温暴雪救灾、山体滑坡灾害、抗洪抢险、地震抗灾、暴雨冰雹灾害……哪里危险，哪里艰苦，哪里就有他的身影。他都深入现场采访，发回最真实的报道，鼓舞了灾区群众抗灾救灾的士气。

近年来，阿克鸠射先后在《人民日报·海外版》、新华社、中央广播电视总台、《经济日报》《民族文学》《民族画报》《人民摄影报》《四川日报》、四川卫视、《华西都市报》《四川画报》、凤凰卫视、《凉山日报》《凉山文学》等国家、省、州级报纸、杂志、电台、网络上刊发了《昭觉千名干部驻乡村》《凉山马铃薯 全省一流》《35个彝家孤儿畅游北京上海》《昭觉：彝族农民住上新房安居乐业》《昭觉：文明生活方式走进彝家山寨》《不见炊烟起 但闻米饭香》《日本音乐人彝乡拜师学艺》《与彝人相伴数千年的荞麦文化》《大凉山马铃薯：凉山扶贫攻坚旗舰》《总理与彝族人民心连心——温家宝总理赴昭觉调研纪实》《昭觉农民“减”出幸福好生活》《新村建设带来新生活》《昭觉：健康生活 彝寨新村》《凉山州64万彝族农户告别三房》

《情暖大凉山——重温习总书记大凉山考察记》《温暖留心中 奋进奔小康》《为习爷爷唱歌的小女孩今年将告别土坯房搬进新家啦》《习主席的牵挂温暖了凉山》《一年蝶变“悬崖村”》《习总书记关心的凉山三河村：彝族同胞搬新居 日子越过越红火》等一大批重点稿件。

2004年8月至2019年9月，阿克鸠射以熟练的采访技巧和高超的摄影技术，分别在《凉山日报》《四川经济日报》《四川日报》《四川画报》《中国西部》《民族画报》等报刊发表了关于昭觉县的200多个专题报道，共计100万余字、1000余幅图片，有效地推进了全县的外宣工作。

阿克鸠射也先后被任命为昭觉县语言文字工作委员会副主任、昭觉县记者站站长、昭觉县委宣传部副部长、县委外宣办主任。

他采写和拍照的300多篇（幅）新闻稿件、文章、图片曾先后获得中国地市报新闻奖、中国少数民族地区报新闻奖和四川新闻奖一、二、三等奖；连续13年被州委宣传部、凉山日报社授予优秀驻站记者一、二等奖和全州优秀新闻工作者称号；多次被昭觉县委、县政府评为先进个人、优秀共产党员；3次被凉山州委、州政府评为全州先进工作者和先进个人；还被评为四川省宣传工作先进个人；当选为第六届全国少数民族文学创作会代表、四川省青年作家会议代表。

2019年他全程参与、策划、撰写、拍摄、编辑的《四川画报》第2期昭觉特刊《习近平总书记来川视察一周年凉山昭觉报告：雄鹰奋飞在脱贫奔康路上》，作为2019年全国“两会”献礼之一，被四川代表团送到人民大会堂、中央宣传部和敬爱的习总书记手中。

中等身材的阿克鸠射，给人的印象始终是一个忙碌的身影、一张亲切的笑脸、一双闪烁着友善和睿智光芒的大眼睛、一派豪爽大气的性情。他有很多的朋友，他与文学界的师友探究文学创作，向新闻界的同行推荐凉山，跟乡干部、村干部、老师、医生、村民、朋友亲如兄弟姐妹，无话不谈，他的文学水平和新闻素养得到不断的积蓄和升华，他的创作拥有不竭的灵感和源泉。

他广交朋友，联系社会爱心人士做慈善事业，为故乡的脱贫进步添砖加瓦。2006年7月，他有幸认识了广东自由摄影人刘志伟，通过一番真诚的交谈，2007年11月，刘志伟发起了“关爱陌生人凉山行”活动，为昭觉、布拖、美姑等地的贫困学生捐赠了3万余件过冬衣物和价值达3万多元的学习用品；与此同时，昭觉县大坝乡中心校60名贫困生得到了“关爱陌生人凉山行”的“一帮一”资助至小学毕业。2009年1月，他所采写的《一双大眼睛 8年凉山情》等8篇通讯和20幅图片连续4天在河南《濮阳早报》登出，引起轰动。濮阳爱心人士分别为昭觉、美姑两县50名贫困学生引进爱心捐助款2.9万多元。2010年5月，他采写的新闻和拍摄的图片刊登在《民族画报》上，为大坝乡中心校联系到了500余套崭新的校服并捐赠给学校。2012年3月，他又通过江苏省网友的联系，为四开乡乃拖村小学60名贫困学生捐赠了300余套衣物和300余册图书……

“作为一名彝族记者，见证凉山历史变迁是我的幸运；参与凉山脱贫攻坚是我的使命；宣传凉山跨越发展是我的骄傲。”阿克鸠射这样说着，也这样做着。

三、讴歌奔小康的好作家

到县委宣传部工作后，阿克鸠射牢牢把握凉山的脱贫发展进步文明情况，在采写刊播大量新闻稿件的同时，坚持彝汉双语的文学创作。小说《阿克阿普》、诗歌《支格阿鲁》、文论《彝族文化的忧思》、散文《在乡村读书的日子里》等100多篇文章曾分别入选《2011年度中国诗歌选》《当代彝族作家作品选集》《母语的光辉》《情系凉山》《报道凉山》等20余种集子出版；散文《口弦倾诉衷情》《月夜》入选四川省小学六年级彝语文课本和高三彝语文课本；拍摄的2幅照片入选由中央宣传部、中央改革办、中央党史和文献研究院等共同举办的“伟大的变革——庆祝改革开放40周年大型展览”，在国家博物馆展出；拍摄的5幅图片入选国际人类学与民族学联合会第十六届世界大会民族服饰专题论文集《民族服饰与文化遗产研究》；长篇小说《雾中情缘》由四川民族出版社出版发行，荣获四川省第五届少数民族文学奖；散文集《翻阅生活的注脚》荣获凉山州“五个一工程”奖。

当在央视节目上看到习近平总书记了解凉山脱贫攻坚、关心悬崖村的动人神情时，当各大媒体采访悬崖村的信函纷至沓来、为他们发去一沓沓的稿件时，当凉山2020年与全省全国同步全面实现小康、脱贫攻坚进入冲刺阶段时，当习近平总书记亲临凉山彝区视察指导时，当站在欢送的人群里激动地握住习总书记的手、听他祝福凉山人民“幸福安康，早日脱贫奔小康”

时，阿克鸠射在激情澎湃中静静地思考起来，心中闪现出一个动人的目标，胸中涌现出一阵阵创作的冲动。

民族发展进步的道路曲折漫长，但总有几个关键的历史时段。现代凉山的发展，有两个关键的历史印迹。一是1956年的民主改革，在党的领导下，凉山一步跨千年，进入社会主义社会，凉山人民当家做主站起来，从悲壮的革命阶段跨入豪迈的社会主义建设阶段。歌舞《快乐的啰唆》、电影《达吉和她的父亲》、小说《欢笑的金沙江》等生动地表现了那段伟大历史，伴着历史的脚步，这些文艺作品也成为时代的经典。二是当下的脱贫攻坚，在习总书记、党中央、省委的关心支持下，凉山作为国家三区三州深度贫困地区之一，背水一战，决胜脱贫攻坚，正从改革开放富起来的豪迈，跨入习近平新时代中国特色社会主义思想中提及的全面小康。反映当下凉山的历史跨越，文学作品略显抽象，新闻作品体量有限，应该创作一部纪实性的报告文学，把凉山的伟大变革告诉世界、告诉未来。

阿克鸠射这次深沉的思考和决策，顺应时代对作家的恩赐，不负人们对作家的期望。“干！就写一本《悬崖村》。”斩钉截铁地下了决心后，他像父老乡亲一样，“撸起袖子加油干”，不达目的，决不罢休。

阿克鸠射

早在2010年7月，阿克鸠射陪同时任昭觉县委书记的白云到昭觉县支尔莫乡调研。在调研期间，支尔莫乡乡长阿皮几体告诉他们：“乡干部到阿土勒尔村了解情况时，要攀爬很多藤梯才能进到村子里去。”作为昭觉土生土长的人，他也深受震撼。

2013年2月，受昭觉县委书记子克拉格的委托，阿克鸠射带队赴阿土勒尔村和古里拉达大峡谷采访。爬悬崖、攀藤梯是摆在他们面前的一道道难关。但他们克服重重困难，一路走、一路拍、一路采写，经过14个小时惊心动魄的攀爬之后，他们终于从阿土勒尔村的牛觉社到了山上的大平台布色乃洛。

那次到访阿土勒尔村的经过、深刻体验以及感受，阿克鸠射写成8万余字图文并茂的系列报道《探寻昭觉古里拉达秘境》，在各级媒体发表。阿土勒尔村引起外界的关注，“悬崖村”的名字叫开了，阿克鸠射也开始了长达5年的深度跟踪。

昭觉县是全国典型的集中连片深度贫困地区，而“悬崖村”是昭觉县脱贫攻坚工作的典型乡村，距离昭觉县城72公里，常住居民有100多户480多人，全是彝族老乡。在这里，峥嵘的群山层层叠叠，悬崖峭壁挤窄了天空；在这里，村民主要依靠上下落差800米的悬崖峭壁，踩过12段218级藤梯，来维系和外界的联系；在这里，村民世代以玉米、土豆为食，与猴群、野猪、黑熊为邻；在这里，村民过着“世外桃源”的生活，远离现代文明……

“悬崖村”既是深度贫困地区的典型代表，也是脱贫攻坚的坚中之坚。这样贫困、落后的村寨，引起习总书记的牵挂、全国人民的关注后，在国家精准扶贫的大背景下，四川省、凉山州、昭觉县从党员干部到个人，从政府到企业，从城市到乡村，都投入让悬崖村改天换地的扶贫攻坚工作中，同时向所有贫困村发起决胜总攻。大凉山乃至我国更广阔的山乡间远远不止一个“悬崖村”，因此，其扶贫探索模式在我国多个地理环境恶劣、支柱产业匮乏的地区具有典型的借鉴意义。

阿克鸠射以勇于投身脱贫攻坚工作的使命感，把自己变成了“悬崖村”人，持续跟踪“悬崖村”5年多时间。其间，他进行采访数十次，对话上百人，深刻记录下深度贫困乡村基层干部、党员、村民脱贫奔小康的心声。他与村民同吃同住同劳动，记录下他们的喜怒哀乐，表达着他们对党和政府的感恩，赞扬着他们冲刺脱贫攻坚的同心奋斗，抒发着他们脱贫奔小康的幸福快乐。

他聚焦悬崖村全国知名的“藤梯”。这条藤梯嵌在悬崖峭壁之中，扭扭曲曲地分为12段，上接白云、下临深渊，如同瘦弱的肌体上一条干枯的血管，贯穿起了“悬崖村”与外界所有艰难的沟通与求索。2016年7月，州县两级财政共投入100万元修建钢梯，村民们战天斗地，上上下下3万人次，用坚实的肩头将1500多根、40多吨重的钢管和6000多个扣件背上了山，用粗糙的双手建起了2556级钢梯。“悬崖村”藤梯变钢梯，是凉山精准扶贫的典型成果和历史佳话。

他聆听着村民的心声。养育了5个孩子的陈古吉，期盼儿子上学路安全的俄的黑格，参过军又回到村子里的俄的来格，希望有出路的年轻人莫色拉博，徘徊在打工与留守之间的吉巴石呷，以及搬到山下却惦记着山上核桃树的莫色打吉……这些纯朴的彝家村民，在重复祖辈贫困、落后生活的同时，从内心深处迸发出了摆脱贫困与落后的呐喊，思考着“悬崖村”的发展之路与个人出路。

他描述着“悬崖村”村民在致富奔小康道路上的踏歌前行：村民陈古吉成了职业追蜂人，野生蜂蜜给他带来了可观的收入；俄的来格种上了青花椒、脐橙，经济作物的收入越来越高；莫色拉博发挥自己善于攀岩的特长，成了“悬崖村”的攀岩领队……乡亲们的生活蒸蒸日上，日子越过越红火。

他刻画着村民由内而外的改变。银行、金融服务在“悬崖村”开通后，村民们巧借资金，搞起了多样的种植养殖产业；4G网络和基站建起后，村民们感受到了信息高速公路的便捷，通过网络把土特产卖到了成都和上海，也让更多的人了解了“悬崖村”；旅游开发后，村民们看到了食、住、行等商机，真正感受到了绿水青山就是金山银山的发展理念。特别是在教育观念上，以往的“悬崖村”，因为出行不便，家里的娃娃能认字算账，做父母的就满足了；现在的“悬崖村”，父母认识到知识的重要性、教育的重要性，争先恐后地把孩子送进学校接受教育。而现代化的“悬崖村”小学，更是给孩子们的成长插上了翅膀。新一代的“悬崖村”村民，不仅能走出大凉山，走向成都、上海、北京，更能把握自己美好的未来。

他讲述着村里感人的事情。村民和孩子称呼扶贫干部为“猴子书记”“牛书记”“舅舅”（按照彝族风俗，受尊敬的人才可称为舅舅）的声音无比亲密。为了以最低的价格买到修建钢梯的钢管，书记和乡长在钢材市场演了一出砍价的戏。乡长先去砍价，乡党委书记再接着砍价。两位乡干部唱的“双簧”，“惹恼”了卖钢材的老板，只是因为修建钢梯资金有限。

8岁的陈木黑希望长大以后成为飞行员，可以为家乡多航拍一些照片。老师何强问他：“你在天上怎么能找到我们的村子呢？”孩子们七嘴八舌地讨论后，得出的结论是：凭国旗，“国旗是学校里最鲜艳、最醒目的标志”。孩子们的眼睛里都闪烁着光芒，他们曾受央视邀请去天安门广场观看过升旗仪式：凌晨的天空霞光万道，五星红旗冉冉升起的景象映亮了每个孩子心中最深沉的情愫……

与村民的感情是那样深厚，生活的馈赠是那样的丰厚，歌唱时代的愿望是那样的强烈。阿克鸠射一往情深于悬崖村的蜕变；一往情深于《悬崖村》的创作。

必须锁定历史的关注。要以习总书记的牵挂之情为主线，以大凉山热火朝天的脱贫攻坚为背景，把悬崖村、三河村、火普村联系在一起，让《悬崖村》浑身体现着"三贴近"，散发着浓浓的泥土气息，展现着独特的凉山风貌。

应当注重先进的思想。"思想性是文学作品的灵魂。"从记者成为作家，除了文笔、才情、执着之外，更重要的是思想。要对党的政策的英明、党的领袖的伟大、脱贫攻坚的紧迫、民族进步的期望等社会课题，在创作中思考，在思考中报道创作。让《悬崖村》从"言志""情态"到"写意"、到"传神"，让人感受民族政策的光辉和民族进步的灵魂。

特别突出民族的情感。陆机说："诗缘情而绮靡。"要以习近平总书记对彝族地区和贫困群众的关爱之情、彝乡干部群众对习总书记的想念之情、彝乡干部群众对党和政府的感恩之情为底蕴铺开章节，让《悬崖村》的章节段落流动着乡愁之韵，体现着意境之美。

有几天时间，阿克鸠射足不出户、目不窥园，沉心于宁静，静心于思考，醉心于《悬崖村》人物情景的塑造打磨和段落文笔的有盐有味。要让《悬崖村》像一颗露珠映射阳光一样，成为"一步跨千年"的民族史的重要注释。

2018年安宁河畔稻浪翻滚、大凉山上瓜果飘香，万类霜天竞自由的秋天，阿克鸠射的心豁然通达，阿克鸠射的笔妙笔生花。

2019年3月，作为全面反映三州三区深度贫困地区之一——四川省凉山彝族自治州脱贫攻坚题材的第一部文学作品，第一部大凉山彝族人写彝族人的报告文学作品《悬崖村》列入四川省"万千百十"重点扶持作品并出版，首发1万册。书一面世，深受全国读者喜爱。在北京王府井书店、中关村图书大厦、北京图书大厦等重点门店主题陈列，引发了社会的广泛关注，《人民日报》、新华社、中央广播电视总台、《四川日报》等全国一百家传统媒体、网络媒体和新媒体等对《悬崖村》的出版发行情况进行了持续宣传报道，10多家报刊发表深度评论文章19篇，社会反响强烈。其单篇文章1小时内点击量突破10万次，其中新华社推送的报道的点击量已超过30万次，单篇文章的点击量累计达到40万次。

2019年3月，昭觉县委、县政府、凉山州文联、天地出版社联合召开了《悬崖村》作品研讨会；4月由四川省文化和旅游厅、省全民阅读活动指导委员会办公室、四川新华发行集团有限公司共同在省图书馆举办了“希望，绽放在大凉山上——《悬崖村》读者分享会”；7月《悬崖村》入展第29届全国图书博览交易会，8月《悬崖村》入选2019上海书展暨“书香中国”周，11月入选首届天府书展；2019年12月《悬崖村》荣获第十五届四川省“五个一工程”奖和“2019四川好书奖”；《悬崖村》还走出了国门，被推荐到国外，加入“一带一路”重点图书，用阿拉伯语在埃及等12个阿拉伯语言国家出版发行。

中国当代著名作家、彝族诗人、全国人大常委会委员，中国作家协会副主席、书记处书记，鲁迅文学院院长吉狄马加这样评说《悬崖村》：“阿克鸠射以强烈的责任感和使命感深入生活与社会，以饱满的人性关怀与激情，以图文并茂的形式，讲述了他的见闻、他的感动、他的思想，以丰富的第一手资料向我们展示了透彻人心的泥土的气息、生命的气息、时代的气息。由此，我对他致以深深的敬意！”

《悬崖村》已然成为凉山脱贫奔小康历史脚步的精彩音符。行走在即将全面小康的凉山大地上，阿克鸠射歌颂着故乡脱贫奔康的今天，歌唱着故乡美丽、幸福、文明、和谐的明天。

作者简介：胡正清，彝族，四川冕宁人，凉山日报社主任编辑。主编的《欢腾的雅砻江》、创作的《灵山晨曲》由云南民族出版社出版发行。

“俄依人”丁云飞

洛迦·白玛

此时，午后的阳光明媚。

丁云飞坐在我对面，圆圆的脸上依然挂着憨厚的笑容，白皙的肤色，配上一副近视眼镜，更显得温文尔雅。

谁能想到，两三年前的他竟会是另一种形象呢：皮肤黝黑，胡子拉碴。

但是，丁云飞说，那种形象才是他最怀念的，因为那才是“俄依人”的标准形象。

2015年9月，作为康定市第一批59名第一书记中的一员，30岁的丁云飞被派往瓦泽乡俄依村担任第一书记。

从那天起，丁云飞就把自己当成了“俄依人”。

一、初入俄依村

九月，正是高原最美的时节，很容易让人迷醉其中。

仰望天空，是蓝宝石般的晶莹通透。碧空如洗，纤云不染。往常那些丝丝缕缕飘浮着的云絮在此刻悄无踪影，不知道飘去了哪里。

蓝蓝的天上没有白云飘，蓝蓝的天空下是顶着积雪的山峰。

山上，针叶林和灌木丛交错着，层层相间着黄的、红的、绿的叶子。再往下就是如茵的绿草，草地上有马，有牦牛，它们或静默，或走动，或是悠闲地摇晃着尾巴啃食草叶。

不远处，山脚下的一片空地上伫立着一座小村庄，一条小河正弯弯曲曲地流过，仿佛隔着老远都能听见它“哗哗”的流水声。

村子里散落着一座座民居。房子不多，但有着浓郁的藏式风味，门上和窗框上都涂着美丽的花纹，在阳光下很是耀眼，让人禁不住心生欢喜。

这个时节，地里的青稞已经收割完了。这不免让人感到有点小遗憾，只能凭借想象来还原风吹过青稞地时，青稞浪一片片此起彼伏涌动着的美丽场景了。

不过，总的来说，这天、地、村庄都有着一种无比和谐的自然美。好似画家笔下所描绘出来的梦幻之境。

丁云飞了解基本情况

这是丁云飞第一次站在俄依村村口，望着眼前的风景，不由自主在脑海中浮现出的想法。

当时，沉浸在美景中的丁云飞还没有意识到自己将走进的这个村子是个什么样的村子，而自己和这个村子里的人们又会产生怎样的联系。但是，作为一名第一书记，他清楚自己身上的责任，无论将来要面对什么，他都会把自己当作这个村子里的一员，和村民们一起同甘共苦。

在来俄依村之前，丁云飞便已经从各个渠道了解了村子的情况，得知俄依村处于高山河坝地区，距离康定城区70公里，距瓦泽乡政府33公里，平均海拔3500米，属山地寒温带气候，总体环境比较恶劣。

为了掌握第一手资料，到乡里报到之后，丁云飞便准备立即到俄依村开始挨家挨户走访，了解村民的基本情况。

此前，通过了解，丁云飞得知村里会说汉语的人不多，而自己又不会藏语。于是，在接到去当第一书记的通知后，为了尽快消除和村民之间的沟通障碍，他四处打听哪里有教藏语的老师，并从每天繁忙的工作中抽出有限的时间来学习，虽称不上废寝忘食，却也足够认真刻苦。就这样，他“突击”学会了一些日常的简单的藏语，但是，这离和村民顺利交流还是有很大的差距，这让丁云飞一直心怀忐忑。幸好，乡里专门安排了一个会藏语的乡干部驻村，和他一起到俄依村去开展工作。

这是一个阳光灿烂的早上，微风拂过脸颊，带着轻柔的暖意。

对这次走访，丁云飞的心里充满了期待，他想通过这次走访对村子及村民的情况有一个全面的了解，然后再进一步对村子将来的发展做一个整体上的规划。

带上笔记本和笔，丁云飞跟着驻村乡干部开着那辆“历史悠久”的面包车从乡政府出发，朝村里驶去。

从乡政府到俄依村有两条路。一条是绕道新都桥、塔公到村上，单程有60多公里。另一条是从长坝沟里到村上，单程有30多公里。乡上的干部到俄依村一般都走第二条路。

在下村前，丁云飞就听乡里的干部说起，这第二条路是到村里最近的路，但也是最让人“减肥”的路。一开始，丁云飞并没有理解“最让人减肥的路”究竟是什么意思，而当他不解地询问乡里的干部时，大家都笑而不语。

“等你走一次就知道了。”驻村乡干部哈哈笑着，对丁云飞说。

于是，直到踏上这条路，丁云飞才深刻地体会到这句话里包含的意思。

崎岖的公路，突然出现的深坑、石块让人防不胜防。路上是飞扬的尘土，车内也是尘土飞扬……

丁云飞开着车，方向盘左打一下，右打一下，艰难地慢慢向村子开去。

车本来就年久失修，再加上恶劣的路况，一个小时左右的颠簸，让车里所有的人都感到全身骨头快抖散架了，而早上吃过的东西一直在胃里“翻滚跳跃”，很快就被消化掉了。

原来这就是“减肥”的意思啊，丁云飞终于明白了。

这一路上，丁云飞深切地感受到大家口中“像被轰炸过”的公路究竟是什么样子，也深刻体会到了俄依村村民出行的不易。

“快到村子了。”驻村乡干部说。

紧接着，丁云飞就看见村口立着一栋崭新的两层楼的房子。

“这是刚刚修好的活动室。”驻村乡干部指着那房子对丁云飞说。

他们将车在活动室门口停好，一个戴着牛仔帽、中等个子、皮肤黝黑的男人就朝着他们快步走来。丁云飞刚才在车里就已经看到他站在活动室的门口，像是在等人。

“丁书记，你们来了啊。”那人走近他们，一边说一边笑着，热情地向丁云飞伸出手。

“这是俄依村的村支部书记洛让。”驻村乡干部给丁云飞介绍道。

丁云飞赶紧伸出手紧握住洛让的手，说：“你好，你好。”

“来，我带你们看看我们村新修的活动室。”洛让拉着丁云飞，带着他们向活动室走去。

两层的活动室很是宽敞明亮，但是因为刚刚修好，所以还没有什么设备。

听洛让介绍着活动室的情况，丁云飞不自觉地开始思考起来：今后如何设置活动室的功能，发挥活动室的作用，如何将村里的活动室办成村里人办公、聚会的好地方……

“洛让书记，请问下，村里的人平时都是靠什么生活的？”丁云飞问洛让。

“村里的青壮年大部分都在离定居点几十公里外的牧场放牧，只有地里需要耕种收获的时候才回家，另外还有少数年轻人外出务工的。”洛让回答道。

“那村里剩下的不就只有老人和孩子了吗？”

“是啊，基本上就是老人、女人和娃娃，然后就是身体有病或者是有残疾的人。”

丁云飞给贫困户发放慰问品

听闻村里剩下的大部分都是没有什么劳动能力的人，丁云飞的心里开始打鼓：看来自己这个第一书记果然不是那么容易当的。

介绍完活动室，洛让带他们经过一座破破烂烂的水泥桥，再走过一段尘土飞扬的土路，便来到了村子里。

村里的路和他们先前走过的土路一样，风一起，漫天都是尘土。有村民赶着牲口走过，路上便留下了一些新鲜的牛马粪便。炊烟袅袅，正从屋顶上升起，院子里传出狗叫和村民呵斥狗的声音。

这就是最自然的生活的模样啊，真好！

丁云飞在心里兴奋地想着，觉得自己瞬间就喜欢上了这个小村子。

他们沿着村里的土路走着，不时遇到用微笑跟他们打招呼的村民，丁云飞也以微笑回应。而一旁的洛让则在微笑回应之外，还会跟村民们寒暄几句，并且不忘用藏语向他们介绍同行的第一书记丁云飞。

“阿爷，放牛去哇。”

“哦呀，哦呀。”一位约莫六七十岁，面容慈祥的老人咧开没牙的嘴笑着。

“这是我们村新来的第一书记，他的名字叫丁云飞。”洛让指着一旁的丁云飞说。

听到“丁云飞”三个字，丁云飞赶紧笑着向老人点了点头。

“第一书记？来做什么的？”老人困惑地望向丁云飞。

“就是来帮我们脱贫致富、解决困难什么的。”

“哦呀，哦呀，卡卓，卡卓（藏语意为感谢）。”老人再次望向丁云飞，对他伸出了大拇指，眼神中闪烁着热切期望的光芒。

虽然听不懂洛让和老人用藏语说了些什么，但是丁云飞还是凭借他们的手势和表情以及自己强大的猜测能力，“脑补”出了以上话语的含义。

“阿爷对你表示欢迎呢，说谢谢你来帮我们。”洛让转头对丁云飞说。

“应该的，应该的，这本来就是我的工作。”对于老人突如其来的感谢，丁云飞觉得有些尴尬，自己还什么事都没做呢，怎么敢接受别人的感谢啊。

接着，老人对着丁云飞，笑着又说了一长串藏语。

丁云飞听不懂，把求助的眼神投向洛让，却看见洛让一边听老人说的话，一边哈哈大笑起来。

“阿爷说，看你长得细皮嫩肉的，要小心被晒黑了，以后要记得戴个帽子，戴个墨镜。”洛让停顿了一下，冲丁云飞挤了挤眼睛，笑着继续说道，“阿爷还说，口罩这个东西啦，你就不要戴了，那个是姑娘家戴的东西。”

听着洛让说的话，望着老人慈祥的眼神，丁云飞突然有一种难以言表的亲切感，同时更有一种沉甸甸的压力。他在心里对自己说：“从现在起，我就是这个村子里的一员了，今后的两年，我不知道自己最后会做得怎样，但我一定会尽我所能来当好这个第一书记。”

二、找寻摆脱贫困的方向

在驻村乡干部和洛让的协助下，丁云飞一一走访了俄依村的每户人家，但了解到的情况不容乐观。

因为俄依村的村民都住得很分散，有的住在塔公镇，有的住在新都桥镇，还有的在远牧点放牛。住得远的，走访一次要以“汽车+摩托车+步行”的方式，花上几天的时间才能完成。

两年的时间，丁云飞硬生生地磨坏了两双户外鞋，在他的工作日志上详细地记录下了每一户村民的基本情况，他们的困难，他们的所需、所盼、所想。

情况了解得越多，村子的贫困和村民的困难就越深地触动着丁云飞的心。

“如何开展精准扶贫工作，如何啃下硬骨头，让牧民群众真正脱贫？”丁云飞深感自己肩上的责任重大。

“全村耕地562.9亩，共有37户186人，其中7户户在人不在，共有僧侣11人，农村低保户25人，残疾人1人，全村购买医疗保险， 退耕还林216亩，退牧还草50062.6亩，粮食播种面积576亩，农作物主要有青稞、洋芋、豌豆等，无油料作物和经济林产品。全村共有精准扶贫户9户（其中一般贫困户6户，低保贫困户3户）。”这是丁云飞在通过调研之后写下的《康定市瓦泽乡俄依村帮扶发展思路》里提到的村子基本情况。

了解基本情况只是第一步，接下来要弄清楚导致俄依村村民贫困的原因究竟是什么。

丁云飞和驻村乡干部及村两委成员埋头研究收集到的资料，深入地分析村民们贫困的原因：

一是受长期形成的生活习惯的影响，大部分牧民思想观念传统、落后，还存在“等、靠、要”的思想。文化程度低，但又不愿接受教育、接受新事物。

二是自然环境艰苦，生产结构单一，产出效益低。俄依村村民主要靠放牧为生，但牲畜存栏数少，全村37户，主要经济来源为用牦牛奶制作成酸奶、奶渣、酥油等产品在公路两旁零散出售，没有其他的收入来源。

三是由于传统的游牧生活方式未能改变，村里的青壮年部分放牧，少量在外务工，不能形成有效的劳动力。

四是俄依村地处高寒地区，通村道路路况差，路面窄，路基塌方严重，既阻碍了农牧民出行，又制约了经济的发展。

五是……

丁云飞等人一项一项地分析，一条一条地列出俄依村的致贫原因。原因找到了，但是，要怎么做才能改变这些问题呢？丁云飞和驻村乡干部及村两委成员又陷入了深深的思考中……

“可以对村民加大惠农政策的宣传力度，让村民克服‘等、靠、要’思想，使群众明白只有勤劳才能致富。”

“可以从提升本村基础设施入手，尽快解决行路难、饮水难、用电难等突出问题。”

“村民们对教育不太重视，我觉得应该加强一下这方面的宣传。”

“根据俄依村的具体情况，可以走‘稳牧、发展特色旅游民居接待，扩大劳务输出’的经济发展路子。”

“可以进行多品种或多物种的养殖项目的推广，让村民根据自己的实际情况和能力进行养殖。”

“俄依村目前的劳动力实际是以妇女和老人为主，家庭也比较贫困，牲畜比较少，发展养殖业困难大，村民对投资成本较高的特色养殖不能进行很大的资金投入，也没有足够的人力进行管理，所以我觉得可以根据我们村的生态环境引种一些中药材。”

“一家人”

“对有致富意愿但无项目、无技术或无启动资金的村民，可以根据村民的申请意愿并经过调查，根据各户的实际情况进行帮扶，不能搞千篇一律。”

……

屋顶上方的炊烟升起又慢慢散尽，暮色一层层加浓。新月升起，山、水、树，天空、大地都被笼罩在了朦胧的月色里，村里的牛、羊、马和狗都渐渐安静下来，整个俄依村变得静谧而深沉。

天色暗下来，村级活动室里却还是灯火通明，丁云飞和驻村乡干部及村两委成员还在激烈地讨论着。

经过多次调研，反复讨论，在如何改变俄依村贫困现状，开展哪些项目建设的问题上，大家逐渐形成了共识，俄依村“修通村内路、扮靓村庄景、发展特色产业、建设坚强阵地”的“四个一”目标也终于确定了下来。

不久之后，一篇3000多字的《康定市瓦泽乡俄依村帮扶发展思路》出现在了丁云飞的电脑上。

当输入最后一个句号，点击保存，关闭电脑之后，丁云飞轻轻地呼出一口气。自从当上俄依村第一书记那天就一直压在他心头的那块大石头，终于轻了一点点。

通过三个多月的调研，对情况的收集、归纳和总结，对致贫原因的分析，下一步的工作终于有了一个明确的思路。

“有了思路，就有了方向，那么，还怕行动不起来吗?!”丁云飞想。

扶贫规划制订后，为确保规划如期实现，丁云飞和村两委成员一道，从抓班子、带队伍、强堡垒入手。组织村里的党员学习政策法规，谋划发展出路；组织村干部和村民参加市里举办的各类培训，增强村民们的学习兴趣，开阔村两委班子视野；同时为确保政策落实到户，他们逐户、逐条、逐项落实政策，让全村新农保、新农合、退牧还草等各项惠民工作顺利开展起来。群众对村两委班子有了理解、信任和支持，村班子新形象日渐形成，整体“战斗力”明显增强。

农村要发展，产业支撑是关键，如何培育出支柱产业来，是丁云飞和村两委成员一直在思考的问题。

“根据俄依村紧靠机场路沿线和草场资源丰富的实际，一方面是要走出去，组织群众通过劳务输出脱贫致富；另一方面是深挖村情，走出一条大力发展特色农牧经济和绿色经济的道路。”丁云飞和村两委成员经过讨论，提出这个目标。

为了实现这一目标，丁云飞在中科院成都生物研究所研究员印开蒲的帮助下，积极联系中科院成都生物研究所的赵川博士一行到俄依村现场采集微孔草种子带回成都，开始进行为期三年的微孔草不饱和脂肪酸应用和经济价值研究项目。丁云飞和乡干部积极与市农牧科技局等部门联系，向其争取项目，调整产业结构，大力提升酸奶、酥油等农牧产品的产量和质量。同时，还与西南民族大学联系，对口措姆手创工作室，发挥紧临旅游环线的优势，通过发掘民俗文化，打造具有俄依特色的旅游产品。另外，还与四川中环股份有限公司、晟天新能源公司衔接太阳能发电项目，积极争取建设光伏分布式发电项目。

所有工作渐渐步入正轨。虽然还是有各种小问题层出不穷，但从大的方面来说，一切都在朝着好的方向发展。

又是一个加班到深夜的晚上。丁云飞收拾好桌上的资料，活动了一下已经酸疼的肩颈。加油！他把右手拿到胸前，紧握拳头为自己鼓劲，也为俄依村鼓劲。

三、不能让一个孩子失学

9月，开学季。

傍晚，吃过晚饭，俄依村的村民们三三两两地相约着来到了村活动室。

这一天，俄依村“农民夜校”再次开课。这次，丁书记将化身为丁老师，他要为村民们讲的课是关于教育的。

丁云飞希望通过今天这堂课让村民们认识到读书的重要意义，不要三天两头把上学的娃娃叫回来做这事做那事。

“再穷不能穷教育，再苦不能苦孩子。”丁云飞说，他想让村民们明白眼前的这些问题都是暂时的，而孩子上学的事情才是长远的，关系到将来的问题，知识的作用不是短时间里能看出来的，但是它的影响力是巨大的。

同往常一样，洛让担任全程的翻译工作。

课前，丁云飞上网查询了各种有关教育的资料，再联系俄依村的实际情况设计好了教案。为了让这堂课达到预期的目的，他甚至向几个做教师的朋友详细询问了如何上一堂课和如何上好一堂课。

因为提前做好了充分准备，整堂课讲得引人入胜。丁云飞循循善诱，村

蓝天白云下

民们也听得津津有味。

第二天，就有村民来找丁云飞，是德切翁姆和她的哥哥。

德切翁姆是村里的低保贫困户，她独自带着两个儿子生活，生活非常困难，而且她自己身体也不好。

在初到俄依村进行调研的时候，丁云飞就发现德切翁姆的大儿子德青多吉8岁了还没上学。此后，丁云飞特意向德切翁姆询问过这件事，德切翁姆告诉丁云飞，她也想让孩子去上学，但是家里实在人手不够，地里的农活全靠她一个人，家里有两头牛都没法自己去看，全靠亲戚帮忙在牧场看着，大儿子德青多吉虽然只有8岁，但是家里的事大多都能帮上，她也不知道，如果送儿子去上了学，以自己这糟糕的身体，家里会变成什么样子。

望着那个一贫如洗的家，丁云飞不知道该怎么回答德切翁姆的这个问题。

人生中总是有一些让人无奈的事情啊，丁云飞想。

不知道这次她和她哥哥来找自己是什么事情。

“丁书记。”德切翁姆的哥哥看到丁云飞，叫道。

“阿哥，阿姐，有什么事吗?”

“丁书记，德切翁姆说她听了你昨天讲的课，觉得你说得很对，不能因为眼前的困难就不考虑娃娃读书的问题，将来让娃娃们依然过着像自己现在这样困难的生活。”德切翁姆的哥哥说道，“德切翁姆说她今天来就是想告诉你一声，不管再苦再累，她都一定要送娃娃去读书。”

“对啊，这样想就对了，有文化是很重要的，现在外面招工都不要没文化的，读了书以后就算打工也好找事情做。”想不到自己的一堂课居然有这样的效果，丁云飞抑制不住内心的喜悦。他告诉德切翁姆，她家里的困难，村上一定会考虑的。丁云飞甚至对德切翁姆承诺，如果她家地里农活有忙不过来的时候，就来找他，他会去帮忙的。

“明天我就带娃娃去报名。”德切翁姆的脸上露出久违的笑容。

“阿姐，去的时候记得带上户口本。”丁云飞提醒道。

“哦呀。”

原本以为这事就这样圆满解决了，然而没想到的是，只过了三天，德切翁姆就满脸焦急地又来找丁云飞了。

“丁书记，学校不给我家的多吉报名，说他还没到读一年级的年龄，只能读学前班，你说这个事情怎么办啊。”

“怎么会？德青多吉不是都8岁了吗？”

“是啊，已经8岁多了，我记得很清楚的，但是老师说，户口本上写的我家的多吉才6岁，我也不晓得户口本上怎么写的，所以就来找你了。”

丁云飞接过德切翁姆递过来的户口本翻开。果然，按户口本上的年龄推算，德青多吉确实只有6岁。

此时的丁云飞对于俄依村的村民还是有了不少了解。他知道，以前俄依村的村民主要以放牧为生，不懂政策，孩子出生以后根本就没有要及时去上户口的意识，再加上一些人对于孩子出生的年月不是很清楚，只记得是下雪的时候生的，或收青稞的时候生的。

估计就是这样的情况导致在户口登记上出现了差错吧，丁云飞想。

“阿姐，你别担心，会解决的，我来想办法，你先回家去，有什么消息我再通知你。”

“哦呀，那谢谢你了，丁书记。”有了丁云飞的这句话，德切翁姆便放心了，她高高兴兴地回家去等消息了，对于这个年纪轻轻的第一书记，她和村里的人都充满了信赖。

而丁云飞这边，则立即向俄依村的帮扶单位以及帮扶领导汇报了此事。紧接着，他又找来洛让商量，看有什么办法能解决这件事。

一天以后，丁云飞的身影出现在了当地教育部门的门口。

终于，在帮扶领导、帮扶单位的支持下，通过与市教育局的协调，德青多吉上学的事情得到了顺利解决。

在一个下着瓢泼大雨的周末，丁云飞代表帮扶领导、帮扶单位以及他自己的一点心意，驱车50多公里来到德青多吉就读的祖庆小学，给他送去了新书包、铅笔盒、本子、铅笔等学习用品。

德青多吉那洋溢着喜悦的笑容，此前也同样出现在达瓦志玛的脸上。

达瓦志玛是另一位贫困户格日四德的女儿，当年刚好高三毕业。

那是8月25日的下午，达瓦志玛愁容满面地来找丁云飞。

“丁书记，我实在没有办法了，只有来找你，请你帮帮我，帮帮我们一家吧。”达瓦志玛带着哭腔的声音显得无助而茫然。

丁云飞查看蓄水池的修建情况

原来，当天上午，达瓦志玛收到了大学录取通知书，要求她8月26日到学校报到。这本应是个让人感到无比欢喜的消息，然而考虑到家里的情况，一家人又陷入了无奈与痛苦之中。

由于身体原因，格日四德几乎完全丧失了劳动能力，家里的收入全靠他的妻子和儿子来维持，仅能解决温饱问题，哪里还有钱来给达瓦志玛交学费呢？

况且，时间这么紧，就算去借，但在这么短的时间里，估计一时半会儿也借不到那么多钱，如何还赶得上去学校报到啊。

得知事情的原委，丁云飞让达瓦志玛别着急，先回家等着，他来想办法。随后，他立即向帮扶领导汇报了此事，并开始多方打听关于申请助学贷款的事情。

8月25日晚上，打听到市教育局还可以申请助学贷款的消息之后，丁云飞立即告诉达瓦志玛，让她第二天早上带上相关证件，以及去学校报到所需要的物品，和他一起出发赶到市教育局去办理助学贷款申请。贷款一办下来就马上往学校赶，那么一切问题就都可以顺利解决了。

8月26日早上8点，天空乌云密布，下着小雨，让人感觉压抑且沉闷。

达瓦志玛和丁云飞坐上了开往市里的车。

“丁书记，我听我的一个同学说，他办理助学贷款申请，花了两天时间才办下来，我们来得及吗？”车上，达瓦志玛担忧地问丁云飞。

“你放心吧，我们努力争取在今天把助学贷款办下来，下午你就直接赶到学校报到，应该不会耽误的。”丁云飞安慰着她，同时一路上用电话跟帮扶领导请示，跟各相关部门协调。

抵达城里，丁云飞立刻带着达瓦志玛赶往市教育局。最终，在相关部门的通力配合下，市教育局学生资助管理办公室本着“不让一名学生因经济困难而辍学”的助学原则，专门开辟绿色通道为达瓦志玛办理了8000元的助学贷款，并同时给她申请了“甘孜藏族自治州非义务教育阶段贫困家庭学生资助”3000元。

事情办好后，丁云飞立即将达瓦志玛送往车站。

告别时，丁云飞从自己的钱包里拿出300元钱，塞到达瓦志玛的手上，说：“这是我的一点心意，希望你在学校里能够好好学习，将来帮助大家一起脱贫致富，不要辜负大家对你的期望。”

看着塞到手里的钱，达瓦志玛的眼中慢慢溢出泪水，她说：“丁书记，你放心，我一定会好好学习，绝不会辜负你们对我的期望。”

送走达瓦志玛后，丁云飞又火速赶回了俄依村。

一路上，想着村里又多了一名大学生，丁云飞的心里充满了欣慰。

也许，自己在俄依村的这两年，还无法带着大家做出什么巨大的改变，但至少在多年之后，村里就会有一批有文化的年轻人，知识会改变他们的命运，而他们命运的改变也将会改变他们的家庭，进而改变整个俄依村的。

四、村民心中的“俄依人”

“有什么困难就找丁书记，他一定会像家人一样，尽心尽力地帮我们解决的。”俄依村的村民们经常这样说。

对于这句话，贫困户布恩的体会可以说是最深的。

在丁云飞还没到俄依村来的时候，布恩靠在路边销售酸奶、酥油来维持一家人的生活。

一间仅有20多平方米的房子就是布恩的家和销售点，原本就低矮的屋子在2014年的地震中受损后，更显得破烂不堪。由于条件简陋，布恩的生意基本上就是靠运气，运气好的时候能卖一点，运气不好的时候，就没有任何收益。

布恩的新房

为了解决布恩的困难，丁云飞和洛让、村会计扎西就布恩的情况进行了一次特别讨论，准备制订一个专门针对布恩的帮扶计划。

“鉴于布恩也没有别的经济来源，那么，不如我们就帮助他扩大销售点，我知道有个党员精准扶贫示范工程项目，恰好布恩也符合申报条件。”丁云飞说。

“我觉得这个想法好，正好布恩还有一笔灾后重建补助费，可以重新修个房子，不然他现在那个房子那么烂，卫生条件也不好，估计人家看到了都不想买。”

“另外，他的销售点扩大以后，还可以卖点其他的东西，比如特色旅游产品什么的，他现在只卖酸奶、酥油，品种太单一了。”洛让接着说道。

“对对对，另外，我建议布恩的新家可以选择重建在机场路附近，这样有利于销售，还可以搞点民居接待。”

……

讨论热火朝天地进行着。

对于这一场专门针对他的讨论，布恩并不知情。此时的他，还在为自己的生活犯愁。

他没有想到，不久以后的将来，自己将会有一栋宽敞明亮的房子，会开上小卖部，会做上民居接待，甚至还能为村子的脱贫出点力：通过自家的酸奶销售辐射周围10多户牧民，建起一条“酸奶带”。

“为了提高酸奶的销售量，丁书记还专门联系设计公司给我们设计了‘俄依酸奶’的生态外包装，感谢丁书记。现在我不仅摘掉了贫困户这顶帽子，还能帮助别的村民致富，我觉得很开心，相信我们俄依村的生活一定会越来越好的。”对于未来的生活，布恩充满信心。

对于丁云飞，布恩是充满感激的。他和村民们都还记得，那次丁云飞和贡巴村的第一书记开车下村送树苗突发疾病的事情。

那一次，车还在半道上，丁云飞就突然觉得腰疼，而且疼痛不断加剧，最后疼得连腰都伸不直了，但是他还是忍着疼痛坚持将树苗送到了贡巴和俄依两个村上。返回的途中，豆大的汗珠从丁云飞的额头流下，汗水将衣服都打湿了。同行的人赶紧开车将丁云飞送到新都桥卫生院。经过检查，医生诊断丁云飞是得了急性带状疱疹，让他不要耽误，赶紧到城里去治疗。在城里经过治疗，病情稍有好转之后，丁云飞又立即赶回了村子。

在丁云飞驻村的这两年中，像这样的事情还有很多。而正是这一件件的小事，让他和村里人真正成了亲人。

时间一天天过去，丁云飞越来越像村里的人。在强烈的紫外线的照射下，他的肤色由白皙开始变黑，最后成了和俄依村人一样黝黑的肤色。有时候他忙得来不及整理自己，那胡子拉碴的模样也像极了村子里的男人。

丁云飞并不觉得自己像“俄依人”，他觉得自己就是“俄依人”。而村里人也完全把这个城里来的小伙子当成了俄依村的人。

转眼间，两年的任期就要满了，即将有新的同志来接替丁云飞成为俄依村的第一书记。

离开的那天，丁云飞只是悄悄地跟村两委的同志打了招呼，并叮嘱他们不要告诉村民们自己离开的消息。

两年的朝夕相处，他怕自己会忍不住离别的泪水。

像往常一样，洛让将丁云飞送出村口。

看着眼前这个肤色已经变得和自己一样的年轻人，洛让想起了第一次见到他时的情形，想起这两年来他为村里人付出的心血和汗水。

“兄弟，常回来看看。”洛让手搭着丁云飞的肩膀说道。

“嗯，一定，俄依也是我的家。”

丁云飞回过头，望着夕阳下那个美丽的小村子，想起这两年的经历，不禁心潮起伏。

两年的时间可真快啊！

在这两年的时间里，俄依村解决了吃水难、行路难的问题。村民们开始重视孩子的教育，昔日的贫困户们正走在脱贫致富的路上……

这两年，有苦，有甜，有欢笑，有泪水。在这两年，也许自己还有很多事情没有做到最好，但是都尽力去做了。

想象着未来的俄依村将会发生的那些日新月异的变化，丁云飞的脸上露出开心的笑容。他朝洛让挥了挥手，也朝俄依村挥了挥手。

转身，再见。

再见了，俄依村！

再见了，亲人们！

只说再见，不说告别。

因为，只要心里一直装着那座山、那条河、那些人，那么，就永远不会远离。

作者简介：洛迦·白玛，女，藏族，四川九龙人，中国作家协会会员。作品散见于《民族文学》《诗选刊》《星星》《中国诗歌》等刊物。诗集《雪覆盖的梦园》获四川省第七届少数民族文学创作优秀作品奖。

履职尽责　泽被一方

——记四川小金县崇德乡策耳脚村第一书记陈国容

泽里扎西

"我是一名共产党员，在单位派不出人手的时候，我不上，谁上。"

——陈国容

一、挺身而出挑重担

生于南溪的她，本可以留在宜宾或者成都找一份自己满意的工作，过着住在大城市里的舒适生活，但她在大学校园向甘孜、阿坝、凉山等少数民族地区定向推荐大学生"村官"的第一时间就报了名，并通过了相关测试。

2012年7月1日，刚走出大学校门的陈国容怀揣着支援山区的梦想，也冒着生命危险，从成都出发，穿过映秀、卧龙的塌方路段，翻越海拔4000多米的巴郎山，来到小金县木坡乡登春村，开始了她支援山区建设的大学生"村官"生涯，并在高原山城一待就是好几年。

依然记得，2013年11月，经过自身的刻苦与努力，陈国容顺利通过了公开招考的笔试、面试关，成为一名国家公务员，并于2016年5月被调至小金县党史与地方志办公室，任科员。2016年7月，作为一名史志工作者和一名共产党员的她，在单位再派不出人手担任驻村第一书记的时候，主动请缨，到单位帮扶联系村——小金县崇德乡策耳脚村，担任驻村第一书记。她说："我是一名共产党员，在单位派不出人手的时候，我不上，谁上？"

策耳脚村，位于小金县城西北方，距县城13.5千米。全村辖3个村民小组，共91户387人，以藏族和汉族为主，村民居住较为分散。全村土地面积

668.03亩，林地5779.3亩，草地2790亩。村域经济收入主要靠种植业和养殖业，农作物有玉米、马铃薯、胡豆、豌豆等，养殖业主要以养鸡、生猪、杂牛为主。2014年，该村因无集体经济、贫困发生率高于3%、基础设施差、人均纯收入低于国家标准、无村卫生室、文化室、通信网络极差等，被识别为贫困村，当年识别贫困户20户83人。2014年年底实现贫困户2户11人脱贫退出。经过各方不懈努力，至2016年年底，剩余18户72人实现脱贫退出，同时整村完成脱贫"摘帽"任务。2017年至2020年进入巩固提升阶段，村内基础设施得到进一步提档升级。

二、多措并举谋好局

在脱贫攻坚主战场上，陈国容勇挑重担，坚持"虚功"实做、"实功"善做，在脱贫奔小康的路上，她敢于啃"硬骨头"，能够扛"重担子"，善于凝聚人心，甘于力拔"穷根"。几年来，她坚守"阵地"，与群众同吃、同住、同劳动，"三项举措"谋好开局。

深入调研，刨根问底村情"准"。抵村后，她就把熟悉村情、摸清民意摆在开展驻村工作的首要位置，坚持爬坡上坎、走村入户，年复一年、日复一日，带领几名工作队队员主动给群众讲政策、拉家常、刨穷根、提建议、鼓干劲，经过周密计划，他们迅速摸清、摸透了村情，梳理了帮扶村存在的问题，建立了帮扶台账，为下步帮扶工作开展夯实了基础。这期间，据不完全统计，她一共走访、慰问党员干部群众500余人次，征求各类意见、建议140多条。

全盘谋划，量体裁衣思路"清"。自从担任了驻村第一书记，陈国容同志紧紧围绕村级道路交通、农田水利等基础设施建设、集体经济发展、群众收入持续增长、基层党组织建设和管理、治理水平提升等多个方面，坚持"因村制宜""分户施策"，根据村组实际和贫困户致贫原因，详细罗列了问题清单，初步厘清了发展思路，并与县帮扶人员、乡包村干部一道，及时制订村级发展规划、拟订贫困户脱贫帮扶计划，做到了"贫困村脱贫有路、贫困户致富有方"。

抢抓机遇，突出重点开局"明"。她积极学习掌握各项脱贫知识，熟悉各项惠农政策，与村两委班子成员一道，想办法，找出路，谋发展。她主动向派出单位领导汇报工作，并加强与农畜水、民政等相关部门对接，积极协调争取资金和项目。工作中，她认真听取群众最关注、最迫切需要解决的问题，拟定解决问题的措施，明确工作方向，倒排工期，抓好开局。

几年来，她协助乡村干部和帮扶部门，为策耳脚村争取道路建设、灌溉饮水、人居环境整治等基建项目资金达350余万元，项目实施后，极大地改善了群众生产生活条件。

三、情系民愿做实功

驻村后，陈国容同志以了解掌握的村情为开展工作的依据，她将调研、走访的结果，与贫困村贫困户的实际情况相结合，落实了产业发展规划，在原有发展中药材的基础上，确定了产业发展"2+2"模式，即发展玫瑰、花椒2种种植业，以及发展中蜂和牦牛2种养殖业。同时争取道路、交通、文化、卫生、水利等基础设施建设项目，开展各类技能培训。

集体经济方面：她利用县财政落实集体经济发展资金15万元、落实第一书记专项资金5万元，共计20万元，发展核桃集体经济。为此，由村两委牵头，组织成立了一个合作社及其管理委员会，形成了全村共管收益的集体经济经营模式，2020年预计人均收入40元，仅此一项即达到了国家人均收入至少3元的标准。她还鼓励利用贫困村产业扶持金入股成立的小金县山泉养殖专业合作社养殖牦牛，此项目自2016年以来实现收益4.4万元，人均分红129元。

其他方面：她积极引导群众种植玫瑰。2018年，策耳脚村种植高原玫瑰大马士革75.4亩，2019年抓住东西部扶贫项目契机，落实每亩补助700元，引导群众又种植高原玫瑰83.7亩。她组织扩大花椒种植规模。2018年，她通过与帮扶部门领导衔接，取得部门大力支持，落实资金15000元，免费发放花椒苗2610株，引导群众在不占耕地的前提下种植花椒26亩，预计4年后实现增收。她积极发展牦牛养殖业。通过入户动员、分析养牛效益后，村内现有5户养牛大户，户均养牛15头以上，部分养殖户还在扩大规模，年均实现增收20万元。她协助9户贫困户办理小额信用贷款28.5万元，用于产业发展。在派出单位和县就业服务管理部门的大力支持下，她积极争取并组织开展了为期1个月的厨师技能培训，培训人员200人次；利用浙江新昌县、上虞区对口帮扶小金的契机，邀请电商讲师俞元到村开展电商培训，80余人参加学习。她积极“招商引资”，扩大中蜂养殖规模。2019年策耳脚村培育养蜂户10户，养蜂200余箱（其中策耳脚村集体经济27箱），生产蜂蜜1500斤，实现收入8万元。为提高养殖技能，她先后6次邀请四川省蜂业管理站副站长、研究员王顺海，阿坝藏族羌族自治州养蜂专业技术人员到村开展养蜂培训，专家团一行打开蜂箱进行“把脉问诊”，指出存在的问题，传授解决办法，进一步增强了群众养殖中蜂致富增收的信心和决心，为中蜂养殖产业的发展提供了有力的技术支撑。为拓宽蜂蜜销路，提高全村高山药蜜的知名度，她还在蜂蜜包装上下功夫，设计了包装标签，同时，积极申请策耳脚村高山药蜜专属二维码，客户只要用手机扫二维码，就能掌握该蜂蜜的蜜蜂养殖、采收等基本情况。

几年来，策耳脚村共计投入资金350余万元，完成基础设施建设项目13个；实施村道、组道安保工程，维修村道1.5千米，实施2.4千米组道硬化，新修产业路4千米，交通条件得到极大改善；完成规划建设局幸福美丽新村建设项目，主要用于垃圾池修建、太阳路灯安装、排污管道铺设、村内堡坎建设等，村容村貌焕发新光彩；维修改造村委活动室、文化室、卫生室，建设文化院坝，在丰富了文化生活的同时，也方便了群众看病、就医；实施村内灌溉用水建设项目，进一步满足群众生产生活用水需求。

四、急人所难稳民心

在驻村过程中，她和工作队其他队员一道，坚持抵组入户开展帮扶工作，对发现的家庭矛盾、邻里纠纷，积极协调、妥善化解，为整村脱贫奔小康营造了良好环境。她说：“村里的矛盾纠纷无小事，特别是群众的邻里关系、家庭矛盾纠纷，处理不好，会影响村内和谐。”

为此，她常常变被动接访为主动下访，积极动员驻村工作队、包村工作组、村两委的党员、干部，组成“纠纷调处小组”，对村内各种矛盾纠纷的来龙去脉进行深入调研，同时制定台账，拟定具有针对性的解决措施，一一开展协调、化解工作，此举卓有成效，化解了50余起“小矛盾”，赢得群众的一致好评，营造了村组和谐发展的环境，促进了干群关系极大改善。

2019年，县委、县政府要求以开展“联户联情”群众工作全覆盖为抓手，紧盯脱贫短板，着力精准帮扶见实招、干群同心转作风，让脱贫攻坚更有“温度”；县委组织部要求每名驻村工作队队员每月须走遍所有农户，做到村情社情、户情民情、期盼愿望、问题困难、办理情况“五清楚”，提升服务群众意识。

经过深思熟虑，她率先建立和完善了“特殊困难群众台账”“群众反映的热点难点问题台账”等台账，落实了县“联户联情”工作办公室实行“周动态、月分析、季评估”制；建立了孤寡老人、五保户、残疾人、留守儿童等弱势群体常访工作机制，收集群众困难问题30条，解决办理30条；围绕脱贫攻坚、低保医保、教育扶贫等重点领域实施的民生实事、工程项目、惠民措施开展“回头看”工作，对已解决的“七难”问题实行群众意见“大回访”，对群众关注度高、意见大、怨声骂声多的问题，推行服务代办制、限期办结制、定期回访制，对办结情况实行销号管理，解决一件，答复一件，销号一件……2019年，经过积极宣传务工政策，她帮助3人到浙江务工，人均年增收6万余元。

2016年，村里有个年轻人，姓牟，是个贫困户，自己一个人带着不到半岁的儿子，没办法出门挣钱，日子过得很艰难。陈国容了解情况后很着急，主动帮他申请农村最低生活保障。孩子没有奶吃，她就自己掏钱为孩子买奶粉；没有衣穿，她就把自家孩子的衣服送给对方，并通过社会捐赠的渠道，争取到四川省产业经济发展促进会爱心资金2000元，为这户小孩采购衣服、鞋子、幼儿图书、早教机、奶粉等物品。牟家的住房存在安全隐患，她就主动与村两委商量，为其维修加固，确保住房安全。为了助农增收，她主动为小伙子出谋划策，通过种植中药材、到水电站就业等，小伙子有了稳定收入，很快摘掉了贫困户的帽子，日子越过越好了。

村里建档立卡的贫困学生该申请助学补助了、患病群众该报销医疗费用了，陈国容都会在第一时间通知相关人员，并全程协助办理，几年来，她帮助村里困难学生申请教育补助7万余元。哪户群众适合发展什么产业、去干什么工作，她都会在听取群众意愿后认真分析，给出自己的合理发展建议。村里农家书屋儿童类图书匮乏，她就通过网络平台组织捐赠，共募捐儿童图书800余册，供孩子们借阅。每年春节，她都会组织开展留守儿童、空巢老人、困难妇女的“送温暖”慰问活动。村里有一位70多岁的老奶奶，因儿子离异且常年外出务工，老人一个人带着孙子过日子，孙子去学校上学了，老奶奶佝偻着背，艰难种地，孤苦生活。在入户走访过程中了解了这个情况后，陈国容就隔三岔五到老奶奶家里帮忙干活，为她做饭，陪她说话，时常关心老奶奶的身体健康，让老人过得轻松了很多，每每到老人家，老人都会流下感激的泪水。

翻看成绩单：她在几年内共为群众代办医疗、教育等事项1532件；组织评选“最美策耳脚人”12名，进一步提升治理水平；开展“农民夜校”265次；开设寒暑假英语学习辅导班，30余名学生受益；借力社会资金5万元，募集各类书籍839册……

五、党建引领扶真贫

作为第一书记，自然就是党组织的代表。工作上，陈国容本着“围绕经济抓党建，抓好党建促发展”的原则，努力在促进基层党的建设上“干实事”“干成事”。她既注重抓班子、带队伍，协助村党支部配齐配强两委班子，又在着力解决班子不团结、软弱无力、工作不在状态等实际问题上下功夫。工作中，她十分注重培养村级后备力量，注重建立村级后备干部人才库，抓好两委换届选举工作，重视党员队伍建设，严格落实“三会一课”，严肃党组织生活，开展“两学一做”“不忘初心、牢记使命”等主题教育活动，将基层党组织建设与脱贫攻坚有机结合。

在对本村富裕党员和特困党员情况进行全面深入了解后，她将自己掌握的党员个人信息、了解的党员家庭情况等，及时与帮扶部门及村两委主要领导进行衔接、沟通，最终确定了“以典型促奋进”方略，在工作中积极调动党员积极性，充分发挥党员能动作用和先锋模范作用，形成了以贫困户为核心的党员“1+1+N”帮扶机制，让帮扶部门和村上的党员“一帮一”，共同维护社会治安秩序和环境卫生秩序，致力打造文明美丽幸福乡村。

任职以来，她多次走访贫困党员和致富党员，通过谈心谈话了解他们在脱贫攻坚过程中的困难与发展致富的成功经验，在集中学习交流后，她所了解的情况对扶贫工作发挥了重要作用。

她积极开展“双培双带”工作。“双培双带”，即把党员培养成致富带头人，把致富带头人中的先进分子培养成党员；党员带领群众共同发展，党组织带领致富带头人不断进步。她重视返乡优秀农民工的培养，充分发挥农村党员生产能手和党员致富能手在脱贫攻坚中的作用，让有文化、有信息、有技术、有资金的党员带动其他群众发展产业，发展生产，起到示范作用。

她利用村两委活动室这个特殊阵地，在组织召开村民代表大会、党员大会时，约请党员谈心谈话，尽可能采纳党员同志们的好建议、好做法。她坚持学习制度，让党员及时掌握中央的方针、政策，决策、部署；借助“党建共建”平台，她充分利用党员远程教育、“两学一做”“三会一课”等共建机制，组织收看党教片、扶贫专题片、实用技术片等，以此启发党员思路。

几年来，在驻村帮扶道路上，陈国容同志始终坚持党性锤炼，以身作则、率先垂范，脚踏实地、廉洁自律、心系群众，为群众排忧解难，她与群众“心往一处想，劲往一处使”， 她为帮扶部门建言献策，为帮扶村经济发展和社会稳定尽职尽责，在实实在在干工作的过程中，她成为群众的“义务兵”“服务员”“宣传员”“调解员”，得到了干部群众的广泛好评。“一分耕耘一分收获”，由于出色的工作，她在年度考核中被组织部门确定为优秀；2019年，她被评为四川省优秀驻村第一书记，并被组织上提拔为县史志编纂中心副主任。

作者简介：王学贵，藏名泽里扎西，藏族作家，70后，四川小金人。有散文、小说、诗歌、摄影作品发表于各级报刊，著有诗集《散落于四姑娘山的记忆》《夹金红》，散文集《五月的麦地》等。主编史志鉴等地情资料十余部、数百万字，创作《木坡之歌》《流云的小金》《雁之声》等多首歌曲。有作品获奖，也有作品入选多种选集。系中国散文学会、四川省作家协会、四川省散文学会、阿坝州摄影家协会会员，鲁迅文学院第二十六期少数民族文学创作培训班学员。

让“无人村”有人，让“无村人”有村

——四川峨边彝族自治县杨河乡茶园村脱贫攻坚漫记

英布草心

引　子

一个没有人的村庄，如果还有残垣断壁，你是否会第一时间想到恐怖阴森的“鬼村”。那些没有人居住的房屋隐藏在悬崖峭壁之上，一片片森林茂密生长，仿佛是另一个世界。

想象深处，一个个没有离去的灵魂，是否还在无人的村子里背水、砍柴、放牛、耕地呢？那些早已远去的声音，是否会在某个不经意的瞬间闪现？

如果你是“无人村”的第一书记，负责带领一个没有村民的村子实现脱贫，该用怎样的方式寻找脱贫之路？

一篇以《四川脱贫攻坚先锋：“无人村”的最后守望者》为题的文章在《四川日报》头版头条发表后，迅速引起各网络媒体的关注。

听说有个“无人村”，组织上还安排了一位第一书记，一幅幅美丽的画卷便在我脑海中浮现。2018年1月28日，正是一年里最寒冷的时节，我从成都坐大巴来到峨边彝族自治县（以下简称“峨边县”）。

阿索拉毅其人

阿索拉毅是一位彝族青年诗人。

20世纪80年代，他出生在峨边县白杨乡一个小山村里，家中兄弟6人。

他又高又瘦，有着高挺的鼻梁和一对深陷的眼窝。

他用披毡裹着小凉山的云雾，由头上的锥形英雄结听见远古神灵的吟唱，黑色短衣上的纹饰是麋鹿追逐的花草。

他生活过的古老的瓦板屋，祖先的灵魂忽远忽近。那里有褐色土地的苍凉，也有阳光温暖的草甸。那里有他童年的脚印，有他青春成长的苦涩。

20世纪末，正值中国诗歌鼎盛时期，阿索拉毅有一天读到了彝族诗人吉狄马加的作品，这让他惊叹不已。原来彝族人也能写汉语诗。这一发现如拨云见日，使阿索拉毅心中豁然开朗，兴奋之余，自己也偷偷写起诗来。

阿索拉毅从中等专科学校毕业后，回到家乡峨边县工作。

在勤奋工作之余，他积极从事诗歌写作，先后在《民族文学》《星星》《诗歌月刊》《作品》等刊物上发表诗作和诗歌理论近500余篇。在民族文化研究方面，其作品有《大小凉山彝族现代诗论》《彝国传略》《中国彝族现代诗简史》等，系统阐述了民族文化和彝族的生产生活历史。

2004年至2005年，他用一年的时间写出长诗《星图》，在少数民族诗歌界引起强烈反响。2015年4月，《文艺报》以《“彝族现代汉诗群体”及诗人创作谈》介绍了阿索拉毅的诗歌，文中认为他的长诗作品《星图》是“掀开群山地皮”式的创作，“较完整地保存了彝族古老根性文化”。

在诗歌创作之余，阿索拉毅是地地道道的公益天使。

2008年，阿索拉毅在开展帮扶活动的同时，开始利用网络和诗友会等各种平台为贫困学生募集衣物与学习用品，并把募集到的物资送往峨边偏僻的学校。2010年，阿索拉毅谈公益助学工作的一些想法时，引起了一位诗友的兴趣，两人一拍即合，说干就干。阿索拉毅负责实地调查收集贫困学生资料，而诗友负责联系爱心人士来资助。后来，他们联系上广州中山市超人集团董事长罗先生。那时，罗先生正准备发起成立“壹点爱”公益慈善组织帮助贫困学生。

第一次到“无人村”

2018年2月28日清早，雪花一朵朵飘落。

天空阴晦、暗沉，云彩压至山腰，举目远眺，看不到更远的村庄，也看

县级帮扶单位负责人和第一书记阿索拉毅（右一）一起入户与贫困户共同规划产业发展

不到更远的山峦。阿索拉毅给我带来一双黄色的胶鞋，联系好茶园村村文书黑勒阿枝和村主任克惹也布，还联系了一辆黑色的越野车。

车窗外，美丽的冬景一路相随。

越野车一直往山里走，离开毛坪镇地界行驶半小时后，来到杨河乡政府。

由于是星期一，杨河乡政府正在召开常规例会，各村负责人也参加。

会议开了两个多小时，可见乡政府每周完成的工作之多，任务之重。

克惹也布从乡政府会议室走出来，我迎上前去，以为可以去茶园村山上了。

“今天山上一直下雪，上山太危险了。”克惹也布说。

我心里想，既然已经来到杨河乡，不去一趟名声在外的“无人村”，那是肯定不行的。

我说：“我们先到山下看看，如果实在上不了山，就看看山下的自然风光，明后天天气好了再上茶园村。”

阿索拉毅点了点头，喊了兼任仲子村和茶园村两个村村支部书记的沙松，一起坐上黑色越野车往山里更深处走。

越野车行驶了30多分钟，一路全是深深的峡谷和陡峭的山崖。

一条瘦小的河在路下方轻声流淌，像一个懂事的孩子，正在唱一首感恩的歌谣。

越野车行驶到路程的三分之二时，前方一座架在河上面的水泥钢筋桥坍塌了一半，过不去了。

我们只得下车，迎着冷飕飕的风与一朵朵硕大的雪花步行。

天气奇寒，风光美丽奇特。

路两边是高耸的悬崖，抬头，只能看见一条线那么宽的天空。为此，这个地方也叫一线天。这样的地形地貌，如果是动乱年代，很适合盗匪出没或藏匿。

“你看到过这么美丽的风光吗？”阿索拉毅骄傲地说。

我想了想，想到了故乡的自然风光，说：“在故乡，这样的自然风光还是经常看到的。对了，这里过去应该有过盗匪之类的吧？”

“黑彝木干，你小时候听说过没？”

我摇了摇头，说：“没有，也许那个年代离我很遥远，这里到我小时候生活过的地方距离很远，这里的传奇故事传不到那么远的地方。”

“你来了，就全都知道了。这里解放前是黑彝木干的老窝。”阿索拉毅说。

我们一路走一路聊天，谈起茶园村旅游开放的事，阿索拉毅的眼睛发亮：“这里如果想长期脱贫，发展旅游业、养殖业、林业和种植药材是很有必要的。”阿索拉毅进一步说，这里的旅游资源得天独厚，县委、县政府对这里的旅游开发工作正在计划实施中，相关项目马上落地，这里的村民脱贫致富指日可待。

路上，我们偶遇了一位牧羊的老人，风雪中，他一个人裹着一件厚厚的棉衣，还戴着一顶深红色的线帽，在路边的小径上走来走去。

“知道茶园村吗，老人家？”我问。

老人十分热情，说：“知道的，过去可是黑彝木干的地盘，解放初没有人居住了，解放后搬来了一些人，组成了一个村。现在种上了柳杉树，村民们却搬走了。”

“为什么又搬走了？”

“这里的山路太险峻，村民出行很不方便，存在很大的安全隐患。”牧羊老人是邻村人，家里有几十只绵羊，时常在这条山沟里放牧。

我想了解一下近些年农村的生活情况，问：“老人家，这些年日子过得怎样？”

“这两三年，党和政府对农村老百姓非常关心，资金投入很多，修路修房子，还通了水、电、网络等，现在农村老百姓的生活是越来越好了。”说着说着，老人一张布满皱纹的脸幸福地舒展开来，在风雪中像一缕阳光，恰好温暖了我们的身体与灵魂。

茶园村位于前方山顶上，正被浓雾笼罩着。克惹也布站在一块高凸的石包上指了指云雾深处，说："看看，山上被浓雾包裹的地方，正在下雪，那里全是一片片成材了的柳杉林。"

小河对面的山坡下，隐隐约约能看见一条小路，上面长满了蕨草和竹子。阿索拉毅和克惹也布从公路下去，涉过小河，在湿滑的小路上四肢着地爬了几下，上山确实艰难。

我想，山上雾那么大，上去了也不一定能看到茶园村全貌。

没有看到山上的"无人村"，我便打算到毛坪镇看看"无村人"。

茶园村彝族村民们离开了村子后，便是"无村人"。

这些没有村庄的人，就像秋天里的蒲公英，在别人的村庄里，会不会受到各种排挤和歧视？会不会遇到难以诉说的困难？去看毛坪镇"无村人"的路上，我心里感慨万千，有无数的好奇与悲凉在心头奔撞。

我们来到毛坪镇时，天空明亮了许多，一片片雪花也停止了飘落，天气暖和了些。我们一行4人用最快的速度吃完了饭，然后坐上越野车去寻找第一户"无村人"。

帮扶单位领导水落木沙（左一）和第一书记阿索拉毅（右一）到贫困户阿新取哈家开展扶贫工作

车行驶了20分钟，从镇上来到一处极其偏远的村落里。由于前方道路狭窄，我们只得下车步行。我们在通村小路上行走了八九分钟，来到了一座新修的院落前。

院落是四合院结构，房子是新的，墙面上贴了彩色的瓷砖，看起来美观而舒适。房子包括客厅、厨房、卫生间、卧室等，一切应该有的家庭基础设施，全都有了。

"这些天在忙什么？"远远地，阿索拉毅就问。

院子里坐着克惹左也

和景刘惹地，看到阿索拉毅，他们立马站了起来，仿佛看到自家儿子回来一样，说：“这些天也没有忙什么大事，就忙一些屋内屋外的事。”

我们爬过一道土坎，就来到院坝上。克惹也布说：“拉毅书记一方面前来看看你们的生活情况，另一方面，带了一个记者前来采访。”

阿索拉毅把我简单介绍了一番，就算是与主人家认识了。

“我可以进屋参观一下你们的新房子吗？”我问。

“当然可以。”克惹左也和景刘惹地很热情，一前一后把我带进屋内。

我进屋仔细观看了一番，发现客厅打扫得干干净净的，有电视、沙发等，卧室里摆放着新买的席梦思大床，厨房里各种用具也洗得干净明亮。另外，卫生间不仅通了水电，还安装了热水器，洗衣服、洗澡等都十分方便。

“现在房子修好了，接下来准备怎样发展经济？”我仿佛是一个大领导，装模作样地问。

克惹左也穿着一身灰扑扑的厚衣裳，用手在前面搓了一下，很认真地回答：“目前，主要经济来源是养殖一些鸡、猪，还有在乡镇周边打一些零工，以后茶园村修通公路了，就可以在那里发展更多的养殖业和种植树木、药材了。”

“对脱贫有信心吗？”

扶贫工作队在彝历年期间慰问群众，并宣传精准扶贫政策

“肯定有信心的，茶园村来了第一书记后，想方设法做各种事情，修好了房子，修通了公路，水、电、网络也通了。国家投入那么多，我们不能没有信心脱贫啊!”克惹左也说。

克惹左也家往右200米处，是村主任克惹也布家。克惹左也是克惹也布的父亲，兄弟克惹尔布家离他们两家有1公里。克惹左也是一个健谈的老人，在屋前空地上燃烧了一堆篝火后，我们坐在周围闲聊茶园村的故事。

克惹左也从茶园村黑彝木干时代开始谈起，一直谈到他家怎么来到茶园村，最后又为什么离开茶园村的事，讲述过程中不免有些哀叹与惋惜。

后来，由于听说来了一个记者，周边不远的四五个村民也跑来了，每个人骑着一辆摩托，一眼看去，仿佛一个人骑着一匹马，那古老的身影晃荡在渐渐暗去的天色里，带来与生俱来的高贵。

入户调查

茶园村是一个名副其实的“空壳村”。

2015年8月，阿索拉毅为了切实了解群众情况，自掏腰包包下一辆面包车，在村干部和沿途群众的指引下寻找“村民”。

整整两个星期，他基本都在车上度过，毛坪镇、沙坪镇、新林镇，甚至沙湾区，一户一户地找过去，行程近1000公里。

每到一户茶园村村民家中，他都会详细了解群众的居住环境，对土地、林地、畜牧养殖、就业、就学、残疾情况、收入、家庭人员构成情况等进行详细登记，倾听群众需求和愿望。有时忙起来就是一天，踏上归程已是凌晨。

14天，阿索拉毅用足迹和汗水绘成一幅茶园村村民生产生活的“地图”，同时他也深刻感受到茶园人背井离乡、谋求生存之道的无奈与艰辛，茶园人的贫困程度之深，触目惊心。

许多农户搬出来十几年，仍是租房子住、租土地种，养家糊口都成问题，经常上半年租一处房子住，交不起租金后又搬去另一处；有的农户好不容易买了房，但基本上是20世纪80年代的木架房，下雨时雨丝满天，风起时整屋摇晃，十分危险。在农户阿新取哈家中，因无法缴纳200多元的学费，小学毕业的孩子面临辍学的问题，看到这里，阿索拉毅和村干部潸然泪下，当即表态解决学费问题，第二天就及时联系了帮扶单位送来800元解了阿新取哈的燃眉之急。

另外，他还建议联户干部和村干部走访时随身带着小礼品，即使只是一袋饼干、一包糖果，也能拉近与群众的距离，把党和政府的关怀和亲情送到群众身边。

经过两个星期的奋战，茶园村贫困根子摸清了，村民们迫切想解决的问题也了解了，《杨河乡茶园村农户基本入户调查》一书也新鲜出炉，为帮扶单位、驻村工作组指明了帮扶方向。现将书中内容摘录如下：

户主：贾史根喜，男，家庭成员7人，原住茶园村2组，现住杨河乡仲子村2组，住房为砖房，面积为120平方米。家有耕地10亩，每年收红苕3000斤、洋芋300斤、黄豆500斤、生姜0.5亩；退耕11亩，退耕补助每年2500元；猪3口；马1匹；羊5只；鸡20只；核桃1株；柳杉113亩；蜜蜂20箱。长女贾史依生在外打工，基本没有给家里寄钱；二女儿贾史秀英就读于杨河小学五年级；长子贾史托长结婚的时候彩礼高，目前还欠5万元，挂靠仲子村得彝族新寨建设维修补助金1.5万元。房屋虽外表好看，但家徒四壁。他家最大的愿望是政府修一条公路通到茶园村，不然倾尽全力种植的柳杉都白种了。

户主：黑勒布日，男，家庭成员3人，中共党员，原住茶园村2组，原茶园村支部书记，现住杨河乡高湾村4组。目前，有一座80平方米的砖房，无耕地，有退耕还林12亩，每年得退耕补助款2600元；核桃5株；柳杉110亩。夫妻俩每年有养老金2.6万元左右，2013年得过一次1.5万元的风貌改造补助，但黑勒布日有胃炎和胸膜炎，长期吃药。妻子勒格喜加得过胆结石、耳膜炎、阑尾炎等，住过4次院，开过4次刀。他家最大的愿望是政府能修通茶园村公路。

户主：曲别史达，男，家庭成员5人，原住茶园村2组，现住杨河乡垭垭村3组，有一座120平方米的砖房，有耕地3.5亩，退耕还林地已售出，每年得退耕补助1600元。曲别史达现在在河南当建筑工地包工头，每月有3000元收入，每年过年后都出去打工，长子曲别医生身体不好，至少欠3万元，小女儿曲别叶花还未上户口。他家在彝家新寨建设中得到一个维修项目，有1.5万元，但钱还未到手。主要困难是欠购房款4万元和以前借的债款3万元。

……

茶园村每月组织群众按时举办农民夜校活动

杨河乡茶园村主要产玉米、黄豆、马铃薯、红苕。

珍贵木材有珙桐、花楸。土特产有茶叶、春笋。中药材有天麻、黄连、五倍子等。珍稀动物有大熊猫、小熊猫、鹿、黑熊、白鹇、野猪等。全村辖有两个组，共有30户126人，其中有8人未上户口，劳动力40人；党员5名，近几年无新增党员；在校学生，高中生1人，初中生7人，小学生12人；低保户9人，领取养老金12人，退耕还林地2150亩。其中精准扶贫建档立卡5户21人。2006年实施退耕还林工程后，由于地方居住环境恶劣，交通不便，全村村民出行必须通过“一线天”，有三节路必须爬90度的梯子。几年前先后有3人在那里意外死亡后，全村村民纷纷迁到村外居住。目前居住分布情况为杨河乡境内5户（1户无房，1户木架房，正协调纳入杨河乡垭垭村彝家新寨建设），毛坪镇17户（3户无房，6户木架房，1户砖危房），沙坪镇5户（3户无房），新林镇楠木村2户（1户无房，1户木架房），沙湾区1户，人居分散，不利于管理。

第二次到“无人村”

2018年2月2日，我早早起来在街上走了一圈，发现阴郁的天空明亮了许多，便顺路买了一条宽松的迷彩裤，然后打电话联系阿索拉毅。

由于没有进山的便车，阿索拉毅通过县民宗局联系了一辆越野车。

吃过早饭，已差不多9点，我和阿索拉毅从县城出发，到毛坪镇地界时，克惹也布主任与前两天一样，骑着那辆旧摩托车前来与我们会合。怕我们在山上挨饿，克惹也布还专门买了6个肉包子，装在随身携带的黑色大包里。

明亮的天空下，山上的积雪一点点显露了出来，一座座山丘黑白相间，被打扮得无比好看。我一路看着明媚的风景，一路想象茶园村上的事。

山下住着一家人，主人叫吉尔莫莫，是仲子村人。他家背后有一条小河，叫色格尔河。我们在芭蕉岩下车后，就把司机交给吉尔莫莫照顾，拜托他到了中午时煮饭给司机吃。吉尔莫莫家的人憨厚淳朴，热情好客，我们没有给他们伙食费，他们却满口答应说肯定会照顾好。我、阿索拉毅和克惹也布三人跨过色格尔河后，来到了悬崖峭壁脚下。

风光秀丽，寒风瑟瑟。我们顺着羊肠般的岩道往山上爬。

羊肠小道紧贴在陡峭的悬崖上，每踩一脚下去都让人提心吊胆的，若一不小心跌入山谷，就会一命呜呼。

阿索拉毅走在前面，一边努力往上爬，一边讲茶园村村民在茶园村成为“无人村”之前出入村子的故事。这条绣在山崖中间的小路，其实根本不是一条路，只是因为这里可以连接山上山下，村民们不顾危险，依靠这条不是路的路出入大山，有时就难免发生一些意外。

克惹也布长叹一口气，说：“那些年，这条路上连续摔死了3个人，有一个叫取惹的，是采笋子回来时摔死的；有一个叫阿新果共的人，她的姐姐搬家到外地去的时候，她帮助搬东西下来时摔死的；还有一个叫阿新温出的村民，也是下山的时候摔死的。”

我听着克惹也布的讲述，一个个摔死在这条路上的村民的身影浮现在我的眼前，有一种无以言说的悲伤。

我们往上爬了三四十分钟后，就一点点来到悬崖中间了。我们站在高凸的石包上，可以随时鸟瞰山下蜿蜒的通村公路。一道道弯弯的路，从很远很远的地方延伸而来，带着党委政府的使命与初心，就这么往山里走，走进每一片有人的村庄，走进每一户人家。

“那些死去的村民会不会变成厉鬼躲在这条路上寻找一个替身呢？”我一

边往上爬一边问。

阿索拉毅呵呵一笑，说："现在是新社会了，哪里还有什么妖魔鬼怪。妖魔鬼怪的时代已经结束了，现在是实现脱贫奔小康的时代，向往美好生活的年代。"

我想了想，也是，哪里来的妖魔鬼怪？如果真有什么妖魔鬼怪，那也是内心深处留下的遗憾。想是这样想，我还是觉得在某个失落的黄昏，或者有浓雾的天气里，应该有人在恍惚间看见那些带着对生命的眷念离开人间的灵魂。

村主任克惹也布身体精瘦，动作却无比麻利。他手上拿着一把柴刀，由于山路湿滑，先在路边的树丛里给我和拉毅一人砍了一根木棍当拐杖使。手上多了一根拐杖，虽然摄影不方便，但走起路来四平八稳，不像先前那么摇摇晃晃了。

克惹也布一边用柴刀砍开挡住小道的杂木枝条，一边给我们讲这条路的来龙去脉。

"别看这条路很危险，最开始时是村民用生命与鲜血换来的。为了修通这条从悬崖间穿行的路，村民们投工投劳，自凑资金，花费了很多时间，最后好不容易才修通的。"克惹也布说。

他每走到一处悬崖口，就滔滔不绝地讲当年修这段路时出现的一些趣事与危险的事。

"这个地方，我大叔克惹佐根为了修路，差一点掉下去后，害怕把命丢在茶园村，就搬家到美姑去了。"我们贴着一面陡峭的悬崖往上走，克惹也布看着前方极其狭窄的岩路说，"还有前方那个出口，当时有一个村民为了撬开这块岩石，修通这个挡住路的岩石，由于抡铁锤时不小心落在自己的身上，差点从这里落下悬崖，丢了性命。"

"修路时你也受过伤吗？"我一边紧贴着岩石爬，一边问。

克惹也布笑了笑，说："有那么一次，我拿着钢钎与一个村民一起打石头，但那村民把铁锤砸偏了，没有砸到钢钎上，而打到了我的头上，我晕了几天才醒来，也差点死了。"

顺着羊肠小道一路往上，每一处险峻的岩口都有一排高高的栅栏，用结实的木棒加藤条、篾条搭建起来的，比一般人的肩膀还高。

"这些木头栅栏是做什么用的？"我问。

“山上放着牛羊，有时怕牛羊从山上下来，走到悬崖峭壁处被封死在里面，或者坠入悬崖死掉，所以专门修建这些木头栅栏。”阿索拉毅一个人来过很多次，所以对这些设在路中间的栅栏很熟悉。他一边灵巧地翻过栅栏，一边说。

爬了将近两个半小时，我们从山下的小河边爬到了柳杉林边。

柳杉林已经成材，一眼望去，遮天蔽日的，树顶上、枝条上全落满厚厚的积雪。林下，一大片一大片的也全是积雪，空气凛冽、冰冷，我们的目的地是一块大石包，传说这是克惹也布的父亲克惹左也一家最先迁来茶园村时待过的地方。

我们穿过密密匝匝的柳杉林，在泥泞的小径上走了一会儿，没多久就来到了一处平坦的地方。

“这里是克惹尔洗家的房屋原址。房子烧了后，他搬到金口河吉星乡去了。”克惹也布介绍说。

房屋原址上早没有了残垣断壁，只有一棵棵挺拔的柳杉。我们往上走，又看见一处房屋原址。克惹也布介绍说，是曲别达体家。从曲别达体家往上走，是能者仁达家，房屋原址上还留有电视接收锅、石磨、水缸等。克惹也布用手中的柴刀把一块木槽挖出来，说：“看看，木槽还好好的，是推磨用的木槽。”

我点了点头，问：“这里以前通电通水，是吗？”

“对的，这里一度还办了村小学。”阿索拉毅站在不远处说。

我们继续往上走，看到了一处岩洞，长方形的，岩下的山石白干干的，没有被雨雪打湿。岩洞下有一条又旧又黑的木槽，听说是用来给牛羊喂盐的。我们从岩下白干干的小路走过，岩口有很多蜂巢，没有蜜蜂进出。

阿索拉毅（左一）向上级领导介绍贫困户享受扶贫政策的“明白卡”

阿索拉毅抬手指了指置放在岩石高处的蜂巢说："这是冬天，没有蜂蜜。到了秋天，很多蜜蜂就会分家，那些被蜂王分出来的另一个家的蜜蜂就会找到这些蜂巢，并定居下来。"

"山民还真有办法。"我说。我小时候生活在农村，那里是接近河坝的地方，也没有高山陡坡，所以很少看到过蜂巢与蜜蜂，对蜜蜂分家的事更是知之甚少。

我想了想，说："茶园村的村民们不住在这里了，但还是经常上山来看自己的柳杉林，或放牛放羊，或看蜂巢什么的。"

"这是肯定的。这里的柳杉林，一大片一大片的，一棵棵挺拔健硕，可都是财富啊！"阿索拉毅笑了笑，有些骄傲地说，"茶园村的村民，其实是守着金山银山过着流离失所、流落他乡的日子啊！"

我觉得阿索拉毅说的有道理，茶园村的村民们贫穷是暂时的，流离失所也是暂时的，脱贫攻坚战开始以来，党和政府把农村经济发展的基础夯实了，农民的生活水平在一步步提高。拿茶园村来说，修建了新房，修通了村路，水、电、网络全通，如果把茶园村的通村公路修通，那就是打通了茶园村脱贫致富的"任督二脉"，茶园村的村民们每年按国家规定卖点木材，搞点旅游产品，搞点特色养殖业和种植业，也就打好了长期致富的路子，脱贫之路会如虎添翼，那些守了一生一世的金山银山就会变成源源不断的财富，村民们也就真的过上好日子了。

"还继续往山上走吗？"克惹也布问。

山路更加泥泞，路上的积雪也越来越厚，我们脚上的黄色胶鞋帮子上全沾满了沉沉的雪渣与泥土。我一直想看看克惹左也讲过的那座大石包，想了想，说："我们既然来了，还是到你们最初搬来茶园村时居住的大石包那里看看吧！"

阿索拉毅点点头："对对，我们不能怕道路湿滑和积雪，难得上山来一次，还是到那块大石包上看看！"

我们顺着湿漉漉的冰雪路一直往上，周围安安静静，静得让人有些毛骨悚然。我们往茶园村深处走，一路随时都能遇到还剩有残垣断壁的旧屋基。克惹也布看到一处，就介绍一处，仿佛在给我们介绍一个个老朋友、老村民。在旧屋基上看到灶台、土坛、用水泥砌成的水缸、石磨等，克惹也布像见到老朋友一般，用手中的砍刀把废弃的家具、农具一样样挖出来，并一一介绍这一家人的来龙去脉，在茶园村居住时发生了哪些有趣的事，后来为什么离开茶园村等。当他介绍这些很早就离开了茶园村的老邻居时，面孔上总奔跑着往事的影子与一团团的眷念。

从林路中穿梭，我们抓住林路两边的杂草和灌木前行。

“看，就是前方山包上那块大石头。”克惹也布走在前面，我一抬头就看见茂密的柳杉林背后隐藏着一块大石头。

周围是一棵棵遮天蔽日的柳杉树，我和阿索拉毅在远处的柳杉树中间看到了一块黑漆漆的大石头，上面积满了皑皑白雪。

“这就是你父亲说的那块大石头？”我在内心深处有些失望，一块可以搭建五六座竹棚的石头，不该只有这么点体积。前方的大石头与我心中的大磐石有很大的落差。

我们奋力向前爬了一阵，然后来到黑黝黝的大石头边。石头不算大，也不算小，高3米左右，占地面积差不多有20平方米。两天前，克惹也布的父亲克惹左也是这样讲的：“我家搬到茶园村之前，最先住在美姑县洪溪地区。为什么从洪溪搬过来呢？那时是为了评上先进，把家里所有的粮食都交了公，全家人没有吃的，就搬过来了。那时是1969年，自黑彝木干被消灭后，茶园村十多年没有人居住了。那次我们一起搬来的有9户人，望着荒无人烟的茶园村，找不到落脚的地方。一眼望去，全是密密层层的大森林，各种野兽自由出没。我们找了很久，找到了一块大石包，把房子建在大石头周围。我们住的房子，最先是竹笆房。住下来后，开始开荒种地，没有种子，就找到杨河乡政府。杨河乡政府提供了粮食种子，我们算是在茶园村扎了根。后来，陆陆续续搬来了100多户，这中间来的来，走的走，人最多的时候，发展到300户。当时，赤脚医生、村小学全有了。”

“来，我们站在石头上照个相。”阿索拉毅提议道。

我和克惹也布点了点头，前后分别站在石头上留了影，然后围绕着大石头走了一圈。这块不大的石头，很难想象最先到来的9户人家是怎么把房子建在周围的。恍惚间，我看到了这样的图景：

从很远很远的地方，一群衣衫褴褛的人带着妻儿，背着衣物、口粮、农具，就那么翻山越岭而来，不知道走到哪里，也不知道走向何方，当太阳又一次从远处的天边升起，他们心里就装着“树挪死，人挪活”的信念，一直走啊走的，残存几分对生活的不确定与希望，而连绵起伏的群山还在前方没

阿索拉毅（站在后排者）和其联系爱心人士长期资助的沙坪小学学生在一起

有尽头，一双疲倦的脚就停了下来。

“我们住下来吧？”透过时光的管道，我听见了克惹左也的声音。

另一个人想了想，说：“这里和那里有什么区别呢？并且，这里叫什么名字，我们还不知道呢？”

“只要住下来了，名字迟早要知道的。”克惹左也忧伤地说。

翌日，太阳升起，克惹左也开始组织家人和一起来的8户人家围绕石包搭建竹笆房。传说，人类最早的时候，其实也是围在岩石周边搭建房屋的。克惹左也一行9户人家，从美姑县洪溪地区来到茶园村，不过是从文明社会再次回到原始社会罢了。一切从头开始，幸好本来也一无所有，故也谈不上有什么绝望。

所谓刀耕火种，现在听起来无比原始，其实一切最原始的东西，恰恰是人类智慧发展的基石。当你用一把柴刀把一片片杂木砍倒，然后用火点燃烧毁，不用费多少气力，就能得到一块肥沃的土地。如果种上苦荞、洋芋、燕麦等，来年你就能解决一家人的温饱，体会收获的喜悦。

从大石头往上走，看到的残垣断壁越来越多。克惹也布一双眼睛闪闪发亮，见到一处就介绍一处的主人，还有发生在茶园村的故事。一道斜坡下，有一座相对完好的木板房，虽然是那么老旧残破，但可以看出刚建起来时精致美观的影子。

“那是村主任克惹也布家的。”阿索拉毅笑了笑说。

克惹也布看到残破的房子，清瘦的面颊一点点爬上了忧伤。我不知道他心里面是什么滋味，本来可以问问，却也没有问。一个人内心深处瞬间萌生的滋味，有时连自己也不知道是什么滋味。假如这样的滋味掺杂了许多的无奈与忧伤，那么另一个人是不应该去探询或触碰的。

一团团积雪覆盖在屋顶上，一根根冰凌子有手臂那么长，仿佛是一串串晶莹剔透的防护栏，在屋檐下垂挂着。我正准备到屋子里去看看，却听见克惹也布说：“饿了吧，我们一大早起来就一直在路上，没有顾上休息。来，我们先吃点包子，然后再慢慢下山。”看看手机，时间已是下午两点半，肚子倒不是很饿，但人确实疲倦极了。

“嗯，好，那就休息一下。”阿索拉毅手上拄着拐杖，一边用拐杖刮去鞋帮子上的雪泥，一边深深呼一口气说。

从山下毛坪镇里买来的包子，跟着我们爬了大半天的山路走到山顶，待克惹也布把这些包子拿出来给我们充饥时，包子已变成冷硬的石块了。我努力吃了一个，感觉就像在吃一团冰雪，吞到哪里冷到哪里，直接让整个身子

阿索拉毅（站在第一排者）和其联系爱心人士长期资助的峨边县民族中学学生在一起

冷冰冰的。

我们在山上站了一会儿，休息好了后，感觉天气比先前更加寒冷了。我们怕下雨或下雪，就赶紧从后山往山下走了。

“珍　珠”

在这个世界上，每个人都是自己的珍珠，于茶园村第一书记阿索拉毅而言，茶园村一个个散落异乡的村民就是他的“珍珠”，他需要把自己变成一根坚韧的丝线，把这些“珍珠”找到后，一颗颗连接起来。

来峨边县之前，我就这样想，如果跟着第一书记阿索拉毅走一遍散落在异乡的茶园村村民家，那么这次采访的意义与收获就会变得非同一般。我说：“走访一遍茶园村村民，是我此行的主要目的之一，像两三年前你一户户寻找茶园村村民，一路寻找并深深感受一番，这是我作为记者的职责。”

2018年2月3日，我和阿索拉毅、黑勒阿枝搭上村支书沙松的车，迎着冷飕飕的风来到了毛坪镇。

天没有下雪，冰冷的细雨却时时飘落。上午10点，我们来到毛坪镇右上方的克惹尔布家。克惹尔布是茶园村村民小组2组组长，这些年村民大会基本上都在他家院子里召开。他家的房子是新修的，上下两层，墙面贴了瓷砖，美观而明亮。

峨边县民族宗教事务局是茶园村的帮扶单位，每次村民召开大会，作为局长的水落木沙都会风尘仆仆地赶来参加，同村民们真情交流。村民们陆陆续续到来，差不多到齐时，水落木沙来了。首先，他组织召开了村干部会议，把县上的脱贫攻坚精神做了传达。然后，他在村民大会上讲道：“你们定居在他乡的村落里，除了过好自己的日子外，还要与邻居搞好关系。远亲不如近邻，邻居有什么事，你们要积极帮忙，把自己当作主人，随时把融洽邻里关系放在心上，坚决不去做有损于邻里关系的事。”

水落木沙的讲话十分诚恳，在座的每一位村民都点了点头，并你一句我一句地说：“木沙局长说得有道理，我们流落在他乡，但不能丢了茶园村的脸，一定搞好邻里关系。”

由于公务繁忙，水落木沙讲完话就先走了，第一书记阿索拉毅组织村民讨论无息贷款的事。在讨论中，村民们积极建言，为共同利益献计献策。

村民大会开完，已是下午两点多，我们简单吃了午饭，然后坐上摩托车去看各村民家里的实际情况。

我们最先来到曲别达体家。

2018年1月26日，阿索拉毅（站在中间者）荣获“感动峨边”优秀第一书记称号

根据农户基本入户调查，户主：曲别达体，男，家庭成员4人，原住茶园村2组，现住毛坪镇高山村5组，精准扶贫户，无房，现借住别人家的房子。他家每年得退耕补助款1600元；农村低保650元；猪3口；鸡5只。妻子与前夫生有两个儿子，大儿子25岁，小儿子18岁，都未结婚；与户主生了一个小儿子。妻子的户口在毛坪镇高山（茶云5组），没有低保，建议向毛坪镇政府申请低保救助。小儿子读书要走4个小时以上的路程。以前有村小，现该村小已停止使用。计划2018年脱贫。

曲别达体家经过移民搬迁，现住在毛坪镇中心村3组，与毛坪镇街上离得很近。住上新修的房子，家庭设施齐全，如果经济收入跟上，差不多可以算脱贫了。我看了一下他家借住的老照片，是一座砖木混合修建的很老的房子，屋檐下挂着一根长绳，上面挂满破烂不堪的衣物。门口前方乱七八糟的，有两个大小不一的竹筐胡乱置放在那里，看着都让人心酸。看到我们一行前来，曲别达体很热情地介绍这两年来“脱贫攻坚战”带来的农村实实在在的变化。

“托人民政府的福，现在大部分困难都解决了，生活条件正一点点改善。”曲别达体个子不高，为人朴实，是一位地地道道的高山彝人。他不会说太多漂亮的感恩的话，但从一双黑土地一样真诚的眼睛里闪耀出了灵魂深处的光芒。

阿索拉毅、克惹也布、黑勒阿枝和克惹尔布在曲别达体家新房子前与曲别达体合影留念，并签了一张“房屋共建协议”。协议签完后，阿索拉毅对曲别达体这样说：“现在修建好了住房，下一步就紧扣持续增加收入这一核心，做到不愁吃、不愁穿。”

第二户是阿新取哈家。

根据农户基本入户调查，户主：阿新取哈，男，家庭成员4人，精准扶贫户，原住茶园村1组，现住毛坪镇茶云村4组，有一座60平方米的木架结构危房，他家有退耕还林地5亩，每年得退耕补助款1200元；柳杉80亩；阿新取哈先后结过两次婚，与前妻生有2个孩子，与现任妻子生有1个儿子，已3岁。现任妻子生完孩子就离家出走。大儿子阿新志古在广州打工已达2年，未给家里寄过钱，也未回来过一次；二儿子阿新志根原在村小读书，今年已小学毕业，9月份应读初中，由于三儿子阿新小军需要有人专门照料，所以想让阿新志根辍学带小军。村主任曾到过他家一次，电线掉在地上，家中的水电线路老化，用水困难，希望能在毛坪镇周边购一块土地，建一所房子。

……

准备回县城时，天已经黑了，我们找不到去县城的车，经克惹尔布组长打电话找了10多分钟，终于找到一辆面包车。天气极其寒冷，我们坐在面包车上没有说一句话。第一书记阿索拉毅的“珍珠”，不过短短两年多，已一户户走在奔小康的路上，让人不禁感慨良多。

结　语

刘亮程在《一个人的村庄》里写道：“一个人心中的家，不仅仅是一间属于自己的房子，而是长年累月在这间房子里度过的生活。尽管这房子低矮陈旧，清贫如洗，但堆满房子角角落落的那些黄金般珍贵的生活情节，只有你和你的家人共拥共享，别人是无法看到的。走进这间房子，你就会马上意识到：到家了。即使离乡多年，再次转世回来，你也不会忘记回这个家的路。”

一个人“心中的家”是如此，一群人“心中的村”也是如此。

当“无人村”不再是“无人村”，“无村人”不再是“无村人”，茶园深处没有茶园，却有苍茫茂密的柳杉林和竹林，一座座美丽的房屋耸立在白云生处，隐藏在高山深谷中，一群群远方来的游客，从世界的各个角落背着行囊前来领略最美“无人村”的风光，倾听“无人村”有人的传说与“无村人”有村的传说，听山上的牧羊老人讲“无人村”的前尘与变迁，一天天随着冉冉升起的旭日开始的美好生活，正是茶园村村民所向往的，也是当下全中国老百姓所向往的。

2017年3月阿索拉毅被乐山市委、市政府评为“乐山市脱贫攻坚工作先进个人”

让“无人村”有人，让“无村人”有村，这是伟大时代的丰功伟绩，这是“脱贫攻坚战”的丰硕果实，这是以习近平新时代中国特色社会主义思想为指导而取得的伟大胜利！

作者简介：英布草心，彝族，汉名熊理博，1981年生于四川大凉山，系中国作家协会会员、四川省作家协会会员、巴金文学院签约作家。

在色尔岭当驻村书记

——记四川省贫困村2016年度优秀第一书记陈未海

韩　玲

一

色尔岭地处四川省阿坝藏族羌族自治州金川县卡撒乡，因境内有一条长达一百多里形如蛟龙的山岭而得名，因为山高，它看起来像是从天空俯冲下来，本地人都称它为色尔岭梁子，再加上色尔岭曾是通往南北的交通要道，在这条道路上发生过许多重要战役，至今还有古战壕、炮弹之类的遗留物，所以有人又叫它血尔岭。

2017年深冬，应色尔岭驻村第一书记陈未海的邀请，金川县文联一行以送文化下乡的名义走进了色尔岭，色尔岭的黄土跟山一样厚，风过，脸上刺拉拉地疼。

色尔岭的村委活动室里已经集聚了许多当地人，今天在这里将有一场本土文化活动。第一书记陈未海在人群里忙碌，一个疯疯癫癫的中年男人跑进会场，在陈未海身边蹭来蹭去，鼻涕流到嘴边又吸回去。陈未海顺手就把他的鼻涕揩掉，待他低头掏出纸巾准备给他擦脸时，那人早就嘻嘻笑着跑开了。

陈未海于2015年8月由金川县农业畜牧和水务局选派到卡撒乡色尔岭村担任第一书记兼驻村农技员，是金川县千名干部下基层，联百村、帮千户工程大队伍中的一员，接受组织安排后，他把自己正在县城读书的两个孩子送回了乡下老家，迅速投入新的工作中。

都是家乡的土地，身为农技员的陈未海，熟悉每一块土地的呼吸。只是色尔岭哪，与别处的土地有不一样的忧伤和疼痛。“打把镰刀弯又弯，有女不嫁色尔岭山，顿顿吃的凼凼水，蚂屎骨髅儿（蝌蚪）起璇璇。”这一首在金川广为流传的民谣让陈未海的心有点凉。

二

面对完全陌生的环境，陈未海首先想到的是如何找准致贫的原因。色尔岭一共有87户人家，他开始挨家挨户地走访，每走一户，他都用笔记下当天的工作对象和内容。一个月的时间，他已走访完村里的全部人家，他用心和脚步丈量过后的色尔岭，已在他心里建了清清楚楚的一本账。

在一个月后召开的全村村民大会上，他已是色尔岭人都认识的陈书记了。开展工作以来，他已记满了整整5本笔记，他在全村村民大会上提出“强组织、建产业、亮新村”的工作思路：强化完善“村干部述职述廉制度”“党员民主评议制度”“村级财务管理制度”“村民代表议事会制度”“村规民约”等管理制度，做到事事有章可循，依规依章办事。明确每一位干部和党员的任务，发挥党员、干部的示范带头作用，培养后备力量，加强村基层党组织建设，依托党建阵地强化宣传引导，通过大力开展“不等不靠、艰苦奋斗”“精准扶贫不是养懒人”的思想教育，增强贫困群众脱贫致富的信心，让群众全程参与扶贫开发，充分发挥自身的积极性和能动性。

工作思路的提出，让色尔岭人心里亮堂起来，有章可循、有章可依才能让每一个色尔岭人心中安定。色尔岭人对这一回村民大会的反响如他们求变求好的心，迫切而积极。

完善了村里的规章制度，陈未海和村两委的领导并没有让这些制度停留在纸上和墙上，他们放下身段走村串户，寻找致贫的根本原因，思考改变的方法。

由于色尔岭村地处高半山，高半山海拔高、地势陡峭、交通不便，产业以传统种养殖业为主，效益低。通过全面的调查和走访农户，陈未海和村两委领导共同拟定了“1133”发展思路：提升优化一条通村路；用心创建一个“高山色尔岭”品牌；着力培育观光旅游型葡萄酒庄产业、高山传统优势养殖业、高山特色种植业三大产业；发展好党员队伍，带领好村干部队伍，充分利用好本村能人队伍，他激情澎湃地号召全村人投入精准脱贫工作中。

工作目标已经非常明确，剩下的事就是如何去一点点实现这个目标。离目标最近，最容易让老百姓看到动力和希望的就是养殖业的发展。

三

马加才是色尔岭村首批在册贫困户，在被确定为贫困户后，他不知道自己该如何脱贫。这么多年，他一直没有懈怠过，却一直贫困交加。这时村里来了驻村干部，帮着村民脱贫，起初，马加才并不相信这些县里下来的干部们能有个啥作用，觉得他们不过是来走走过场而已。因为自己在这片土地上折腾了这么多年都没有折腾出个名堂，马加才对自己的窘境无法释怀，更无法把自己脱贫的希望寄托给一个陌生人。

当陈未海走进马加才的家时，马加才没有觉得陈未海是个干部，倒觉得是那地里干活的邻居小伙子口渴了，进来讨水喝。他们很快就热聊起来，从家里几口人到收入情况，说得热火朝天。

陈未海仔细观察马加才的家，靠近森林，三间房子并排，两边是卧室，中间是堂屋。堂屋的左侧有一组供摆放电视的矮柜子，堂屋的正中贴了张红纸，红纸上用繁体字写着“进宝堂”三个字，红纸的左侧写着“地内出黄金”，右侧写着“土中生白银”。黑色的毛笔字歪歪扭扭，红纸的两边斜斜地挂着两串玉米。卧室的门楣上挂了一张年代久远的黑白照片是马加才夫妻结婚时照的，相框上的玻璃裂了条口子，灰尘就顺着那口子钻了进去，但似乎没有影响到相片中人的俊朗和清秀。看着这一贫如洗的家，陈未海心里有点难过。

到最后，马加才才知道这个陌生人就是色尔岭村的第一书记，送走那个脸蛋圆圆、额上滚着汗珠的小伙子，马加才暗暗想，这个书记看起来比较靠谱。

陈未海第二回登门是一周以后的事了，他与马加才面对面头碰头地商议制订脱贫计划。他根据马加才的家靠近森林边，适合养生猪这一有利条件，建议马加才发展养殖业。马加才很犹豫，把家里仅有的一点钱投在养殖上，怕血本无归还债台高筑。陈未海不急，他为马加才争取了去雅安参加“科技明白人”培训的机会，跟马加才说：“在汉源、雅安、大邑等养殖基地学习考察，吃住交通费用全由州县部门承担。”马加才在外学习考察后思路变得开阔了，也学到了很多养殖方法和技巧。马加才学完回来开始养猪。

马加才的猪大部分是散养的，早上把一群猪撵到屋后的山上，下午它们会自己回来，他只在猪槽里给猪兑少许的玉米面和水。在出栏之前，他们家的猪都是这样喂养的。因此从养殖成本上来讲，马加才的猪成本相对比较低，也符合当下绿色生态养殖。马加才说刨去成本，一头猪能赚200块多一点，在养猪的当年，就摘去了贫困户的帽子。

马加才非常感谢陈未海，他说：“我能走出贫困线，真的是多亏了陈书记根据我的实际情况制定的脱贫攻略哦。就靠我们两口子的双手在这土里刨，是刨不出个名堂来的。这么多年来，我们从来没有闲下来过，可就是摆脱不了贫穷，而在养猪的当年，我们就脱了贫。”

像马加才这样的靠养殖脱贫的人家在色尔岭村还有3户，他们共建养殖专合社3户，家庭联办农牧场12户。目前出栏生猪100头以上的2户，60头的28户，20头以上的40户。全村去年生猪出栏1700余头，生猪养殖已成为色尔岭村的一大产业。

同时发展的是高山种植业，色尔岭日照时间比别的地方长1至2小时，特别适宜花椒和核桃的生长，在色尔岭，到处都能看到成片的酿酒葡萄、花楸树和核桃树。陈未海利用自己多年在农口累积的技术人力资源优势，与西北农林科技大学葡萄酒学院刘旭博士、云南农业大学毛如志博士和四川省农科院刘伟博士、唐丽老师合作，共同研究高海拔酿酒葡萄品质课题。

为了实现葡萄园管理标准化，陈未海垫付资金将葡萄园所需农药购买回来，组织葡萄种植户统一打药、修剪、施肥及田间管理，葡萄成熟后将酿好的葡萄酒统一销售出去，确保农户增收。他还自费3000余元引进酿酒葡萄新品种4个，培养葡萄种植大户5户，现已发展酿酒葡萄基地605亩。陈未海已经完全变成了地地道道的农民，身上带着灰，脸上流着汗，自驾一辆已经修了好几回，时不时发出“哐当哐当”声的旧车子，在通往色尔岭的盘山路上往返。有人笑他太进入角色了，像个农民。陈未海哈哈大笑，我是本色出演，我本来就是一个农民。

村里一个陈未海下派时出生的小姑娘叫杨萱萱，现在两岁多一点，牙牙学语之际，一听见陈未海的车子进村，就满院子地跑，小嘴巴念念有词：陈书记来了，陈书记进村来了，小模样令人忍俊不禁。

四

通村路一直是当地村两委和第一书记陈未海的心病。现任村支书赵义海说，色尔岭地处高半山，这条通村路修得艰难，修了很多次，修了很多年，修了很多条，都没有成功，这是条有头无尾路。有头是指色尔岭位于卡撒乡最高的地段，无尾是指由于色尔岭以前没有路，修通村路要占用其他村子的土地，修路困难重重，除了资金上的困难，还有许多千头万绪的协调工作需要做。2008年以后，村里几乎动用了所有力量，公家的、私人的，从同意的人家中规划修路路线，再争取资金。好在色尔岭人齐心，自己投工投劳，任劳任怨，历经各种磨难，从乡政府到色尔岭的通村路在县委、县政府的大力支持和村民的努力下，终于在2014年正式修通。历尽千辛万苦的色尔岭人难以用高兴两个字去形容他们的心情，他们像对待婴儿一样去爱护和维护这条有五六十个回头线的通村路。

毕竟是村道，4年过后，路面变窄，且损毁得已经跟不上日新月异的发展变化，陈未海到村任第一书记后，多次和村两委主要干部一起向县委、县政府相关领导汇报村道问题，为提升村道多方争取资金。金川县委、县政府结合色尔岭实际情况，把第一批涉农整合资金110万元、幸福新村建设资金62万元、林下便道修建资金30万元拨付给色尔岭村。这几笔资金的拨付，让色尔岭人极度振奋，他们改善硬化通组入户道路3.6公里、林下便道路1.2公里，提升、改造、加固通村路1000立方米，较好地提升了通村路。

通过数次提升、改造、加固、维修的通村路，如今成了致富路，陈未海说得眼睛有点潮。

五

2017年，色尔岭村在陈未海的带领下，成立了首届老年协会，出任老年协会会长的是退任的老村主任张永贵。张永贵70多岁，说话风趣幽默。在色尔岭这样的大山里，瘦小的老人像一面旗帜，爆发无穷的号召力，他们组织活动、统一服装，村里所有年满60岁的老人，包括长期留守的不到年龄的妇女，都被纳入老年协会。陈未海说，成立“色尔岭村老年协会”，除了维护保障老年人的合法权益，也是为了让广大老年人主动参与管理、监督全村各项经济社会事业建设的发展。

这座高山上的村庄，有108户农户，其中21户搬迁到县城附近条件好的地方居住，目前只有87户人家，在金川算是典型的古村落，民风极为淳朴，孝、善、和、俭是山里人家家崇尚的风气，孝字当先。村支书赵义海说，乡里要评一家孝德示范户，真是为难。他说在这个村里的每一户人家的孩子都很孝顺，评哪一家，剩下的都不服气，每一家都会把自家孩子孝顺父母的事情摞一大堆摆上桌面。

赵支书正说着话，新当选的老年协会会长插话说："就是，我们不会服的，我们的娃娃都优秀，评别的什么我们都可以不介意，但孝道这个不行。说实话，这山上的条件不算好，我们的娃娃们不光供我们吃喝，管我们病痛，连娱乐都管。看嘛，老年协会这一成立，家家的老年人都要置办几身演出的衣裳，给在外务工的孩子们打电话，不管他们在外的境况如何，家家都办了。"聚在活动室周围的人叽叽喳喳地说开了，说起了自家娃娃的好，仿佛都没有个完。

色尔岭山高，路不通之前少有人来往，山上的人家不锁门，锁了，钥匙也是放在人尽皆知的门墩下，伸手可得。路通之后，偶尔有货郎上山来换一些日用品，如果刚好赶上了饭点，主人总是热情相邀，一定要让这些陌生人吃了饭才走，就算不在饭点上，也一定会留人喝茶。

通往色尔岭的路路况不好，路修好后都有五六十个回头线，驾驶技术不过关的人根本不敢轻易开车上去。山上家里有男劳力的人家几乎都有一辆小四轮车，春节后，他们总是结伴下山去找活儿做。有一回，他们结伴下山拉石子，一位赵姓司机的小四轮车坏在了半路上，色尔岭所有小四轮车驾驶员集体靠在路边，看身边其他村的小四轮车来了又去，他们不为所动，直到赵姓司机的车修好，才又一起出发。拉一车石子，一辆小四轮车能挣100多块钱，但在色尔岭人眼里，情义总是超过了金钱。

我们沿着深厚的黄土走路，满目是寒冬腊月的萧瑟，放眼望去，没有一丝绿意。台地生在山上，斜斜地依山而下，一块块地干得仿佛正在裂开。

六

在色尔岭的文化打造上，陈未海也是颇为用心。他根据色尔岭高山连天接地、碧树万顷的优势，提出了“穹顶牧场”的概念，并邀请他所熟识的文学艺术界的朋友为他做宣传，他通过美篇App分享了色尔岭穹顶牧场的美，传递了色尔岭的民风民俗，村民生活、工作动态，经他的手一捋，色尔岭的一切变得生动起来。同时，他邀请了许多书画摄影名家前往色尔岭，为色尔岭宣传造势，在社会上产生了极好的效果，吸引一批批游客前往色尔岭。

陈未海把我们领到一片叫格巴勒沃圣湖的湖水边，张永贵老人说，这就是“打把镰刀弯又弯，有女不嫁色尔岭山，顿顿吃的凼凼水，蚂屎骨髅儿（蝌蚪）起璇璇”的凼凼。说完，老人自顾自地笑了起来：“我们色尔岭现在没有剩男。”言语间难掩自豪。

我们的车开到了色尔岭山上最为开阔的地界，这里大片的土地连接着森林，开阔处是古老的寨子，与稀稀落落的人家相比较，牛和马似乎更多，在这里，你随时都可能遇见一两匹在林间穿梭的骏马或者一只自由自在的猪，更不用说那些在地里觅食的牛羊。一路上都有动物拉下的粪便，却又没有丝毫的异味，让人不能不感叹大自然的力量。

一大片结了冰的湖呈现在眼前，湖边错落有致地生长着几棵白杨树，许多摄影家拍了美图的地方就是在这里了。老村长用手指着这片湖说，这就是我们全寨人以前背水的凼凼。

老村长又讲起了这座湖的传说。他说，在很久很久以前，色尔岭村原本没有饮用水源，当地人只好背着水桶穿过林间小道，步行到相隔8公里以外的山下河坝背水回来，体力好的人每天最多背两趟水。这里有一大片开满鲜花的草坪，一位美得像珊瑚一样的姑娘每天背完水、做完家务活后，常坐在草地的中央织毛毯，无数根油黑的小辫子从头上结到腰间，每根小辫子都滚动着耀眼的小太阳，姑娘啊，美过了草地上的鲜花和耳垂上的珊瑚。

寨子里的许多小伙子都喜欢她的美丽和勤劳，纷纷示爱，姑娘却不为所动，依旧每天织线，那些爱而不得的男人娶了别的姑娘。唯有一位帅得像牙骨圈子一样的小伙子痴心不改，他在神灵面前许下愿望，愿意变作一个透明的水晶球一生一世陪在姑娘身边。神灵实现了他的愿望。于是在姑娘织线的地方就有了一个晶亮的透明物围着姑娘转，他有时离姑娘近，有时离姑娘远，调皮而深情。时间长了，姑娘有时会和他逗乐，和水晶球嬉笑奔跑，山里常能看见姑娘飞扬的百褶裙，听到她清亮的笑声，路过的人都会被他们的快乐感染。

有一天，姑娘正专心致志地织布，水晶球伏在姑娘的耳边吹气，姑娘耳朵痒痒的，她顺手扬扬手中的织刀，竟硬生生地戳破了调皮的水晶球，小伙子瞬间化成了一汪清亮亮的湖水在姑娘周围漫延开。姑娘惊慌失措，眼睁睁地看着水晶球一点点消失，水一点点漫上了山坡。姑娘心如刀割，她长久地立在湖畔，有水晶球相随的欢乐一一浮现，水晶球的陪伴任谁也不可取代，姑娘轻轻留下一句话，不要弄脏我们，便走向水中央。

自此，在高山之巅便有了这汪湖，色尔岭人称此湖为格巴勒沃圣湖，他们说，安静的时候，你会听到他们在湖底唱歌跳舞的声音，农历每月的十五，当地村民都会来拜祭，从此格巴勒沃圣湖的水只能供人和牛羊饮用，不能在湖边洗衣服。

传说一个不懂规矩的妇人在湖边洗了衣服，触犯了神灵，化作一团亮晶晶的长了长辫子的水晶球，一路飘向大玛尼、甘海子、尖尖山，水晶球停过的地方就是今天的水晶湾水井、王家水井、译字房水井、大玛尼圣湖、大海子。

格巴勒沃圣湖一夜之间失去了灵气， 湖里长满了蝌蚪，它们成群结队地在湖水里游走，黑色的身子拖着长长的尾巴，看上去令人作呕。色尔岭人惊慌之余，先是祷告祈求，然后又让牛羊饮用格巴勒沃圣湖的水，发现并没有中毒状况，他们又去格巴勒沃圣湖背水，再去的时候就多带一个筲箕，筲箕用来隔开水和蝌蚪，蝌蚪被隔在了筲箕之外。

现在这片水域再也不会有人前来背水了。村里在县里的支持下，已经从20多公里外接来了干净清亮的山泉水，连通了这里的每一家每一户。在饮用水水源地，能看见一尘不染的清亮山泉水，水底的沙石颗粒可见。连同灌溉水的水源都是一样的清亮，新建的容量为1100立方米的蓄水池可以灌溉色尔岭的全部土地。陈未海说，这是一个总的蓄水池，全村还有10多个比这个小的蓄水池，分布在土地比较集中的地方，我们一个点一个点地走，我仿佛看到村庄在一点一点地变绿。

据传，木合古寨建于明朝，现在已经无从考证。单从老寨子、老石墙去推断，年代应该不会太近，它是如此古旧和斑驳，仿佛一只生满了老年斑的枯手缓缓伸向你，岁月带来的震动和恐慌无从掩饰。所剩不多的老屋和石墙东倒西歪地杵在黄土之上，地老天荒大概指的就是这个样子。

七

陈未海的第一书记任期原定是1年，不料，他在色尔岭一待就是3年。2017年，县委组织部安排人去村上测评驻村书记，原本只需要村里半数人参加，听到县里考核第一书记的消息，全村人都赶到了村委活动室，80多户人家全票请求第一书记留下来。村民们说，陈书记不嫌弃他们，把他们当亲人看待，把村子当家乡看。他来以后，那么尽心尽力地宣传色尔岭，真心替每家每户的大情小事着急。

面对把自己当亲人的老百姓，陈未海喉头哽了哽，在心里把两个小儿子往身后挪了挪，又一口答应了下来。

继续在村里当第一书记的陈未海已经完全和村民融为一体。谁家的饭熟了，叫一声，陈书记吃饭了，声音仿佛呼儿回家。谁上山扯了把鹿耳韭或者野山菌，顺手就扔在他的车子里，他都不知道是谁放的，1000多天就这样悄无声息地过去了，陈未海觉得自己和那片土地，和土地上的人已经分不出彼此了。

2016年，他被四川省组织部评为“四川省贫困村2016年度优秀第一书记”。2018年的5月，陈未海长达3年的驻村岁月终于告一段落，他要轮换回县城工作了。

3年的驻村时间，他早已忘记自己是一个城里人，浑身上下都散发着色尔岭人的味道，在工作交接期间，陈未海依旧不停地宣传色尔岭的美，明眼人都知道，他其实不舍得色尔岭。他在色尔岭的付出，像种庄稼一样，变成数据冒了出来：为拓宽农户收入，发展葡萄林下种植特色小蔬菜400亩，每亩增收600元；新建87口垃圾处理池，改善农户的卫生环境，新建老年服务中心一处；扩建村卫生室40平方米，维修村活动室260平方米；发展集体果园一处，引进西门塔尔牛83头、种公猪2头；举办新型职业农民培训班3期，培训职业农民205人；对接县人社局安排大禹农民培训学校到村举办种养殖技术培训班，培训70人；眉山援建金川培训项目安排成都三产培训学校到村举办种养殖技术培训班，培训40人；县农牧局与四川省草原研究所到村举办粮食提升工程技术培训班，培训90人；推荐5人参加县上举办的农业种养殖科技带头人职业培训班；邀请县内外种养殖专家，他本人作为驻村第一书记兼农技员，到村开展、举办各类短期培训班14余期，培训642人次，发放技术资料和宣传资料300余份、牧草种子1000斤、农药农资2000元；2017年采收酿酒葡萄9.86吨，2018年预计能采收酿酒葡萄200吨左右。这些数据将在陈未海离开后的日子里开花结果，这一段为期3年的驻村岁月也会成为陈未海生命里闪亮的记忆。

色尔岭人忘记了陈未海的名字，记在心里的只有陈书记，陈未海却要逐渐淡出陈书记的身份，回归拿职称的农技员身份。这长长的旅程，没有一丁点镀金的色彩，有的只是金子一般的赤诚。

作者简介：韩玲，藏族，四川省阿坝州金川县人，中国散文学会会员，中国少数民族作家协会会员，鲁迅文学院第二十期少数民族文学创作培训班学员，巴金文学院首届高研班学员，四川省文联系统先进工作者，作品散见于《读者》《中国报告文学选刊》《民族文学》《四川文学》《四川日报》《青海日报》《四川画报》《青年作家》《爱人》《连云港日报》《灵州文苑》《草地》《阿坝日报》《贡嘎山》等多种报刊，有作品选入《新时期中国少数民族文学作品集》，出版散文集《遇见自己》《康家地》。

一个壮族姑娘的新长征

——“全国优秀共产党员”驻村第一书记黄文秀的追求

林超俊

扶贫之路，就像一条长征路，无论多么艰难，我都会勇敢地走下去。

——引自黄文秀《驻村日记》

序：总书记的感动和牵挂

2020年元旦前夕，北京。

新年的钟声就要敲响，在辞旧迎新之际，亿万听众、观众习惯地在期待一个激动人心的声音。自2013年12月起，习近平总书记以国家主席的名义，已连续7年向全国乃至世界人民发表新年贺词。他始终用聊天般的语言说“知心话”，用群众能听懂的语言讲“大白话”，每一年的贺词都有温暖人心、催人奋进的力量，可谓年年有精彩，篇篇有金句。2014年的“改革要让人民生活得更加美好”；2015年的“蛮拼的”；2016年的“让贫困人口生活好起来，是我心中的牵挂”；2017年的“撸起袖子加油干”；一直到2018年的“幸福都是奋斗出来的”……正因如此，习近平主席每一年的新年贺词都直抵人心，是温暖人心的新年序曲，更是振奋人心的奋斗旋律。

2019年12月31日晚上，习近平主席的新年贺词，通过中央广播电视总台和互联网如约而至。

这一年来，哪些人和事感动了我们的总书记？他将为谁喝彩？被谁感动？我们仔细地聆听着。他在贺词中说道——

“……一年来，许多人和事感动着我们。一辈子深藏功名、初心不改的张富清，把青春和生命献给脱贫事业的黄文秀，为救火而捐躯的四川木里31名勇士，用自己身体保护战友的杜富国，以十一连胜夺取世界杯冠军的中国女排……许许多多无怨无悔、倾情奉献的无名英雄，他们以普通人的平凡书写了不平凡的人生。”

我们听到了，习总书记讲到三个人和两个集体，其中饱含深情地讲到了黄文秀！“把青春和生命献给脱贫事业的黄文秀”，刚刚过去的2019年，我们记住了这个叫黄文秀的姑娘，

党的十八大以来，全国累计选派300多万县级以上机关、国有企事业单位干部参加驻村帮扶，197.4万乡镇扶贫干部和数百万村干部奋战在脱贫攻坚一线……在全中国有19.5万像黄文秀这样的驻村第一书记，她是19.5万分之一的杰出代表。

刚刚过去的2019年，全国约有340个贫困县摘帽，1000多万人实现了脱贫，脱贫攻坚工作取得了辉煌的成就。2020年是全面建成小康社会收官之年，也是脱贫攻坚决战决胜之年。站在“两个一百年”奋斗目标的历史交会点，中国即将全面建成小康社会的盛景举世瞩目。

习总书记牵挂着文秀，也就是牵挂着全国的脱贫攻坚这一伟大事业！

准90后、刚满30岁的她（1989年出生），在扶贫一线上因公殉职。她的生命定格在了2019年夏天的那个暴风雨之夜，她的事迹，感天动地！她生前的一个个心愿，依然激励着她的乐业“百坭村”的乡亲们脱贫奔小康。

一、百坭？百坭在哪里？

百坭，这个以前在百度都搜索不到的地名，深藏在广西百色偏僻的大山之中，无人知晓。

然而，因为一个驻村第一书记的到来，后来的“百坭”名扬天下，成为大家争相关注的热点山村。

这个驻村第一书记，就是“时代楷模”“全国优秀共产党员”—— 扶贫英雄黄文秀。

黄文秀2016年从北京师范大学毕业，取得法学硕士学位。她拒绝留在大城市和高薪的职位，毅然选择了回自己的家乡—— 广西百色。通过选调生考试进入百色市委宣传部工作。因表现突出，一年后，于2017年9月被组

织安排到基层挂职锻炼。

2018年春节后，此时被任命为市委宣传部理论科副科长的黄文秀，正式结束在田阳县那满镇挂职副书记的半年基层锻炼，回到原单位，当听到部里同志说要增派干部到深度贫困村担任第一书记的消息，她对照了条件要求，觉得自己非常适合，就毫不犹豫地报名了。根据她的申请，组织部的任命很快批示下来，她被派往乐业县新化镇，担任百坭村驻村第一书记。

黄文秀生前进村入户每天必经的山路

在挂职那满镇副书记时，黄文秀就反复学习过习近平总书记2017年6月23日《在深度贫困地区脱贫攻坚座谈会上的讲话》，作为镇里当时分管扶贫工作的副书记，文秀记得习总书记对“深度贫困”的分析非常精辟到位：

现在看，脱贫攻坚的主要难点是深度贫困。……深度贫困县，据国务院扶贫办对全国最困难的20%的贫困县所做的分析，贫困发生率平均在23%，县均贫困人口近3万人，分布在14个省区。

百色，是一个集革命老区、少数民族地区、边境地区、大石山区、贫困地区、水库移民区于一身，“六位一体”的特殊地区，是全国脱贫攻坚的主战场之一。

现在她要去赴任的“百坭村”，就是被认定为“深度贫困”的山村。

2018年3月26日，这个普普通通的日子，却是文秀第一次踏进这个被列为“深度贫困村”的“百坭村”的特殊日子，也是她正式就任驻村第一书记的第一天，更是她奔赴扶贫第一线的第一个脚印，开启了她人生的“新长征”。

从此，“黄文秀”这个名字就和“百坭”紧紧地连在一起了，她的汗水、鲜血，甚至生命，全部献给了百坭这个小山村。

从百色市到乐业县新化镇，路程也就200多公里，可是汽车爬行在云贵高原余脉蜿蜒崎岖的山路上，摇摇晃晃将近5个小时才到镇上，从镇上到百坭村，只能换坐村干部的摩托车，摩托车走不了的山路，只有下来步行前进。尽管在田阳那满镇挂职时经常下乡，但走进这么偏僻的大石山，文秀还是第一次。

百坭有11个自然屯，13个村民小组，共有472户2067人， 2017年建档立卡贫困户195户883人，贫困发生率高达22.88%。到任之初，经新化镇领导和村干部们介绍，文秀了解并记下了关于百坭的“第一串信息”。

尽管做足了思想准备。但一踏入百坭，文秀还是感到震惊。高高的大山，深深的谷底，仿佛到了天尽头，再往前，已无路可走，感觉到了天尽头！

文秀感到泰山压顶般的沉重，有点喘不过气来，摆在她面前的，是一块脱贫攻坚的“硬骨头”！

贫困发生率高达22.88%，这已超出了全国的平均数！

她意识到，要啃下这块硬骨头，必须要打一场习总书记说的“硬仗中的硬仗”。

她已没有退路，她也别无选择，她在心里暗暗下了决心：必须啃下这块硬骨头！

二、走进百坭村民的心

百坭村群众忘不了文秀第一次和村民们见面的情景。

那是一个春天的上午，春风拂面，村干部和村民代表聚集在一起，他们在等待一位领导——市里派来的第一书记。会议开始，村支书周昌战介绍到她，告诉大家这位就是新来的第一书记。

这会儿大家才看清楚，刚才和大家说说笑笑的学生妹，就是他们等待的第一书记、北师大硕士研究生——黄文秀。

“大家好！我是黄文秀，大家可以叫我阿秀。”她自我介绍说，“毕业之后，我选择回到家乡工作，希望大家多多关注农村发展，多多支持农村工作，支持我的工作。谢谢大家！”

青春的气息，爱笑的动人脸庞，文文静静的模样，这就是文秀留给当地群众的第一印象。

文秀的到来，也给村民们带来了新的信息。村委第一次开会，她介绍了全国贫困人群和贫困地区的特征与情况，让村干部根据这些特征与情况和百坭村的贫困状况做比较。而文秀为了全面掌握百坭村的致贫原因和现状，决定采取土办法，对村内的贫困户开展遍访工作，认真查摆问题并听取民情民意。

百坭村195户建档立卡贫困户分散居住在几个不同的山头上，对不熟悉地形的“新手”黄文秀来说，要在最短时间内掌握全村贫困户的详细情况，是非常困难的，而且一开始村民们对这个如此年轻的女书记缺乏信任。

村民不愿配合这个新来的第一书记，他们疑惑地说：“之前来了这么多书记，有的来村里镀层金就回城里升官了，你这个小年轻估计也是来走个过场的，我们跟你聊了也没用。”“跟你说了你能帮我们解决问题吗？来了这么多第一书记都没让我们村富起来，你一个女娃娃就能行？别在这儿耽误工夫了，赶紧回城里享福去吧。”村民班智华回忆说：“大家一开始都认为这个书记是来我们村走过场的。”

这些议论，有些出乎文秀的意料之外，她在日记里写道：“我觉得心里憋屈，搞不懂为什么辛辛苦苦翻山越岭、走街串户，老百姓却对我这么排斥……”她感到非常委屈，但也绝不气馁。

她给自己打气：“有人曾说‘要让扶过贫的人像战争年代打过仗的人那样自豪’，长征的战士死都不怕，这点困难怎么能阻止我继续前行。”

她找到了村里的梁老支书请教，老支书语重心长地对她说：“黄书记，你刚来村里，老百姓们对你还不熟悉，他们不愿意与你深聊，你也要理解他们。农村其实是一个熟人社会，老百姓们跟你熟了，自然就接纳你了。”

如何才能跟老百姓熟起来？那天晚上回到宿舍，文秀一宿没睡着。她在思考：要想让老百姓愿意接近我，就得让老百姓觉得我和他们是一样的。

于是黄文秀改变方式，到贫困户家不再拿着笔记本问东问西，而是脱下外套帮贫困户家扫院子；贫困户不让她进家门，她就去两次、三次；贫困户不在家，她就去田里帮他们摘砂糖橘、收玉米、种油茶，一边干农活一边商量脱贫计策。为了能够更好地和村民们交流，从来不会喝酒的她，甚至会主动带上酒和老乡们坐在一起叙叙家常。时间久了，村民们跟她见得多了，开始慢慢地接受了这位新来的第一书记。

“你这个女娃娃还真是难‘缠’得很哩!”气氛开始融洽了，不少贫困户还经常这样跟她开玩笑。

“第一书记工作很多，但是她非常认真，每个环节都很细心，经常开会开到很晚，有时候会一直开到凌晨一两点，把工作都部署好才休息。”百坭村支书周昌战深情回忆道，“因为许多村民白天不在家，所以文秀书记一般都是下午五六点钟开始入户走访。走一户家里没人，我们就走下一户，如果这家没人再往下走，就这样循环地走，有时只能趁着人家煮饭的时候聊。”

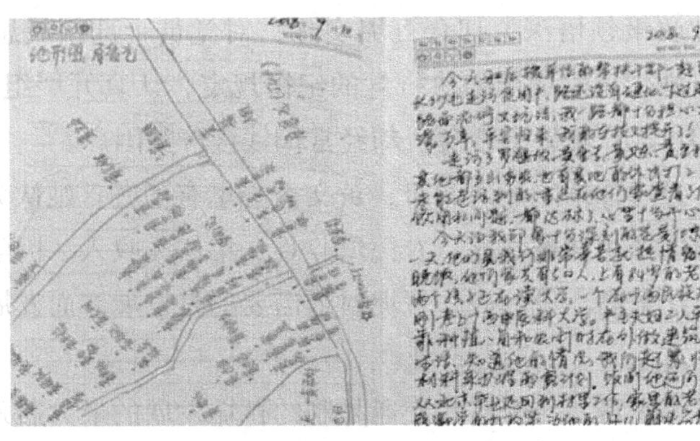

黄文秀亲手绘制的贫困户分布图

村妇女主任韦玉行告诉我，为了尽快熟悉贫困户的情况，黄文秀在笔记本上绘制了贫困户分布图。

自从驻村以来，黄文秀就一直到处跑，没闲过。当地的村庄分布比较分散，好几个屯都是距离村部10公里以上的山路，最远的那洋屯要走13公里山路。黄文秀用了两个多月时间把全村跑遍了，将全村人的所有情况都掌握了，了解了村情民意，摸准了致贫原因，为进一步开展扶贫工作打下了良好的基础。

三、唯一的一次穿裙子——村支书讲述的故事

她像春雨，润物细无声。

百坭村支书周昌战用上了这个比喻来概括黄文秀。在他的回忆里，和文秀书记在一起工作，没有什么惊天动地的大事，她就像春雨，细致而温柔，而且还很及时。

周昌战告诉我们，文秀书记于2018年3月来到村里做第一书记。为了不

耽误村民白天农忙，她常常利用晚上和下雨天入户走访。一旦下雨路很滑，“她既是书记又是司机，从来没有退缩过”。

“把群众放在心上！”黄文秀以百坭村为家，把村民当成自己的亲人去关心，她在村部二楼会议室建起了规范化党员活动室；她讲的党课，对党中央方针政策领悟深，切合百坭实际，对党员干部拓展思路、找准方向很有帮助；她带领党员严格执行党的纪律规定，认真开展组织生活，慰问五保户、清扫垃圾；她工资微薄，却经常掏钱接济贫困户。

经过仔细的走访调研，黄文秀心里有了底。她认为，百坭村最突出的问题是生产生活条件差、农民增收难、集体无收入，因学致贫和因残、因病致贫占比最高。说到底，百坭村最需要的是发展。而发展，在百坭村主要要抓两个方面——交通与产业。

要致富，先修路！交通是制约百坭发展的最大瓶颈。黄文秀也是把解决交通问题放在了首要地位。

在很多地方，早就解决的修路问题，在这个偏僻的山村还是老大难。黄文秀了解到，百坭村群众对山上片区5个屯的通屯道路硬化问题意见较大。这5个屯在2014年已经修通通屯的砂石路，这条路有22公里长，但路面尚未硬化，由于当地雨季长、雨量多，暴露出砂石路的所有弱点，多处路段的砂石已被雨水冲刷流失，坑坑洼洼是常态，每当下雨时，这些地方的路面就泥泞不堪，至少有3处泥泞路段，连越野车也很容易深陷其中。部分路段连摩托车都无法通行，有些路段甚至因泥石流、滑坡等出现垮塌现象。这不仅影响了附近群众的出行，也限制全村的产业发展，甚至让很多孩子无法上学。

对于这些路段，她做了这样的思考：要把它们修成产业路，要实现通达畅行。为此她千方百计地向上级争取到硬化路面的资金，尽早完成路面硬化。

经过黄文秀的争取与努力，如今，百坭村除了两条路（已达到通屯道路标准）没有列入之外，其余3条路均已列入乐业县2019年第一批财政专项扶贫资金安排项目。它们将作为黄文秀生前的遗愿，很快实现道路的硬化

群众事，无小事。这是黄文秀的工作原则，所以，她要干的事很多。她和村两委制订了5项水利工程建设规划，涉及烟叶生产基础设施的有3项。她在笔记本上详细记录着工作计划：百果屯和百爱屯“那红”水利工程全长

600米；百布水利维修20米；百果、百坭水利维修20米……村内开展乐凤二级公路建设，产生征地和土地纠纷大大小小共计20多起。黄文秀前后40多次深入现场了解情况并耐心调解，成功化解矛盾，她也由此成为不少群众的“知心人”……

“屯里的路通到二级路，石头堆成的坝体修成固定坝，为了尽快推进项目，她找我商量了好几次。”百坭屯烟农班华纯说。

就在黄文秀牺牲的前3天，6月14日一大早，她和村干部带人拿着水管去陡坡上修被暴雨损毁的水渠。他们花了3个多小时才接通水道，暂时解决了问题。在修水渠的时候，班智华牵马驮着物料来回运送。这匹马经常为村里驮运农用物资和烟叶。黄文秀心疼地说：“马儿太累了，我带它吃点草，休息休息。”就在她牵马上坡的时候，有人用手机拍下了这个瞬间，这也许是她最后的工作照。

她把村里的孩子当成自己的弟弟妹妹一样去爱护。走村入户的时候，发现村民的小孩到了年龄却没有上幼儿园，就一直想帮着解决幼儿园的问题，多次把相关情况跟教育部门汇报。她组织孩子学习垃圾分类知识，做保护环境的志愿者，买来牛奶给孩子们做奶茶；请北师大的师弟师妹来村里调研，教村民们跳健身舞；自制乐器，带孩子们娱乐，一首《唱支山歌给党听》诉不尽她对党和祖国的无限热爱……

和村民渐渐熟悉之后，他们开始好奇文秀为啥要跑到农村来工作。

有一次，在全村最远的长沙屯走访结束后，该屯的黄仕京坚持要留工作人员在他家一起吃晚饭。黄仕京家有5口人，父亲已经84岁，大儿子是广西民族大学大二的学生，小儿子则于2018年7月考取广西医科大学，家庭开支主要依靠销售家里种植的八角和农闲时黄仕京外出务工维持，家中因学致贫。文秀了解到情况后，及时为他家申请了“雨露计划”的补助，一次性获得了5000元，解了他家的燃眉之急。吃饭时，黄仕京突然问文秀：“书记，听大家说你也是大学毕业，还是北京回来的研究生，怎么会想要到这么边远的农村工作呢？我的孩子以后也会面临着找工作问题，我真的好奇你当初的选择。”

文秀思考了片刻对他说：“百色是自己的家乡，学成归来，这很正常呀，怎么还有理由不回来呢？一位世界著名的社会学家说过，‘一个国家的落后在于精英的落后，而精英的落后在于嘲笑民众的落后'，我们党深刻明白这个道理，从而提出要靠教育扶持一批人脱贫，并且扶贫要扶志和扶智，这样一个切实为群众谋发展、谋福利的党，怎么能不响应党的号召呢？”

同桌的老人听了她的话后，当场端起酒碗向她敬酒，表示也要让家里的孩子在学校申请入党，以后让孩子回家乡。

在大学里爱穿漂亮裙子的文秀，在驻村期间，她就穿运动装、运动鞋，把自己美美的裙子和高跟鞋悄悄收起来。那天过节，周支书不想让她一个人孤零零地自己过，就盛情邀请她去他家吃饭，文秀也很爽快地答应了。

那天进村入户回到村部宿舍，她特意回房间洗漱、换装，当她走出来的时候，只见她一袭白色长裙，长发飘飘，背起她的那把吉他，充满了青春朝气。

她笑眯眯地走出村部办公楼，周支书以为看走眼了，以为换了一个人。

文秀说：“这样去赴宴，才合乎礼貌，是对主人的尊重啊！”

周支书也实话实说：“你这么一打扮，太漂亮了！”

文秀顽皮地说：“哈哈，你没看见，我穿长裙，但脚上穿运动鞋，还是不协调的，但是穿高跟鞋走不了山路啊！”

这是驻村第一书记黄文秀留给周支书，也是留给大家的生动的永恒印记。

她从不谈家里的情况，直到出事后媒体报道，大家才知道她家也是贫困户，她靠党和政府的资助完成学业，现在老父亲又患重病，但她为了百坭，很少回田阳老家。

在她驻村满一年的那天，她的汽车仪表盘里程数正好走到了25000公里，她发了一个朋友圈：“我心中的长征，驻村一周年愉快。”

凭借着一颗纯粹的心和脚踏实地的作风，黄文秀如温柔的春雨，一点点润泽了百姓的心，给这片贫穷的土地带来更多希望。她真正做到了想群众之所想，急群众之所急，她身上体现的正是共产党员的担当精神。

村支书周昌战最难忘文秀这个妹妹了：“文秀书记驻村一年多的时间，带着我们学经验、找路子。文秀书记往来奔波于崎岖的山路间，跑项目、找资金、请专家，为群众拓宽产业发展门路，让群众看到了脱贫致富的新希望。”

四、 从“种地”到“产业”——文秀和她的贫困户

都说山里人傍山而居，靠山吃山，然而往往又因山而困。

百坭村的村民多是散落杂居，每家守着几亩山地，种些玉米、水稻等传统农作物维持生活，自给自足，常常是一家人忙活一整年，稍好的收入也不过2000元左右，经济效益非常低。文秀来到百坭村之后，越来越强烈地感觉到，一味地“靠山吃山”不是办法，只有走产业发展的路子才是硬道理。因此她思考，在这山高坡陡之上，什么样的产业可以打响全村致富的第一炮呢？

为了解答这个难题，黄文秀收起漂亮的衣服，换上运动装，脱下高跟鞋，穿起运动鞋，风风火火地，显得更朴实精干了。她走进了贫困户的家里，大家也越来越喜欢这个从北京毕业回来的大姑娘了。

贫困户班龙排对文秀书记的第一次走访记忆深刻。当时他家东挪西凑只盖起一间房子，所有家当乱七八糟地堆在了这间房里。进门后，黄文秀二话不说，就带领一起走访的村干部整理打扫起来。

班龙排身体残障，上有老母亲，下有两个读中学的孩子，就靠种几亩烟叶为生。生活的重担压得本就内向的他更加木讷。

“你身体不好，但要想办法跟上大家，样样不能落后。有什么困难告诉我，我帮你解决。”把房间收拾妥当，黄文秀坐下来，详细了解了班龙排家情况后，笑意盈盈地跟他说。

“没见过这样细心体贴的干部。”看着变整洁的家，看着满脸笑容的黄文秀，不善言辞的班龙排不知道该说什么，心里暖暖的。

她挨家挨户地走访，了解村民生产经营情况，不是在贫困户的家里，就是在去贫困户家的路上；不是在田间地头同村民一起劳作，就是在和村干部一起研讨政策，经过不懈的努力，她终于在村民班智华家中找到了答案。

班智华在村里种植了最多的烟叶，收入不错。他告诉文秀，种植烟叶有烟草公司做保障，技术、物资、销路都不用愁，旱涝保收，赚的钱还可以种植其他农作物，属于“短平快”产业。

“那得首先抓好这个产业。”黄文秀和村委们商量，得到大家的初步同意。

烟叶对不会抽烟的黄文秀来说，是完全陌生的。为了搞清情况，善于学习的她，开始关注烟叶种植，还到县烟草局、乡镇烟草站做调研，了解烟叶生产政策、动态，学习基本的生产技术。只要经过烟田，她都要和烟农、烟技员聊聊，掌握第一手材料。

进入烘烤季，班智华开始忙着采摘烟叶装炉烘烤。有一天一大早，第一炉烟叶烘烤结束，他正准备装第二炉，突然接到黄文秀电话，让他去村委会填个表。听说他正忙着烤烟叶，黄文秀挂了电话主动赶来。

望着刚刚打开炉门、挂满金灿灿烟叶的烤房，黄文秀啧啧赞叹。了解到这一炉烟叶可以卖一两万元钱时，她掐着手指头盘算：要是每户烟农能种这么一两炉烟叶，脱贫就有希望了。

自此，她更加关心村里的烟叶，每次走访贫困烟农，都鼓励他们用心种植，不但要脱贫，还要奔小康。

通过广泛的走访，从村到镇和县的有关部门了解了情况，文秀更加坚定了在百坭村发展烟草和砂糖橘两项种植产业的决心。她同村委干部一道，号召村民大规模种植烟叶和砂糖橘，并组织有种植经验的村民为经验不足的村民传经送宝，她自己也积极参加相关技术培训，亲自给村民讲授需要注意的每个技术环节。

2018年，百坭村烟叶种植取得大面积丰收并取得了良好的销售成绩，有9户贫困户靠烟叶种植脱贫，贫困率由22.88%下降到2.71%。同时黄文秀一直在努力帮村里打造电商平台，百坭村通过电商卖出去的砂糖橘就有2万多公斤，收入约22万元。

进入2019年，又有部分贫困户烟叶长势不错，有望顺利脱贫。村民韦峰灵是享受到产业脱贫致富的典型。他因三个儿子上学陷入窘境，是靠着黄文秀帮助申请的“雨露计划”补助才得以让孩子上学。2019年，他将烟叶种植面积从去年的12亩扩大到20亩，烟叶长势良好，年收入超过了5万元，他已自行解决了孩子的上学问题。

至今，在百坭村刚脱贫的烟农家里，墙上还挂着黄文秀的工作照。她温暖的笑容，连同她在脱贫攻坚第一线奋勇担当、奉献自我的精神，深深嵌入百坭百姓的心里。“文秀精神”如同明亮的火把，照耀着这条脱贫攻坚之路。

五、让百坭人笑起来

对于农村工作，习近平总书记曾经说过：中央政策好不好，要看乡亲们是哭还是笑。

文秀经常在心里琢磨这句朴实的话语，品出了其中的深意。工作的目的和落脚点，就是一切为了老百姓，一切为了群众的利益，要让百坭村村民笑起来。

然而，如何让百坭村村民“笑”起来呢？

习近平总书记关于“六个精准”的论述一直是文秀开展扶贫工作的方法论，为了实现“帮扶措施”精准，按照县里的统一要求，她在村内组织召开了多轮研判会，针对全村未脱贫户、已脱贫户，每一位结对帮扶干部就自己帮扶贫困户的收入情况、产业发展情况进行了汇总。对于已脱贫的贫困户也不能降低帮扶力度，继续做好跟踪帮扶工作，同时建立返贫预警机制，巩固脱贫成效。对于未脱贫户则是因户施策，杜绝虚假脱贫和“数字”脱贫。同时，同步做好国家扶贫政策的宣传，提高群众的“知晓率”和“获得感”。

为激发贫困户脱贫内生动力，黄文秀还以乡风文明红旗村创建工作为切入点，结合百坭村实际，开展了文明家庭评比、善行义举榜活动和村规民约吟诵比赛，并与北京师范大学哲学学院本科生社会实践志愿队结对联建百坭村“乡村振兴·青年有为”小志愿服务队，定期在村内开展志愿服务活动。通过开展一系列活动，百坭村展现出团结奋进的脱贫氛围。

经过黄文秀一年多不懈的努力，百坭村发生了一个个喜人的变化：2018年，全村通过易地扶贫搬迁脱贫18户56人，教育脱贫28户152人，发展生产脱贫42户209人，贫困发生率降至2.71%；完成了屯内1.5公里的道路硬化，新建4个蓄水池，完成一个电路灯安装17盏，村集体经济收入实现增收6.38万元……

村里的路平了，夜晚的灯亮了，百坭人通往小康的“路”也平了，心中的“灯”也亮了。

百坭人终于笑起来了。

六、写给文秀的感谢信——文秀和她的贫困户

乐业地处广西的西北角，是百色市海拔最高的县份，有 “小东北”之称，冬天来得早，秋风扫过后，就有冬天的寒意了。

一个黄昏，我专程来到那用屯，找到文秀的一个帮扶户——班统茂。

刚从果园回到家的班统茂，有点疲惫，可说起文秀，他立即来了精神，尽管很多记者都来采访过，但他还是很耐心地继续讲述，他回忆说：

“文秀书记到我屯入户调查后，她最担心的就是我们果农的运输问题，因为这里都是山地，地势偏高，到处都是砂石路，一下大雨，路就被冲垮。后来她帮助我们屯申请了1.8公里的通屯硬化项目，新建4个蓄水池，组织力量统一管护，不到一年时间解决了从产到销的各种问题。

“2017年自家40亩果园收了6000斤左右，通过科学管理，2018年产量翻了两三倍，丰收以后，全村销售旺季时，黄文秀带着几个客商住在几户果农家里，解决了50万斤果子的销售难题。她说到做到，我佩服她！”

关于班统茂的种橘子的故事，后来村干们又给我做了补充。

这沓厚厚的《第一书记工作实绩报告表》第一页（下图），记录的是2018年5月她在百坭村开展工作的情况。在“下个月工作打算”一栏中，她写道：“在对全村基本情况进行一个初步掌握之后，重点推进产业园的建设和致富带头人的工作。”

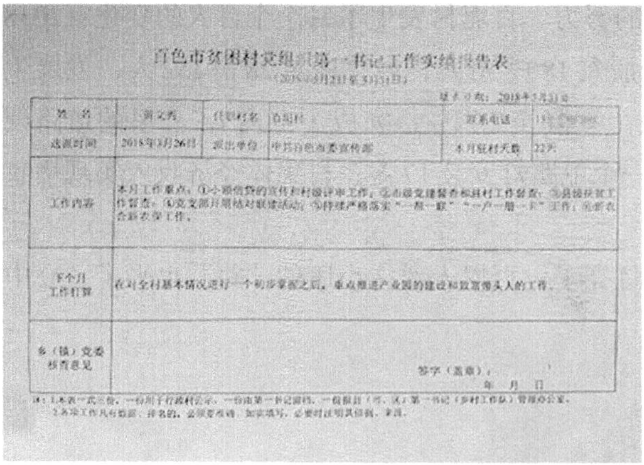
百色市贫困村党组织第一书记工作实绩报告表

下个月工作打算：在对全村基本情况进行一个初步掌握之后，重点推进产业园的建设和致富带头人的工作。

乡（镇）党委核查意见
签字（盖章）：
年 月 日

黄文秀填写的《第一书记工作实绩报告表》

在百坭村推选5个致富带头人，带领村民共同脱贫致富，是黄文秀想出来的一个办法，同时她提议让村民班统茂成为村里的5个致富带头人之一。

可是，对于这个提议，班统茂起初比较抵触，不接受。

为什么当初会拒绝

呢？这次在他家里采访，我专门问了他这个问题。

黄文秀生前查看砂糖橘种植情况

这位憨厚的中年农民，话语不多，但说起文秀来，眼里满含感激之情。他说，我一开始有点不相信文秀书记这个小姑娘，因为她太年轻，像个学生小娃娃，和我女儿差不多，北京毕业的研究生，写写论文、动动嘴巴可以，但真的就能有办法帮我们脱贫致富？

哦，原来是他当初不太相信这个学生妹！

当然，班统茂还有另外的担心："之前，致富带头人这个名声我不愿意担，因为我又没有什么技术，怕带不好大家，还担心我们的果子结出来以后不好卖，村民就会骂我了！"

不管班统茂如何推辞，文秀还是不放弃，她三番五次到班统茂家鼓励他，他清楚地记得文秀的话语——

"班大哥，你主要认真带领大家把这个果管好，你所担心的问题由我来解决！"

后来，文秀把农业技术员带到了百坭村的果园里，手把手地教会了班统茂和村民们如何去把果子种好管好，待到果子成熟后，文秀又积极联系销路，帮大伙找外地销售商。

班统茂不负众望，2017年百坭村全村果园的产量只有6万多斤，2018年产量增加到50多万斤，比前一年翻了好几番。

靠着这一片果园，他盖起了楼房，摘了"贫困帽"，同时还带动了屯里其他农户种植砂糖橘，走上了共同致富之路，他起到了致富能手的带头人作用。

村里群众这回更佩服了，文秀这么会看人，她用对了人！

"如果没有文秀书记，那我们屯的砂糖橘产业可以说是毁了。"班统茂说，村里的砂糖橘种了4年，缺乏管护，没有结果的迹象，村里很多人失去了耐心，抛下果树出去打工，产业处于崩溃的边缘。黄文秀天天跑到县里、市里，请技术人员下村指导。今年春节，砂糖橘迎来丰收。

提起黄文秀，这位皮肤黝黑、身体壮实的汉子突然掉下眼泪。“我实在不想提起她，但是我又很想她。她选择我做致富带头人是对我的信任，我想对她说，我肯定不会让你失望，我肯定认真地带好大家，让你放心。”

黄文秀在班统茂家果园劳动的情景

文秀牺牲后，班统茂一家非常怀念她：“今年刚开始采摘，已经预定出去10万斤了。”班统茂感慨地说。

“如今文秀书记不在了，但很想让她尝尝自家种的砂糖橘。”

国庆前夕，他受邀到北京做电视访谈节目，讲到怀念文秀时，他很激动，一激动，本来普通话就很“夹壮”的他，对着摄像机更慌张地哆嗦，一遍遍地录，也没录好。到了夜里，他彻夜难眠之际，提起笔来写了一封信给文秀，表达自己的缅怀和感激之情，后来录制节目就是读的这封信。

随后，他从卧室拿出一张他写的信给我看，他一边看，一边读，声音哽咽着，后来泣不成声。信是这样写的——

写给文秀书记的一封信

文秀书记：

距离你离开我们已经有131天了。最开始听到你遇难的消息，我们都不太敢相信，明明前几天还见面的人怎么说没就没了呢？自从你离开了我们，我们每天都在悲伤中度过。

曾经，你是我们脱贫致富的引路人，更是我们走向幸福生活的精神支柱。然而，正当花开结果之际，你却无声无息地走了，留给我们的只有无穷无尽的思念。

我们知道你有太多太多的不舍和牵挂。今天我借此机会告诉在另一个世界的你：文秀书记请你放心，你未走完的长征路有人为你接过接力棒，你所许下的诺言，如今有政府来帮你兑现和完成。

在你的鼓励和帮助下，今年我们村的砂糖橘又有了很好的收成，再过两个月就可以采收，但是此时此刻，我们说什么也高兴不起来。

因为我们失去了你，再也盼不到你像去年那样来帮我们摘果、背果、收果……

文秀书记，我们不能没有你，我们在等着你！我们在呼唤你！你听到了吗？

在今后的日子里，我们会化悲痛为力量，加倍努力，绝不辜负你对我们的期望，早日走出贫困，奔向小康！

文秀书记，百坭村的父老乡亲永远怀念你！

班统茂　2019年10月写于北京

这是一封发往天堂的信，因为这封信，文秀是看不到了！然而，一个贫困户，一个朴实的农民，用他的真情实感，发自内心的肺腑之言，也许，不论文秀在天堂，还是在九泉之下，也会感知到这份真心的吧！

是的，果农班统茂所写的信，道出了百坭村村民的心声：“在今后的日子里，我们会化悲痛为力量，加倍努力，绝不辜负你对我们的期望，早日走出贫困，奔向小康！”

第二天，我又来到新修通的通屯路旁，这里果林遍山，金黄的砂糖橘挂满了枝头。和班统茂一样，脱贫户韦胜峰一早便开始在自家砂糖橘林里忙碌，收购橘子的车停在路边等候。

“路好了，农产品更加好卖，价格也高了。”新近销售的砂糖橘、蔬菜已经给老韦带来六七万元的收入。

水果收购商刘美宽开着大货车从贵州赶来，每天在百坭村收购2万多斤砂糖橘。“这里空气好、土质好，果子甜，我们愿意来收购，现在路通了，也比原来省了不少时间，更方便了！”

产业上规模，村民不用担心加工和销路。在由黄文秀帮扶建起的榨油坊里，村民可免费榨油。负责人罗向诚则参与收购加工后剩下的茶枯，并拓宽村里茶籽、茶油销路。从贫困户到产业致富带头人，罗向诚对黄文秀充满感激。

这本《广西脱贫攻坚精准帮扶手册》（如左图）是村民韦乃情家的。

黄文秀装在背包里的《广西脱贫攻坚精准帮扶手册》

2019年6月14日（周五），黄文秀生前的最后一个工作日，她还在翻阅这本手册。

韦乃情曾是百坭村的贫困户，一家8口人，于2018年正式脱贫。

“她对我比自己的女儿对我都好！”韦乃情逢人便夸文秀。

文秀书记多次来他家，一来就是帮忙扫地、干活。韦乃情不识字，他的孙子上户口，他到市里看病的费用报销，都是文秀跑前跑后帮忙弄的。

更难得的是，他家后山的果林结的枇杷果，以前都是烂在地里，今年文秀帮忙找销路，卖了2000多元。

老梁今年68岁了，他家中的油茶，就是文秀书记帮他做的规划，今年卖了几批茶籽，光这一项收入就进账2万多元。

我见到他的时候，他正在村里榨油坊排队榨油，留着过年自己食用。

闻着榨油机飘出的山茶油香，他说着说着，就想起了文秀姑娘：“我们家这一年的好收成，是离不开文秀姑娘的！之前，家里穷，不好意思请文秀书记吃饭，现在我们家脱贫了，想请她来吃个饭，她却不在了……”

再过几天，就要到2020年了。元旦前，我用电话连线了百坭村党支部书记周昌战，这个与文秀并肩作战的战友，高兴地给我介绍说——2019年，村里油茶种植面积和产量都增加了。全村约有5000亩油茶，投产面积已达2000多亩，还成立了油茶专业合作社，户均增收1万多元。

百坭村发展势头向好，看到村里日新月异的变化，许多村民有了新打算。

“今年我计划再扩种些砂糖橘，争取早点搬进新家。”在离村部10公里左右的那洋屯，脱贫户班龙春站在尚未完工的2层楼房门前谋划道。

如今，新路直通屯口，屯里有近20户购置了小汽车。

辞旧迎新，村民们买来灯笼装饰，准备扮靓村里文化广场，好好庆贺脱贫致富的好生活。

七、圆梦了，她却喝不到庆功酒

百坭村的变化，处处凝结着黄文秀的付出与努力。

黄文秀刚上任时，给大家的印象就跟她的名字一样，文弱秀气。靠着她的真诚和热心，后来慢慢地得到大家的接受和喜爱，她走遍了村里195家贫困户，手绘一张满是贫困户名字的扶贫地图，由“新手”变“熟手”了。

周昌战记得，黄文秀遇难的前3天，还在下村屯检查被洪水冲毁情况，返回的路上，她还认真地对他说：“再加把劲，我们全村今年底就脱贫了！”

她主动自己掏钱跟酿酒的村民订了两坛农家自酿酒，打算到时候拿来当庆功酒。

村民很早就酿好了酒，用红布包好，恭恭敬敬地送到村部给文秀。如今用红布包着的酒坛，静静地立在村部的一个角落里，仿佛在等待它的主人来打开……

“可是，现在，好酒好菜已备齐了，我们的文秀书记却不在了……”

说到这里，这位当过兵的乐业壮汉子眼睛湿润，声音哽咽……

百坭村村民们一直有这个心愿，他们表示：等我们村都脱贫了，我们还用这坛酒来庆功，以告慰文秀的在天之灵。

对于热爱这片土地的文秀来说，最好的告慰是什么？

就是继承英雄楷模的遗志，继续前行！

乐业县的领导表示：我们都是追梦人，为梦想成真，就要脚踏实地，一步一个脚印地走下去！

百坭村村支书周昌战说：“如今百坭村发展越来越好，我们要争取更大的丰收！”

黄文秀珍贵的驻村笔记

第一书记杨杰兴说："我们会沿着文秀书记带的路，埋头苦干，百坭村会和全国一道实现全面脱贫！"

百坭村的村民互相打气鼓励着：脱贫攻坚，我们一个都不能少！明年还要加油干，努力不掉队，不拖后腿。

百坭村，这个乐业的幽静小村，依山傍水。这个被列为预脱贫村的深度贫困农村，不论时光如何流逝，村民永远铭记着一个人，她就是黄文秀。

在百坭人心中，黄文秀是一盏明灯，照亮全村的扶贫路。

八、生命定格在扶贫路上

2019年6月16日，父亲节。

黄文秀趁着周末，也是父亲节，就带着药品回了田阳老家，看望了身患重病、刚刚出院的老父亲。因惦记村里被洪水冲毁的农田和水利，须尽快返回处理，周日下午，她不顾家人挽留，晚上执意要赶回乐业。

"晚上有暴雨，现在回村不安全，明早再回吧？"父亲劝道。

"暴雨来了，乐业那边的山区群众更危险，我必须抢在暴雨到来之前赶回到村里。"这是黄文秀留给父亲的最后一句话。

她独自一人开着车，冒着细雨冲出家门，越走雨越大，快到凌云县城路段时，形成了大暴雨。17日凌晨，凌云县附近山洪暴发。

电闪雷鸣，风雨交加之时，前不着村，后不着店，她在微信群里，连续发出的一条条求助信息令人揪心：

"我被山洪困住了！"

"前面有一辆车消失了！"

"请为我祷告吧！"

然而，大暴雨瞬间形成滔滔的洪水，把她连人带车一同冲到悬崖边，接着她又被急速的洪水冲到河里……

黄文秀的生命就这样定格在了30岁的人生，定格在了扶贫第一线上。

黄文秀走了，带着对父母的牵挂，带着对家乡人民的热爱和脱贫致富的期望，走了……

她从大山中来，是党的扶贫政策让她家易地搬迁，摆脱了贫困，她向大山中奔去，放弃大城市的工作机会，把扶贫路当作"心中的长征"，她将生命绽放在祖国最需要的地方，正如习近平总书记在重要指示中所指出的，黄文秀同志“在扶贫攻坚第一线倾情投入，奉献自我，用美好青春诠释了共产党人的初心使命，谱写了新时代的青春之歌”。

黄文秀的名字，将永远镌刻在百坭村这个偏僻山村每个人的记忆深处，永远留在我们的心中。

九、文秀和她的战友们——三访百坭村

百坭，我来了！为追踪文秀的足迹，我再次走向乐业，走进百坭村。

2019年国庆期间，我利用“十一”长假，开始我深入乐业百坭村的第三次采访。走在海拔1000多米的山路上，我迎着秋风，来到百坭村，看到了百坭村村民们忙碌劳作的身影，感受到在这片充满希望的田野上，为实现全村脱贫奔小康的梦想，他们挥洒汗水，做自己的追梦人。

正如习总书记说的：撸起袖子加油干，幸福都是干出来的！

百坭人知道，再不努力奋斗，对不起自己，更对不起文秀的真心付出。

这一天是10月10日，中共中央正式宣布追授黄文秀同志“全国优秀共产党员”称号的消息，迅速传遍了这个小山村。当天，全村党员干部重走“黄文秀产业扶贫路”，深切缅怀黄文秀同志，学习她的感人事迹和精神，把榜样力量转化为脱贫攻坚强大动力，以更加昂扬的精神状态开展脱贫攻坚、乡村振兴工作。

2018年3月，黄文秀刚到百坭村时，这里还有未脱贫的建档立卡贫困户103户474人，贫困发生率22%。“百坭村是深度贫困村，100多户贫困户分散在河边片区6个屯和山上片区5个屯，脱贫难度大。”杨杰兴说，“压力很大，但动力更足。文秀留下了很好的群众基础。”

文秀牺牲后，2019年7月，杨杰兴接受上级任命，来到百坭村接任第一书记。上级组织还为百坭村驻村工作队配备了精兵强将：张德富，曾有连续两年驻百坭村的经历，驻村工作经验丰富；黄应战，会说壮语，与群众沟通顺畅；谭天社，90后，现年29岁，是驻村工作队的“新鲜血液”。

“文秀书记对我们很好，经常入户了解并解决我们的困难，我们都相信她，支持她的工作。现在杨书记来接任，我们照样支持你！”

得到村民们的信任，新到任的杨杰兴感到如今百坭村很多工作顺利开

百坭村村部

展，这与此前黄文秀的群众基础牢固关系很大。“百坭村的群众朴实真诚，对文秀书记懂得感恩，我们还有什么理由不做好工作呢?”

这次他建议我们沿村里新修的水泥路走一圈，感受一下百坭的产业路，这是文秀生前最挂心的事。

南方雨季长，百坭村山上片区5个屯前些年修通的砂石路有多处被雨水冲蚀，坡度较陡的路段雨季摩托车都不能通行，货车更是进不来。村民班统茂种的砂糖橘和油茶产量低、品质差，卖不出去。黄文秀主动上门，一边联系专家指导，一边探索网上销售。去年，经百坭村电商服务站销售出去的砂糖橘就有4万多斤。

那条砂石路，被黄文秀写进了驻村日记。“在文秀的努力下，百坭村道路硬化纳入政府项目库，预计今年11月底修缮完成。”杨杰兴说。

10月11日清晨，随着雄壮的国歌响起，乐业县新化镇百坭村举行“不忘初心、牢记使命”主题教育暨升国旗活动。接任文秀的第一书记杨杰兴缓缓升起五星红旗，升旗台下，广大党员干部心潮澎湃，齐声说道：“我们一定继承文秀同志的遗志，继续奋战，完成她生前的心愿。”

此时秋风送爽，我走在文秀经常进村入户的屯级公路上，那里现在已经铺上了水泥路，也加宽了，可以通汽车了，远远看见村民在果园里干活。一阵秋风吹进了砂糖橘的果园，阵阵清香扑面而来，树枝晃动，发出沙沙的声响，仿佛在吟唱丰收的赞歌。

“去年，文秀书记在果园指导我们抹芽控梢，大幅度提高了果实的质量和产量，帮助我脱贫增收，真希望她还能来看看……”摸着挂在枝头的果实，脱贫户梁家忠眼泛泪光。

目前，百坭村种植的杉木从原来的8000余亩发展到2万余亩，砂糖橘从1000余亩发展到2000余亩，八角从600余亩发展到1800余亩，油茶、养蜂、八角、枇杷、猕猴桃、清水鸭等特色产业逐步形成规模。周支书说，我们的特色产业现在是“百花齐放”，已经看到希望和成果了！

驻村期间，黄文秀注重发挥基层党组织在脱贫攻坚中的战斗堡垒作用，不仅组织开展各类主题党日活动，还将“三会一课”等组织生活融入扶贫工作中，扎实推进抓党建促脱贫工作。“文秀为村子长远发展打下了很好的基础，我一定会代她走完扶贫‘长征路’。”杨杰兴说。

党建引领促发展，黄文秀引导党员致富带头人以“互助组”的模式，将分散的贫困户组成农事生产、家事活动、临时救助等互助小组，实现贫困户自我管理、互相帮助、主动脱贫。“成立‘互助组’后，贫困群众的内生动力被激发，大家的生产性收入不断提高。”周昌战介绍，今年全村贫困发生率有望降至1.88%。

拿着黄文秀手绘的“民情地图”，第一书记杨杰兴逐一梳理每天的工作任务：全村安全饮水和农业灌溉工程进度完成100%，22公里的产业路正在建设，预计下个月完工；“文秀希望幼儿园”正在规划建设中，完工后不仅能满足百坭村幼儿入园难问题，还可以辐射到相邻的谐里村、中合村的适龄儿童……

走进百坭村，感受的不仅是村貌的变化，还有蓬勃的朝气。目前，该村正火热开展“党旗领航·电商扶贫”和线下大卖场活动，通过打造“百坭扶贫网店”“大卖场”等品牌、项目，以“党支部+合作社+企业+农户”的运营模式，实行订单种植，推动农业产业结构调整，开辟农民增收致富新路径。

黄文秀生前接受采访

黄文秀的生命定格在30岁，却绽放出壮美的生命之花，她的精神在百坭村的土地上生根发芽、开花结果，激励广大党员干部群众不忘初心、牢记使命，勇于担当、甘于奉献，在新时代的长征路上砥砺前行。

尾声：代她走完扶贫“长征路”

这次再访百坭村，村民的话语中满是对黄文秀的怀念，也透着对打赢脱贫攻坚战的干劲和信心。我看到了文秀精神在他们身上传承着，续写着脱贫的新篇章。杨杰兴说，我们一定要传承发扬她的精神，完成她未竟的事业，全力推动百坭村如期实现高质量脱贫，代她走完扶贫“长征路”，这是对文秀书记最好的纪念和告慰。

杨杰兴说：现在是10月份，我们百坭村贫困发生率降至1.79%，已被列为今年的预脱贫村，到2019年年底，可以实现全村脱贫摘帽了。

新的一年，乐业县要如期打赢脱贫攻坚战，杨杰兴等基层干部不敢放松，但也充满信心。

黄文秀生前参加百色市庆祝新中国成立70周年《我和我的祖国》合唱时的留影

在这场人类历史上前所未有的反贫困斗争中，令世界惊叹的，不仅是精准施策、入村到人的国家台账，更是“小康路上，一个都不能掉队”的上下同心。

2020年已至，面对深度贫困地区的攻坚任务，百坭村的干部群众都在集中力量攻坚克难，已经脱贫和即将脱贫的群众正以只争朝夕的精神面貌，努力改变自身的命运。

习近平总书记指出：“打赢脱贫攻坚战，中华民族千百年来存在的绝对贫困问题，将在我们这一代人的手里历史性地得到解决。”

鲁迅先生曾说：“我们自古以来，就有埋头苦干的人，有拼命硬干的人，有为民请命的人，有舍身求法的人……这就是中国的脊梁。”

黄文秀正是这样的中国脊梁，她扎根泥土，将青春热血都挥洒于自己的故乡。

在这场伟大的攻坚战中，有些人虽然走了，却还活着。她芳华虽逝，但努力地绽放过，馨香永存，精神长留，让我们代她走完这段艰难的扶贫“长征路”。

作者简介：林超俊，壮族，戏剧与影视编剧、导演，作品先后荣获中宣部“五个一工程”奖、飞天奖、金鹰奖、骏马奖，系中国电视纪录片最高奖“十佳纪录片”编导获得者，“中国戏剧奖·校园戏剧奖”最佳导演奖获得者，国际剧协第二届（达卡）国际戏剧展演金奖、广西文艺创作政府最高奖——“铜鼓奖”获得者，被授予“广西第一批文化名家暨四个一批人才”称号。

曾经当过10年法官，从事10年影视工作，现任广西文联秘书长，兼广西戏剧家协会副主席、中国戏剧家协会理事。

走进学生作文的第一书记

——记广西大化县板升乡弄纳村驻村第一书记陆政

韦 哲

“一来就开展扶贫工作，一天到晚都忙个不停。”

“自从他来了之后，我们的生活终于渐渐好转起来。”

……

这是记叙广西河池市大化瑶族自治县板升乡弄纳村第一书记陆政的句子，这些句子出现在弄纳小学六年级语文科段考（期中考试）的学生作文里。

“段考后的一次作文部署，六年级40多名学生中，有半数记叙第一书记陆政的扶贫故事。”弄纳小学六年级语文教师黄宏宁说。

一个普通的驻村第一书记，为何被学生崇拜并写进作文里？

一、以真心换取真情

陆政在全县驻村第一书记工作会议上介绍工作经验

陆政是大化水利局的干部，2015年10月被派驻板升乡弄纳村任第一书记。开始的时候，陆政每天走村串户开展村情调研，群众以为他无所事事，常在背后议论道：“这家伙是来这里玩的。”

“首先要做群众的贴心人。”陆政说。

陆政（左二）在深入村屯调研途中向群众了解深度贫困情况

2017年5月，瑶水屯侯宗清家中发生火灾。事发当天，陆政的父亲也因病情危重被送进广西壮族自治区人民医院ICU（重症监护室）抢救。电话中，陆政安排村两委尽力保障村民安全，并嘱托妹妹照料父亲，随后便独自驱车从南宁赶回村里，参加善后处置工作。他组织群众帮助侯宗清搭建临时住房，安顿好一家老小；组织村两委送救灾物资，帮助侯宗清一家渡过难关。

2018年7月4日，天气炎热，木林屯一个瑶族家庭及弄陇屯一个汉族家庭，都有老人不幸逝世。陆政下屯动员群众拆除旧房回来，已是傍晚。筋疲力尽的陆政没有休息，便连夜赶到群众家中，给他们带去慰问物资，也给他们带去安慰和温暖。

“无论弄纳村谁家有红白喜事，或是发生什么意外，一定会看到陆政的身影。他把每一户群众当作自家人一样看待。”村支书侯志辉说。

为了及时救助困难群众，陆政努力争取大化水利局的支持，通过工会发动全局干部捐款，购买大米、花生油、被子、冬夏衣物等，供弄纳村村部备用。弄往屯80多岁的侯有必，长期重病卧床，儿子和儿媳妇因为照顾他，无法外出务工，因而无收入来源，生活非常困难。陆政帮助他办理低保，向乡民政站申请临时救助，并送去慰问物资，帮助他们走出困境。

关心群众冷暖，以真心换取真情，陆政成为群众的贴心人。

现在，弄纳村无论男女老少，只要见到陆政，都亲切地打招呼：“书记好！”

二、以实干担当赢得认可

弄纳村山高弄深，自然条件恶劣，属不宜人类生存之地。全村531户2315人，318户建档立卡户散居在17个村民小组中，贫困发生率达72%。脱贫攻坚任务重，难度大。

2018年3月，新一轮驻村第一书记选派，陆政主动向组织递交留任申请，并抛出铿锵的话语：“弄纳村不脱贫摘帽，我坚决不走。”

为拿出精准的扶贫方案，陆政坚持每个月到贫困群众家走一趟，攀爬羊肠小道，翻山越坳，一屯一户地走访调研。全村17个村民小组，陆政平均每年到访每个小组8次以上，318户贫困户户均走访5次以上。他把全村贫困户划分为三类，一类是自力更生户，二类是联帮带扶户，三类是“等、靠、要”户。三类户数分别为173户、103户、42户。陆政认为，把底子摸得清清楚楚，工作做得精细入微，才能因户施策，对症下药。

陆政（左）在弄纳村木林屯鸽子扶贫养殖场了解鸽子养殖情况

陆政不仅精勤实干，更是敢于担当。2018年7月6日，陆政入户对群众进行危房改造动员时，弄查屯侯吉利说：“我真的没有钱，没法盖房子。”

“没有钱不要紧，只要你一家人肯出工出力，我叫老板先给你提供钢筋、水泥。”陆政说完，就给板升街上的钢筋、水泥店老板打电话，为群众说情，动员老板支持和参与脱贫攻坚工作，并向老板承诺：“得到政府补贴后再付钱，如果群众不给钱，一切由我来承担。”

陆政努力改变群众打工几十年凑够钱再盖房子的思想，动员他们利用好党的扶贫惠民政策，抢抓机遇，先把房子建起来。但有5个五保户，实在盖不了房子，陆政便组织力量帮他们建房子。目前已为两户建好房子。目前，全村265户贫困户实现了稳固住房的目标。

三、以“蝶变”赢得民心

“有本事帮我们建50个水柜，解决20户危改”，在第一次村干部会议上，村干部们撂下的这句话让陆政印象深刻。面对村干部们渴望改变贫穷落后面貌的目光，陆政当场承诺，任期内一定给大家交上一份满意的答卷。

饮水难是弄纳村的一大难点。长期以来，该村饮用水以地表水为主，但因高寒大石山区特殊的地理位置，地表自然条件差，该村一年四季均存在不同程度的饮水困难，制约了当地经济和社会的发展。

“承诺村民的事情，必须要做到。”这是陆政的信条。为彻底解决村里的人畜饮水问题，陆政努力争取政府和后援单位的补助资金，并组织群众自筹部分资金，动员群众自力更生、投工投劳，修建了家庭水柜20座，并架设水管到农户家中。两年多的时间里，全村已建成家庭水柜175座，并有15个屯建成集中供水水柜，2个屯在建中。

陆政（右）入户了解贫困群众生活情况

弄纳村地处偏僻山区，千峰万仞，怪石嶙峋，交通不便。针对这个问题，陆政多次到县、乡有关部门积极争取资金。同时，不停奔波于项目建设工地之间，组织村民劈山开路，协调解决项目用地等问题。目前，全村17个自然屯已建成通屯水泥路14条，建成砂石路2条，在建砂石路1条。

改善基础设施是脱贫致富的基石，发展产业增收则是脱贫致富的抓手。

陆政制订了全村318户的脱贫方案，制作了反映每户“八有一超”完成情况的台账。木林屯侯宗义是因学致贫，但他有养殖鸽子的经验，只因缺少资金无法发展。陆政帮助他办理贴息贷款5万元，养殖鸽子100对。如今，侯宗义养的鸽子每月出栏150对，月收入3000元，还带动周边一些贫困户参与养殖。

针对贫困户缺乏启动资金的难题，陆政引导大家办理扶贫小额信贷，共有183户实现融资 850万元，用于发展土鸡、山羊、鸽子、黄牛、山葡萄等种养殖项目，已有22户83人通过发展产业实现脱贫目标。

陆政还采取“党支部+企业+专业合作社+农户”模式，带动群众发展七百弄鸡养殖。2017年，弄纳村集体经济获得分红1.5万元，集体经济实现零的突破。

目前，全村81户452人达到了“八有一超”生产生活条件，顺利实现了脱贫。

陆政以实实在在的扶贫成效获得了肯定和赞誉，以实际行动诠释了一名党员干部为民服务的宗旨，被评为2016至2017年度自治区、河池市优秀第一书记，河池市先进工作者。

作者简介：韦哲，壮族，1968年11月生，广西壮族自治区都安瑶族自治县人。大化瑶族自治县县委宣传部新闻股股长、县文联副主席，在《人民日报》《科技日报》《广西日报》等媒体上刊发消息、通讯共1000多篇。

扶贫路上贴心人

——黑龙江黑河市新生鄂伦春民族乡扶贫办公室主任李树强

侯 波

李树强

2016年，他的名字就与“扶贫”这两个字紧密联系在一起，锲而不舍抓扶贫，坚守在脱贫攻坚的第一线，把自己的全部精力投入脱贫攻坚战中。他就是黑龙江省黑河市爱辉区新生鄂伦春民族乡扶贫办公室主任——李树强。

李树强1986年出生在黑龙江省嫩江县(今嫩江市)，于黑河学院毕业后，先后在爱辉区罕达汽镇农业中心、爱辉区司法局坤河司法所、爱辉区新生乡鄂伦春民族乡工作。

近四年来，李树强走遍新生鄂伦春民族乡的每一户贫困家庭。在走村入户过程中，他慢声细语地跟群众讲扶贫政策，倾听群众需求，耐心地摸清掌握群众真实的需求，用行动化解了群众的心结，消除了他们存在的疑虑和不安的情绪。现在，李树强对这里的一草一木、一人一物如数家珍。

李树强把各个行政村的贫困情况摸清楚，心里有了一本账。全乡共3个行政村，农业人口共399户904人。截至目前，全乡贫困户共计40户62人。其中，新生村已脱贫贫困户22户34人 ，新青村已脱贫贫困户11户19人，非贫困村新发村已脱贫贫困户7户9人。

新生鄂伦春民族乡地处偏远山区，村民以种地为生，靠天吃饭，遇到了

企业为贫困户免费赠送净水机

天灾人祸，才会导致贫困。全乡40户贫困户大多是因病致贫，患有肺部肿瘤、白血病等疾病，面对存在的现实情况，怎样带领40户贫困户走出困境，成了李树强亟待解决的大问题。

2015年6月，习近平总书记在部分省区市扶贫攻坚与“十三五”时期经济社会发展座谈会上的讲话，让李树强豁然开朗。切实做到精准扶贫，力求扶持对象精准、项目安排精准、资金使用精准、措施到户精准、脱贫成效精准。李树强切实在这几个精准上想办法，想对策。

李树强本身是鄂伦春族，对鄂伦春族有不一样的情感。鄂伦春族生活在小兴安岭深处，是中国人口较少的少数民族之一，全国只有8000多人。过去鄂伦春族精骑善射，世世代代以游猎为生，穿兽皮，吃兽肉，住斜仁柱，被誉为“北方游猎文化的活化石”。

1953年，在中国共产党和人民政府的亲切关怀下，鄂伦春人离开了原始森林，走出了深山，在富饶美丽的刺尔滨河畔建设起自己美好的家园，彻底告别了“御茅为屋，充饥肉作粮”“冰雪婴儿孽，蓬高孕妇床”的悲惨境遇。

新生鄂伦春民族乡是当时鄂伦春族人下山定居的村落之一，位于祖国的东北黑龙江省黑河市的山区，距黑河市区76公里。

金秋时节的新生鄂伦春民族乡，有红艳艳的山里红，黑油油的臭李子，绿莹莹的山葡萄……刺尔滨河蜿蜒在深山幽谷中，青苔巨石掩映其间，白桦树高大挺拔，丛林透露出原始和神秘。在这里有鄂伦春族赖以生存的山川、河流、山珍、野果，如今已经建成了鄂伦春原始部落体验区AAA级景区，引进鄂伦春莫日根国际狩猎场。

2019年，全乡大豆总种植面积30220亩，同比增长21.5%；玉米种植面积2640亩，同比增长329%。李树强积极引导鼓励合作社、家庭农场走规模化经营道路，全乡实现规模化经营6000余亩，2019年全乡购置大型农机车辆7台（套），其中2204大马力1台，1804大马力2台，全乡农业发展水平显著提升。充分利用新生鄂伦春民族乡自然资源优势，培育特色养殖产业，大力发展鄂伦春马、西门塔尔肉牛、绒山羊等绿色生态养殖。2019年，全乡鄂伦春马268匹，西门塔尔肉牛637头，绒山羊1292只，畜牧业总产值300余万元。

然而，李树强年轻的肩膀扛起的扶贫重担，仍很沉重。面对全乡因病致贫的40户贫困户，怎样落实“两不愁三保障”，确保贫困户脱贫质量，成了他的心病，不能搞大水漫灌，也不能手榴弹炸跳蚤，要因人施策，对症下药。他在困境中摸索，勤访贫困户，多方争取资金，多搞项目扶持，几年下来，取得了一些成绩。

走访贫困户

金秋，又是木耳丰收的时节。那黑黝黝的木耳，像一朵朵盛开的花。黑龙江省黑河市爱辉区新生鄂伦春民族乡的木耳，端上了清华大学的餐桌。黑黝黝的木耳可是新生鄂伦春民族乡的宝贝，由鄂伦春人自己打造的绿色品牌，在清华大学一亮相，立即得到社会认可与关注。

从2014年开始，这里启动木耳、大豆供应清华大学项目，由乡长与清华大学联系对接，2016年由李树强负责具体落实。为了办好黑木耳供应这件事，李树强严格按照绿色食品要求，亲自动手挑选几种木耳样品，到质量监督局检测。经检测后，他确定了木耳品种。

当时，与清华大学签约，李树强的心里是没底的，不知道生产出来的木耳是否能符合国家生产标准。当李树强看到一片片个大饱满的木耳时，一颗心总算放到了肚里。

可是，怎么包装的难题出现了，为了打造绿色农产品品牌，李树强绞尽脑汁想办法，最后确定以刺尔滨山珍为木耳品牌，木耳一斤一袋，20袋为一箱。解决了这个棘手的问题，接下来就能如期发货了。李树强看到农户拿到钱开心的样子，心里也是喜滋滋的。

新生鄂伦春民族乡与清华大学签订供应大豆协议，主要是新生鄂伦春民族乡的土地适合种植黑河43大豆品种，出苗至成熟生育日数约115天，需要≥10℃的活动积温2150℃左右。

黑河43是新型杂交大豆种子，具有抗性强、产量稳的优势。在技术人员的指导下，利用选种器选种，种子圆黄，种脐浅黄色，有光泽，百粒重20克左右。在种植过程中，选用天然场地，无污染种植，种出绿色无公害的大豆，营养丰富，饱满粒大，蛋白质含量41.84%，脂肪含量18.98%，深受消费者欢迎。

村民公认："种来种去，还得黑河43。"

调查了解贫困户产业扶贫要求

几年下来，两项扶贫项目已经粗具规模，现由新生鄂伦春民族乡马因阿亚合作社负责对接，每年供货都签订协议，成效显著。仅2019年一年，为清华大学供应木耳4吨、大豆35吨，总交易额48.5万元，取得了良好的经济效益和社会效益。蒲公英茶厂、药材、大豆种植和黑木耳种植示范基地带动农户15户，为农民增加务工收入3万余元，拓宽贫困户收入渠道。

2019年，新生鄂伦春民族乡以农业绿色发展理念为依托，全力打造绿色食品、药材种植示范基地，种植柴胡60亩、蒲公英45亩、芍药90亩，建立大豆标准化种植基地1处，种植大豆1500亩，积极申报绿色食品标识，目前正在等待国家相关部门审批通过。

李树强作为一名乡镇干部深知，如果想为百姓办好事、把事办好，只有时刻严格要求自己，准确掌握各项扶贫政策和惠农政策，才能紧密联系到实际工作中，让群众听懂政策、支持工作，从中受益。

为了让扶贫项目落地生根，李树强积极主动与村两委、驻村工作队谋划、推进实施扶贫项目，累计上报争取扶贫项目资金446.61万元，建设实施了光伏发电、晾晒场、路灯改造、农田路维修、村委会改造、地秤等扶贫项目20个。

积极争取民族发展资金440余万元，在新生村建设实施特色山产品加工基地、食用菌生产基地、清洁能源一期产业项目3个。截至2019年年末，全乡扶贫产业项目总收益10.64万元。其中，新生村光伏发电收益59574元，特色产业一期（茶厂）收益5000元，食用菌加工完善项目收益20000元，新青村光伏发电收益20881元，地秤总收益1000元。为有效发挥扶贫产业项目带动作用，建立了利益联结机制，直接关联整户丧劳贫困户、大病非贫困户11户，发放产业收益1.25万元。其中，新生村发放10500元，新青村发放2000元。进一步拓宽了脱贫增收路径，同时积极引导、鼓励贫困户走合作经营道路。

2017年，爱辉区新生鄂伦春民族乡新生村光伏发电建成并网，当时，新生村集体没有权限开发票，电业没有发票就不能转款，为了能把当年的收益转到新生村的账户上，李树强多方咨询，寻找解决办法，后来他跑了一个多月，以国税代开的方式，第一个领到了光伏发电的收益7000元钱。

国家推行金融扶贫政策，由于新生鄂伦春民族乡地处偏远山区，贫困户年龄偏高，大多数因病致贫。因此，贫困户对金融贷款的事不理解，把这个钱投入合作社都非常担心，大多数贫困户对以资入社的经营模式不完全认

宣传扶贫政策

查看贫困村安全饮水情况

同，贷款积极性不高，一些贫困户萌发了放弃贷款的想法。

眼看国家金融扶贫的好政策即将落空，李树强没有被困难打倒，而是迎难而上、不畏艰辛地与驻村工作队、村两委入村入户，为贫困户讲政策，做思想工作，宣传办理贷款的程序。怎么监控合作社，政府承担风险担保……他把每一个细节讲解得清清楚楚，积极引导、鼓励贫困户办理扶贫小额贷款，劝说贫困户走合作经营道路。

为了让贫困户明白国家出台的扶贫政策，了解合作社的运营情况，通过宣传贫困户积极申请金融贷款，从而打破了制约发展的僵局，贫困户有了钱，就会积极参与合作社的生产经营。

因为时间比较紧急，交通不便，为了不耽误办理户贷户用小额贷款的时间，李树强跟工作队在一周的时间里办理了贷款的手续。为了赶时间到相关部门填表盖章，他不计个人得失，自己驾驶私家车，往返黑河六次，行程近1000公里。

同时，李树强整章建制，帮助合作社根据自身发展优势制订切实可行的发展规划，将合作社资金使用方向、未来发展思路、运行情况、资产情况等一一对贫困户公布，增强贫困户对合作社的信任度，提高以资入社经营模式的认可度。

村民邵学发，2016年因媳妇得了白血病，为给媳妇治病花了35万元，因病致贫，媳妇医治无效去世。邵学发上有年迈的老妈，下有一儿一女两个正在上学的孩子，自己的手又残疾，欠下外债10多万元，当时真不知道日子该怎样过。

李树强在走访贫困户时，得知村民邵学发家的实际情况，帮助邵学发办理小额贷款，5万元政府贴息贷款顺利办理下来，解决了籽种化肥等问题，使得10多垧地顺利种上了大豆和小麦。

李树强对邵学发的生活也很关心，经常带一些日用品来慰问。李树强替他安排公益性岗位——村锅炉工，还帮他申报护林员，并为他的孩子申请金秋助学捐款1500元钱。

邵学发感慨地说："我们家的事，村上领导挺上心，在我心目中，李树强不错，解决了我的生活难题。"

李树强通过不懈努力，共为37户贫困户办理以资入社小额贷款185万元。为贫困户每年增加收益3500元。为2户贫困户办理户贷户用小额贷款8万元，为贫困户发放分红12.95万元。

扶贫项目现场勘察设计

鼓励扶持新青村德才肉牛养殖合作社、新发村富民粮食种植农民专业合作社，投入扶贫小额贷款资金185万元。其中，新青村德才肉牛养殖合作社95万元；新发村富民粮食种植农民专业合作社90万元，截至目前，德才肉牛养殖合作社肉牛存栏265头，进一步扩大了养殖规模，并鼓励其他散户加入合作社进行规模化饲养。富民粮食种植农民专业合作社实行标准化种植。合作社积极参与扶贫事业，带动贫困户18户，贫困户人均年增收3500元。合作社作为扶贫载体，助力贫困户尽早脱贫。

新青村德才肉牛养殖合作社成立于2010年7月12日，共有合作社成员5户，注册资金100万元，主要经营肉牛养殖和销售。合作社现有肉牛养殖厂房1座500平方米，钢架苯板结构；饲料库1座300平方米，彩钢结构；搂草机、打捆机、小型粉碎机各1台。现有放牧草场占地1800亩，围栏5000米。新青村德才肉牛养殖合作社带动贫困户19户，贫困户以资入社参与生产运营，合作社按照贫困户入股资金的7%进行固定收益分红。

新发村富民粮食种植农民专业合作社于2016年成立，总投资300万元，厂房1200平方米，现有大型收割机两台，1354一台，904三台，554四台，

查看记录扶贫项目（农田路）实施情况

全套农机具4套。2019年耕种土地面积4000余亩，主要从事大豆、小麦、芸豆种植、销售。新发村富民粮食种植农民专业合作社带动贫困户18户，贫困户以资入社参与生产运营，合作社按照贫困户入股资金的7%进行固定收益分红。

为有效解决新发村、新茂屯多年以来不通自来水的问题，李树强多次向爱辉区人民政府、爱辉区水务局反映实际情况，并提出新发村、新茂屯饮水安全工程建设申请，积极向上争取资金支持，投入156.13万元在新发村、新茂屯实施饮水安全工程。

同时，李树强入户走访，深入了解群众意愿，多次到实地踏查，研究水源地选址、工程规划等相关事宜。饮水安全工程交付使用当日，老百姓万分欣喜，脸上绽放美丽、朴实的笑容，多年以来的愿望终于实现了，足不出户即可饮用到甘甜可口、清澈的自来水。

李树强是个热心肠的人，帮助新发村贫困户联系山货金莲花的销售渠道，收益2000元钱；帮助新生村贫困户联系小笨鸡销售，共卖小笨鸡15只，收益1500元钱。

2019年，新生村非贫困户鄂伦春族村民吴文革，无儿无女，体弱多病。吴文革先后在黑河市第二人民医院住院治疗两次，后转院到哈尔滨，相关的手续都是李树强帮助协调办理的，最后协助将其送到敬老院，定期探望病人的身体状况、精神状态，同时以个人的名义捐助一些财物，帮他买一些生活用品。通过村里协商，并召开村民代表大会研究通过，李树强决定为其发放扶贫产业分红1500元钱。

李树强年轻，有干劲，有韧性，他相信只要努力了，即使不成功，也收获了难得的经验。他曾联系爱辉区农业中心主任，指导当地村民种植黑加仑技术。后来，黑加仑生病，他又请来林业草原局林下经济植物种植专家为其防治。第三年，黑加仑出现冻灾，-40℃越冬防范技术不过关，因此黑加仑种植收益不大。

与驻村工作队研究精准扶贫工作

几年来，在乡党委、乡政府的正确领导下，在相关部门的大力支持下，在李树强的辛勤努力和付出下，全乡40户62名贫困户已全部脱贫，所辖村内道路硬化率达到100%，有线电视入户率达到100%，各村全部接入宽带，贫困村全部建设卫生室，配备签约医生，为全乡如期脱贫的工作目标贡献了自己应有的力量。

李树强用实际行动，诠释了全心全意为人民服务的宗旨和基层共产党人的为民情怀，他任劳任怨，遇到工作任务紧急或繁忙时，主动牺牲休息时间，开启“白加黑”“5+2”工作模式，加班加点工作，不叫累、不言悔。他能够严格执行党委、政府的统一安排、部署，坚持以贫困户脱贫不返贫为中心，以持续围绕“三落实”为核心，以提升贫困户收入为目标，进一步明确脱贫攻坚重要任务，为确保打好脱贫攻坚战而不懈努力，始终奔跑在扶贫路上，为党员干部，特别是领导干部为政、干事、做人树立了一面光辉旗帜，被村民誉为扶贫路上的贴心人。

朝阳里的新生鄂伦春民族乡，一条条干净整齐的街道上张灯结彩，具有民族特色的别墅式新居熠熠生辉，鄂伦春人的生活方式已悄然改变。而李树强在春节里，仍坚持工作在一线。因为有了像李树强这样的年轻人，新生鄂伦春民族乡的明天会越来越好。

作者简介：侯波，女，鄂伦春族，黑河市退役军人服务中心综合科主任，黑河市作家协会副主席，鲁迅文学院第三十七届中青年作家高级研讨班学员，鲁迅文学院第二十六期少数民族文学创作培训班学员，中国少数民族作家学会会员。在《人民日报》海外版华夏民族、《中国民族报》民族文萃副刊、《中国民族》杂志和《党的生活》《湟水河》《白桦林》《鄂伦春》《黑河晚刊》文艺副刊上发表散文近百篇，大多被人民网、东北网转载。

握住希望　启航明天

——黑河市爱辉区四嘉子满族乡西四嘉子村扶贫纪实

王月梅

生活当中我们会遇到各种各样的坎儿，有些坎儿一挺就过去了，而有些坎儿是难以逾越的，需要有人伸手帮一把才能迈过去。对于黑河市爱辉区四嘉子满族乡西四嘉子村的富振宝和王立忠等贫困户来说，正是驻村扶贫工作队的润物细无声的援助，像一缕春光，照亮了他们的生活，今天，他们的脸上才会绽放出灿烂幸福的笑容。

2017年5月，王芳担任了爱辉区四嘉子满族乡西四嘉子村精准扶贫驻村工作队队长兼村党支部第一书记。这个驻村工作队的成员大部分是年轻人，一直坐机关，没有任何与农民打交道的经验，心里有压力，一直在打鼓；队长王芳年纪稍大一些，又是女同志。但性格开朗、爱说爱笑、直肠子的她是农民的女儿，毕业于某农校农学专业。王芳曾经在乡镇政府工作了12年，虽然有乡镇的工作经验，但作为精准扶贫驻村工作队队长兼村党支部第一书记，王芳深感肩上的担子重，扶贫工作责任重大。

精准扶贫驻村工作队队长兼村党支部第一书记王芳

爱辉区四嘉子满族乡位于黑河市近郊，这里的村民勤劳、憨厚、质朴，有文明的乡风、淳朴的民风、致富的典型。驻村工作队成员入户走访时，王芳他们就把自己当成村儿里的人，放低姿态，调整心态，用拉家常的方式、请教的语气，与村民聊家庭生产，聊生活中遇到的问题，并把自己的电话留给村民，期望能听到村民们真实的声音。就这样，按照“回到原点、精准识别”的要求，在四嘉子满族乡党委政府及村两委的支持下，王芳他们利用两个星期的时间调查走访，摸清底数，然后展开召开村民代表大会、举行村委会评议、核准确认等一系列的工作。扶贫工作队一环扣一环地甄别，精准识别了西四嘉子村8户贫困户18口人。

扶贫工作队队员深入农户调查

扶贫工作队队员为居住危房的贫困户讲解国家危房改造政策

富振宝和王立忠在这8户贫困户当中情况比较特殊，由于贫困户家里的情况不尽相同，他们对扶贫工作队的态度也不一样，或冷漠、或旁观……

今年59岁的富振宝，是土生土长的四嘉子满族乡西四嘉子村的农民，2017年被认定为贫困户，他和妻子分有近两垧的大田地，唯一的女儿已经外嫁。老两口靠着种地和种蔬菜，日子过得也是不愁吃不愁穿。50岁那年，富振宝得了脑血栓，治疗后，他落下腿脚走路不利索、说话口齿不清的毛病，血压高、血糖高，日后治病没少花钱。对于一个靠力气干活吃饭的农民来说，脑梗病的后遗症，也是不小的打击，这是老两口人生遇到的第一个坎儿。屋漏偏逢连夜雨，2016年8月，富振宝的妻子又被确诊为肺癌，这个消息如晴天霹雳，对已摇摇欲坠的家庭来说无异于雪上加霜。但是再艰难也要为妻子治疗。在哈尔滨市肿瘤医院治疗时，高额治疗费花去了家里全部的积蓄，还借外债15万多元。无奈之下，老富将仅有的48平方米的住房也卖了，为妻子看病，但纵有万般不舍，也没能留住妻子。妻子的离世对于老富来说无疑是致命的打击，这让一个原本生活平静安宁的家庭一度陷入困境。每当想到往后的日子没有老伴的陪伴，没有老伴和他一起辛辛苦苦种地种菜，再也吃不到老伴每天做的热乎的家常菜，更吃不到老伴最拿手的“焖子”，很长一段时间里，老富沉浸在悲痛中不能自已，一蹶不振。

驻村扶贫工作队队员参加村民代表会议

2017年5月，王芳带队的扶贫工作队驻村，党的扶贫政策就像春风，给老富的内心带来了希望。当王芳他们面对面接触富振宝时，就看到富振宝打不起精神，老富说：“老伴去世，我对生活没有了希望，觉得自己活着没意思，还不如随老伴一起去了。”他还说：“其实我不愿意当贫困户，不愿意别人看不起我，像个废人，可是，现在的我着急上火，为了给妻子治病，借亲属那么多钱，什么时候才能还上？”

富振宝的情况深深触动着驻村工作队队员们的心，王芳他们为富振宝做的第一件事儿就是帮他在村里租一个住房，一年2800元的租房金是通过黑龙江省危房改造政策解决的。工作队又积极协调低保局，为富振宝申请了每月165元的低保金，还通过小额贷款的形式让他入股四嘉子满族乡嘉兴农业合作社，每年能得3500元的入股分红收入，这样一来，富振宝基本的吃住和收入有了保障。王芳他们细致入微的引导和工作，点燃了他对生活的激情。老富说：“驻村干部鼓励我，帮我树立起生活的信心，扶我立起志气，我明白，我是妻子生前最大的牵挂，为了她，我也要好好地生活。”再度谈及妻子时，老富眼里噙满泪水，但他对今后的生活自信满满。

光有了脱贫的志气还不够，还要扶智，还要有脱贫致富的路。由于富振宝得过脑梗留下后遗症，大田的农活他干不来，富振宝和驻村工作队商量，在他家的大田地里盖个蔬菜大棚。王芳见他本人有创业的意愿，觉得建设一个小型采摘园，种植一些香瓜、柿子、黄瓜、草莓，这样的农活挺适合他。种大棚蔬菜，富振宝算是个行家里手。于是，扶贫工作队联系驻黑某部队投入扶贫资金5万元，为富振宝建起了700平方米的日光大棚和居住用的彩钢房，还解决了水电等问题。

王芳和四中的老师们为贫困户富振宝家植果树苗

为了能让大棚尽快发挥作用，得到效益，富振宝决定在大棚里种植草莓。富振宝先后到辽宁的葫芦岛和丹东去学习草莓种植技术，并在丹东购买了1.2万元的草莓秧子，共计5000棵。2018年5月，富振宝开始在大棚里种植草莓。对于种了一辈子蔬菜的富振宝来说，种草莓还是头一回，他严格按照学习的标准，用黄豆发酵来代替农家肥，按照全部绿色安全的方式种植草莓。除了种草莓，富振宝当年还在棚子周围种植了西瓜、香瓜、菇茑、柿子、黄瓜、白菜、胡萝卜、玉米等，籽种投入近3万元。也许是因为第一年种草莓的时间有点晚，或许是富振宝没有种植经验。第一年种草莓没什么产量，自然也没有赚到钱，幸好他种植的大田蔬菜瓜果丰收了，除去投入的资金，这一年富振宝净挣了5000多元钱。虽然赚的钱不多，但富振宝一年的辛苦收获了许多的种植经验，对生活也有了希望。老富说：“我不愿意自己被戴上贫困户的帽子，现在，我的身体状况也逐渐地好转了，我不会躺在政府的怀里‘坐、等、靠’。”

王芳在了解贫困户富振宝家大棚草莓的长势

2018年秋天，富振宝将原来自家房子的前院和后院的两个大棚拆到大田地里，又新建了一个大棚，现在他拥有4个大棚可投入使

王芳与黑河第四中学教师为贫困户富振宝家种植果树苗

贫困户富振宝家大棚草莓成熟

用。在富振宝进行大棚种植的过程中，乡里和工作队的干部隔三岔五的就到大棚看看，现场帮助他解决实际困难。2019年他家种植3个大棚的草莓，草莓成熟时，工作队和乡里的干部组织同事、同学、亲戚和朋友100多人到富振宝的采摘园购买草莓，这一下子就解决了富振宝家草莓的销售问题。这一年，富振宝家大棚和大田蔬菜纯收入有4万多元，加上富振宝有低保金、地费补贴、嘉兴农业合作社和四嘉子满族乡采摘园区的分红收入，这两年他和女儿一起把借亲属的钱陆续还上了一些。2019年黑河第四中学给老富送来20棵李子、苹果、沙果和樱桃的树苗，工作队也协调村里又增加了20棵树苗，富振宝把这40棵树苗栽种在大棚的周围，果树长成了，富振宝家又能多一笔不小的收入。老富说："我相信只要有力气干活，就穷不了，未来我将建成四嘉子乡最大的采摘园。"这是老富对他的"花果山"的规划。村民们说："现在，村里的文艺小分队又能听到富振宝拉二胡的声音了，满族乡'颁金节'上又能看到富振宝表演的身影了，那个勤劳、朴实、快乐、幸福的富振宝又回来了。"

53岁的王立忠也是土生土长的四嘉子满族乡的满族人， 2014年王立忠检查出了脑血栓、心脏病，还做了甲状腺和阑尾炎的手术，甲状腺病需要长年服药维持。妻子郭艳华被查出患有高血压、糖尿病引起的脑血栓，住院治疗后效果不是很好。老两口不能从事大田的农活，地租出去也没有多少租费，老两口只好在外打工供女儿上大学，他们家这些年一直住着泥草房。王立忠是一个性格倔强还认死理的人，精准核实王立忠为帮扶对象后，为了能做通王立忠的思想工作，工作队的成员轮番上阵，耐心细致地给他讲国家的政策，给他交实底，让他翻盖新房子。农村泥草房和危房改造分为四个级别，王立忠家的房子属于D级，是必须重建的项目，这个优惠政策截至2018年。而王立忠不同意盖新房子，他说："孩子上大学，不知今后在哪里就业，将来老两口想随孩子去，以后不想在农村待了，也怕房子盖好了，其他村民说闲话。房子盖好了，自己怎么也得简单装修装修，实在不想花这个钱。"工作队里一位年轻的男同志找王立忠谈心，王立忠不但不配合，还大吵起来，思想工作陷入僵局。可是时间不等人，眼看好政策就要收尾，到了最后的申请时间，错过了农村泥草房改造好政策的时机，想盖房子可真就没戏了。

王芳与贫困户王立忠夫妇

危房不住人，人不住危房，这是我们扶贫工作的底线。火烧眉毛的时刻，为了能做通王立忠的思想工作，作为队长的王芳几乎天天找王立忠谈。王芳觉得自己是女同志，要讲究说话的语气和工作的方法，站在他的角度推心置腹地帮王立忠分析："我知道旧房子你们住了半辈子，很有感情，可现在这房子要是来一场天灾，就有倒塌的危险。""再说孩子上大学每次回家，肯定也羡慕别人家住着宽敞明亮的新房子，而自己家住着又黑又暗又潮的破房子，孩子脸上也没有面

王芳入户征求史成宝家危房改造意见

驻村工作队队员到贫困户王立忠家查看了解危房改造房屋建设情况

王芳与黑河市建设部门检查王立忠家新房建设情况

子。”“还有你们老两口在外打工，回家休息也有个舒心的地方是不是，即使你们将来不想在村子里生活了，想在外地买房子，就目前你家的情况，近些年你们可能实现不了这个愿望，那你们在村里也不能连个像样的窝也没有啊。”可王立忠的倔脾气上来，不管王芳怎么说，就是不盖房子。王芳想，与王立忠谈心，不仅要结合有关政策，更要有耐心。要动之以情，晓之以理，一次谈不通就二次、三次，一次不在家，就三番五次去找。最后，王芳还跑到王立忠打工的地方，追着他做思想工作。王芳想："我将心比心处处为你着想，苦口婆心做你的工作，就是让你们家别错过享受国家好政策的机会，你好好想想是不是这个理儿。"最后，在王芳苦口婆心的说服下，王立忠一家人答应配合工作队翻盖新房子。

王立忠家新房子按照施工计划开始施工，在施工的过程中，有一次，王立忠看到施工现场工人干活有问题，怀疑使用的建筑材料也有问题，就和施工队吵了起来，而且还阻止人家施工。王芳得知这个情况后立即找到王立忠，这次王芳和王立忠也吵了起来。王芳说："施工队是按照市里统一要求施工的，你有什么问题、有什么要求，咱们可以商量，可以另外想办法解决，你不能阻止人家施工。"王立忠当时很生气，一甩剂子说："我不当这个贫困户了，你王芳不向着我说话，还向着他们说话。"

生气归生气，吵架归吵架，在王芳的协调下，棘手的问题都得到了解决，年底王立忠家新房子盖好并交付使用，危改"钉子户"王立忠一家终于住上了新房。当王芳他们去看望夫妻俩时，王立忠脸上挂着笑容对王芳说：

“谢谢你们，当时没有你王芳的坚持，哪有我这新房子啊。”他爱人眼含热泪，握着王芳的手说：“你别介意当时我们的态度，其实你们做的工作都是为了我们好。”2018年，王芳他们的工作队经过协调，让王立忠与爱辉区的几个部门结成帮扶对子，为他女儿争取到1.6万元的助学金，确保孩子顺利完成大学学业，这一件件的事儿都深深感动着王立忠一家人。

两年来，王芳带领的驻村扶贫工作队为贫困户王立忠和路会金家争取到泥草房改造项目资金，给他们盖了新房；完成全村6个危房户的维修和改造任务；为富振宝协调帮扶资金5万元，新盖一个蔬菜大棚。帮助贫困户全部参与落实小额贷款扶贫政策，每户3年分红资金达10500元。协调爱辉区武装部筹集资金及物资6000多元，协调黑河市金龙港企业为每户贫困户爱心救助2000元。他们还联系到了仁福医院为富振宝免费实施脑梗手术，节省医疗费用1.8万元。为突患重病的村民王胜国申请贫困救助资金6500元。针对8户贫困户，驻村工作队采取了蔬菜园托管、发展庭院经济、尝试家禽牲畜养殖，联系市区单位、良心企业、社会团体结对帮扶，争取低保、实施大病救助民政扶持兜底的思路和途径，通过两年多精准帮扶，让8户贫困户甩掉了贫困的帽子，踏上了幸福生活的轨道。

驻村工作队队员为贫困户送去农机合作社入股分红

王芳他们深深地体会到，当你第一天接到扶贫任务时，要立马转换角色，不能以俯视群众的姿态工作，不因自己是县里派来的，就对农民发号施令、指手画脚。要与村民建立深厚的感情，把贫困群众当作亲友，倾听他们的诉求和想法，设身处地地谋划、实事求是地规划，时时刻刻在贫困户的左右，帮助他们解决生产和生活中遇到的各种困难和问题，甘当贫困户的主心骨和贴心人。去田地里的次数多了，对土地更加热爱了；与基层干部接触多了，对基层工作的了解更深了；心中的感触多了，从实践中收获的也更多了；脚上沾的泥土多了，离农民的心更近了。驻村工作队为贫困户送来的扶贫工作的政策和措施，让贫困户们越过了一道道生活的坎儿，重新燃起了群众对美好生活的希望。他们用实际行动，践行着驻村扶贫干部的初心和使命，王芳扎实的工作作风，树立了第一书记的良好形象。

作者简介： 王月梅，女，汉族，黑河广播电视台主任记者，黑河市作家协会副主席。爱好读书、喜欢写作、钟爱朗诵，在《黑龙江日报》《黑河日报》《白桦林》《红玛瑙》《黑河学刊》《黑龙江道路运输》上偶有散文、诗歌、论文发表，散文收录于《山水吻痕》文集。

他的双脚深深扎进泥土里

——记宁夏吴忠市红寺堡区柳泉乡党委书记马杰君

马晓霞

如果问红寺堡区柳泉乡的群众：你们党委书记是谁？他们不一定能说全他的名字，但一定会告诉你，他姓马，并且会津津有味地给你形容出他的样貌、说话做事的样子，最关键的是，他时刻把老百姓的冷暖放在心上的态度。

马杰君，回族，1973年9月出生在一个普通的农民家庭，老家在海拔2000多米的高山上。少时刻苦努力、认真踏实的好品质一直伴随其至今。马杰君现任宁夏回族自治区吴忠市红寺堡区柳泉乡党委书记，从2016年4月30日到柳泉乡起，直至今日，为柳泉乡百姓带来了实实在在的巨变。不论是乡村干部、普通党员、群众，说起马杰君，无不点赞，他们打心眼里认可他、尊敬他、信任他、依赖他。

一

作为乡党委的“一把手”，马杰君善于做干部工作，使每名干部都能在工作中发挥特长，聚沙成塔，使每名干部都能奋勇当先、心甘情愿地为集体做出贡献。

在乡党委班子会议上，各班子成员能畅所欲言，集思广益。作为班长，马杰君总有办法调动每个班子成员的积极性。遇到意见不合的时候，他总有办法得出客观的结论，做出让班子成员信服的决定。他关注班子成员的成长，不断地增强班子的凝聚力。在他的着力培养和带动下，柳泉乡的党委班子成员团结一心，有工作互相鼓劲，有困难共渡难关，有问题一起解决，通过实践历练干部，先后有21人走上领导岗位或者得到组织的提拔。

在对待乡干部上，他认为每个干部成长、学习、生活的环境和经历各不相同，性格迥异，这都很正常，但不妨碍开展工作，马杰君总是能发现他们的优点。在识人用人上，早在马杰君任镇党委副书记、纪委书记时，已经有这方面的成功案例了。那时，有几个干部工作时总是积极性不高，有这样那样的想法，即便如此，马杰君仍主动承担起这几个干部的培养工作，工作中不厌其烦地手把手教方法，捋思路。下班后，马杰君偶有时间，就关注他们的生活情况，谈心谈话了解情况：干部不能把百分之百的心思用在工作上，到底是啥原因？家庭生活方面的还是单位分工方面的，个人能力不足还是工作态度不端正？他都要把脉问症、探个究竟，然后解决问题。潜移默化的影响，渐渐地培养了干部的责任心，这些之前让分管领导头疼的干部在他的分管下，不仅一改往昔的面貌，成长为各站口的业务能手，并且其中一位已经担任乡镇副职。乡上有一个男干部，事业编制，进取心不强，谁分管谁头疼。马杰君任其主管领导后，和他谈心谈话，在乡党委班子会议研究分工时，力排众议，让其从事环境卫生工作，当年的环境卫生工作被提上日程。其他班子成员对分工存在争议，觉得将这名干部放在环境卫生岗位上，无异于走个过场，多少年了，谁能改变他的不上进和懒惰呢？所以都不同意。马杰君说，如果干部得不到改变，干部本人是有责任，但最大的责任是分管领导和主管领导，放弃一个干部容易，改变一个干部难，不过不管有多难，也要试一试。这名干部从事了环境卫生岗位工作后，渐渐地工作劲头十足，每天冲锋在一线，在露天环境里，和作业的人们一起忙碌，每个人眼中懒虫般的小伙子居然勤快起来了，6点多起来就往环境卫生点上跑，不用分管领导每天督促和叮咛，硬是把这份工作干得风生水起。马杰君一如既往地和其谈心谈话，鼓励他坚持下去。在多次的环境卫生评比和检查中，柳泉乡都获得好评和不错的成绩。小伙子的人生也鲜亮了，他开始主动参加一些活动，和同事们一起朗诵诗歌等。大家都说这个人变了，变了的背后是马杰君的用心良苦。

乡里有个性的女干部也很多，马杰君绝不会去压制这些个性，而是想办法让这些个性发挥到工作中，成为干部干工作的亮点，而非性格上致命的弱点。乡里有个热爱写作的女干部，脾气比较暴躁，马杰君在干部分工调整中，就将其安排在宣传中心，当时乡镇上还没有宣传干事这个岗位，但是马杰君专门设定一个岗位发挥其能动性和主动性。实践证明，这个决定又正确了，柳泉乡的宣传工作受到各级部门的肯定，移风易俗工作被群众点赞，年终考核，宣传工作在红寺堡区领跑。

马杰君尊重每个干部的个体差异，从不阻挡干部放飞梦想。柳泉乡干部多才多艺，擅长唱歌的、写作的、演节目的、打篮球的、演讲的、诗朗诵的、演奏乐器的。马杰君总是有意培养他们的兴趣爱好，为他们提供舞台。每次的集体比赛，不管马杰君多忙，他都抽出哪怕几分钟的时间，去给参赛的干部加油鼓劲，并且尽可能引领这些干部将兴趣爱好发挥在工作中，相互促进，相互增色。

除了乡领导班子成员和乡干部，马杰君还注重打造一支作风优良的村党员干部队伍。马杰君对村班子的要求非常高，要求村干部每天学习，每天进步，要吃透政策，要熟悉每一户的家庭情况，要想办法为村里做事情。很多人对柳泉乡的村干部队伍评价非常高。这60多人在2016年、2017年两委换届基础上，通过不断地优化干部队伍，不断地进行培养和岗位锻炼，柳泉乡村干部整体素质提高，办事能力增强。从2017年乡党委着力培养“两个带头人”开始，在较短的时间内，“两个带头人”角色不断转换，培养了一批以村致富带头人为主要成员的村级后备力量。马杰君不仅注意“长板”的突出作用，使马瑞军、王强、李学银、李文彬、海生林、王效银等村党组织带头人不断发挥能动性，带领村民脱贫致富奔小康；更注重不断弥补“短板”，变劣势为优点。黄羊滩村党支部书记王正生，是一位典型的致富带头人，从老家海原县搬迁而来，跑大车、做生意，想尽办法将日子过得越来越红火。他盖起了大瓦房，孩子们也自力更生，忙生意去了，王正生就想致力于服务黄羊滩村。他有足够的热情，有干工作的经验，有为群众解决问题的底气，但是他的“短板”太短，文化程度太低，基本是文盲。村党支部书记不识字，不亚于司机蒙住眼睛驾车，在现代化办公时代，不识字无异于在刀刃上行走。不难想象不识字的村书记会使整个办公效率慢多少拍。每次汇报工作，王正生就很尴尬，或者让村委会主任汇报工作，或者让大学生“村官”代为汇报工作。每次培训，他都会把机会让给他人，不识字带来的不便，这些仅仅是冰山一角。作为党支部书记，他不能看《党建一本通》和《支部主题党日活动》等台账，工作人员记的什么内容，除非有人念给他听，不然他是不清楚的。尽管如此，他在维持全村的稳定和发展方面确实起到关键作用。面对这样一个“长处很长，短板很短”的村书记，作为乡党委书记的马杰君自有他的办法。马杰君在大小会议上夸王正生的优点，既是对王正生的鼓励，也是对其他村的村干部的鞭策。原本在文化上有些自卑的王正生，顿时来了劲，他从手机上学字，让别人教他识字，自己每天背应知应会的知识，每隔几天晚上，通过微信给乡党委书记背诵一段关于党的知识。马杰君指派乡组织委员为其进行两个月的专门培训，内容围绕党的知识、精准扶贫、乡村振兴战略等。马杰君善于给村干部提供平台，但是也会因为工作不到位而狠狠批评村干部。对于各项工作较其他村落后的羊坊滩村，马杰君抽出时间与羊坊滩村每名村干部约谈，责令他们限期整改。

马杰君不仅善于管理柳泉乡的干部，也善于管理派驻干部。因精准扶贫，组织上给柳泉乡六个村派了驻村第一书记和工作队，有个别驻村书记和队员不能如群众期盼的那样履职尽责，马杰君敢于拉下脸做工作，要求各驻村工作队必须按照组织要求开展好工作，用实际行动赢得群众信赖。在2019年自治区扶贫开发领导小组表彰第二轮驻村帮扶先进单位和先进个人名单中，柳泉乡两名驻村第一书记均在列。

这些只不过是众多实例中的冰山一角，马杰君常常跟分管领导说，没有不好好干活的乡村干部，只有不会调动其积极性的分管领导。分管领导对所分管的干部是有责任的，在严管的同时，一定要注重厚爱。

二

马杰君大学毕业后，先在南部山区从事教育工作，从普通任课老师一直到小学校长，他教学方法灵活，在教学和行政工作“一肩挑”时，既能以身作则当好老师，又能做好管理工作。后来他举家搬迁到红寺堡移民开发区，刚开始在区委组织部埋头苦干，然后到乡镇，从大河乡到太阳山镇，再到柳泉乡；从武装部长到副镇长，到党委副书记兼纪委书记，再到镇长和现在的乡党委书记，组织让他怎么干，他必然怎么干，组织上交代他往西，他绝不去其他方向。不论到哪个岗位，他总是能迅速进入角色，干好当下的工作，并且让这个岗位因他而变得有所不同。

2013年，马杰君在担任红寺堡区原太阳山镇党委副书记、纪委书记的时候，镇上所有的包干经费基本都用在了农田建设和群众的生产发展中。马杰君给镇党委提建议，要重视基层政权建设，当时筹措资金难，社区建设经费有限，面临种种困难，但是在马杰君的努力下，镇党委同意了其建议。当时全镇所辖村有20个，计划逐年打造村阵地，先修建一部分村的阵地，使村干部有场所为群众服务，群众来办事也有去处。移民地方，换届选举面临很多问题，搬迁来的群众处于相互了解、融合的过程中。在选举中，村民会存在这样那样的想法，2013年面临村两委换届选举，马杰君通过不断地给每个村做工作，使村干部、党员、群众统一思想，从大局出发，选出能干事的村干部。实践证明，马杰君在各项工作中，能给镇党委书记、镇长提出建设性的意见和建议。尤其在村干部的教育培养、村级阵地打造等方面，思路宽，办法多。2014年年初，因自治区行政区域划分，马杰君被组织任命为新成立的太阳山镇的党委副书记，被提名为镇政府镇长人选，他不辱使命，和同事们参与到新太阳山镇的建设中。新的太阳山镇是红寺堡区离城区最远的乡镇，但再远的路程也阻挡不了马杰君的梦想和追求。马杰君到太阳山镇，想得最多的是如何改变民生，通过走访群众和前期的市场调研，最后他决定推广种植黄花菜。到2016年上半年马杰君离开太阳山镇去柳泉乡赴任为止，田地里、林带里、村民家里都是大片的黄花菜。当年种植黄花菜的群众收入较往年翻了几番，几家大的合作社相继成立，在村干部和致富带头人的带动下，群众更有盼头了。离开时，他脑海中还是一边给村干部、群众做工作，使其改变传统思维，一边争取资金建设黄花菜晾晒场和烘干房的各种画面，自然，他是带着满意和欣慰离开太阳山镇的。不到两年半的时间里，作为太阳山镇的镇长，他带领干部们实现了产业的基本转型，让群众有了实实在在的获得感和幸福感。太阳山镇的群众听到他们的镇长要离开的消息，都感到惋惜和不舍，他们去红寺堡区办事途经柳泉乡，总是习惯到柳泉乡去见见他们昔日的镇长，和他拉拉家常，聊聊田地的事情和家里的情况。马杰君总是面带微笑听他们一一道来。

2016年4月30日，马杰君来到柳泉乡，来不及休息，就利用五一假期走访所辖村村部、部分企业，到田间地头和群众家里了解情况。他说不在柳泉乡的这两年多时间里，柳泉乡的发展很好，变化很大，一张蓝图如何绘到底是摆在他面前的任务。他说做工作必须要沉下去，要自己到群众跟前要第一手资料。到柳泉乡的这三年，马杰君将所有的精力都放在了党的建设、脱贫富民等重点工作上，带领乡、村两级党员干部全力开展党建示范、脱贫攻坚“摘帽”、产业结构调整、社会综合治理、民宿旅游等工作。柳泉乡扎实推进党建责任落实规范化、基层组织建设规范化、党员教育管理规范化。以“两个带头人”工程为着力点，打造工作亮点，以点带面，促进基层党建工作水平全面提升。柳泉乡党委2016年荣获吴忠市先进基层党组织称号，马杰君个人被评为全市优秀党务工作者。马杰君充分利用各类扶贫政策，制定“一户一策”帮扶措施，对稳定脱贫户以“引”为主，对边缘户以“扶”为主，对兜底脱贫户以“帮”为主，开展“点对点”精准帮扶，全面巩固1708户6786人的脱贫成果。柳泉乡分别在2015年、2016年、2017年和2018年高质量完成了6个村的整村脱贫工作，脱贫村的巩固工作也被群众点赞。在各级督查、调研、考核中，柳泉乡均交出了满意答卷。全力推进“两区一带一中心”建设，打造柳泉乡万亩高效节水特色农业示范区，力争打造枸杞、葡萄、中药材、黄花菜、优质牧草“五个一万亩”；打造万头肉牛养殖示范区、柳城公路黄花菜种植示范带和红寺堡区次中心城镇。此外，柳泉乡探索推行“综治中心+7”模式，实现基层综合治理由散到合、防范力量由弱到强、防控工作由专到群的根本转变。以“一户一特”标准对有条件的农户庭院进行改造，打造“永新农家”乡村旅游品牌。在马杰君的带领下，群众有了更多的获得感、幸福感和安全感。他们觉得这个质朴得和农民一样的乡党委书记，让他们看到了不一样的希望，过上了希望的生活。

三

2018年柳泉村大面积种植黄花，6月在柳城公路一带，人们看到“遍地黄花似金针”。就在农民喜出望外，即将喜获丰收的时候，连绵的雨给柳泉村的村民蒙上了一层阴影，他们干着急没办法。不管是周末，还是晚上，马杰君守在柳泉村，一边忙着指挥村干部和村民蒸黄花，一边联系商家进行收购，挽回了群众的损失。

随之，马杰君外争项目，多方协调，建成了柳泉村、羊坊滩村黄花菜晾晒场，随后又成立了沙泉村黄花菜种植合作社。马杰君不善于表达，只注重埋头做事。桃李不言，下自成蹊，群众记住了他的好。

马杰君注重一村一品，善于推广产业，在红塔村争取到扶贫车间，争取到豹子滩村盐渍化治理项目，多措并举，鼓励那些青年创业者。

上级政府充分肯定柳泉乡在农业农村建设和脱贫攻坚方面取得的成绩有亮点、有特色，而马杰君总是谦虚地说“这都是干部们和群众的功劳”。

四

马杰君的妻子是一名教师，和马杰君相携一路走来20余载，鲜有争吵的时候，不仅是糟糠之妻，更是他的精神和灵魂伴侣。从校长到乡党委书记，马杰君仍常常加班加点，很难有休息的时候，其妻承担了家里大大小小的事情，周末的时候去村里给公公婆婆送吃的，照顾两个孩子的生活和学习。然而生活没有想象的那样一帆风顺，10多年前，马杰君家突遭变故，他和妻子默默承担，面对上有老、下有小的情况，他没有向组织诉说困难，甚至组织上根本不知道他曾经的困境。是妻子陪着他一路走来，纵然在最艰苦的时候，感觉难以喘气的时候，马杰君始终将工作放在第一位，艰苦的生活不仅没有把他压倒，相反，他更有韧劲了。他和妻子懂得生活不易，懂得世事维艰，但是更懂得生命中值得去护佑的东西，比如善良，比如诚实，比如努力，他们将这些可贵的品质教给了孩子们。孩子们总能看到他们的父亲每年都捧回不一样的奖状和荣誉证书，这些奖项包括优秀工作者、年度考核优秀等次、各种教学一等奖、优秀校长、优质课竞赛一等奖、优秀教师、优秀共产党员、民族团结进步模范个人……

2018年，柳泉乡的干部都说马杰君的人生简直“开了挂”，他获得了全区民族团结进步模范个人荣誉称号，大儿子考上了选调生，小儿子考上了重点大学，年底大儿子结了婚，受马杰君照顾成长的侄儿也结了婚，马杰君的家庭各种喜上加喜。

马杰君的大儿子和儿媳在另一个城市上班，两个孩子在单位表现优秀，单位领导体恤干部，让这两个孩子周末的时候早回家，周一可以迟来。马杰君知道后，狠狠批评了大儿子：“在单位尽职尽责是你的本分，任何事情不能成为迟到早退的理由，你必须严格要求自己，提前到单位，最后一个离开。”儿子深知马杰君的个性和为人，从小就是被这么教育长大的，父亲要求他们必须坚持正义，多行善事，从严要求自己，从此铆足了劲为单位做贡献。

马杰君的侄儿马强被单位派驻到永新村开展扶贫工作，小伙子年纪虽小，但是为人持重，能吃苦、会干工作，在乡村干部和群众中有不错的口碑。马杰君要求他谦虚谨慎，多学习、勤跑腿。小伙子把永新村走了很多遍，确保永新村底子清、情况明，帮农户销售枸杞、蜂蜜。2018年年底，驻村工作队评选优秀工作者，民主推荐中，马强的得票很高，但是马强还是主动将这个名额让了出来。马强表示，家族中受马杰君影响的人太多了，晚辈们都立志成为马杰君这样的人。

五

马杰君常在干部大会上叮嘱干部们：对待群众，就要像对待自己的家人、亲戚一样。他说："假如今天来找你的是你的家人、你的亲戚，你看见他们的那刻，会拉下脸吗？假如是和你有关的人，你办事的时候会是什么样的态度？一个谦逊、有责任心、有担当的人绝不会让群众失望。"他说："我们和农民有至亲的关系，谁的三代不是农民？我们每天吃的粮食，哪一颗不是来自农民？""对乡政府来说，我们就是要想方设法解决群众的诉求，而且永远要未雨绸缪，想群众之所想。""我们所有的人都会退休，这是必然的，当你退休的时候，能不能做到回首往事，对得起自己的初心，对得起自己的岗位工作，对得起每一个来找你办事的群众？""年轻不是一个干部犯错误的理由，应该是奋起直追的资本，将你所学的知识运用到工作中，为这一方发展贡献力量。"

马杰君始终将人民群众放在第一位，繁重的行政工作并没有阻挡他走进群众家里的脚步。马杰君每天都要走访几户群众，实地察看种养殖情况，聊家常，了解低保是否合理，扶贫政策实施得是否精准，群众还有哪些需求。

"同志们，有道是在其位，谋其政，干一行就要爱一行，我们在这个岗位上，就要想办法给群众做实事。有多少公益爱好者，倾尽自己的时间、精力、金钱在这条路上坚持着。而我们，国家给我们提供了这么好的平台，你只要出于公心、负责任地把工作落实好，就能换来群众的满意，为什么不去履行好自己的职责呢？"

作为乡党委书记，马杰君必须走完1792户建档立卡户家庭，为了尽职尽责地干好行政工作，为了不妨碍群众白天的生产活动，他一般都会在周末和下午下班后入户。他和妻子商量，每天入户前都带些现金，到贫寒的家庭，给贫困户送去200元到500元不等的慰问金。同事们发现后，就劝马杰君，这些群众该享受的政策都享受着呢。但是马杰君还是执意要给，他说看着那些年迈的人，觉得不忍心。他还特意交代乡村干部，不许宣传。

在每次民主生活会和组织生活会前，乡上都会广泛征求意见，给马杰君的意见和建议里，总会有这样的内容：“建议马书记多休息，注意身体。”群众说，组织的眼睛是雪亮的，派这么好的人来任乡党委书记。“好人哪！”群众说起马杰君的时候，总是情不自禁用最简单的话语表达他们最真挚的感情。

一分耕耘，一分收获。马杰君之所以成为老百姓眼中的好书记，与他的谦虚谨慎、为人厚道、务实卖力、不徇私情等美好品质息息相关。世上没有白费的努力和碰巧的成功，一切无心插柳其实都是水到渠成；人生没有白走的路和白吃的苦，跨出去的每一步其实都是未来的基石和铺垫。金杯银杯不如老百姓的好口碑，老百姓能说马杰君是位好书记，这话自然假不了。

作者简介：马晓霞，女，80后，公务员。鲁迅文学院第二十二期少数民族文学创作培训班学员，宁夏作家协会会员。作品散见于各微信公众号、地方官网、报纸、杂志等。是一个“扛得起锹，握得住笔，下得了田地，走得了远方”，专心工作、热爱文字的乡下女子。

文学路上开出致富花

——宁夏泾源马慧娟人生侧记

邹元芳

马慧娟

“作为从黑眼湾搬迁之后变化最大的一个人，我又是黑眼湾搬迁群体中绕不过去的一个人，我的身上，是国家改革开放四十年，脱贫攻坚工作30多年的一个缩影，我的故事，是对我们国家社会主义制度的优越性和国家大政方针政策正确性的最好诠释。”这是马慧娟对自己人生的总结，我似乎能从中看到一个搬迁的农民拼尽全力，努力改变生活的艰难历程。在采访之前，我并不了解马慧娟，只知道她是一个厚积薄发的作家，初中文化却能凭一己之力发家致富，成为广为人知的作家，令人敬佩。如她所说，她只是千千万万平凡百姓中的一员，却是凝聚改革脱贫胜利硕果不可或缺的一部分，她的人生亦是一部脱贫致富史。

一、黑眼湾的记忆

马慧娟是一个农民，也是一个作家，如今更是一个全国人大代表。自从2018年当选全国人大代表以来，她连续3年参加全国人民代表大会，先后提出《加大保护民间传统文化，为有技艺在身的民间艺人建档立卡》《关于加强（县级）地方两馆建设的建议》《加大西部地区、民族地区、革命老区成年人教育问题》《关于将宁夏吴忠市红寺堡区打造成为全国异地搬迁扶贫示范县区的建议》以及《关于加强基层文化协管员队伍的建议》等惠民、利民、便民的建设性意见，引起了中央领导的广泛关注。

说到马慧娟，不得不提到她的故乡黑眼湾，在苦瘠甲天下的宁夏南部山区"西海固"，黑眼湾只是一个小得不能再小的村子。它地处大山深处，全村只有10来户人家，祖祖辈辈靠天吃饭，这是一个"交通基本靠走，治安基本靠狗，通信基本靠吼"的贫穷落后地区。马慧娟在这里成长，在这里艰难求生，也是在这样艰苦的条件下，锻炼出她坚强的意志，磨炼了她不服输的性格。她能成为"西海固"异地搬迁脱贫致富的典范，除了决心和毅力，还源自她不服输的勇气。贫瘠的黑眼湾与其他很多山区一样，存在着收入低、子女多、重男轻女等弊端，众多的子女给家庭带来沉重的负担，对于那一代人来说，读高中、上大学是很奢侈的事。马慧娟初中毕业那一年恰逢小麦锈病，家里颗粒无收，她不得不忍痛停学，放弃了读高中的计划，与父母一起担负起养家的责任。她说，这是她人生中最痛苦的决定，如今想起来依然遗憾。对于成绩优异、渴望读书的马慧娟来说，停学耕作，成为一个地地道道的农民是她心里最大的遗憾。

马慧娟引导村民借阅书籍

如今提起黑眼湾，马慧娟更多的是感慨。她7岁时被吴忠的表姐带离黑眼湾，到吴忠与独居的三姨做伴。吴忠是一眼望不到头的平原，也是宁夏最富庶的地方，与周围全是山的黑眼湾形成了鲜明的对比，踏入这里的马慧娟第一次了解到世界的辽阔，那远远不是小小的黑眼湾可以比拟的。三姨家里有一台12寸的黑白电视机，偶尔能看到美丽的江南水乡的纪录片，她心里产生了外出看看的冲动。这股冲动在她幼小的心里生根发芽，然而还未曾开花结果，她就又回到了黑眼湾，与第一次离开时的依依不舍不同，她常常因为交通不便，上学要早早起床跋山涉水而苦恼，还会因为下雨到处是泥，土地里只能生长麦子而忧伤。这使她更加迫切地想要了解外面的世界，学校图书室里有许多连环画，她总要想方设法地获得老师的允许，进图书室看连环画。三年级以后，连环画已经不能满足她的好奇心。她上大学的舅舅毕业回家时带回来一箱子书，全是小说，看了一本《隋唐演义》后，她迷上了读书，从那以后一发不可收，只要是书，她都无比喜欢。

小学毕业升初中后，能接触到的书更多了。那时候的她迷上了表叔家里一屋子的名著，每天求知若渴地读书。读书分散了她学习的精力，中考失利导致她没有考上高中，这一年，小麦锈病让麦子颗粒无收，黑眼湾人面临着前所未有的考验。家里青黄不接让她的学习之路就此止步。开学那天，她坐在黑眼湾的山梁上哭得稀里哗啦，无奈接过父亲手里的木犁，赶着两头毛驴开始犁地。那年秋天16岁的马慧娟从一个中学生变成了一个地地道道的农民。

黑眼湾贫瘠的土地逐渐消磨了她的精力，读书的愿望越发遥不可及。她每天穿梭于田间地头，心却始终在读过的书中徜徉，然而四面环山的黑眼湾无法从贫苦的生活中突围，让热爱读书的马慧娟感到痛苦不堪。日子在荒草丛生的琐碎中匆匆而过，有一次马慧娟用自己辛苦许久存下的20元钱到县城买了人生中第一本书——《张贤亮中短篇小说集》。这让她欣喜不已，长久没有书读的她仿佛久旱逢甘露般被文字滋养着，心中对于梦想的渴望更加强烈，然而现实对她狠狠泼了冷水。家中长年累月的贫困一直毫无起色，父母整日挂在脸上的担忧终于让她认清现实，为了减轻父母的压力，马慧娟在20岁时选择嫁给了同村的年轻小伙。婚姻就像一条契约，把她紧紧绑在了黑眼湾。她说："当时很多同学写信给我，希望我继续回学校读书，但是我选择结婚的时候把那些信全部烧毁了。那是我与过去的一场诀别。"她用诀别来形容自己当时选择步入婚姻的决心和勇气，告别自己的学生时代，也代表放弃了再次回到学校的渺茫希望。

结婚后她依然想方设法地读书，实在找不到书的时候，就反复翻看初中课本。我觉得读书对于她来说，就像是一种灵魂的救赎。她说："无数次站在黑眼湾最高的山顶，我都在想，我的未来在哪里？年复一年的重复，无论多么努力，这里的山、水、人都不会发生变化，没有路，没有发展，也没有未来。我一想到我终有一天要埋进这片土地和黑眼湾融为一体，我的绝望就一天比一天多。"古人常说：读万卷书，行万里路。马慧娟读的万卷书让她看到了不一样的世界，然而贫困的生活限制了她往外迈的脚步，这些深厚的文学积淀只能深深藏在她的血液里，每天滋养着她内心小小的梦想之树，让它一天天地茁壮成长，等待一个随时可以绽放的时机。

二、是逃离，也是找寻

一成不变的贫穷生活让马慧娟心里产生了逃离黑眼湾的想法，刚好政府实施异地扶贫搬迁政策。搬迁红寺堡的消息传来，这无疑让马慧娟看到了新的希望。她不顾一切，毅然选择了离开黑眼湾，在黑眼湾不懈努力的那些年让她深知：待在黑眼湾不会让他们的生活有任何改变，为了不让自己的孩子重复上一辈的老路，她决定到红寺堡寻求新的开始。逃离黑眼湾，搬迁红寺堡是马慧娟人生中的一大重要决定，这个决定对她来说是逃离：逃离过去，逃离贫穷；也是找寻：找寻新生活，找寻实现梦想的契机。她勇敢追寻自己内心的声音，因为只有走出去才能有更多机会。即使心里早有准备，但是初到玉池村的马慧娟还是备受打击，玉池村的土地一眼望去是让人心惊胆战的荒凉，到处是裸露的沙土，开阔平坦的荒原上除了茫茫黄沙一无所有，树木是这片土地上的稀有品种。人生的选择却无法停止，对于美好生活的期待和向往让马慧娟充满了动力，她和丈夫挖沟拉砖，每天忙忙碌碌地为新生活而努力，终于拥有了属于自己的新房屋，在红寺堡有了栖身之所。

生活并不像想象中那么一帆风顺，风沙弥漫的玉池村让他们的耕种计划遭受了严重的威胁，在自然面前，人力显得如此渺小，大家每天只能躲在家里避开沙尘暴的袭击。可是坚韧而无畏的人民并不愿意认命，沙尘暴之后，他们纷纷走出家门，平整土地，挖渠开路，栽树盖房，他们依然坚信国家开发这里，必然是为了让大家过上好日子。搬迁之后的生活依旧面临繁重的劳动，为了改变现状，不得不更加努力，两个孩子的降生让马慧娟焦头烂额的生活更加狼狈不堪。书离她越来越远，开发中的玉池村什么也没有，借书是万万不可能的，没有书读的她常常恍惚中感觉梦想离自己越来越远，生活是一眼就能望到头的绝望。直到吴忠的表哥给母亲送来一摞旧报纸，这些旧报纸拯救了马慧娟贫瘠的生活，让她又看到了一丝希望，成为搬迁红寺堡后的艰难日子里精神上的重要支柱。

2008年，安定下来的马慧娟用自己打工攒下来的钱买了人生中的第一部手机，她没有想到这小小的手机会成为她靠近梦想的重要一步。她接触到网络后，学会了使用QQ，空闲之余经常在空间发表“说说”记录她的生活，小到一只麻雀，大到生活中的酸甜苦辣。玉池村的村民、打工的回族妇女、剪羊毛、流浪狗、红寺堡的风雪……都是她写作的对象。这些简短而富有烟火气的文字吸引了众多的网友，大家从她120字的“说说”当中了解到西北的风土人情，因为流量限制，她每次只能打120个字，4年的抠字经历让她的文字更加精简凝练，表达也更加流畅自然，文学功底在此期间大大提高。QQ好友唐女士了解到她每个月因为流量限制而不能尽情书写，为她提供了充足的流量支持。2014年一年，在网友的帮助鼓励下，她在种地打工之余，在空间写下了十几万字的散文随笔。

马慧娟农闲时间利用手机写作

8月，空间的散文随笔被另外一个网友看到并主动提出帮忙整理投稿，那时候的马慧娟不以为意，丝毫没有想到一个农村妇女写的东西能发表在刊物上。她还曾因为总是低头用手机打字遭到同村妇女的嘲笑讥讽，甚至不被丈夫理解，其间一度想要放弃写作。直到《黄河文学》的编辑打电话确定征用她的稿件，网上目录出来后，看到有马慧娟这个名字时，她激动的心情难以抑制，急忙把消息发给帮忙投稿的祁老师，发给这几年一直鼓励她的网友们，大家激动万分，为她迈出的第一步庆祝。她说道：“我就像大家在黄土地上冬天种下的一粒种子，谁也没想到，这粒种子在干旱、严寒的侵袭之下最终能发芽，并且开花结果。”第一次因为写作收到930元的稿费后，家里人对于她用手机打字的抵触情绪明显消散了很多，她母亲感叹地说，真没想到她写的东西有一天也能发表在书上。我想这一切应该都是最好的安排，机遇从来都是留给有准备的人，马慧娟孜孜不倦阅读的那些书籍，坚持写下的每一个文字，都是她能获得成功的最好见证。

马慧娟到深圳参加活动时的外拍照片

自此之后，马慧娟的文学之路一帆风顺，正所谓“读书破万卷，下笔如有神”，多年的文学积淀让她在写作时如鱼得水。2015年年初，她的散文《乡愁》和《被风吹过的夏天》再次刊登在《黄河文学》。2015年10月，她的散文发表在宁夏的省刊《朔方》杂志上。全国知名作家石舒清先生在杂志编后语中评价：溪风，初中文化，现在红寺堡种地打工……她的文字正像她的笔名一样，如溪水尚无定质，如山风坦荡激烈。多给这样的作者一些期待和祝福吧。

2015年春天，《宁夏日报》对她在手机上写出四十几万字的散文随笔做了报道。2016年新华社记者采访马慧娟，凭借初中文化以农民的身份依靠手机写作的她受到了社会各界的广泛关注，宁夏文联和作协的老师专程来看她，给她送来书籍和电脑。在此期间，马慧娟的第一本散文集《溪风絮语》也在出版社筹备出版。2016年年底，她开通了“马慧娟的农闲笔记”公众号，越来越多的农民成为她的“粉丝”，她在各界的支持下，牵头成立了“泥土书香读书社”。

一个平凡人不平凡的人生从这里开始谱写出不同的乐章，如果说她的前半生是凄风苦雨般哀哀戚戚的唱调，那么后半生就是风和日丽般欢欣雀跃的人生赞歌。一个在黄土地上土生土长的农村妇女成长为一个令人敬佩的作家，凭借文字和智慧实现脱贫致富的目标，走向幸福生活，不得不说是一个传奇。由于她早期一直用手机写散文，按坏了12部手机，手机按键上的字母标记都被按得脱漆发白，因此被大家亲切地称为“拇指作家”。以前人们常把“书中自有颜如玉，书中自有黄金屋”当作笑谈，但是马慧娟的成功之路上无不闪现着书籍的影子，可见“书籍是人类进步的阶梯”并非虚言。她在书中寻找人生出路，完成了一次完美的蜕变。老人常说是金子总会发光，作为普通大众中微小的一粒沙尘，马慧娟的发光发亮给许许多多的平凡人提供了新的人生思路。

三、手可摘星辰

写作和发表作品带给马慧娟心灵上的慰藉是别的东西无法替代的，就在马慧娟被吸纳为宁夏作家协会会员，孜孜不倦地书写着她自己以及周围搬迁农民的生活时，她又迎来了人生的一次重大转折。2016年，马慧娟受邀参加北京卫视《我是演说家》栏目，6月她与丈夫启程前往北京参加节目，这是她36年来第一次出远门。马慧娟感慨地回忆起当时母亲的话：“女子（即女儿），没想到你小时候在驴背上长大的一个姑娘，现在居然要坐飞机去北京了。”听到这句话的时候她感慨万千，差点流下泪来，那些日夜耕读、辛苦劳累还不被理解的日子似乎离她越来越远。她关于书和远方的梦想在红寺堡的大地上实现了，移民搬迁的政策为她打开了新的天地，当时信心满满离开黑眼湾寻求脱贫致富的道路，如今也成为现实。

当她忐忑不安地站在讲台上述说着她艰难寻梦的过程，内心从容得仿佛在讲述一个陌生人的故事。那些艰苦奋斗的岁月，挥洒在黄土地上的血汗和泪水，还有无数次面对黑眼湾无情的沉默，无法回到学校尽情阅读、上学的委屈不甘，在这一刻都被抚平了。2016年7月15日，马慧娟的演讲《西北村妇的小梦想》在北京卫视播出，第二天，朋友圈被这个视频刷屏，更多的人认识了这个普通平凡的农村妇女，她身上闪现的艰苦奋斗、自强不息的光辉照亮了脱贫攻坚路上无数的行人，为劳动人民的传奇奋斗史增添了崭新的一页。同年年底，马慧娟受到作协推荐，接到了鲁迅文学院少数民族文学创作培训班的录取通知书，再次来到北京接受40天的培训学习。在鲁院学习期间，马慧娟再次感受到初中时期一边阅读一边学习的快乐，弥补了她当时没有上高中的巨大遗憾。

马慧娟的圆梦之路走得异常坎坷，在她40年的人生中遭遇的无数困难和挫折，不断地摧残着心里的梦想之树，然而无论多么艰难，幸好她从未放弃过她的梦想，终于在而立之年成为大器晚成的青年作家。她依靠自己的双手和努力脱贫致富，终于过上梦寐以求的生活。2017年12月，马慧娟被聘为红寺堡镇文化站站长，她有了一份正式的工作。2017年11月的某一天，她接到电话，说她被推选为新一届全国人大代表的备选代表，需要递交个人简介和主要事迹。随后又接到通知，在村里等着接受考察。考察时约谈的工作人员问了马慧娟两个问题，一是你对全国人大代表这个身份怎么看？二是如果你成为全国人大代表，你能当好这个代表吗？马慧娟当时的回答质朴简单，她说："其实我以前对人大代表没有什么概念，但自从当了红寺堡区人大代表之后我才知道，代表就是要替你所代表的群体说话、发声，要把大家的心声和需求反映给有关部门，并监督有关部门解决这些问题。因为没有思想准备，我这会儿还是觉得有压力，但是我一旦被选为人大代表，我一定在其位，谋其政，努力当好一个代表。"考察过后很长时间没有消息，马慧娟依然按部就班地过着自己的生活，直到2018年1月31日突然接到电话，宁夏回族自治区刚刚结束的第十二届人民代表大会上，马慧娟被选为第十三届全国人大代表，已经提请全国人大常委会审议并通过。

马慧娟当选人大代表，与群众沟通履职

2018年1月，被选为第十三届全国人民代表大会代表的马慧娟感到无所适从，突然从一个农民，一个写作者，转换成一个人大代表，距离"两会"只有短短一个月的时间，有太多需要学习和掌握的东西。这一个月中，马慧娟积极走访农户、收集民意、找寻材料、整理意见，为两会召开做准备。

准备提议发言材料的过程中，马慧娟想起统计元宵节社火展演时看到一些上年纪的老人执着地参与一系列的年俗活动，让她感触良多，因此走访了许多老人。

75岁的安克德老人总是戴着一副过去流行的石头墨镜，坐在台阶上给扭秧歌的人打鼓，花白的胡须随着鼓点甩动，表情严肃认真，手上的力道敲得大鼓震耳欲聋。隔着人群远远望着他，从有节奏的鼓点中，马慧娟感受到了一种孤独的情绪。

走访过程中，他告诉马慧娟，他会许多乡间技艺，比如秦腔、眉户剧、快板等。冬天中午的阳光下，在干净的农家小院子里，一个75岁的老人吼起了《平贵回窑》《张连卖布》等秦腔剧目。唱到尽兴处，老人像在舞台上一样比画起了动作，配合着姿势和眼神。那种虔诚而真挚的神情深深打动了马慧娟。老人开心地说："但凡舞台剧，都要有影响人、教育人的目的，如果没有这个目的，那这些舞台剧就没有存在的必要。"老人遗憾地说，现在年轻人都不愿意学习这些老一辈流传下来的玩意了，因为他们觉得这些遗留下来的民间技艺对改善生活并没有什么用。这一瞬间马慧娟突然想起曾经总有人问自己读书写作有什么用，这一幕多么相似啊！她突然明白了在老人身上看到的那种孤独，那是一种别人无法理解的坚持和知己难寻的孤寂。

马慧娟作为人大代表参加全国人民代表大会

马慧娟告诉我："读书写作不是为了有用，而是为了慰藉自己孤独的灵魂。文化，在某些方面是相通的。"我想大概也是因为如此，所以她看到了那些老人对于传统文化的坚持，老人们空有一身技艺无处施展，孤独地守着这些技艺后继无人。这些被人们忽视的，视为无用的东西，被马慧娟以题为《加大保护民间传统文化，为有技艺在身的民间艺人建档立卡》的建议提交到了人民代表大会上。她认为相对于贫困，乡土文化的缺失和灭亡更加可怕。除此之外，她还提出《关于加强（县级）地方两馆建设的建议》，希望更多的群众得到文化的实惠。全国人代会结束后，她在当地政府的支持下，举办了红寺堡镇首届农民阅读节，成立了妇女读书社，鼓励大家积极参与到乡村文化的建设中来。

她说："习近平总书记提出了文化自信，只有等我们真正感受到这些璀璨的文化流传下来所起到的警示教育人的作用的时候，我们才能有底气挺起脊梁为我们所拥有的文化倍感自豪和自信。”她依靠阅读写作摆脱了贫困，现在又为保护这些传统文化而奔波。她既没有忘记一个人大代表的责任，又实现了一个作家对于文化保护的价值。她从被选为人大代表的那一天开始，就真心实意地为人民做事，真正兑现了她自己在成为人大代表候选者时的承诺：“在其位，谋其政。”她聚焦民生问题，从一个农民的角度出发，为民发声，为民请命，值得每一个人尊敬。

我们总说一个人有多大的能力就做多大的贡献，就算一颗小小的螺丝钉，也有它存在的价值。马慧娟摆脱贫穷之后并没有安于享乐，而是投身于脱贫工作。她没有万贯家财，也没有呼风唤雨的本事，却依靠一腔热血努力改善村民的生活，提高他们的文化水平。她深知“授人以鱼，不如授人以渔”，与其依靠别人，不如自己拥有能力，只有亲手摘下的果实才更加香甜，不努力我们什么也没有，但是努力的人生，一切皆有可能。教育可以改变一代人，文化的力量在马慧娟的身上得到最有力的验证。

四、安得广厦千万间

2017年被聘为红寺堡文化站站长以后，马慧娟积极成立“泥土书香读书社”，带领村里的妇女、小孩阅读书籍，教不识字的妇女认字、写字。她说最开始创立读书社是想带领大家一起学习进步，结果忽略了很多现实问题，大家字都不认识，怎么读书？没办法，只能一点点教，从最简单的“一二三四”开始学，现在很多人都会写自己的名字了，而且认识了很多常用字。我看了她教大家写字的视频，有一句话我印象特别深刻，她教大家写“妇女能顶半边天”“一切为了孩子”。马慧娟的人生正好印证了这两句话，她为了梦想，为了改变下一代的生活搬迁到红寺堡。她努力、坚韧，抚养子女，辛苦工作，在家庭建设中贡献了自己的力量。

马慧娟根据自己在履职过程中所发现的乡村文化中的短板，在2019年的人民代表大会上，她提交了《加大西部地区、民族地区、革命老区成年人教育问题》的建议。十九大报告指出，农业农村农民问题是关系国计民生的根本性问题，必须始终把解决好“三农”问题作为全党工作重中之重。马慧娟结合现实问题，把乡村振兴的重点立足于解决成年人的文化教育问题。社会发展迅速，电子产品方便生活的同时，也带来很多新的问题，“新文盲”

的产生逐渐成为阻碍社会整体进步和发展的新难题。马慧娟通过调查发现，目前的农村，各项基础设施都逐步完善起来，网络达到了全覆盖。与此同时，行政办公、生活缴费、医疗教育等正在逐步走向智能化。手机也走进了千家万户，为个人生活与社会同步搭建了桥梁。然而在一些民族地区、边远山区、革命老区，这些硬件设施与全社会接轨的同时，一些群众还无法正确使用互联网，与外界社会同步。因此她提出《加大西部地区、民族地区、革命老区成年人教育问题》的建议，这一建议若是能落到实处，那将大大加快农村发展的步伐，群众通过学习使用互联网接收外界的信息，了解新社会的发展状况，开阔眼界，能够在网上共享到招工、租房等方便生产生活的信息，对于改善和提高群众的认识具有极大的帮助。

2020年的人代会上，马慧娟又提交了《关于将宁夏吴忠市红寺堡区打造成为全国异地搬迁扶贫示范县区的建议》和《关于加强基层文化协管员队伍的建议》两个建议，实实在在为人民谋幸福。实施乡村振兴战略，是解决新时代我国社会主要矛盾、实现“两个一百年”奋斗目标和中华民族伟大复兴中国梦的必然要求，具有重大现实意义和深远历史意义。她通过调研发现村级文化协管员队伍建设存在诸多问题，对此她通过调查整理，提出以下建议：

> 一、财政适当提高村级文化协管员待遇，保证专人专款。
>
> 二、招聘有学历、有才艺、有能力、有干劲的新型文化协管员（如三支一扶人才、返乡大学生、地方文艺骨干等）入驻村级综合文化中心担任文化协管员。
>
> 三、在待遇之外，施行业绩加考核制度（以开展文化活动的次数、为民办实事的数量、培训技能的质量等为标准），再予以一定奖励，保障文化协管员的生活，留住基层文化人才，服务乡村振兴。
>
> 四、指派各地文化部门实行监管督查，保障基层文化工作顺利开展。

她的建议诚恳周到，若能落实，确实可以大大补齐乡村文化建设的短板。成为人大代表的3年时间里，马慧娟毫不懈怠，她提出的每一个建议都是立足于人民，关乎人民的切身利益和自身发展，她兑现了自己当选人大代表的承诺。

在马慧娟的身上，我看到了“安得广厦千万间，大庇天下寒士俱欢颜”的名士之风。她自己脱离贫困后的第一件事就是助力脱贫，作为乡亲们的眼睛和耳朵，把国家政策反馈给大家；又当人民的嘴巴，为民众发声，努力为贫困的父老乡亲谋福利，争取让大家都脱贫摘帽，早日过上幸福的小康生活。

“从一个初中毕业的农民到走进人民大会堂开会的人大代表，其间似乎走了很长的路，但这条路上的每一个脚印都是踏踏实实地一步一步走出来的。每一次努力地向前，支撑自己的不仅仅是梦想，还有整个时代的引领和召唤。这是充满机遇的时代，所有的机会都是留给有准备和勤奋的人的。”马慧娟说出的这番话，不仅表达了一个劳动人民对国家的无限信任，更加突出了她自己为创造幸福生活所付出的艰辛和努力。

自从迎来转折后，马慧娟的人生履历堪称精彩。2018年9月，马慧娟当选中国妇女第十二届全国代表大会代表；2019年5月，她成为中华全国青年联合会第十二届委员会委员；2019年9月，她再次接到了鲁迅文学院第三十七期少数民族文学创作培训班的录取通知书。马慧娟的人生如她所说，为这个时代增添了壮丽的一笔。

人生的路很短，修行的路却很长，从乡村妇女到人大代表，黄土地里孕育出的梦想之花，开得愈发灿烂。她的故事让我相信：即使是茫茫人海中万千平凡的沙砾，也终将有绽放出美丽光彩的一天。马慧娟让我们看到普通劳动人民的生活智慧，追求美好生活的道路上，普通大众身上自强不息、艰苦奋斗的传统美德，让中华民族熠熠生辉。

作者简介：邹元芳，笔名木西，布依族，生于1995年2月，贵州独山人。贵州省作家协会会员，有作品见诸《民族文学》《文艺报》《诗歌风尚》《贵州民族报》《夜郎文学》等刊物。

海字留言

李月玲

等到消息传开时，郭少伟已在高速公路上了。

有人埋怨虫老大，为什么不早点告诉大家，好去送送啊。那个被称作“虫老大”的，一脸沮丧，说道：“我早上正蹲在屋里看虫，顺手扔给虫们几片菜叶，虫们欢实，我也很得意，一回头看见郭书记，问我虫们好吗，我说很好。他很高兴，连声说，好，好，这就放心了。我觉得他说话有点儿怪，就问他这一大早怎么就来了。他沉吟好半天才说他要走，说是有新任务了。”

郭少伟书记冒着风雪给贫困户送春联

“你怎么不喊我们呢？咱一块儿把他留住啊。”

虫老大十分委屈地说：“我一听就急了，一把抓住他的胳膊，说你不能走，就是走，也该让大家送送你呀！”可郭书记说：“不不不，谁也不要告诉，别给大家添麻烦。你这儿情况好就让人放心了，带着大家好好干。”

“那你现在就给他打电话，咱们在电话里跟他告个别。”

电话拨通了，里面传来虚弱的“喂”声，和平时那底气十足的郭书记判若两人。虫老大赶紧问："郭书记，你怎么了？"

"没事儿，有点儿闹肚子，打电话来有什么事吧？"

虫老大很着急，他用的是免提，大家都听到了，七嘴八舌地叫他停下来先休息，谁也顾不上再说告别的话了。

挂了电话，有人说："要是高速上出事故，那后果……"

他们想起了工作组在海字经历过的那场车祸：承德市围场县地处连绵起伏的燕山山脉，海字村是大山中一个偏远的小山村，村里的民房大都建在山上，且年久失修。2016 年 7 月下旬的一天，一场多年不遇的大暴雨接连下了一天一夜，第二天也没有停的意思。想到居住在危房里的孤寡老人，郭少伟心急如焚，担心山上的危房扛不住暴雨打击，万一房子塌了，住在里面的孤寡老人怎么办？一次次看天，盼着雨过天晴，可是雨势一点不减，他决定冒雨上山。在村支书祁海龙的指导下，工作组里的三个人驾驶吉普车沿着狭窄泥泞的山路向山里进发。大雨瓢泼似的，越下越大。山路两侧一面是陡峭的山，一面是悬崖。吉普车在泥泞的山路上不停地打滑，突然车子

修道前的村路

2016 年海字村内道路开工建设

2016 年秋天，高质量完成 56400 米的村内道路，解决了农民行路难和农产品外运难的问题

没能爬上陡坡却滑向崖边，幸好车轮被一块大石头卡住……就这样他们赶到6里以外的村民家里，及时动员老人从洪水冲刷下的危房中转移出来，避免出现更大的险情。他们感慨道，捡回条命。就刚才那情况，一眨眼翻下山就得摔得粉身碎骨，想想就后怕呀。自此，那惊魂一幕在工作组三人心里留下深深的印记。郭少伟决心为海字村修路。要想富，先修路，这句话更适合海字村。他带领工作组成员商讨资金筹措问题，想办法，跑手续，跑资金。光是交通局水利局他就跑了十几趟，终于跑成了。年底，在交通、水利、民宗等多部门的支持下，修了通向海字村大山深处的6.4公里水泥路，这条路也是当时全县扶贫系统中最长的一条。海字村村民着实高兴了一阵子。

虫老大突然想出个主意，他说："郭书记接电话不方便，要不这样，谁想说什么话，用微信给他留言。"

这个提议立即得到大家的拥护，想留言的人很多。

先是一个女人。她哭丧着脸，双手摸着头发，又想起了曾经有过的大辫子。那天，她卖掉两条留了很多年的辫子，卖了240块钱，让闺女拿去买辅导书。可是闺女刚走，她就号啕大哭，她哭她的辫子呀，那么粗，那么黑，梳了那么多年，怎么不心疼呢？见到郭少伟，她哭得更厉害了。她拉住郭书记的手说，为了给孩子买辅导教材，她卖了辫子，可是今年可以卖辫子，明年辫子长不出来怎么办？她不想活了，要不就死了算了，要不就走，谁也不管了。

那是工作组调查走访的第一天，遇到了她。女人叫沈桂珍，她家原来也不是这样的，丈夫田子有健康的时候养羊，靠卖羊的收入，也能维持日常开销。前年，丈夫给羊接生时不小心弄破了手，感染了布鲁氏病菌，从此一家人陷入困境。田子有现在并发肝囊肿、肺气肿、支气管扩张，丧失了劳动能力。沈桂珍又患有糖尿病、高血压、脂肪肝、胃炎等疾病，不能从事重体力劳动。沈桂珍带着两个孩子，勉强种着家里的7分玉米地，辛辛苦苦忙乎一年也收不上几百块钱，没有其他生活来源。郭少伟让她别着急："不要想着死呀跑呀，中央派我们来，就是给你们解决困难来了。"女人这才不哭了，把家里情况讲了一遍。她说："闺女是抱养来的，因为前些年我一直不生孩子，可是后来又生了个儿子。要是亲生的，我肯定不让她再念书了，念不起。现在这种情况我不敢说这话呀，我怕她长大了会恨我。"郭少伟立刻让她打消这个念头，不管是不是亲生的，不念书怎么行？放心吧，一定让孩子完成学业。

郭少伟这个人办事雷厉风行。他和周鹏、杜洪波一块儿想办法，很快就帮她解决了困难。他们连夜起草倡议书，制作登记表，把入村走访了解到的上学有困难的孩子情况记录到登记表上。通过电话、微信发动所有同学、同事、朋友和亲戚们捐资助学，在不到一个月的时间里，就与34名贫困学生结成了“一帮一”助学对子。资助的个人有25个，团体6个，有些爱心人士还一次资助两个学生，他们承诺，将会持续资助孩子，直至孩子们大学毕业。

围场县黄土坎乡海字村“一帮一”爱心捐资助学签约仪式

还有个老人，他和这个女人一样，家里接连遭遇不幸。老伴儿早些年就走了，儿媳得了脑瘤，儿子伺候儿媳不到一年，儿子就病逝了，扔给他一个孙子，一个瘫子。他得管孙子上学吃饭，伺候儿媳吃饭穿衣。一个80多岁的老人，简直被生活压垮了，就在他绝望之时，郭书记给孙子带来了希望。他还记得资助签约仪式那天，郭书记说的话：“每当看到孩子们以弱小的身躯担起家庭生活重担的时候，每当触碰到孩子们渴求知识的眼神的时候，每当看到家长们拖着病弱的身躯为孩子筹集学习费用的时候，我们的心情就异常沉重。请大家放心，精准扶贫政策的阳光会温暖每一个贫困家庭，我们爱心人士的善举会像甘甜的雨露，滋润着每一棵幼苗茁壮成长，请大家坚定信心，我们的生活一定会越来越好！”郭书记说得多好啊，他和有的人不一样，不仅话说得漂亮，事情做得也漂亮，他不仅解决了孩子上学的费用，也解决了他的家庭困难。

还有一个叫姜建国的，嗓门粗，声音大。工作组驻村第一天，他跑进郭书记的办公室大闹了一场。当时他一跳进屋，就觉得身材魁梧高大的郭书记像是领导，于是，蹿到郭书记面前，手拍着办公桌叫嚣："我有困难你们管不管？我穷，没钱花，为啥不给我贫困指标？啊？"他用手指点着郭书记，唾沫横飞。当时郭少伟和周鹏、杜洪波三人刚进屋，屁股都没坐稳呢，让姜建国这一通喊，弄蒙了。郭书记反应快，他站起来，问姜建国："这样喊有什么用？不如把你的情况说说，我也许能帮你忙。"姜建国看看身材高大的郭少伟，又看看他那不软不硬的态度，想想他说的话也有理，这才不闹了。他哪里知道郭书记是工人出身，根本不理会他那一套。后来，在工作组的鼓励帮助下，他开始养鹅，销售出现问题时，郭书记到处给他联系销路，帮他卖了好多大鹅。

最有话要说的就属虫老大。这个年轻人是有名字的，他叫张力伟。为什么大家又管他叫"虫老大"呢？原来，从河北科技师范学院毕业后，他在石家庄打了两年工，在网上看到一些消息，有人养林蛙赚钱致富了，他决心回村创业，也想养林蛙。做好了打算，就着手研究林蛙的养殖技术、注意事项，又专程跑到养殖林蛙的人家去学经验。要想把林蛙养起来，首先得研究林蛙的食物——黄粉虫。他在闲屋子里弄几个盒子，养了点儿黄粉虫。开始只当是林蛙的食物，哪承想卖林蛙还不如卖黄粉虫赚的钱多。这是何苦？他于是专心养虫，扩大养殖黄粉虫规模。也难怪他会赚钱，黄粉虫这东西吃不讲究，用土话说，好养活。瓜果蔬菜，麦麸、米糠、玉米啥都吃，甚至连塑料都吃。用途呢，还特别大，既能当珍贵禽畜动物的饲料，又能做成人类的美食。甚至虫蜕、成虫壳和虫粪沙也可用作高效肥料、绿色饲料添加剂。市场前景非常乐观。

郭书记去时，他的养殖技术已经十分成熟。有一天，郭书记跟他谈，希望他带领村里其他人一块儿致富。郭书记说话声音不高，可是会讲道理，一条条讲。郭书记说："我在《环境科学与技术》那本书上见过黄粉虫的详细研究资料，上面说黄粉虫能吞食和完全降解废旧塑料。中美科学家还在其肠道中分离出一株可以利用聚苯乙烯作为唯一生长营养物的细菌，并将这种细菌保存在中国微生物菌种保藏管理委员会普通微生物中心……"张力伟惊呆了！郭书记居然懂这么专业的知识，真让人佩服。他不知不觉随着郭书记的思路走了。郭书记又说："咱围场这地方，冬季寒冷期长，黄粉虫却没事，它没有越冬现象，况且它那么多用途，咱何不利用它建造一个循环生物链呢。我已经反复论证过，也考察过了，在海字村创建一个生态养殖观光园。种植物，养虫，用虫的粪便再喂庄稼……"

张力伟彻底被郭书记丰富的知识和灵活的头脑所折服，他说，您说吧，需要我做什么？

郭书记夸他聪明："请你当项目带头人，带领大家一块儿脱贫致富。一人乐不如大家乐，先富起来的带动后面的人一块儿富。况且你还是党员，一定能担当这个重任。"张力伟本来是不想带这个头的，他这人虽然也爱动脑筋，整天琢磨如何赚钱，可他其实不爱操大心。让他带着大家伙一块儿干，得操多大心啊。可是眼前这个郭书记太能说了，说得他那颗年轻的心不再安于现状，说得他没有理由拒绝，说得他突然想干一番大事业，于是，他答应了。郭书记也真是给力，向有关部门递交几次申请，为他协调流转了40亩土地，又鼓励村里的贫困户加入养虫的队伍。先后有五户人家和他签协议，张力伟为其提供种苗，负责收购。另外，他又用这些地养木耳、种黑小米儿，让其他贫困户来干活挣钱，带着大家一块儿致富。

郭书记还带着他到秦皇岛亿科农业开发公司考察学习。亿科农业现代化、规模化的养殖给了他启发。他想，学习借鉴他们的经验做法，按照他们的模式养殖，一定能够成功。的确，他的养殖技术越来越成熟，成了黄粉虫养殖技术的导师，小虫子变成了大产业，张力伟被大家叫成了"虫老大"。

大家一条一条发着留言信息，仿佛连同那不舍与牵挂一起发给了郭少伟。

此时，在承德开往张北的高速公路上，郭少伟正忍受着菌痢的折磨，赶去接受下一个使命。依着他的性格，是不可能把两年的工作做到一半就一走了之的，他内心真的不想离开海字村，他特别想把事情做完再走。当他去石家庄接受扶贫培训，奔赴海字村那一天起，他就做好了坚持到底的心理准备与行动上的准备。从昨天进行工作交接到此时此刻，他脑子里不断浮现着那些纯朴的乡亲们的脸，眼前不断闪现乡亲们渴望的眼神，那是对美好富裕生活的强烈渴望与向往。他想起了一年前初到海字村的情景，想起一年来在海字村的一幕一幕……

一年前的2月19日，农历正月十二，中国北方正是乍暖还寒的早春时节，时任秦皇岛港股份有限公司铁路运输分公司的党委书记郭少伟，接到集团组织部通知，要他下午5点到集团办公大楼会议室开会，他像往常一样拿上笔记本走进会议室，却没想到这将是他两年里最后一次来这里开会。有着120多年发展历史的河北港口集团，为打赢扶贫攻坚战，派出了7支由21名优秀党员干部组成的驻村工作队。郭少伟是其中一分子，接受集团组织部的安排，即将离开公司，驻村扶贫。

时间紧迫。与家人，与朋友，与同事，三言两语匆匆道别。

21日，郭少伟和集团其他驻村干部一起，坐上开往石家庄的列车，去参加河北省委、省政府组织的精准脱贫驻村工作培训班。这次培训囊括了农业、农村、农民和扶贫、脱贫工作以及政策、方法等方方面面。这对于郭少伟这个从来没在农村待过的城里人来说，是一种醍醐灌顶的洗礼，使他对扶贫攻坚工作职责有了一个从初步到深入认识的过程。几天培训下来，郭少伟清醒地认识到：精准扶贫脱贫工作任务繁重，责任重大，使命光荣，同时也需要他克服个人生活、家庭、工作上的困难，潜下身心，扎根农村，做好贫困村发展的领路人。他要做的还有尽快熟悉政策，拓展思路，协调调动各种优势，为完成精准扶贫工作任务做准备。

2月24日上午11时，郭少伟在石家庄誓师出征。坐在大巴车上的他热血沸腾，誓师会上的激情还未消退，他想，不管面临什么困难，他都觉得十分光荣，要做的事有意义有价值。他揣着一颗充满豪情壮志的心，经过十几个小时的颠簸，晚上9点，到达目的地——承德市围场满族蒙古族自治县。

第二天，在县城经过县情、乡情、村情和民风民俗的简单培训后，他和周鹏、杜洪波三人不顾天气严寒，在-27℃的气温下，穿着单薄的夹克，去往位于坝上高原贫困山区的黄土坎乡海字村，那里是他们工作组的驻地。

一下车，身边的周鹏和杜洪波一喊“郭书记”，郭少伟瞬间角色移位，哦，他再也不是铁运公司那个“书记”了，而是扶贫攻坚的第一书记。那一刻，他的心情有些复杂，既踌躇满志，又忐忑不安；既有天高任鸟飞、干一番事业的冲动，又有面临巨大压力的忧虑。不过，这种心情没有停留太久，他快速调整自己，重新认识自己的新身份——海字村党组第一书记、驻村工作组组长，从此刻起，他将面临无法预知的挑战！从那时起，他就告诉自己，一定不辱使命、不负重托，一定要把省委、省政府的重托和人民群众的期待化为动力，把汗水洒在贫困地区的大地上，要像对待自己的父母和兄弟姐妹一样对待群众，直到看到他们的笑脸。

他早就知道，承德市有两个县在坝上，一个是丰宁，另一个就是围场。几年前同学聚会时大家说过这话，“东来的，西行的，谁也喝不过丰宁的；南来的，北往的，谁都喝不过围场的”。说的是因为海拔每升高100米，酒量就涨1两。还有人说，围场的羊汤最地道，锅里都飘着羊粪蛋，味道老正啦……

他之前对围场的所有了解，都是以玩笑或者调侃的方式出现的，他听听，笑笑就过去了。现在不一样了，他要扎根在这里，要改变这里的落后面貌，仅仅知道这点儿内容远远不够了。临行前，他抓紧补课，对围场有了整体的大概了解：围场满族蒙古族自治县隶属于河北省承德市，与东北方向的赤峰市、西北的多伦县和正南的承德市相距都是140公里左右，距秦皇岛市360公里，平均海拔1500米，人口42万，近16万户，是少数民族聚居地。全县共有30个民族，总面积9219平方公里。伊逊河和小滦河贯穿围场南北，是滦河的上游。这里历史底蕴深厚，木兰围场曾经是世界上最大的皇家猎苑，早在旧石器时代就有居民在这里繁衍生息，蕴藏着历史悠久的红山文化，千余年的辽金文化和300年的清代木兰秋狝文化。清帝为“肄武绥藩”设立木兰围场，每次秋季到这里举行围猎，史称木兰秋狝。著名景点有塞罕坝、御道口草原森林风景区、滦河上游国家级自然保护区等。

黄土坎乡海字村，在县城以南和隆化县交界的大山里。围场唯一的一个火车站坐落在距县城以南15公里的四合永镇。从火车站向南沿X502县道行驶2公里就进入黄土坎乡地界。这时南北走向的X502县道拐了个弯，变成东西方向。在大墙村的丁字路口向南走，顺着庙宫水库西岸绕过两座山头，就到了海字村。

先到1组菊花沟，这里的人们靠在蓄洪水库岸边，生活比山里村民相对好一些。过了菊花沟向西走约1公里，就到了2组的下祁家村，路的右边有个小院落，一排20世纪70年代砖混房屋矗立在院子里，没有取暖设施，铸铁门窗，三间房，这是海字村村委会。村书记、村主任、妇女主任三间办公室相连，东头是会议室，西边是杂物间。过了村委会，展现在眼前的是个岔路口，分别向南北延绵十几里的两条大沟。右边向西北延伸的是哈拉海土北沟，左边伸向西南的是哈拉海土南沟。沿北沟依次散落着王家店、上祁家、下伙房、上伙房、大苇塘沟、连阳寨等自然村；右边是哈拉海土南沟，有吴家营、田家营、谷家营、三瞪眼沟、关家营、小掘尾巴沟门、百草沟门等自然村。

工作组租住在田家营的一个农户家里。

出征时踌躇满志，到实际工作环境里，一切都不简单。正所谓道理易讲，事情难做。郭少伟扪心自问：带领这支工作队，抛家舍业来到这样一个陌生环境，政府和单位又付出这么大的成本，到底应该干什么？怎么干？具体工作目标和任务是什么？到年底还有9个月，能否完成今年的脱贫任务？夜深人静，队友们早已入睡，他却毫无睡意。窗外，一盏路灯也没有，黑得邪乎，静得出奇。屏神凝息，仿佛听见雪花飘飘洒洒扑向大地的簌簌声。哦，雪花满腔热情来到人间，奋不顾身扑向大地，它们对大地的爱有多深沉！郭少伟在只有0℃的屋子里诗情画意了一小会儿，然后他披上防寒服靠着电暖气坐起来，在台灯下翻开培训时的记录，重温开班动员会上时任省委组织部常务副部长回建的话：我们驻村工作的主要任务是要调查摸底，找到致贫原因精准施策，培育特色产业，增加造血功能，抓班子建设，发挥党员先锋带头作用，完善基层党组织，打造永不走的工作队，宣传政策，解决矛盾；多为老百姓解难题，办好事，办实事。他又回想起河北农业大学李保国教授讲的“我们治山30年”……思考着，思路渐渐有了。他想，无论是搞产业还是建项目，一定要进行充分的调查研究，挖掘当地优势资源，结合实际确定一两个产业项目，带动当地农民脱贫致富。工作组工作的目标就是让贫困户脱贫，贫困村出列，只有深度了解工作对象，才能精准施策，只有掌握本地区优势资源的特点，才能持久地培育好相关产业，产生造血功能，只有找到致贫原因，才能引导贫困户走出贫困，脱贫致富。因此，调查研究是当前最重要的工作，是精准扶贫工作的第一步，也是今后各项工作的基础之基础。

有了工作方向，郭少伟连夜起草了调研方案。第二天召开驻村工作扩大会议，工作队与村两委班子充分讨论，形成了调研工作安排，进行分工，全面落实基础调研工作。会上，他介绍了工作队成员和他们的工作目标。他说：“要脱贫致富，必须要转变思想，不能等靠要。要知道，鸡蛋从外部打破，只能是食物，而从内部打破就是生命！我们的目标是让大家主动作为，掌握致富能力和手段，扶志与扶智，从根本上拔除贫根！从今天起，我就是村民中的一员，凭着我们勤劳、善良、淳朴的民风，我们一定能实现脱贫致富的目标。”

然后，为期一个月的调研工作拉开帷幕。

他们先是沿着南沟走访，见人就交流，见房子就进，7组、8组、9组、14组、10组……走到天擦黑才往回返。一口气走了半个月。有些路很不平坦，北沟的下伙房往西、南沟的谷家营往南就没有硬化路面了，都是坑坑洼洼、崎岖不平狭窄的山路。有些路段还非常危险，一边是高高的峭壁，一面是陡峭的悬崖，要是下雨或下雪就与世隔绝了。就这样，在村书记、村主任祁海龙和妇女主任刘果珍的陪同下，工作组冒着严寒、踏着积雪，访遍了大山里的人家。与贫困户聊家常，同“产业大户”谈出路，和村干部座谈，与乡领导交流，考察环境，调研资源，终于弄清了制约海字村脱贫致富的主要问题及其原因。群众反映的突出问题是海字村没有集体经济，基础设施十分落后，目前2组、3组、4组、5组、12组、13组的村民反映最强烈的是上游河道出现水污染，难以获得饮用水。由于耕地面积少，且均为山坡地，土地产出能力低下，仅能种植玉米等低经济附加值作物。随着封山禁牧政策的实施，养殖牛羊的成本呈上升趋势，养殖户十分不满。

一个月的调研，既有感动，又有收获；既了解了百姓的疾苦，又深深地感受到贫困户对美好生活的向往。虽然生活困苦，村民们并没有放弃对幸福生活的渴望。在充分调研的基础上，从村民期盼解决的问题入手，因地制宜，量力而行，明确年度重点工作，扶贫工作队研究制订了海字村3年扶贫规划。

发现问题并不难，难的是能在瓦砾堆里发现金子，能在废墟中找到钻石。这时，郭少伟不仅是驻承德市围场县黄土坎乡海字村的第一书记、扶贫工作组组长，还成了挂职副县长，这对他在海字村开展扶贫工作是个优势。他对当什么官没有兴趣，他在乎的是今后协调扶贫工作时，跟各部门打交道更容易些。

郭少伟很快在困难中找到海字村的发展优势。经过一番总结研讨，找到了海字村的区位优势：这里紧邻庙宫水库，具有丰富的环境、旅游及水产品资源，对外交通畅通便捷，适合种植的经济作物较广泛。就这样，在最短时间里，把海字村的贫困现状和原因、地理环境、资源以及每户人家的情况调查清楚，然后分析优劣，最后去咨询专家学者之后，郭少伟逐渐形成了海字村脱贫攻坚的总体思路：按照“五个一批”和“六个精准”的基本要求，立足本地资源条件，以促进村经济可持续发展和贫困人口生活质量不断提高为目标，通过实施公共基础设施建设，逐步健全和完善各类服务网络和服务机制，创造有利条件吸引社会资本不断投入，通过招商引资带动特色产业，使劳动力回流，通过捐资助教，“扶贫、扶志、扶智”，铲除贫根，激发内生动力，促进贫困村长久发展，据此，初步形成了《海字村三年发展规划（草案）》。

接下来，郭少伟带领他的工作组，开始为海字村跑项目。郭少伟联系港口设计院，规划设计标准化“村民综合服务中心”，构建集商业经营、文化活动、社会公益、配套服务等功能于一体的“一站式”便民综合服务平台。协调交通局等相关部门规划进出村口路桥连接线建设项目。规划村民文化活动广场亮化工程、环境秩序治理、绿化美化等项目，为建设新农村展开了设计蓝图，同时，请来了地质队专家，勘探地热资源。聘请秦皇岛资深旅游规划师制作了《黑山岛旅游风景区规划建议书》。协调县发改、土地、规划、建设、水务、林业、旅游等主管部门召开了海字村旅游发展规划研讨会……潺潺溪谷两岸、美丽花田之中，连片的农家小院，清净悠然，白墙黛瓦的美丽乡村农家乐画面逐渐浮现出来。

接着，郭少伟又跑招商。在最大限度争取上级政策扶持的基础上，大力招商引资，重点鼓励发展高附加值产业，在海字村设立了“经济作物产业试验园”，组织好几次县乡村领导外出参观学习考察，引进多种药、食多用途植物进行种植实验，不断探索产业结构调整的新途径、新办法，努力为贫困户寻找一条脱贫致富的新出路。

……

海字村的扶贫工作有条不紊地进行着，海字村的方方面面，或悄然，或迅速，或突然发生着变化。虽然有些项目还未及实施，但海字村人看到了脱贫致富的曙光，他们对这一年来的变化感到吃惊。有人说，真没想到，上头派来的工作队真给咱们干实事儿。

2017年春节刚过，郭少伟作为挂职副县长参加了2月13日举办的中国共产党围场满族蒙古族自治县第六次代表大会，对目前扶贫工作遇到的问题进行了讨论。党代会刚闭幕，下午他又主持召开了海字村脱贫攻坚项目座谈会，召集县规划局领导、农村信用社领导、黄土坎乡政府领导共同进行实打实的研讨，就如何落实3年脱贫规划进行深入讨论，再一次确定先从农业种植产业入手，谋划不需要审批的项目，然后逐渐做大。健康养老项目是今后的方向，可以带动区域产业的发展，解决就业问题，实现脱贫目标。“悦龙田农业开发有限公司”作为集体产业的一个平台，对接市场，拓展村民农副产品的销售渠道。

紧接着，他组织海字村两委班子和村民代表，召开海字村2017年精准扶贫工作务虚座谈会，对2017年的脱贫攻坚工作进行讨论，对规划项目的实施进行研讨，确定了年度工作重点。商议2017年脱贫攻坚工作目标：到年底完成118户脱贫任务。

可是，就在踌躇满志，工作一步一步稳稳地往前推进时，一纸命令突然飞来：2017年3月21日，根据河北省委脱贫攻坚战役的部署，河北港口集团在承德市围场满族蒙古族自治县驻村帮扶的3支工作组，调往张家口市张北县开展驻村扶贫攻坚工作。而郭少伟，还要在会上作为第一书记代表做表态发言。

郭少伟的心里有说不出的难过。海字村那些可爱的乡亲们，多么需要好干部带领他们脱贫致富，奔向火热的生活啊。他们中的大部分人是因为丧失劳动能力才导致贫困的，就像那些因为贫困上学都愁的孩子们一样，国家给他们温暖，他们心里记着，他们是热爱这个社会、拥戴好干部的。也有一些懒惰的，伸手等着要现成的人，像姜建国，通过沟通交流，不也成了养鹅大户了吗？他真舍不得离开他们！

最让他放心不下的，还是那几个未完的项目，他不知道走了之后会是什么结果，会继续完成吗？他牵挂着……在高速上肚子疼得不行的时候，他脑子里还在想着这些事情，他多想把未完的工作做好了再离开啊，这样走，不但违反了他做人的原则，也让他实在不放心。

当他看到那些来自海字的留言时，人已经在张北了，可他的心还在惦念那一方土地。他一条条翻看着留言：

海字村前任党支部书记李丛：“尊敬的郭书记，今天当我接到电话回海字村开会的时候，才知道您已经离开了这里，甚为想念！难忘周鹏的认真仔细，难忘杜洪波的直爽干脆，更忘不了书记您的修养、素质、能力和无私奉献的精神，我会记住您这位农村很难见到的好书记，努力学习您身上我能学到的品格。我真没想到无缘与好书记共同努力工作下去了……”

黄土坎乡乡长宋广迪发来送别诗：“忧患之时来港团，难办诸事找郭县；事事如意欲展颜，突接令箭心断弦！海字上下哭无泪，只盼梦里现郭县！”

海字村6组组长宋国军：“郭书记，您好，您就这样悄悄地被调走了，我们很惋惜，我们海字村的人很想念您，海字村6组人更加想念您。他们到现在种子，化肥还都没买，还盼望着您引进外商搞开发。您一走，所有的设想、规划都成泡影了，这是我们村民的重大损失。您这一年来，在我们村兢兢业业地工作，为我们无私奉献，处处为我们着想，和我们结下了深厚的友谊，我们舍不得你走，我们的友谊万古长青，你永远是我们的恩人，是我们的朋友，祝您在新的工作岗位上万事如意，工作顺利。”

……

牵挂与不舍，即使有一万个，郭少伟心里却十分清楚，他是一名共产党员，也是河北港口集团的一员，服从命令才是第一位的。他一遍遍念着那些留言短信，一张张脸在眼前不断闪现，他知道，会有新的工作组接替他们的工作，所有不舍如今都化成了希望与祝福，希望那些未完的项目能够完成，祝福海字村早日脱贫致富，那些可爱的人们早日过上富裕的生活。

作者简介：李月玲，女，1978年生，满族，河北省作家协会会员，鲁迅文学院河北青年作家高级研修班学员，秦皇岛市作家协会理事，青龙满族自治县作家协会主席，出版和发表长篇小说《韭方》以及中短篇小说、散文、报告文学若干。

在路上

黄灵香

泗水村第一书记——王利斌

吉林省延边朝鲜族自治州龙井市老头沟镇的大箕村和泗水村曾经是贫困落后的小山村。“自从王书记来了以后，泥草房变成了砖瓦房，自来水喝上了，路修好了，桥建上了，村子也亮了。”

村民口中提到的这个“王书记”，就是吉林省人民检察院派驻的驻村第一书记——王利斌。2017年10月，中央电视台播出了扶贫特别节目《不一样的玉米》，对王利斌书记带领村民创业致富的事迹进行了专题报道。采访王利斌之前，我反复看了这个特别节目，王利斌和女儿对话的片段让我落泪，王利斌立下军令状的画外音在耳边回放许久。

2018年2月5日下午2点30分，王利斌从高铁站接到省中投的金总，直接到出版大厦来接我。电梯打开的一刹那，王利斌迎了上来，从未谋面的我们，竟然都认出了对方。初见王利斌，扑面一股真性情，他身材高大魁梧，行走脚下生风。

握手，上车，直奔汪清县天桥岭镇。于是，关于大箕村和泗水村精准扶贫的话题便从晃动的车上开始了。

2014年10月，王利斌到大箕村报到，进驻大箕村的第一个晚上，7位村民拿着上访材料向他反映情况，凌晨1点多才离开。随之而来的就是没日没夜的忙碌。经过两周面对面、心贴心、实打实地做群众工作，王利斌掌握了群众反映最强烈的问题，随后理清工作思路，制订出适合大箕村发展致富的方案。大箕村有贫困户67户140人，村子基础设施薄弱，道路崎岖，人车难以通行，村民住房多为破败不堪的泥草房，饮用水是从远处挑来的山泉水，卫生无法保障，原村集体外债沉重，村办企业拖欠村民工资，村民怨气大，这些问题需要尽快解决。王利斌立刻与省、州、市各相关部门沟通协调，经过近一年的努力，为大箕村争取资金1000余万元用于村里基础设施建设。如今，村民打开水龙头就能喝上放心的水了，20户贫困户住进了砖瓦房，50户村民的房屋得到了修缮，4个自然屯的机井水泵得到了维修。新建的240平方米的村部有图书阅览室、卫生室、活动室、一站式便民服务大厅。

随后，王利斌带领村干部先后7次出去考察调研，最后选定“天麻”项目在大箕村安家。还建了4个标准化暖棚、300平方米牧业小区、700公顷围栏，用以发展养殖种植业。王利斌用实际行动兑现了自己的诺言。

大箕村各项工作步入正轨之后，2015年12月，王利斌又被派到泗水村担任第一书记。泗水村是由原来的4个村合并形成的，包袱大，问题多，村班子软弱涣散。两委班子不力，党建基础不牢，扶贫工作就不会顺利开展。王利斌想，扶贫的核心就是选对村干部，村主任要由有能力，有担当，有魄力，还要有耐力的人来担任。第二天，王利斌就开始与村民进行交流和沟通，大家伙儿都说，要想把村里的工作干好，就得选尹秀华会计当村主任。可到尹大姐家一说竞选村主任的事，大姐说啥也不干，说：“村里两千多口人，那么多的男人，让一个女的当村主任，丢人。”

把支委和村委的领导班子调整好，充分发挥村干部的带头作用，让他们充分理解扶贫政策，以及扶贫的真正目的和意义，是扶贫工作的关键。但如何说服尹秀华参选？这成了王利斌必须首先解决的难题。王利斌告诉我，尹大姐是个明白人，能干事，有责任心，爱农民，懂农业，是村主任的最好人选。于是，他一次次地到尹大姐家做工作。大姐心软了，说：“让我想想，行不？”

2016年，泗水村重新换届，改组村班子，尹秀华当选村主任。

尹秀华当选村主任后，两委班子团结一心，共同努力，泗水村的扶贫工作就顺畅起来。

泗水村路口

万事开头难。眼下的泗水村，没有牧歌般的田园，只有夏日里的泥泞，冬季里的萧瑟。年轻人进城了，留下的都是老弱病残，贫困的气息弥漫在每一个角落。这一切，决定了扶贫工作的难度。一次次家访，村民的贫困程度，让王利斌更深地体会到党中央扶贫工作的紧迫性和深远意义，王利斌立刻为泗水村的脱贫工作奔走。这个时候，上级还没有要求扶贫干部驻村，王利斌就驻村了，看到泗水村的境况，他心里急啊。

得知有一名毕业于延边大学农学院的研究生想在当地落户，自主创业，从事农业科技生产。王利斌毫不犹豫，积极倡议将他的户口落在泗水村。王利斌认为，人才是脱贫的第一资源，有这样的年轻人自愿落户农村，是多么难得的一件好事，再怎么麻烦，也要帮他把身份问题解决了。落户手续可是让王利斌费了一番周折的。身份问题解决了，接下来的问题又出现了，这个叫徐芳华的大学生承包的4个大棚因为水、电、棉被等问题，无法正常使用。王利斌经过多方奔走，终于让徐芳华承包的大棚投入了使用。然而，天有不测风云，大箕村小箕屯一个村民烧荒时引发了山火，春天风大，大箕村的山火着了一天一夜，徐芳华的4个大棚全被烧光，这个满怀创业激情的小伙子在王利斌面前放声大哭！此时，王利斌心疼的程度一点也不亚于徐芳华，他为这4个大棚付出了多少努力啊。王利斌一边安慰着徐芳华，一边立刻着手协调恢复大棚之事。他向上级领导汇报，多方奔走，终于让徐芳华承包的大棚恢复了使用。大棚的问题解决了，可徐芳华手里没有一分流动资金了，之前的钱也是他的导师借给他的。这时，又是王利斌向徐芳华伸出了援手，王利斌把自己的钱借给了徐芳华，让他投入生产。

如何保持和巩固扶贫工作的成绩？这是王利斌始终在思考的。他一直对徐芳华格外关怀，并给予他许多鼓励。他想，扶贫干部离开的时候，需要村里有人来接班，我们应该让愿意留在农村的人才留得安心，留得有信心，为他们大展才华、大显身手搭建平台。王利斌有一副柔肠，一颗有温度有力道的心。

2016年，国家在农村实施菜篮子工程，对所申报村进行综合审查时，泗水村就是凭借人才优势，争取到671万元资金，建起18栋共计11520平方米的蔬菜大棚，用于村民发展蔬菜产业。在泗水村开展扶贫工作的一年里，王利斌先后为村里283个贫困户562人，建立起有机蔬菜大棚、黄牛养殖和分布式太阳能发电等项目。

泗水村村部

王利斌为大箕村和泗水村在基础设施、危房改造和产业项目方面，累计协调投入资金7000余万元，完成了64户贫困户的危房改造，修建了30余公里的村路，建设了一批收益好的脱贫产业项目，改善了村民的生活环境，带动了贫困户脱贫致富，使两个村的村集体有了几十万元的收入。2015年，王利斌来泗水村之前，村集体收入是5万元。王利斌驻村后的2017年，泗水村村集体收入已达245万元。担当、奉献、大爱，融在心里，会生发出坚定和智慧。大箕村和泗水村的扶贫工作，无论是速度还是成效，都创造了奇迹。

更难的还在后头。高铁四通八达，带给我们诸多的便利。可就是因为修高铁，泗水村的村路遭到了严重破坏。王利斌经过无数次协调，泗水村才得以重新铺路。2016年的大半年，王利斌几乎天天站在路上监工，正是八九月的季节，大太阳火辣辣的，王利斌被晒得黑黑的，身上晒脱了皮。工程进行到一座石桥时，施工方不想修桥上的路面，准备越过去。身在外地办事的王利斌知道了这个情况，立刻打电话过来，派人前去交涉。交涉不成，王利斌急了，在电话里大喊："你是不是共产党员?!你要是不把这个严重问题解决了，老百姓能答应不?!马上把你的车开到路上堵住施工设备，桥上的路，必须修!"王利斌讲述这件事时的表情，让我深切地感受到泗水村这条村路铺得多么艰难。这条14.8公里的村路造价是780万元。说起这条路，王利斌一字一顿地发声，我敢说，泗水村的村路比同样资金修出来的路要结实!

血性男儿关键时刻挺身而出，是需要勇气和担当精神的，这两样若是缺一，都不能发出那般的吼声。

泗水村的百姓终于告别了泥泞的土路!王利斌说，每次进村、出村，行驶在这条路上，心里都有满足感和成就感。我驾车走过这条村路，路面的舒适度着实令我惊讶赞叹，这条村路比我走过的乡路标准还要高。王利斌没有告诉我这条路开通那天内心的感受，但从他叙述的语气中，我能够想象，那从胸腔里涌现的巨大激动和幸福感。

省检察院领导第二次来村里的时候，王利斌汇报了40分钟。他说，6000万的扶贫资金从我手中经过，14.8公里长的村路由我负责监工，我以党性和人格向组织保证：第一，扶贫资金不会出现问题；第二，王利斌不会出事。我会坚守党性和诚信，绝不违背做人的底线。

真正把扶贫工作做好，是需要抑制功利心，去掉浮躁气的。忘我投入，真心付出心血和智慧的王利斌，是令人尊敬和钦佩的。

车子驶入天桥岭镇，天已蒙蒙黑了。到了一个像加工厂般的院子，下车，上二楼，来到一间整洁的办公室，祝总在等着我们。没有过多的寒暄客套，王利斌、金总、祝总立刻开始了沟通。原来，王利斌从广西回到长春，从长春赶到泗水村，接着去高铁站接到金总，然后接上我赶到天桥岭，竟是为销售泗水村种植的黑木耳而来。眼下，黑木耳收购价下降了，与村民预想的价格相差不小，泗水村35万袋木耳，总共有2.4万斤，这是泗水村第一次种植的黑木耳，王利斌马不停蹄地赶来，就是想让泗水村的老百姓多挣一点钱。王利斌说，农民第一次种木耳，我们得培养他们种植木耳的感情和信心，这要是卖不上好价，村民多失望啊，来年种木耳的信心就没了。经过三方诚恳沟通，王利斌为泗水村村民争取到了理想的收购价格。

王利斌为村民的事，付出了感情、体力，收获了村民的幸福。他说，扶贫，扶的是信心和精神，精神之树是村民幸福的源头。他如此忘我地投入，就是为了让村民彻底脱贫。自己的事情置之度外，是因对扶贫工作满怀责任感，王利斌所彰显的无私奉献精神，是当今社会的宝贵财富。

敦厚的品性，杰出的才干，坚定的信念，是由深厚的学养滋养而来的。父亲勤劳、不服输的性格影响了他，王利斌自幼就养成吃苦耐劳、踏实勤快的性格，农家子弟手脚勤快，脑子也一样勤于思考。于是，就总有新点子、新思路。尹秀华说，王书记怎么啥活儿都会呢？咋有那么多的想法呢？

一个人的工作灵感，与他对事物的热爱程度有着密切关系。王利斌以工匠精神研究雕琢，使他领导的每一项扶贫工作有依据，有步骤，有前瞻性，有可操作性、可持续性。王利斌给泗水村设计了一个“蓝天白云产业链”，即循环产业链、生态有机产业链。他说，咱为了呼吸的空气，为了喝的水，为了吃到的东西是健康的，一定要这样做。看着满目苍郁的景色，心情都是不一样的。

为啥合作养牛啊？就是因为这样一来，可以把村里的秸秆全部加工成饲料消化掉，牛的饲料有来源了，空气污染问题也解决了，农民收入增加了，优质牛肉供应给市场了，这是多么有意义、有效益的事业啊。希望通过合作，把村里的基础经济打牢。我想，只要我们是实实在在地给百姓做事，就没有克服不了的困难。让我欣慰的是，泗水村选出了一个群众信得过的带头人尹秀华。这样，村班子才有凝聚力，才能唤起贫困群众的精气神，激发村民的内生动力，这是精准扶贫核心的核心。

真心换真情。两委班子组建以来，成员之间的交流，是非常坦诚的，大家一心想着为村民办实事，甚至是替村民想到难处，帮助他们解决问题的。在扶贫工作起步阶段，王利斌就要求自己，必须与当地村干部充分协调，做到步调一致，和谐融洽。王利斌扶贫工作的成功，就是因为他在这方面出色地把握好了分寸。

过去，泗水村一直零星饲养延边黄牛，很多村民都有养殖延边黄牛的经验。延边黄牛是世界五大优质牛种之一，可以与日本的和牛媲美。然而在当地，因种群退化，规模小，饲养黄牛没有达到产业化优势。为了给延边黄牛饲养项目寻求技术保障，王利斌动员贫困户和其他村民以土地和黄牛入股做饲料和牛源的保障，在泗水村新建一座年出栏500头的延边黄牛养殖场，截止到2017年年底，已经产生近50万元的经济效益。

王利斌告诉我，引进秸秆膨化机扶贫项目就是在长春谈下的。半年前，朋友介绍说有一家公司饲料加工设备很好，厂子在辽源。他听完，就约了这家公司的陈总，还赶到九台养殖基地考察了人家已经使用中的设备。等着约见陈总时，前面正好有一伙儿卖牛肉的。一听，喂了这种饲料的牛肉这么受欢迎，靠谱！和陈总一唠，更靠谱！人家负责管理和销售，一头牛，保证让咱农民收益2000元，超出部分，农民还有分红。这种合作正适合泗水村的情况，泗水村有现成的牛舍，有散养的牛，有大量无法处理的秸秆，每年因为焚烧秸秆都要造成空气污染，很是令人头疼。这下好了，有了这个合作项目，不仅解决了焚烧秸秆的难题，还发展了养牛事业。“我们有牛舍，有土地使用证，有环保评测，我们拿出38平方公里的土地与企业合作，企业提供饲料膨化设备，提供养牛技术，负责黄牛销售。这样一来，诸多难事就解决了。扶贫工作需要一步一步，一环一环地进行，是一场战争，更是一场博弈。泗水村得天独厚的自然条件与企业的优势结合，为打造‘延边黄牛谷’提供了可能。一年后，看结果！”这时的王利斌，俨然是一位诗人。

王利斌与施工方谈玉米生产车间改造事宜

除了在颠簸的车上，王利斌被一个接一个的谈话占满，我们始终没有面对面交谈的时间。于是，我转换方法，去采访他身边的人。

我和陈总交流。陈总说：“我们的膨化环保扶贫富民项目，是汪洋副总理亲自批复，在吉林省搞试点的。秸秆膨化机是半公益项目，添补了行业空白，国内领先，是我们公司宋总用了20年，投资4000多万元研发出来的。之前的饲料，牛吃了只是顶个饱。膨化之后，打破了分子链，充分吸收秸秆的营养，而且饲料的味道像苹果醋，牛特别爱吃。中国农大在饲料里加入了中草药，使得黄牛抗病性强，出肉率高，肉质好，还可以节约30%~50%的粮食。泗水村有玉米9000多公顷，秸秆可以全部回收。王书记把泗水村基础工作做得非常好，冷库、牛舍、散养牛的数量等，都已具备。王书记给我印象最深的是，我们谈完合作的事，他就急着要赶回泗水村，我说你不是刚从广西考察回来吗？不在家休息休息啊。他说，不行啊，一周没看到村里的牛了，不放心！王书记是真心扶贫，心中有大爱的扶贫干部！村里的牛啊，玉米啊，小河啊，他都喜欢。我非常愿意和这样的人合作！我们企业占51%的股份，泗水村占49%的股份。我希望为泗水村村民致富付出努力。"

王利斌是吉林省人民检察院职务犯罪检察部副处长。然而在王利斌面前，丝毫感觉不到他的职业所带来的拘束和压抑。他的眼神里有一种格外的亲切，话音里有一种自然，让你不由得想跟他说掏心窝子的话。

省建行张行长说："泗水村是个非常好的典型。王书记本身就是典型。他做事不走过场，不急功近利，是静下心来做事。那天王书记去我办公室，和我唠了一下午，他非常认真，非常诚恳。他的扶贫方式，不是按部就班的，他确实是在解决实际问题，我到泗水村，是被王书记的人格魅力感动，他的扶贫事迹真是可以拍成电视连续剧的。"

在村里，王利斌根本没有上班下班、工作内外之分，他有忙不完的事情。说到扶贫工作，我们首先想到的往往是环境的陌生，条件的艰苦，生活的不便，工作的繁重。其实，对于扶贫干部，这些都不是难题，对于他们来说，真正的考验，是心与心的沟通，是信任。

刚来村里时，眼前的沉寂比想象的还要严重。然而，心里的冲击和震荡越深，投入的情感就越浓。我沉浸在王利斌的讲述中，也在内心赞叹着他对泗水村各种情况、各种数字指标有如此精准的记忆。他说，泗水村种黏玉米受益了，种木耳也一定要让村民尝到甜头，让农民多挣钱。给农民输血是一时的，给农民造血才是持久的，因地制宜地发展产业建设，让农民既脱贫，又致富。所以，我们既要做这些让村民看得见、摸得着、得实惠的事情，也要做那些为乡村今后的发展做铺垫、打基础的长远之事。仅打井一项，就投入16万元，村子的基础设施得到了保障。眼下，泗水村的产业项目，都是采取市场化机制、公司化运作，把企业、贫困户、普通村民紧密联结到一起，已经形成了产业扶贫合力。

高效、细致、人性化，是泗水村扶贫干部的工作风格。泗水村驻村扶贫干部：王利斌，1971年生；寇喜臣，1972年生；魏来，1985年生。他们3个人要帮扶的，可是2000多个村民哪！他们做到了，踏遍每一寸土地，进入每一户人家，以亲眼所见，保证扶贫数据确凿可靠。

接着，我采访了村主任尹秀华和80后小伙子魏来。他们都是大箕村和泗水村脱贫致富的亲历者。

尹秀华说："王书记特别随和，一点架子也没有。天气暖和的时候，王书记就在村里到处走，老头老太太都喜欢和他唠嗑。看人家劈柴他就上手，闲不住。老百姓都知道王书记！王书记爱管闲事，心特别好！不能随便和王书记说事，他知道了，都会放在心上。小孩儿户口落不上，他管。找对象的事，他管。村民生病了，他管。他说，老弱病残幼鳏寡孤独这些人必须得管。修村路时，八九月份大热的天，他天天站在太阳底下监工，一站就是一两个小时。王书记穿的和农民一样，身上都晒脱皮了，他真正是为村民服务啊！这些年，罪没少遭。他有心绞痛的毛病，我见过他无力、脸色蜡黄的样子。劝了一个月，他才上一次医院。和他在一起工作，怎么累都没怨气。人家都能撇家舍业地来这里帮咱，咱有啥委屈的。人家图什么？能带走什么？人家尊重咱，咱更得尊重人家。王书记都这样，我们就必须好好做。他经常是开三四个小时的车赶到二道白河，办完事，马上回来。他太辛苦了！太累了！22个村子，哪有像王书记这样玩命工作的！他是扎根的心态，把我们这儿当家了。你看，冰箱里都是他买的东西。我们村部天天像赶集似的，大家都愿意来这儿，两委班子成员都佩服王书记！"

我插话问："秀华，你能设想一下王书记离开泗水村时你的心情吗？"热情爽朗的秀华听了，眼眶立刻红了起来，她缓缓地说："我觉得，王书记会一直牵挂泗水村的，一定会把这里当作第二故乡的，真是舍不得他，希望他常回家看看。"

2017年1月至7月，大箕村和泗水村驻村干部只有王利斌一人。实在无法想象，当时王利斌是怎样挺过来的。只有耐得住寂寞，受得了辛苦，关键时刻沉着、不慌乱，才能挑得起第一书记这副重担。

王利斌一直在夸他的同事，他们因扶贫工作而结下友情，成为同甘苦，共患难的兄弟。在想，一个人若被这真挚的情谊所包围，心里装着满满的感动，就会觉得，自己一下子拥有了无穷的力量，没有战胜不了的困难，没有实现不了的愿望。

王利斌是谦逊的、平易的、坦率的。他的感召力、亲和力，是从言谈间的情绪流露出来的。王利斌出生在一个淳朴的农民家庭，提到农村，他深情地说："我就是农村的孩子啊！所以我懂农民的难处，农民太不容易了……"硬汉的深情，在这里再一次流露。

王利斌（左一）为泗水村农产品代言

是的，王利斌不仅是铁骨铮铮的检察官，更有真情和柔肠。对村民反映的情况，他耐心听取，劝慰开导，从没有选择逃避。他并不觉得自己是从省城来的外乡人，这里就是家乡，这里的村民就是与自己血脉相连的亲人，他们的困难就是自己的困境。2014年，经过努力，王利斌申请到30万元全额捐助，开始实施危房改造工程。王利斌提议，由泗水村自己组建工程队，村民在增加收入的同时，还能保证房屋质量。如今，农民住进了满意的房子，新房的玻璃都是3层的。村民给自己建房，这从根本上杜绝了危房改造中"今年盖房来年维修"的怪象。4年扶贫，王利斌以实际工作业绩树立了扶贫工作者的形象。

采访魏来时，魏来说："王书记来村里，是我去接的。第一次见到王书记，就觉得特别亲切，王书记自己开辆面包车，后备箱里只装着一个行李卷。从2014年开始，我就陪着王书记跑，从他身上学到了很多东西。王书记是追求完美的性格，工作特别认真，每做一份汇报材料，都要抠到后半夜。一次在车上，他突然身体不适，难受得不行了，我急坏了，直接把车开到了延边医院，医生直接把他送进了CCU（心脏病重症监护室）。那之后，王书记工作依然很拼，节假日他也不回去。也是没办法，村里有太多的事要他操心。王书记特别爱咱们的泗水村，一次，我急着送王书记去高铁站。当时车里有一个空的矿泉水瓶子，我顺手往车旁的筐里扔，结果没投进去，瓶子掉地上了。王书记站在车外，瞪我。感觉他的潜台词在说，这是咱们热爱的村子，咱们的家啊，你怎么能随便扔垃圾呢！我立刻下车，把瓶子扔到了垃圾箱里。”

魏来还说，王书记的一位朋友给他讲了这样一个故事，他特别想说给我听。王书记曾经是辽源市一家医院的大夫，一天，他在走廊里看见一位80多岁的老大爷上楼困难，就往大爷跟前一蹲，把老人家背上楼去了，根本没顾忌自己是有腰脱毛病的人。你看，他就是这么一个好心肠的人。“2017年年初到年尾，我们补充村基础资料，不断填报各种表格，泗水村扶贫工作量相当于德新乡三四十个扶贫人员的工作量，就是说，我们3个人承担了三四十人的工作量。2017年，只是元旦那天休息了一天，王书记每个月有26天工作在村里。他还要负责跑各种致富项目，仅大棚设计方案他就改了无数次，什么牛舍环境啊，牛怎么吃食舒服啊，王书记都要考虑。王书记做事稳妥，他严格要求我们，工作有记录，过程有鉴定，最后有总结。他特别用心处理各种棘手的问题，一旦出现问题，都是自己扛。他做事以善、和为主线，考虑多方利益，把自己的利益放在最后，与他相处非常舒服。”

因为看过专题片《不一样的玉米》，我说：“小魏，给我讲讲泗水村种黏玉米的故事吧。”小魏说：“玉米蒸熟，自然降温需要两三个小时，不然会返水。抢收黏玉米时，我们每天都要干到后半夜两三点钟，连续干了半个月。100多人，饿了，每人一盆一勺，蹲下就吃饭。泗水村第一年种黏玉米就成功了，王书记的美好设想实现了。可我眼瞅着王书记累得掉头发，难怪他女儿和他视频时心疼得哭，问他，爸爸，你头发咋变少了呢？谁见了不心疼啊！”

温暖的内心，源自为人的品格、坚毅的精神，还有大爱。不管是大的方向，还是日常细节，如果一个人对此不厌其烦，我坚信这里面一定有亲情般的诚挚情感。

2018年早春，我是带着感动写下关于王利斌的文字的。

2018年2月6日上午8点30分至下午3点37分，我在泗水村村部进行采访。连续7个多小时，王利斌没有片刻的休息。他一会儿和省建行张行长沟通，一会儿又和长春普泰企业谈“延边黄牛谷”合作事宜，每遇卡壳之处，都要由他拿出具体的意见化解。下午3点37分，王利斌拿起文件包，向我们致歉、道别，他要从泗水村赶去二道白河开会。王利斌还有一个身份，他目前是二道白河监察室监察长，主持工作。所以，他的工作日程是这样的：在泗水村处理完事情，坐两个半小时的绿皮火车到二道白河。周五坐两个半小时的火车到敦化，然后从敦化坐高铁回长春的家。回到长春也不好好在家里休息，总是为村里跑项目、谈合作。一周1000公里的行程啊，所以说，这是一位在路上的第一书记！

扶贫工作必须有个好身体，这份工作累身体又累心力，不仅需要勇气和担当，还需要智慧和亲和力，如此，才能凝聚百姓，才能被信任。这样的时代，多少人失去了对生活的热情，被麻木和空虚包围。王利斌的专注、坚定、血性和深情，以及他感知生活的态度，何其宝贵。他用毅力、执着、恒心和才华，用6年的时光，在扶贫工作第一线踏踏实实做事，这份沉甸甸的付出，极为难得和宝贵。

泗水村村民的感谢方式

问起他取得的成绩和荣誉，他有些不好意思地笑了，随后，十分庄重地说："其实我只是一名普通的扶贫干部，和其他人没什么区别，组织上信任我，派我来，我就有义务努力工作，帮助乡亲们走出贫困，走向富裕。我认为，贫困是人类的顽疾，是人类强劲的对手，是不会那么容易善罢甘休的。不论是谁，如果大意或是轻视它，就难以真正走出贫困，即便走出了，可能也会返贫，我们需要始终绷紧扶贫这根弦。党和政府能赢得民心，就是因为始终把百姓的冷暖放在心上。唯有全体人民富裕起来，才是中华民族文明进步的根本标志。我会一直关注扶贫大事的，即使有一天返回工作岗位，也要跟踪扶贫这项事业。"

细细品读王利斌的故事，我对扶贫工作的深刻意义，有了新的思考。采访中，我对王利斌印象最深的就是，他太累了，他不停地打哈欠，可一谈论起扶贫工作，立刻就精神起来。那天，趁采访间隙，我到泗水村里随意地走走，然而不过10分钟，便跑回了村部。寒冬里，旷野的风像刀子一样扎在脸上。想想因为王利斌的努力，51个贫困户住上了有三层玻璃窗的暖房子，我心间便是风和日丽了。

跟随王利斌的工作节奏，我体会着他工作的辛劳，感受到他诚恳质朴的心。他对扶贫工作的投入和业绩，让我感觉到内心的柔软和莫名的温馨。

王利斌和村主任尹秀华

一次战役的胜负，往往是由指挥官的智慧和勇气决定的。大箕村和泗水村扶贫工作的成败，在于选好德才兼备、乐于奉献、敢于担当的带头人，王利斌正是能够充分体现扶贫精神的人。同时，王利斌遇到的困难、饮食冷暖，无不成为领导们心中的挂念，领导们不仅时常用电话等方式关怀和问候，还亲自到村里视察、指导、慰问，把关怀和温暖带给在基层的他，带给贫困村的父老乡亲。组织的关怀、期望和信赖，都化作巨大的工作动力。所以说，王利斌不负期望，不辱使命，他出色的表现和优异的成绩，既能呈现他的素质和境界，更是省检察院领导运筹帷幄、知人善用的领导智慧。

王利斌说，他为自己能够有机会来到这里，感受党的扶贫精神，为村民早日脱贫献上一份努力而倍觉荣幸。出发时他就暗下决心，一定要用心、用情做好扶贫工作，不辜负组织的信任和村民的期望。这是他对自己内心说的一句话，原本是埋在心里的，是看到院领导的牵挂，才脱口说出当初的那个“军令状”的。王利斌感动我的，不仅仅是一些具体事迹，更在于他的精神和信念。如此的坚韧执着，怎不令人心生敬意。

到此，我必须要插话提问了。我问他：“能否谈一下今后扶贫工作的设想？当您离开这里，您的乡愁会是什么？”

王利斌沉思片刻，说：“2018年我们将依托省商务厅‘电商村’的扶持，探索并拓宽两村农副产品销售渠道，力争把两个村的农副产品提升至‘生态化、品牌化、高端化’层面，由此增加农副产品附加值。我们准备在大箕村建设装机容量300千瓦时光伏电站一处。在泗水村新建玉米烘干塔一处，实现本地粮食，本地回收，让两个村村民的劳动成果在家门口变现。还要开发以‘延边黄牛谷’为主打的乡村旅游产业，吸引走出去的年轻人返乡创业，力争在2020年提前实现小康生活水平。我希望，当年华老去，我拄着拐杖重返泗水村和大箕村时，可以坦然地面对这里的山光水色，从而欣慰地在每一方菜园、每一簇野花旁流连，以解挥之不去的乡愁。”

我又问：“多久没去看望父母了？”他沉默了，脸颊缓缓向上仰，我知道，那是不想让泪水掉下来。许久，他说：“母亲不在了，父亲属马，今年77岁了，一年中只能见他老人家四五次。”

王利斌的6位至亲，分在9个地区。仅仅是他们一家三口，也是在3个地方。此中的付出，不是三言两语能够言尽的。妻子、女儿嘱咐他一定要注意休息，一定要保重身体。从来不失信的他，却一次次地在扶贫工作面前，奔波、思虑、忘我。一忙起来，就忘了打胰岛素。长珲高铁开通后，王利斌返回长春仅需要两个多小时，可他最长时间有一个多月没有回家，他一心想着扶贫事，其他事，无力兼顾。2018年春节前，妻子让他给老父亲打个电话，来家里过年，可都快到年根儿了，这个电话也没打成。说起这件事，他的表情是那种无奈的、愧疚的。采访过程中，王利斌约谈的客人一个接着一个，且都是来谈具体工作的，最后都得由他定夺。说他没时间给家人打电话，确实不是煽情。他答应女儿的一件小之又小的事也失约了。他太忙了，太累了，他没有分身之术啊。

我问：“你这么拼，妻子怎么看？”王利斌说：“我的成绩与妻子的理解和帮助有直接关系。妻子是个通情达理的人，能够把问题看得清，想得明白，表达到位，她对我有很大影响。为了支持我的工作，她放弃了提干晋级的机会，其实，她的能力水平比我强。我能这样对家里的事不管不顾，一心扑在村里，是因为妻子的付出，我非常感谢她。”

谁不想儿女情长，谁不想过安逸的生活。说到底，我们就是理解了王利斌的工作状态，又能如何？那么多的事情摆在他面前，劝他注意身体，多休息，只是一个奢望。王利斌善良、忠厚，对家庭对工作都是尽心尽责的那种性格。可眼下，他内心的善良，让他对扶贫工作力求完美。占据他视线的，只有一个清晰的目标，那就是，让农民的日子好起来。

习近平总书记说：“中华民族伟大复兴，绝不是轻轻松松、敲锣打鼓就能实现的。全党必须准备付出更为艰巨、更为艰苦的努力。”目前，全国有277万名干部在扶贫第一线，有100多人倒在了扶贫岗位上。所以说，扶贫干部，是带着党和人民的嘱托和期冀的，他们以自己的辛苦甚至是生命换取乡亲们的甘甜，以无私的情怀和付出，重铸农民奔向富裕的信心，他们是新时代的骄傲！

自己动手做饭

2014年，国务院扶贫办授予吉林省人民检察院政治部“社会扶贫先进集体”荣誉称号。大箕村被延边州新农办评为“标兵村”，2015年，又被延边州新农办授予“精品村”荣誉称号。2016年，吉林省环保厅批准泗水村为省级生态村，奖励给泗水村村集体人民币5万元。2016年，王利斌被延边州委组织部评为优秀党务工作者。2016年，国务院扶贫办组织了“全国脱贫攻坚典型案例评选”活动，吉林省人民检察院获得了“组织帮扶先进典型”的荣誉。2017年，吉林省扶贫办授予王利斌“吉林好人·脱贫攻坚先锋”称号。2017年7月，王利斌作为第一书记入选中共中央组织部组织编写的《抓党建促脱贫攻坚案例选——第一书记》。2018年，吉林省检察院授予王利斌“吉林好人·脱贫攻坚先锋”贡献奖。这些扶贫成绩给王利斌带来欣慰与喜悦的同时，更能让我们体会到成绩背后的艰辛和汗水，更深切地感受到他炽热的情怀。

路上的艰辛，已融进我的眼睛；心灵的困境，已化作我的坚定。在路上，用我心灵的呼声；在路上，只为伴着我的人；在路上，是我生命的远行……

采访没有结束，这恰恰是我对扶贫工作解读的开始。定格王利斌，对他的事迹进行恰切的呈现，以此传递扶贫工作的意义、价值及成就，正是文学工作者的责任和美好所在。

采访之后，我还多次去过泗水村，知道王书记工作繁忙，没有打扰他，只是开着车在村里慢慢地走，感受着泗水村的变化。2020年是脱贫攻坚战决胜之年，2020年7月，泗水村通过脱贫、精准识别清退、新增和自然减员等，做到了贫困人口归零，实现了全村脱贫的既定目标，人均年收入从贫困线增至12000元，贫困人口全部脱贫。目前，泗水村存栏的延边黄牛接近3000头。

我感动于王利斌当初立下的军令状——“贫困村不脱贫，我就不回来”。如此铿锵的声音一次次在耳边回响，每一次回响，都是对他的意志和爱的解读，都是一次深深的感动。我因此而内心澄净。

作者简介：黄灵香，中国作家协会会员，延边作家协会副主席，《天池小小说》杂志主编。

长风破浪会有时

杨　树

习近平：到2020年只有3年的时间，全社会要行动起来，尽锐出战，精准施策，不断夺取新胜利。

"……行路难，行路难，多歧路，今安在？长风破浪会有时，直挂云帆济沧海。"李白的这首《行路难》，说的是前路崎岖，歧途甚多，不知道要走的路在何处，但他相信，尽管前路障碍重重，仍将会有一天要乘长风破万里浪，挂上云帆，横渡沧海，到达理想的彼岸。

当吴桐这个年仅31岁的第一书记，第一天来到大桥乡义和村的时候，他心中感慨万千，千头万绪不知从何处开始理起。尽管一片茫然，困难重重，但他没有忘记自己的誓言：两年摘掉义和村贫困村的帽子，实现自己的人生价值。这是他的初心，也是他的目标，长风破浪会有时，直挂云帆济沧海。

商务局在2016年年初就研究落实精准扶贫的工作，局长赵保国、主任何效全一致看好敦化市商务局市场流通科科长吴桐，就这样，在2016年4月，吴桐就成为了敦化市最年轻的村第一书记。

在吴桐没来义和村之前，义和村名不见经传，是属于中国式最普通的山村之一，它既没有名川大山，也没有可以炫耀的自然资源，只是两山夹一沟，一个很不起眼的村落，即使在敦化市的范围内，也非常容易被忽略，但自从吴桐来到了这里，义和村的名字就有了魔力，它随着吴桐的名字在《延边日报》《敦化时讯》和敦化电视台等媒体中走过，成为大桥乡人们茶余饭后的话题。

一、第一书记进了村，精准扶贫有决心

若在夏秋时节来到大桥乡义和村，一路上你会有很多感慨：满眼的青山徐徐后退，成片的玉米大豆映入眼帘，一片丰收的景象。然而到了义和村，你会发觉这个村子很封闭很落后，这种落后不是房子的新旧，不是窄窄的坑坑洼洼的村路，不是随处可见的猪粪牛粪，不是孩子们像看外星人那样呆呆的眼神，而是让你感到一种精神文化的落后和缺失，一种奄奄一息的慢节奏和与世无争、安于现状的思想。义和村位于大桥乡南部，距乡政府所在地7公里，距离市政府17公里，属于典型的山区、半山区，地理位置狭长，两山夹一沟。全村共有110户374人，其中男性186人，女性178人。党员17人，其中男党员14人，女党员3人。劳动力197人，其中男性105人，女性92人。义和村是省级贫困村，全村有低保户16户26人。土地面积354公顷，林地面积333公顷，以种植玉米、大豆为主。除了土地就是林地，没有其他任何资金来源，村民已经习惯了日出而作、日落而息，除了玉米就是大豆的生活和模式，就连那些贫困户，没有劳动能力，也能安于现状。在全市扶贫工作会议结束后，市商务局第一时间与大桥乡政府对接，要求第一书记摸清惠民帮扶政策导向，服从政府既定扶贫规划，为创新性开展基层工作做准备。市商务局针对该村情况，结合近年帮扶工作实际，专题研究、交换意见，并认真安排部署，从三方面入手确保第一书记驻村扶贫取得实效。

吴桐召开村委会

吴桐书记驻村后与前期包抓工作人员、包村干部座谈交心，宣传中央、省、市开展精准扶贫工作的政策，听取村两委的村情介绍，并就如何迅速开

展扶贫工作交换意见。通过入户调查和上门走访，摸清低保户和困难户情况，与群众多交心、多交流，掌握群众诉求，依靠村级组织，借力使力推动工作，并做好分类建档管理，为下一步做好精准扶贫工作提供准确信息。作为第一书记，从机关单位到完全陌生的村庄开展工作，吴桐同志面对的情况简直是千头万绪，难以下手。在村两委干部的帮助下，他通过入户走访、开座谈会、实地考察等多种形式，对贫困村、贫困户致贫原因、村情民意等实际情况进行了深入调研，以问题为导向，研究制订了《义和村脱贫发展规划》和《第一书记年度工作计划》，确定了“抓产业、促增收、提村容、塑精神”的扶贫工作思路，为帮扶工作的有序开展奠定坚实基础。

为进一步改善村里硬件基础设施，在州级包保领导州政协副主席、州工商联权贞子主席的大力支持下，吴桐帮助村内安装了22盏太阳能路灯。同时，积极协调市文广新局，争取5万元体育健身器材一套，配套建设厕所、文化墙和景观花等，丰富了村民的业余文化生活。

“农村是一个广阔的天地，在那里是可以大有作为的。”这是市商务局党委书记对第一书记和驻村工作队的殷切期望。为了使扶贫工作做好，不辱使命，经商务局班子会研究，从机关干部中抽调有农村工作经验的干部组成驻村工作队，协助第一书记做好脱贫攻坚工作。吴桐有不懂的就问，有什么难事就和大家商量，工作队的同志们也都不计辛苦，热心帮助，让小吴有了一个坚强可靠的后盾。他们到村后，从拉家常起步，从抓基础入手，在村容村貌改变和村民思想观念转变上做文章，找准问题症结，用服务群众的情怀及个人的修养和品德取得百姓的支持和认同。边工作、边调研，不断总结工作得失，干出水平，积累经验，为早日实现义和村脱贫致富贡献力量。

农业要发展，产业支撑是关键。经过多次调研和反复开会研究，吴桐理出了利用做活土地文章发展村集体经济的新思路，制定了政策，勾勒出义和村兴产业、促发展的美好蓝图。经多方努力和争取，吴桐在上任一年后，成功引进了三个产业项目落户义和村。

吴桐30岁时踏上义和村的土地，两眼一抹黑，谁都不认识，见到的不是叔叔大婶，就是爷爷奶奶，心中自然有些紧张和茫然。他忽然想起了李白的《行路难·其一》：“闲来垂钓碧溪上，忽复乘舟梦日边。”诗人在心境茫然之中，忽然想到两位起初在政治上并不顺利，而最后大有作为的人物：一位是吕尚，九十岁在磻溪钓鱼，得遇文王；一位是伊尹，在受商汤聘前曾梦见自己乘舟绕日月而过。想到这两位历史人物的经历，又给诗人增加了信心。李白能增加信心，吴桐也能。

高高瘦瘦的吴桐从吉林工商学院商务管理专业毕业后，已经有8年的工龄，现在已经是敦化市商务局市场流通科科长（2017年3月兼任电商科科长）。吴桐的妻子马奕宸，在国土局耕保科上班，公益岗，管临时用地的。朋友们戏言，这俩人的孩子就叫“吴马长枪”。吴桐吃住在义和村后，刚开始还没什么，过了两个月，妻子就一天几个电话，对他有意见。但吴桐知道，家庭和工作是一个事物的两个方面，时间是不变的，用在家庭中的时间多了，工作的时间就少了，所以，吴桐总是让时间的天平偏向到工作一边。但一边是媳妇的不理解，一边是很难打破的困难局面，吴桐偷偷地哭了。经过几天的思想梳理，他觉得有必要和媳妇好好谈一谈。但怎么谈呢？吴桐思索了一下，想到了一个方法，约来两个自己非常熟悉的家在延吉的第一书记吃饭，让媳妇作陪。席间，两个朋友都说起了常年驻村的情况，听得人既好笑，又同情，听到他们说的这么多的困难，媳妇马上就理解了。望着大度的媳妇，吴桐开心极了，觉得这是他吃的最好的一顿饭，和朋友尽兴而归。

刚来到义和村时，吴桐吃住在村部旁边的活动室里。工作之余，他就开始演奏锅碗瓢盆交响曲，体验他媳妇的辛苦之处。刚开始几天，书记董福光、村长吕炳义以及其他村委招呼他到家里去吃饭，家里人对他很热情。但他不能总到别人家里去吃，他就经常从家里带些酒菜，招呼大家到他住的地方喝点酒，增进了大家之间的感情。大家都热情地接纳他，积极地支持他，这也让他增强了自信，鼓足了干劲。他决定先抓班子、带队伍，筑牢党建基础。

从抓班子、带队伍、强堡垒入手，借助党建活动载体，来凝聚发展合力。2017年7月，在商务局党组及大桥乡党委的大力支持下，以“党在我心中、扶贫在义和”为主题，成功举办义和村首届“庆祝建党96周年暨脱贫攻坚文艺会演”，活动中，为党员代表送上慰问金，并通过义捐活动，为义和村扶贫项目募集资金5154元。

加强党员干部学习。落实了“三会一课”、组织生活会等各项制度，通过开展“两学一做”教育活动，引导村三委干部在开展工作中，坚持高标杆定位，高标准落实。健全“四议两公开”村民民主决策机制。争取帮扶资金3万余元，为村部购置办公桌椅、监控设备等，改善了办公环境，在村内主要路口设立9处宣传栏，利用太阳能路灯灯体悬挂宣传标语，加大力度宣传党的扶贫开发和惠农政策，普及村规民约，营造宣传氛围，让群众变得能够理解、信认和支持村三委班子，村班子新形象日渐形成，整体战斗力明显增强。

二、村里来了个小小吴，脱贫致富有门路

吴桐正在规划村里的建设项目

在义和村，村里人总是用这样一句顺口溜来表达对他的赞赏和信任，然而更多的是亲切和感激。

让贫困户脱贫，最有效的办法就是引进项目。但引进项目自然不是那么容易的，是需要多方论证的，最后还是需要资金来落实。一年来的风风雨雨让吴桐对义和村产生了很深的感情，也让村民对他充分信任。他在村委会的支持下，在村民的支持下，在局长赵保国、主任何效全提供的资金保证下，成功引进了3个项目。

镜头1：白屈菜种植示范园区。

白屈菜（学名：Chelidonium majus）为罂粟科白屈菜属下的一个种。出自《救荒本草》，属全草类。为多年生草本植物，主根圆锥状，土黄色。茎直立，高30~100厘米，多分枝，有白粉，疏生白色细长柔毛，断之有黄色乳汁。主根粗壮，圆锥形，土黄色或暗褐色，密生须根。茎直立，多分枝，有白粉，具白色细长柔毛。

别名：地黄连、牛金花、土黄连、八步紧、断肠草、山西瓜、雄黄草、山黄连、假黄连、小野人血草、黄汤子、胡黄连、小黄连。全草入药有镇病、止咳、利尿、解毒等功效。

白屈菜种植示范园区规划占地面积20亩，计划投资10万元。该项目于2017年6月完成种植，首期占地2.5亩，为实验扩繁期，争取包保单位投入资金3万元，通过与敦化市草还丹药业对接，采取订单式销售，预计年收益

2万元。

吴桐说干就干，回到单位向领导汇报了情况，在单位领导的支持下，收购单位的承诺下，吴桐带领义和村党支部在2017年6月完成了第一期的种植。

镜头2：黑果腺肋花楸示范园区项目。

黑果腺肋花楸是集食用、药用、园林和生态价值于一身的珍贵树种。果实富含黄酮、花青素和多酚等物质，其提取物对治疗心脏病、高血压等心脑血管疾病有特效。可以在我国年降水量>500毫米，极限低温>-40℃，土壤pH值<8.0的三北地区栽培。该树种原产于美国东北部，欧洲已有100余年的引种栽培历史，加拿大、俄罗斯、保加利亚、匈牙利、波兰、捷克等国家的种植面积都达到相当规模，并发展出相关的加工产业。全球品种资源达30余个，具有食用、药用、园林绿化价值，适应不同的气候、土壤条件。在育种方面，多倍体良种主要是由欧洲培育出来的，二倍体良种主要是在北美地区选育出来的。在欧美和东亚地区，该树种在园林绿化方面的应用非常广泛；由果实加工的药品、保健饮料和食品在市场上非常普及和流行。

我国自引种以来，相继完成了繁殖、栽培、区试等方面的研究，繁殖苗木20余万株，营造栽培试验示范园200余亩，布置区域试验点10余个。该树种适应性强、结果早、见效快、经济价值高，无论作为特种经济林栽培，还是用于园林绿化，都具有广阔的市场前景。目前，该树种已进入推广开发阶段。

该项目于2017年4月完成种植，占地面积7公顷，总投资50万元，其中争取扶贫专项资金投入24万元，通过与安发国际对接，采取订单式销售，进入成熟收益期后，预计收益达20余万元。

镜头3：党建扶贫示范园区温室大棚项目。

建筑面积2800平方米，争取扶贫专项资金投入100万元，目前，该项目已完工，为每名扶贫对象分红增收500元。通过发展产业项目，使贫困村集体、贫困户有长期稳定的收入，在思想上、行动上调动村民积极性，变“输血式”扶贫为“造血式”扶贫。

其实，对于种植白屈菜和黑果腺肋花楸，村民们并不懂，且暂时看不到收益，但温室大棚是实实在在的项目啊，而且马上看到了效益，所以，村民到此才真正相信了吴桐扶贫工作的力度和决心。

当吴桐与村委落实了这一项目时，别提多高兴了。他一遍一遍到大桥乡和市扶贫办等有关部门，其间的烦琐流程考验着他的耐心。他有几次感到灰心极了，真想撂挑子或“推着干”。行路难，行路难，多歧路，今安在？他想到文王的时候，也想到了一句话：西伯拘而演周易，仲尼厄而作春秋，说的是文王被拘禁时推演出了《周易》；孔子在困穷的境遇中编写了《春秋》，与他们相比，自己这点困难又算什么呢？

吴桐来到义和村前是敦化市商务局市场流通科科长兼电商科科长，对于电商，他有着很深的理解和丰富的经验。他结合本职工作，大胆地把电商引入义和村，把电商概念植入村民头脑之中。当时，不仅村民怀疑这个虚无缥缈的东西，就连村委们也都持怀疑态度。本来就是一个新事物，让人接受本身就需要一个过程。然而，吴桐把这个过程缩短了，他带动扶贫工作队给村民上夜课，认真给村民讲解，让村民对当前中国市场销售方式有了一个新认识。

对于义和村来说，这是一个拓宽销售渠道的好机会。吴桐借了全国大力发展农村电商的东风，开展电商扶贫试点，解决义和村“农产品上行”的问题。积极推进“支部+电商+专业合作社+贫困户”模式，整合贫困户手中的土鸡蛋、应季蔬菜等农产品，打造“义和田园”品牌，融合“线上、线下”销售渠道，线上利用大德敦化人人店、慧万家等渠道开展销售；线下利用各大商场、超市、邮乐购门店开辟的扶贫专柜，不断拓宽销售渠道，开辟了精准扶贫新天地，帮助贫困户成为网货供应商。2017年，义和村被评为省级电子商务示范村。

为加快贫困群众的脱贫步伐，促进增收，吴桐充分发挥党建引领作用和党员的先锋模范作用，将党建与产业发展深度融合。

吴桐召集村民开会，提出了“不仅要脱贫，还要致富”的口号，他对大家说：“我们扶贫，不仅仅是物质上一时的扶贫，还应该在思想精神上扶贫，让大家改变观念，不要有等靠思想，一切等国家救济，我们要整合资源，贫困的脱贫，脱贫的致富。”他心里有种莫名的冲动，一种农民求变、求富的希望和动力在推动着他前行。义和村之所以穷，是因为他们沿袭着日出而作、日落而息的传统，沿袭着“哗啦啦，哗啦啦，一年四季种庄稼，娶个媳妇生个娃，傻小子还想啥”的单一思维模式。吴桐决心铲除这一穷根，带领村民闯出一条祖祖辈辈都没走过的新路，彻底改变家乡面貌。

穷则思变。吴桐的身上闪烁着变革者的光芒。他一直思考着怎样铲除农民贫困的穷根，怎样让村民“共富”。他深刻地意识到小农经济的落后，要从根上脱贫，就要转变经济增长方式。他突破了千百年来农民依赖土地的传统单一的生产方式，提出了“发挥土地优势，走农村合作化发展道路”的新思路。当他提出种植合作社和农产品专业合作社时，大家都不言语了。因为有旧的思想在作怪，村民家中的劳动力数量不同、拥有的土地不同，这个合作会有什么结果呢？很多人都在观望。

怎么办？吴桐在心里问自己。他决定先从党员抓起，让党员起到带动作用。他组织16名党员深入学习其他县市的成功经验，尤其是学习汪清县金仓村的扶贫办法，组织大家观看视频、搞座谈，金仓村是吉林省人社厅于2016年年初开始负责包保帮扶的贫困村，现在脱贫攻坚战初战告捷，成效显著。他们观看了金仓村项目建设和脱贫经验，义和村的党员被鼓舞了，每个人像一支待燃的火炬，他们等待被点燃，等待通红的一片天。

借助这个机会，吴桐很快便在村委、党员之中引导有经济头脑和经济基础的党员16人，通过土地、资金入股的形式创办了“中药材种植专业合作社”和“义和田园农产品专业合作社”，培育党员致富能手，发挥带头人引领作用，开展党员带动帮扶贫困户，带着村民干，帮着村民赚，在全村形成争当“扶贫”先锋、党员干部争当“带富”先锋的氛围。

三、帮扶力度哪家强？贫困户中美名扬

天有不测风云。2017年7月19日，敦化市洪水泛滥，肆虐民田。大桥乡义和村也不例外，况且义和村地理位置又是两山夹一沟，洪水顺山而下，威胁着群众的生命和财产安全。

雨越下越大，洪水越涨越高。吴桐和村委组织村民撤离，村里有几户危房，还有几户泥房，吴桐看在眼里，急在心上。他组织村民撤到村支部避难，还有几户老人不愿意走。看到越来越深的洪水，吴桐二话不说，背起老人就走，虽然他个子很高，但洪水也到了他的大腿处。他自己开玩笑地说：“平时都是我的长腿费布，现在看出好处了吧？”

在吴桐和村委干部的组织和努力下，全村没有一个人员伤亡，只是冲毁了部分良田。

来到义和村后，吴桐发现村里有一位大叔，叫卢仕奇，因残致贫，59岁，没地没收入，一个人生活，因他的腿不能参加重度劳动，日子过得简单潦草，又脏又乱。他经常到村部来找村长，让村长给他找工作。村长给他出了好多主意，让他脱贫致富，可他啥也不愿干，就想当村医。村里已经有医生了，且干了好多年，村民也都满意，所以不能满足他的要求。

吴桐看望贫困老人

吴桐看到他的感觉是他不像一般村民，他虽然穿的有些破，但掩盖不住他骨子里的那么一点文化素养，再听他说话，更是一套一套的。后来村长告诉吴桐，这个卢仕奇年轻时就是医生。吴桐心中暗想：怪不得，怪不得！吴桐问他，你平时靠什么生活呢？卢仕奇回答靠低保收入。吴桐告诉他："以后就好了，大棚已经盖了，马上就会有收益了，贫困户每人能分500元，还有其他几个项目，都会慢慢受益的。我们不仅需要在物质上脱贫，更应该在思想上脱贫，不应该仅仅依赖国家的那一点低保收入，应该主动去创造财富。"

卢仕奇也感叹国家的政策好。吴桐问他平时都有什么爱好，他说就是上上网，研究一下中草药等。吴桐鼓励他上网多学学中草药的知识，接着马上就想到了村里其他的两个项目，白屈菜种植示范园区项目和黑果腺肋花楸示范园区项目，这两个项目，一个是中草药，一个是有药用价值的树种，他就告诉卢仕奇，以后多参加项目组的事，当一个顾问吧。

有一天，卢仕奇在网上认识了一个山西的女人，两个人经过多次交流成了网友，卢仕奇多年的心事和情感就有了一个出口。一个是激情的倾诉者，一个是忠实的倾听者，两个人就像是多年的老朋友。

后来知道这个女人是山西农村的，今年56岁，丈夫去世了，现在单身。经过交流，两人增加了感情，谈了婚，论了嫁，女方把地卖了，带着钱来到义和村，和卢仕奇结婚了。

卢仕奇非常感动，把此事告诉了村长和吴桐。吴桐和村长赶紧张罗着人给卢仕奇家的住房刮大白，给他打了家具，样式让卢仕奇两口子选，帮着屋里院外打扫卫生，那女人也很能干，是个过日子的人。几天下来，家里收拾得窗明几净，整个变了个样。

吴桐催卢仕奇赶紧去领证，然后在大桥乡里的饭店办了7桌。

吴桐在白屈菜田里

结婚那天很热闹，卢仕奇也很感慨，感谢村委，感谢第一书记，没有他们，就没有我的今天，就没有现在的幸福生活。

自从吴桐当了第一书记，他就绞尽脑汁为村民办事，想村民之所想，急村民之所急，调动各种可以调动的资源，加大帮扶力度。由于商务局和供销联社是两套班子一个单位，他就在单位业务范围内找对接口。一是结合义和村村民主要经济来源，在市供销合作社联合社支持下，通过省供销社培训项目支持，于2017年3月27日，入村“因地制宜”开展新型农民社员培训，村内参训人员200余人，提升了农民科技致富能力。二是开展惠农活动。为进一步畅通“日用品、工业品”下乡渠道，让村民买到放心、物美价廉的商品，5月27日，组织欧亚敦百购物中心、百货大楼、供销家电等11户企业在大桥乡政府广场举办“惠农大集”促销活动，惠及大桥乡1000余人。三是利用“春节、端午节”等节日契机，先后3次深入贫困户家中，为15户贫困户送上米、面、油和生活必需品，投入资金7000余元。

吴桐刚来的时候，17名党员连支部会都不愿意参加，更别提其他活动了。后来，吴桐实行了绩效考核，组织打扫卫生、看电影座谈、聚会聚餐等一些活动，现在有什么活动党员全到，并且非常积极。如此，党建工作也就很好开展了，组织村委建档建册，学习扶贫政策，攻坚克难，争取早日脱贫。

有这些例子在前，吴桐带领村委举办了很多活动。

吴桐邀请专业讲师，在义和村开展新型农民社员培训，村内参训人员200余人，提升了农民科技致富能力。村民们提升了自信，看到了希望，成立各种合作社顺理成章。他还通过关系邀请市中医院到义和村开展健康扶贫义诊活动，为40余名村民进行了健康体检，这些都是义和村村民连想都不敢想的创举，他们感觉到了生活的幸福和美满。

2017年春节前，吴桐还邀请敦化市的书法家、画家、诗人等10多人来到义和村。他们现场作诗、画画、写春联，村民们人头攒动，纷纷前来。有的拿了春联、诗画就走，有的还自己拟词，让书法家来写。卢仕奇就是其中的一位。他给书法家出的对联是一个老对联：又是一年芳草绿，依然十里杏花红。对联写就，他就乐颠颠地回家贴到大门上。这次由敦化市作家协会与义和村共同举办的送文化下乡的活动让村民们拍手叫好，这些艺术家们不仅送来了文化，也送来了温暖，送来了新年新气象。

吴桐还带领村委结合全市“五净一规范”活动，投入资金1万余元，帮助4户贫困户粉刷墙壁、购置家具等，改善了贫困户的生活环境，改变了贫困户的精神面貌。村民都在说，小吴书记给我们办实事，给我们温暖，不是亲人，胜似亲人。

吴桐看到村里每到晚上就漆黑一片，那种黑，是一种他从没见过的黑，黑得彻底，黑得瘆人。为了美丽乡村建设，也为了改善村民的生活环境，进一步改善村里基础设施，他多方奔走，争取到资金8万元，利用第一书记工作经费，投入1万元，维修水毁作业道3公里；协调市文广新局，为村内文化广场争取到5万元，购置体育健身器材一套，配套建设厕所、文化墙和景观花等，丰富了村民业余文化生活，让村民除了劳动，还能有文化的熏陶与浸染，有一种精神的慰藉和享乐。

通过一年多的驻村锻炼，在与村民面对面的交流中，吴桐与他们建立了深厚的感情，积累了宝贵的基层工作经验，提高了做好群众工作和解决问题的能力，增强了吃苦耐劳和克服困难的毅力，以及服务和奉献的意识，丰富了自己的工作阅历，工作能力也有了较大提高。

正像他自己说的：我深深地体会到，要想做好农村工作，必须要做到“四心”。一是要虚心，必须放下架子，谦和待人，虚心向群众学习。二是要耐心，因为耐心是把事情做好的重要前提。三是要热心，要热心地加强与基层群众的沟通，求得他们的理解与支持，尤其要争取村委班子的支持和群众的理解，才有坚强的后盾。四是要细心，做到心细而周密，认真而不得有半点马虎。

到2017年年末，义和村的16户贫困户全部脱贫，集体收入15万，已经提前完成了任务。但吴桐没有满足，还要在2018年巩固扶贫成果，带领村民快速致富。具体措施有：

一是继续推动电商精准扶贫项目，争创省级电商示范村，帮助贫困户成为网货供应商；二是继续做好产业项目跟踪服务工作，确保产业帮扶实施精准到位；三是继续开展农民素质教育和农村实用技术培训，提高农业生产效益；四是加强引导，加大宣传力度，从思想开始提升村民精神面貌；五是继续争取更多的项目，通过项目的实施和拉动，使贫困村民增加收入，实现脱贫致富的目标；六是开发旅游资源，让义和村美丽的山水变成人们度假的乐园。

在两年的扶贫工作中，尤其是在刚刚进入义和村时，吴桐确实很茫然，甚至还有许多委屈，偷偷掉过眼泪。变革不会一帆风顺，总要过大大小小的坎儿。“停杯投箸不能食，拔剑四顾心茫然”，那个时候，他真是没心思吃饭，一片茫然，真不知脚下的路怎么走，好在他都挺过来了。他通过两年摸爬滚打，像拼命三郎一样对待工作，硬是用自己的身体滚出一条路来。既然第一步已经走出来，那么以后的路还有什么可怕的呢？吴桐坚信：长风破浪会有时，直挂云帆济沧海！

作者简介：杨树，原名杨晓华，鲁迅文学院第十五届中青年作家高级研讨班学员、中国作家协会会员、中国散文家协会会员、中国音乐著作权协会会员。

作品散见于《人民文学》《作家》《山花》《飞天》《散文选刊》《诗刊》《诗选刊》《星星诗刊》《诗歌月刊》《诗潮》《歌曲》《词刊》等100多家报刊。获2005年延边“金达莱”政府文艺奖、2008年第八届“石花杯”延边文学奖、2010年中国鲁黎诗歌奖、2015年吉林文学奖、2016年延边“金达莱”文艺奖。诗集《渤海的月亮》在中国作家金秋笔会全国征文评比中获一等奖。获“江海杯”全国征文一等奖等省、市级奖项60余种。

著有《渤海的月亮》《鲁迅的院子》等6部诗集，散文集《留不住斜阳》，编选集《咀嚼人生》，长篇小说《决战东宁》《往生泉》《和平饭店》，长篇非虚构作品《唐朝的影子》等。

任吉林省作家协会全委会委员、延边作家协会理事、敦化作家协会主席、《雁鸣湖》杂志主编、《野百合》报主编。

不用扬鞭自奋蹄

——记全国脱贫攻坚奖贡献奖获得者王平堂

安学斌

引 子

因为精准扶贫，王平堂和长白山第一县——安图——结下深情厚谊，他的第二故乡授予他“安图荣誉市民”称号，让他成为安图人民中的一员。

他荣获“全国脱贫攻坚奖贡献奖”“吉林好人·脱贫攻坚先锋”“吉林省最美第一书记”“安图县优秀第一书记”等荣誉称号。

他在实践中摸索总结出的“平堂工作法”，为许多扶贫干部提供了工作指南。

王平堂（左一）和群众谈心

吉林省东部山区，延边朝鲜族自治州所辖安图县，是一类革命老区，与朝鲜三池渊郡接壤，是国家扶贫工作重点县，“老少边穷”，一样不少。

龙泉村，地域狭长，三面环山，一面靠湖，俯瞰如一条巨龙蜿蜒于崇山峻岭间，村内一口百年老井日夜涌泉，故名龙泉。

2015年，龙泉村被确定为建档立卡贫困村，全村在册人口73户210人，其中贫困人口24户58人，因病、因残致贫占比80%以上。村内主要经济来源以传统种养业和劳务输出为主，村民们大多“守着金山银山讨饭吃”。

从2003年开始，安图县一直是中央政策研究室的定点扶贫单位。多年来，中央政策研究室发挥自身优势，通过选派优秀干部挂职、协调各部委落实政策资金、推动县域重点改革事项等举措，有效助推安图脱贫致富。但安图县地处少数民族边疆地区，又是深度贫困县市，贫困面广、成因复杂，脱贫攻坚任重而道远。

2017年8月，龙泉村迎来了一位新成员，他来自北京，军人出身，操着一口浓重的山东口音，他就是中央政策研究室派驻龙泉村的第一书记王平堂。

生于1962年3月的王平堂来到龙泉村时已经54岁了。这位老兵，有22年的军龄，曾任中央警卫团副政委。2002年8月，他在中央政策研究室工作，历任信息局副调研员、老干部处处长、办公室副巡视员。

一次培训时，王平堂看到一座雕塑，一个农民赤裸上身、手举锄头，下方写着一个大字——“干”。他感慨万千，回顾驻村以来的点点滴滴，所有成绩的取得都是一点一滴干出来的，敢闯敢干，才能真正走向富裕，要是不干，一点马克思主义都没有！

回村后，王平堂将“干”字确定为龙泉村精神，鼓舞着全村上下朝着脱贫摘帽、全面小康的目标大步迈进。

作为老战士，他当然冲在前面。

一、北京来的厅官

接过驻村帮扶的“接力棒”，走出中南海，王平堂知道肩上的担子是多大分量，心中已有了吃苦的准备。

第一书记，是他自主报名、经组织遴选才当上的。战士自有战士的性格，面临退休，他不想守在岗位上安安静静地等待，他要投身到轰轰烈烈的扶贫攻坚战当中，是战士就要选择攻坚克难。

从北京到安图，从厅官到村官，吃穿住行自是天差地别。初到龙泉村，时近9月，长白山的天气早晚温差大，在北京工作生活数十年的王平堂，对东北的严寒很不适应。

白天，他戴着两副护膝还觉着膝盖从里往外透寒气，全身各个关节都冻得生疼。

晚上，睡在村部的土炕上，身下烧得滚烫，室内寒气袭人。他把村部的一个桌面卸下来，垫在褥子下面隔热，上身一床棉被抵御不了寒冷，就用棉袄、大衣、棉裤一层层压在被子上。烧炕的电锅炉自动循环泵每5分钟工作一次，发出的轰鸣声让他彻夜难眠。夜里睡觉太冷，就穿上两副护膝、盖两床棉被来凑合。

"一个50多岁的副厅级干部到一个偏远山村担任第一书记，是不是脑袋进水了？"

"再过几年就退休了，还到村里吃那个苦干啥？"

战士的人生选择，常人难以理解。

作为老兵，王平堂百炼成钢，不怕苦，肯吃苦，他面对的难题不是寒冷，不是啃馒头、吃咸菜，他说："习近平总书记在梁家河一待就是7年，那时的条件比现在艰苦多了。"

怎样当好第一书记，才是王平堂真正的难题。对于村内事务，他是个"新兵"，不知道从哪里下手。依靠村班子吧，可是村班子成员年龄偏大、文化程度低，分工不明确，履职不到位，工作不主动，学习不积极，龙泉村是县里有名的软弱涣散村。

村支书李忠诚，在外经商多年，"临危受命"回村当带头人，放下生意想带领村民致富，没想到处处被刁难，他告诉王平堂："每次村里开会或上级部门来视察和调研，都会有村民来'搅局'，撒泼打滚，啥样都有，工作根本没法开展。"

万事开头难，扶贫攻坚要攻城夺隘，上阵打仗，可是谁都对他心怀质疑，他自嘲是"光杆司令"。

"班子成员在群众中没有威信，说话群众也不爱听，党支部找不到村里发展的路子，更没法获得群众的支持。"病根找到了，药方在哪里呢？

回想赶赴龙泉村之前，妻儿的支持、叮嘱；回想临出发前，领导和同志们的关心、期望……看着眼前山清水秀的小山村，看着干部群众期待的目光，想着乡亲们对美好生活的向往，王平堂心里默默定下目标："一定要让这个小山村彻底变个样。”

战士有进无退，除了胜利，别无选择！

他的床头，摆着《梁家河》《第一书记扶贫案例选》，每一个“新兵”，都要首先学习本领。读书之余，他挨家挨户走访，了解情况，向群众学习，理清思路，找寻办法。

他带上笔记本，拿着自己精心设计的调查问卷，挨家挨户做调研，一个多月，把全村情况摸个遍，没主持召开过会议，很少参与村里的工作安排，村里有人议论：“新来的王书记啥也不干，就知道天天在村里瞎转。”

有的村民看热闹，新官上任三把火，这位第一书记挨家挨户忙活啥呢？“倒要看看北京来的官能搞出啥名堂。”有人这样说。

9月的长白山山区，清晨和夜晚已能明显感受到秋风萧瑟。王平堂四肢很怕受凉，隐隐作痛的各个关节都在提醒他，最难熬的冬季就要到了。

即便如此，他彻底改变龙泉村的信念丝毫没有动摇。

王平堂（右一）在龙泉村踏查

村民们的闲言碎语比秋风更冷：“北京来的大官儿啊，连苞米水稻长啥样都分不清吧？”

“大家伙儿看着吧，用不了两天半，人家镀镀金，一准儿就跑得没影儿了。”

村民们对王平堂的质疑不是毫无根据的，他离开基层多年，来到龙泉村后才发现，连啥叫“册外地”、啥叫“机耕道”都不知道，一切都很陌生。

王平堂意识到：“村民对我有多少质疑，就恰恰说明了他们对我有多少期待，说明了龙泉村有多需要由我来做出改变。”

战士无惧风雨，冲过去，前面就是胜利！

2017年，安图县遭遇“7·21”洪灾，龙泉村也未能幸免，虽然生产生活恢复了，但洪水过后路面的泥沙无人问津。“生活环境脏乱差，人心不齐，互有怨气，都不愿意主动搞卫生，说到底是村民脱贫精气神儿不足。”

突破口有了，“定了就干”，王平堂拿起扫帚，当起了“扫地僧”。

每天起床后，王平堂干的第一件事就是从村口开始，将村内道路通通打扫一遍。没承想，“京官只会扫大街”的冷言冷语在村里流传开来。

你说你的，我扫我的，王平堂扫了几个月，道路干净了，人心暖化了，渐渐地，党员干部、村民们也都拿起扫把和他一起扫了起来。

“老百姓的心也不是石头长的，你的一言一行他们都会看在眼里、记在心里。”

要想得到群众的支持，就要先做学生、后做先生，就要勇于从小事做起，一心一意为群众办实事。

王平堂感觉时机已到，便组织召开了村民代表大会，在全村实行门前“三包”制，每天组织人员检查卫生，定期通报检查情况，向评选出的“干净人家”授流动红旗，奖励米、面等粮食或生活用品。他通过“干净人家”评比，要激起村民的自尊心和自强心。

王平堂的辛苦付出得到了丰厚的“回报”。为了不弄脏村里的水泥路，村民们干完农活，都将拖拉机停在村口，或将轮胎清洗干净再开回家……村民们已从分工合作、互相监督到自动自觉维护环境卫生，龙泉村环境卫生彻底变了样。

“我在村里待了几十年，还从没见过村里这么干净!”76岁的郑素娥边收拾着炕头边笑着问笔者，“作家同志，你看看，我们家可干净?”

群众的心气调动起来了，王平堂抓住时机，争取上级资金98万元，新建了一个300平方米的村部。

“新的村部配备了电脑、打印机、无线网络，这里的条件在镇上也是数一数二，其他村的党员干部都羡慕着呢!”

新村部，新气象，村干部的心气也调动起来了。

王平堂又筹集资金给村里修了村道、装了路灯，龙泉村里里外外很快有了大变化，村民们看在眼里、喜在心里。

王平堂的住房门口，乡亲们悄悄送来了水豆腐、地瓜、玉米、饺子等农家饭菜，这无声又朴素的认可，使村民对他的称呼从原来的“王书记”变成了“老王”，减去一字，让他知道，乡亲们把他当作了自己人。

二、建设一个好支部

“送钱送物，不如送个好支部！”

战士自有战士的风格。王平堂深谙“农村富不富，关键在支部”这个硬道理，他担任过副政委，抓党建是行家里手，干部群众的劲头足了，他把支部党建提上了日程。

他向村两委提出工作基调：严党风、强作风、正民风、促发展。

公生明，廉生威。一次，评为“干净人家”的村民邱传霞家，为得奖励，故做“表面文章”：检查时，突击收拾卫生；没人检查时，家里又脏又乱。王平堂了解情况后，立即摘下了插在她家大门口的流动红旗，邱传霞怒气冲冲地来找王平堂理论。王平堂将取证时拍的照片与其他村民家里进行对比，批评邱传霞欺骗村干部、害人害己。邱传霞看后，再不敢强词夺理，当场认错，承诺一定会把房前屋后的卫生收拾好，把丢掉的“脸面”赢回来。

王平堂牵头制定《龙泉村干部管理规定》《党支部七项工作制度》《组织委员工作流程》等，上墙公开，使群众对班子成员的职责、工作流程、党员承诺等一目了然，进行监督。

他要求支部全体党员，“对照承诺找差距，落实承诺见行动”，开展争先创优主题党日活动，支部活动规范化、制度化。

“在平堂书记带领下，村里迎来了创业的春天！”“90后”大学毕业生柏金凤在王平堂的感召下回到村里任妇女主任。她说：“现在村里变化大，我要回来跟着王书记学习，把学到的知识用到田间地头，用到父老乡亲身上。”

组织集体学习、开展党日活动……38岁的村党支部组织委员郑安涛忙着张罗“不忘初心、牢记使命”主题教育。他说：“平堂书记告诉我，党员干部是村民的‘主心骨’，组织委员责任大着呢！”

村党支部书记李忠诚坦言，“开会前临时通知，能来几人算几人”的尴尬局面，在龙泉村是“冰冻三尺非一日之寒”。为此，他多次向镇党委请辞，但这个“烂摊子”无人愿接，也无人敢接，他便无奈坚持着。李忠诚说：“王书记为我、为龙泉村，带来了干事创业的春天！”

村干部作风好了，履职能力强了，村民们对王平堂和村班子的满意度和信任度越来越高，党员的责任感、荣誉感和自豪感不断增强。

好支部，办实事。30%的龙泉村贫困户为因病致贫，针对外出看病难、看病贵这一实际，王平堂联合阳光融和医院合作设立远程问诊医务站，实现村民足不出户享受北京专家诊疗。

他筹资为全村更换1000多米栅栏和20多个大门，村容村貌焕然一新。他协调爱心企业，安装80万元智慧农业相关设备，稻田里，远程检测器将温度、空气质量等数据实时传入电脑，农民种田由“靠经验”转向“靠数据”。

农村干部平时学习机会少，对自己应履行的职责模糊不清，为使大家在工作上有个清晰的路线图，他帮助班子成员每人设计了一份工作流程，大家每天、每周、每月、每季度、每半年、每年都应该干点什么，一一罗列出来，并张贴在专栏上。规矩有了，职责明了，支部一班人的心被凝聚起来。

素质的提高，不是一朝一夕的事，在王平堂强力推动下，支部一班人每周组织一次碰头会，每月进行一次思想汇报，每季度开展一次“我想对你说”相互提醒活动等。支部成员素质的提高，为党支部战斗堡垒作用的发挥奠定了基础。

身教重于言传。王平堂有4本厚厚的笔记，成为支部成员、全体党员的共同财富。

他带头每天写笔记，将日常工作情况和想法记录下来。他建议大家养成记日记的好习惯，水平有限的人，记流水账并写一些心得感悟就可以。遇事翻阅笔记，既是对工作“回头看”，更可以温故知新，总结经验，规避错误。他的笔记本，详细记录着做好村里群众、党建以及建设产业项目等各项工作的“灵感”，在每周一次的碰头会上，笔记本记录的“灵感”，为全村发展贡献了很多“金点子”。

脱贫攻坚考验的就是“绣花”功夫，每天笔记，可以对村里的情况、百姓家的事，做到了如指掌，否则，做工作就没有针对性，就不会做到点子上。

他教会支部成员调查研究的本领。他告诉大家：“没有调查就没有发言权。哑巴孩子糊涂娘，日子靠糊弄是过不好的。”要求党员做工作，要知其然、知其所以然，把工作做到群众心坎上，离不开深入调查研究，遇到瓶颈问题要“刨根问底”，找出问题线头根源，有的放矢，谋求破题之法。

天长日久见人心，村民们眼见着已经白了头发的王平堂抛家舍业为村里做的一切，慢慢理解他了，甚至心疼他朴实求真、一心扑在扶贫事业上的这份艰辛和不易。

“不为别的，就冲王书记为俺村里的这份心，咱也得学会自尊和自强。50多岁那在农村也算正儿八经的老年人了，真是不容易啊!”

支部有战斗力，群众就有凝聚力。大家都说：“北京来的领导都冲锋在前，我们作为自家人更不能袖手旁观。”村里组织活动、支部召开会议，每一名党员、每一位村民都积极参与，大事小情一起商量。向各级领导汇报情况时，王平堂都自豪地强调：“扶贫攻坚，龙泉村村民和党员全员参与，都以参加集体活动为光荣。”

龙泉村连续两年获评“安图县脱贫攻坚先进村”和“安图县先进党支部”。村里的风气正了，村容村貌整洁了，村干部都在想事干事了，村子呈现出一派蒸蒸日上的喜人景象。

三、学堂沟煎饼代言人

“拿来主义”，是向社会学习的本领。在实践中学习和发现，是王平堂做好第一书记的关键招法。创办煎饼厂，就是他参观敦化市的长友煎饼厂，“拿来”的成果。

龙泉村地处山区，耕地面积少，农民通过种植韭菜、木耳等维持生活。由于经营方式是传统的一家一户式的小农经济，始终没有形成规模。

在一次次走访、一遍遍征求意见的过程中，王平堂了解到，龙泉村以种植粮食为主，几乎家家户户都爱吃煎饼，也擅长自己摊煎饼。

“北京现在污染严重，老百姓不怕东西贵，就怕吃不到绿色的好东西。”外地客户的一句话，让王平堂嗅到了商机。

他决心依托优越的自然资源禀赋，打造绿色有机煎饼品牌，把薄薄的煎饼做成收益丰厚的富民产业。

王平堂得知前任妇女主任为了照顾孩子上学，辞职搬到城里，她不仅摊得一手好煎饼，而且为人勤劳朴实、熟悉村内情况。王平堂就找到她，恳切邀请道：“我请你当厂长，钱的事我来想办法，你就负责干。”

“宁可出去碰壁，也不在家面壁。”战士的勇气，展现在冲锋时的身影中。

为了把想法变成现实，王平堂先后赴北京、山东、长春等地，与企业进行20余次接洽，一次次碰壁让他越挫越勇，最终用诚意争取到了多家单位的大力支持，累计筹集资金520余万元，投资建设25个有机韭菜大棚和一座670平方米的煎饼加工厂，建成8公顷生态大米农场，年产有机大米4万公斤。

2018年10月，煎饼加工厂建成并投入使用，在村书记和厂长的提议下，起名“第一书记扶贫车间”。煎饼批量生产，销路一直没打开，王平堂当起了煎饼宣传员，每当领导、企业、亲朋好友进村，他总是逢人夸煎饼、遇人讲煎饼，看到哪位客人感兴趣，一定请他临走时带几斤给亲戚朋友尝尝。

一传十、十传百，龙泉煎饼的名声越来越响。厂长看着揪心，快两个月了，一分钱收入没有，白送出去一堆，这可都是一张一张摊出来的啊！

王平堂笑笑，自信地说：“你瞧好吧。”果然，临近春节，订单雪片一样到来，这个300箱、那个500箱，阳光集团一口气订了3万斤，仅春节前一个月，销售收入超60万元，纯收益20万元左右。

王平堂（左一）向记者介绍工作情况

村庄的巨变吸引着年轻人。在外经营的本村村民赵春红、大学生郑宝峰主动请缨回乡创业。王平堂信任他们，给他们压担子，让他们担起了重任。

“我为煎饼做代言！”在吉林省委组织部组织开展的“第一书记代言”活动中，王平堂冲在前面卖煎饼，销售额达75万元。王平堂积极扩展电商销售渠道，经过20余次的洽谈，促成了煎饼厂和生态大米农场与安图域外商会、电商平台签订购销框架协议，形成了线上线下联动销售机制。

推磨、做煎饼、叠煎饼……笔者来到村部后面的煎饼厂，不少村民正在车间里忙碌，半自动化的鏊子前，妇女们正做着传统煎饼。

“煎一斤煎饼能挣2元钱，我一天最多的时候煎了92斤的煎饼，一天就挣了快200元，还破了建厂以来的纪录。”正在村内煎饼加工厂工作的脱贫户王汝梅笑着告诉笔者，现在的日子在以前想都不敢想，如今不出村就可以找到工作，在农闲时每月也有不少的收入，小日子过得越来越有劲。

厂长郑宝江告诉笔者，煎饼厂解决了村里30多人的就业问题，其中包括11户贫困户。如今，煎饼厂每天可以出产煎饼1000多斤，主要销往北京、上海、天津等大城市。

曾经不起眼的煎饼，转身变成了全村精准扶贫的支柱产业，不但有效解决了村民的收入问题，还促进了邻里和谐相处。

“今天‘咱家’的煎饼可是妥妥的赢家，不光现场买的人多，还有游客打算长期订货呢。”村民董新娟告诉笔者，“我在厂里打工，最多一个月挣了3000多块。以后煎饼销路好了，我们挣得会更多，还愁脱不了贫吗?”董新娟爽朗地笑出声来。

村内百姓自豪地告诉外来人：“我们的煎饼都卖进中南海了，这是我们的金字招牌。”

有人担心，王平堂一走，龙泉村的产业就会黄铺。为了让村民放心，煎饼厂实行股份制，召开董事会，选举村书记担任董事长，致富带头人担任执行董事，村三委成员担任监事会成员，通过“村集体+致富带头人+合作社”模式，进行市场化运营、党组织监管，确保产业项目可持续、走得远，助力高质量稳定脱贫。

五保户赵淑娥得知笔者要写王平堂驻村帮扶的事迹，特意代表村民表达心愿：“俺们不要钱，也不要东西，就是请领导把王书记留下来。他是主心骨，王书记当家，心里踏实!”

王平堂的事迹先后被中央电视台、新华社、《吉林日报》等媒体宣传报道，2019年8月，年满57岁的王平堂本已派驻期满，但在百姓挽留下，他主动请缨延期半年，他说：“我要和龙泉村一起奋斗到脱贫摘帽。”

煎饼厂当年施工、当年投产，累计收益超100万元，带动贫困户用工20余人。大米农场2019年建成投产，预计年收益达50万元。村集体年收入超20万元。

“勤劳致富光荣，争戴贫困帽耻辱。”闲扯张家长、李家短的人没听众了，大伙都想着怎么靠双手勤劳致富，怎么为村里做点事，就连身体行动不便的贫困户都自愿当起了村里的保洁员。

“幸福都是奋斗出来的，奋斗本身就是一种幸福。”勤劳致富，建设家园，成为村民的共识。

四、平实诚挚的“平堂工作法”

龙泉村有一棵树龄300多年的老榆树，这棵树结下的榆钱，留下一句老话：“榆钱虽贱，可以活命；金钱虽贵，可以要命。”

王平堂有20多年的军旅生涯，胸怀开阔，做事规矩，争取、引进资金500余万元，不谋私利，不讲条件，就像默默奉献绿茵的老榆树，把一切都献给了脚下的土地。

他的无私奉献，感动了成千上万的扶贫工作者，人们以他为榜样，把他的经验总结为“平堂工作法”，予以推广，以帮助更多的同志开展工作。

班子拧成一股绳，这是“平堂工作法”的要义之一。他讲团结，以身作则，但不是无原则的一团和气。班子立“规矩”，他牢记在心，严格按规矩办事，引导班子成员树立“规矩”意识，让群众懂规矩、守规矩，遇到问题立规矩。

大家的规矩意识强了，麻烦就少了；遇事多沟通，背后不猜忌；多敲当面鼓，不打背后锣；小事讲风格，大事讲原则。不利于团结的话不说，不利于团结的事不做，生活上互相关心，工作上互相补台，廉洁干事业，不贪不占，支部才能拧成一股绳，群众才能和班子一条心。

支部有战斗力、凝聚力，这是“平堂工作法”的又一要义。干部脚上有土，群众心里不堵；干部重视民生，才能赢得掌声。村干部放下架子、俯下身子、离开位子多转、多与群众交流，凡是涉及群众的事，只要是自己能做的，哪怕是利用个人资源，也要伸把手、帮一帮。人心都是肉长的，你把群众的小事当成自己的大事，群众自然会亲近你、理解你、拥护你、支持你。

把事情做到群众的心坎上，这也是“平堂工作法”的一个要义。支部成员，要对村里的情况、百姓家的事了如指掌，否则，做工作就没有针对性，就做不到点子上。蒙在被子里的哭声，只有头挨头的人才能听到。工作不深入、不细致，你就了解不到真实情况，群众的脉搏摸不清，不能对症下药，群众就不买你的账。

依靠群众、发动群众，同样是“平堂工作法”的要义之一。劈柴不照纹，累死劈柴人；上面千条线，底下一根针。村里的工作千头万绪，作为领导，一定要善于抓主要矛盾，突出工作重点，牵牛要牵牛鼻子。

扶贫攻坚，既要解决物质的贫困，更要解决思想的贫困。有人觉得当贫困户“吃香”，当上了，那是有能耐；当不上，感到没面子。有的贫困户常年享受扶贫政策红利，只关心“政府能给我多少钱”“坐在门口晒太阳、等着政策送小康”，逢年过节不慰问不满意，给少了还不满意。有些贫困户，给好处“一窝蜂”，讲奉献“靠边站”，结果“干部干、群众看”，群众还不满意。贫困户收入核算，隐性收入遮遮掩掩、不愿如实上报，想方设法保住贫困“帽子”。

为扭转村风，王平堂选树了7名勤劳致富典型，披红戴花，表彰奖励，告诉乡亲们：“贫穷落后不光荣，争戴贫困帽可耻，勇摘贫困帽光荣。”

王平堂（右一）察看水稻育秧情况

给一部分妇女压担子、交任务。有的妇女闲下来，“张家长、李家短”地扯闲话、闹矛盾，让这些妇女忙起来，把心思用在干事创业上。

细致入微，春风化雨，这也是“平堂工作法”的要义之一。天下大事必作于细，天下难事必作于易。村干部整天和村民在一起，一言一行、一举一动群众都看在眼里、记在心上。王平堂以身作则，给支部做样子，为群众树形象，处事公道、一碗水端平，不论是做决定，还是办事情，尤其在涉及群众切身利益的问题上，反复调研，向群众请教，问得细致、想得周到，就算鸡蛋里挑骨头也无懈可击。

细节决定成败。工作细心，不粗枝大叶，老百姓就满意，就信任，就能把好事办到交口称赞。

“妇女能顶半边天”，动员妇女，组织妇女，也是“平堂工作法”的要义之一。王平堂尊重、信任女同志，抓项目，促进妇女就业；抓党建，鼓励妇女进步；引导妇女讲卫生、重教育、树新风。

浇树浇根，帮人帮心，关心群众疾苦，小康路上一个都不能少，同样是

“平堂工作法”的要义之一。“十个指头有长短，咬咬哪个都心疼，只要你给群众一份爱，群众还你十分情。”王平堂要求党员干部要有胸怀，群众身体有病、遭受意外、遭遇自然灾害及家中有红白事，不论跟他们是否有过节儿，也甭管他们在村中为人如何，都应抱着一颗慈爱之心，该慰问及时慰问，该关心及时关心，在群众最困难的时候帮一把，在群众最需要的时候站出来，老百姓才能把你当亲人。

王平堂（左一）帮群众插秧

基础不牢，地动山摇，党的建设是“平堂工作法”的根本要义。王平堂带领村干部，牢固树立“抓好党建是本职，不抓党建是失职，抓不好党建就是不称职”的理念，把抓党建作为最大政绩，采取多种形式落实好“三会一课”等制度，提升组织的凝聚力和战斗力，让党旗飘起来、党员形象树起来，只有这样，党支部的战斗堡垒作用和党员的先锋模范作用才能得以充分发挥。

2019年6月，县委统战部找到王平堂，要和龙泉村联合举办“中国（安图）同心圆‘八吉双创’龙泉村美丽乡村文化旅游节”。这是一次大考，要用40天建设一座海桥园和一座同心圆尊养院，同时组织一场千人以上活动。虽然缺钱少物，但领了军令状就必须兑现，村班子全部调动起来，村民积极参与项目建设，志愿者进村义务劳动，同时采取企业垫资、简化手续流程的方式，抢先答卷，28天同心圆尊养院顺利建成，海桥园接着改建完成。

文化旅游节如期举办，370年的古榆树、82年的老井、3000平方米的钓鱼池、220平方米的餐厅、15个烧烤房，集旅游观光、书画写生、休闲垂钓、采摘赏泉、品尝美食于一体的特色乡村惊艳亮相。隆重的开幕仪式，食品品鉴区香脆的学堂沟煎饼、北茶文化展、书画展等，精彩纷呈。

活动接待游客近3000余人次，取得圆满成功，得到了州县领导一致认可。看似不可能完成的任务，打破常规、创新招法，锻炼了支部成员，鼓舞了群众，“平堂工作法”常用常新。

王平堂（正中）帮群众插秧

“王书记这个人政策理论水平高，工作能力强，有招法，我们都服气!”安图县扶贫办副主任黄伟竖起了大拇指。黄伟告诉笔者：“根据王书记的工作特点，我们还特地整理出‘平堂工作法’，正在先行试点推广!”

五、咱们是一家人

在村部的党员承诺板上，王平堂的承诺是：“视龙泉为故乡，视百姓为亲人。”

安图县委书记韩长发不无感慨地说：“驻村两年，王平堂是这样说的，也是这样做的。”

自下派以来，王平堂吃住在村，平时就居住在村部旁边的一个移动板房里，夏天不透风、冬天不保暖，时间长了，乡亲们看在眼里，心里惦记他，自家烧了好菜总要拉着他喝上一盅。他也不拿自己当外人，到了乡亲们家里，脱鞋上炕，有啥吃啥，煎饼卷大葱比吃山珍海味还香。

村里有红白事、盖房子，都少不了王平堂忙碌的身影，他说：“去帮忙管我饭，三杯酒下肚，村民和我的心就贴近了。大家也开始表态，实则是自我批评。一来二去就把村民的心凝聚起来了。”吃过百家饭，方知百家难。“京城”来的王平堂成了村民们的自家人。

作为老兵，他养成了劳动的习惯，遇上村里人干农活，他二话不讲，先干起来再说。乡亲们感动地说：“人家北京来的厅级干部，说话办事一点架子也没有，我们一个小山村的老百姓，还有什么理由不好好配合人家工作?”真诚赢得真情，与乡亲们的距离感没有了，他们自然会跟你讲掏心窝子的话。

与群众有了感情基础，对民情民意有了比较充分的了解，干起工作来自然得心应手。

贫困户家的房子在“穿衣戴帽”，有些非贫困户又眼红了、坐不住了。一天中午，四个非贫困户家的女主人一起到村部讨说法，因为王平堂对各家的情况都比较了解，他动之以情，晓之以理，不到半小时，就让她们心平气和地离开了村部。实践让王平堂体会到，做群众工作，靠哄、靠压、靠糊弄，都不会有好效果，只有面对现实，以事明理，真情打动，你的话群众才爱听，才有助于问题的解决。

2017年，村民邱传霞的儿子造成车祸，一次性赔偿对方30万元，这对一个农村家庭来讲，不啻一场灾难。按常理，你给别人造成了伤害，理应赔偿，不值得他人去同情可怜。但王平堂没有这样想，而是主动向她伸出了温暖之手。村民李文国年近七十，儿子被判刑，儿媳改嫁，身边有一个残疾孙女。对服刑人员的子女该不该关心？王平堂的做法是每月自掏腰包资助她200元。村民吴春家的大棚，水灾时严重受损，按常理讲，自然灾害嘛，受点损失是正常的，你也怨不得别人。为了体现组织的关心，王平堂带领支部成员将500元慰问金送到他家中。村民赵秀兰身患癌症，情绪低落，得知这一情况后，王平堂同村书记在第一时间来到病人家中，自掏腰包，每人资助她1000元。

脱贫攻坚是第一民生工程，算的是良心账，既要在看得见的地方做文章，更要在看不见的地方下功夫，这样百姓才能认可你，工作成效才能经得起检验。

扶贫攻坚，宁可不要面子，也要保住里子。初到村里，村集体积累为负数，他详细梳理了几十年来的朋友圈、交际圈，平时不怎么联系的亲戚、朋友、同学等，都逐个打电话、发微信，联络感情、说明驻村帮扶情况。他自嘲：“驻村以后脸皮厚了不少。”

亲戚朋友都笑他：“平堂的脸皮越来越厚了。”

功夫不负有心人，阳光集团送来第一份惊喜，308万元资金，其中包括103万元捐助资金和205万元投资；中直机关工委提供了41万元党费专用经费；天安保险、吉林省委政研室、吉林省开发银行等纷纷向村里伸出援助之手，龙泉村累计接受各级各类资金600余万元。

阳光集团确定为龙泉村的定点包保帮扶联系单位，双方探索出“龙头+

合作社+致富带头人+贫困户”的创业带富模式：龙头，即以阳光集团为主的投资主体提供资金、渠道、技术等帮扶助力；合作社，即以村集体名义组织成立合作社，承接龙头企业资金支持；致富带头人，即以返乡创业人士、致富能手为主，采取资金入股、委托经营等形式参与产业项目运作；贫困户，即以用工劳务形式参与企业运营，项目收益覆盖所有贫困户。

你不知道哪片云彩会下雨，在需要的时候弯下腰、多试试，总会有好运眷顾。

作为中央政策研究室下派的干部，王平堂时刻惦记安图县的发展情况。驻村帮扶以来，邀请中央政策研究室副主任张季等室领导赴安图调研指导，助力脱贫攻坚、绿色转型发展。通过室领导协调国家开发银行落实无息贷款1亿元；将安图县长兴水利枢纽工程列入国家PPP投资项目库；解决项目资金2.32亿元；帮助安图红丰矿泉水小镇入列省级特色产业小镇；帮助安图县争取国开行贷款7926万元，推动国药集团落户建厂；协调阳光保险集团为203名驻村干部、297名贫困人员连续两年免费投保一年期意外险，保额3000万元；协调中央政研室、阳光保险集团、省开发银行、天安保险公司、省委政研室等部门开展消费扶贫活动，从安图县购买近100万元农特产品。借助统战“同心圆”平台，龙泉村捐赠近2万元煎饼产品，自己富了，就主动帮扶贫困群众。

招商引资，与阳光保险集团洽谈，依托长白山独有的地理优势、生态优势，大力发展休闲旅游、健康养生、度假养老等产业，打造长白山阳光小镇，计划投资1亿元以上，助力安图打赢脱贫攻坚战，实现经济社会发展水平全面跃升。

征程万里风正劲，重任千钧再奋蹄。王平堂虽然离开了扶贫岗位，回到了中央政研室，可是一颗心依然牵挂着龙泉村。他在北京见到安图来的朋友，总是心里充满感激地请朋友给龙泉村的乡亲们带句话：“走得再远，龙泉都是家！”

作者简介：安学斌，吉林省作家协会会员，吉林省小小说创作委员会委员；延边作家协会会员,安图县作家协会主席；现就职于吉林省安图县政协文史委。